河東大地上的生死角力

兩魏周齊戰爭

宋傑 著

英雄逐鹿、沙場硝煙、割據紛爭……
從戰國霸業到南北朝爭奪，揭露河東地區決定性的歷史轉折

河東──戰爭、地勢與資源的交會
成為軍事樞紐，更是權力的焦點
全方位探索河東！重現歷史戰爭局面
揭開政權攻防的勝敗抉擇

目 錄

005	第一章	河東的地域背景與歷史演進
011	第二章	地理縱覽：河東區域的特徵與優勢
049	第三章	東西魏對峙下的軍事情勢
057	第四章	弘農、沙苑之戰： 西魏的勝利與局勢重塑
067	第五章	防務強化：西魏在河東的戰略部署
095	第六章	政區演變：西魏與北周的河東行政管理
219	第七章	反攻與博弈： 沙苑戰後對河東地區的爭奪
243	第八章	東征謀略：平齊之役前的戰略布局特徵
265	第九章	平齊之役：北周出師河東的決戰
307	結語	

309	附錄一
327	附錄二
343	主要參考文獻
347	原版後記
349	再版後記

第一章
河東的地域背景與歷史演進

一、戰國秦漢時期的「河東」

「河東」這一地理名詞，在隋朝以後，所指的範圍大致相當於今山西省全境，如唐之河東道、宋之河東路。而在此之前，它卻有著不同的內涵，隨著各歷史階段的發展而有所變化。「河東」一詞，最早出現於戰國時的著作，其含義有二：

(一) 黃河以東某地

此概念往往是一種泛指，不論某地，只要其位置在黃河以東，就可以稱為「河東」。例如《戰國策·趙策三》載樂毅謂趙王曰：「今無約而攻齊，齊必仇趙。不如請以河東易燕地於齊。趙有河北，齊有河東，燕、趙必不爭矣。」鮑彪對文中的「河東」、「河北」注解：「此二非郡。」即表示這兩個名稱不是具體的地名，僅代表其位置在黃河以東、以北。又見《戰國策·秦策四》：「三國攻秦，入函谷。秦王謂樓緩曰：『三國之兵深矣，寡人欲割河東而講。』」鮑彪注：「大河之東，非地名。」

(二) 今山西西南部

「河東」在當時的另一個概念，是專指戰國前期魏國都城安邑所在的統治重心區域，即今山西西南部運城地區。見《孟子·梁惠王上》載魏惠

王曰：「河內凶，則移其民於河東，移其粟於河內。河東凶亦然。」趙岐注：「魏國在河東，後為強國，兼得河內也。」按照三家分晉時，趙據晉陽（今太原盆地），韓都平陽（今臨汾盆地），魏都安邑（今山西夏縣），以今運城盆地為主體，西及南境面臨黃河河曲，東至垣曲與韓相鄰，北接晉君保有的領地——故都新田、絳、曲沃（今山西聞喜、絳縣、翼城、曲沃等縣；後三家滅絕晉祀，其地多入於魏），西北越過汾水，沿黃河東岸而上，又有北屈、蒲陽、彘（今山西吉縣、隰縣、蒲縣、大寧及霍州等地），與趙、韓領土接壤。[001]

秦兼併六國領土後，「河東」這一地理名詞有了第三種概念，即郡名。

（三）郡名

即被正式作為國家行政區域的名稱，秦朝及兩漢設定河東郡，治安邑，轄境仍以運城盆地為主體，還包括原韓國故都平陽所在的臨汾盆地及晉西高原的南部，東括太嶽山脈及王屋山，北至今靈石、石樓縣南境，西、南兩面瀕臨黃河。《漢書》卷 28〈地理志上〉載河東郡為秦置，有 24 縣（《漢書》卷 76〈尹翁歸傳〉載為 28 縣），包括安邑、大陽、猗氏、解、蒲反、河北、左邑、汾陰、聞喜、濩澤、端氏、臨汾、垣、皮氏、長修、平陽、襄陵、彘、楊、北屈、蒲子、絳、狐、騏；它所包含的地域範圍比起戰國魏之河東擴大了許多。西漢時期，朝廷為了強幹弱枝，增加自己直接控制的領土和人力、財賦，繼續擴展中央直轄的司隸校尉所屬之河東郡境，將其向東延伸到王屋山以北的沁河流域，把原上黨郡西南部的濩澤、端氏等地（包括今沁水縣、陽城縣的大部分地區）劃歸過來，藉以鞏固和加強集權統治。[002]

---

[001] 鍾鳳年：〈戰國疆域變遷考〉序例，載《禹貢》六卷，十期。
[002] 譚其驤主編：《中國歷史地圖集》第二冊，《秦·西漢·東漢時期》，地圖出版社 1982 年版，第 9～10、15～16 頁。

二、魏晉南北朝的「河東」

（一）魏晉時期河東郡境的縮小

漢末以來，中國長期處於分裂割據的政治狀態，地方勢力強橫，而朝廷的力量有限，難以有效地控制它們，故採取了縮小地方行政區域的做法，試圖以此減弱它們對中央政權所構成的威脅。像曹魏時期，河東郡轄境開始縮小，《三國志》卷4〈魏書·齊王芳紀〉載正始八年「夏五月，分河東之汾北十縣為平陽郡」。曹魏之河東郡的轄境西、南兩面不變，北邊則退至汾河下游河道及澮水以南一線，大致上僅包括秦漢河東郡在汾河以南的轄區，即今運城地區，將汾北劃為平陽郡管轄。

西晉時期，河東郡的轄境進一步縮小，又把王屋山以東沁水流域的濩澤、端氏兩縣劃歸平陽郡。據《晉書》卷14〈地理志上〉所載，司州平陽郡「故屬河東，魏分立。統縣十二，戶四萬二千」；有平陽、楊、端氏、永安、蒲子、狐、襄陵、絳邑、濩澤、臨汾、北屈、皮氏諸縣。河東郡統縣九，戶四萬二千五百，有安邑、聞喜、垣、汾陰、大陽、猗氏、解、蒲坂、河北諸縣。

（二）北朝「河東」的三種含義

經過十六國的長期戰亂，北魏統一中原後，建立新的行政區劃，地方政權的轄境再度縮小。根據《魏書》卷106〈地形志〉的記載，拓跋氏將原晉朝河東郡境分屬三州管轄：

泰州轄河東郡（治蒲坂，今山西永濟西南），有蒲坂、安定、南解（今山西永濟東）、北解（今山西臨猗西南）、猗氏（今山西臨猗南）五縣。

北鄉郡（治汾陰），有汾陰（今萬榮榮河鎮）、北猗氏（今臨猗）二縣。

陝州河北郡（治大陽）有大陽（今山西平陸縣）、南安邑（今山西運城安邑鎮）、北安邑（今山西夏縣北）、河北（今山西芮城）四縣。河北郡所屬之陝州又歸京畿所在的司州管轄。

東雍州轄邵郡（治白水，今山西垣曲），轄白水、萇平（今河南濟源西）、清廉（今山西垣曲西）、西太平（今山西絳縣）四縣。高涼郡（治高涼，今山西稷山），轄高涼、龍門（今山西河津市）二縣。正平郡（治正平郡城，今山西新絳），轄聞喜、曲沃二縣。

東西魏分裂時，河東地區被東魏高歡占據，沿襲了過去的行政區劃。這樣，河東郡的轄境進一步縮小，在北魏、東魏統治時期只有中條山以北、涑水中下游的安定、蒲坂、南解、北解、猗氏五縣之地，西魏北周統治時期又加以合併，省為蒲坂、虞鄉二縣。

由於上述原因，「河東」這一地理概念，到了北朝後期，又發生了新的變化。王仲犖先生《北周地理志》卷9〈河北上〉認為，當時的「河東」有兩種含義：一是泛指黃河以東；二是僅指退至蒲坂周圍數縣之河東郡。「當周齊之世，亦有舉河東者，按其實，如《周書·稽胡傳》：『沒鐸遣其黨天柱守河東，又遣其大帥穆支據河西。』此河東、河西，皆指黃河東西兩岸言之。又《周書·薛善傳》、〈敬珍附傳〉載李弼軍至河東，珍率猗氏等六縣戶十餘萬歸附。太祖執其手曰：『國家有河東之地，卿兄弟之力。』此河東蓋指河東郡言之。由此以知，周之河東，或指河東郡，或指黃河東岸，而非唐河東道之含義。」

但需要補充的是，兩魏周齊時代所稱的「河東」，還有第三種含義。

（三）魏晉時期的河東郡轄境

　　如裴寬、裴果、裴文舉，《周書》卷 34、卷 36、卷 37 本傳中皆稱其為「河東聞喜人也」。另外，薛端、薛澄、薛修義，《周書》卷 35、卷 38，《北齊書》卷 20 本傳中皆稱其為「河東汾陰人也」。按照聞喜在北朝屬正平郡，汾陰在北魏、西魏時屬北鄉郡，北周改稱汾陰郡；皆與當時的河東郡無涉。可見上述史籍所言之「河東」者，自有另外一種含義，即指聞喜、汾陰兩縣在魏晉時所屬的河東郡（今山西運城地區）。

　　前文已述，戰國時期，「河東」一詞所表示的範圍較廣，除了涑水河流域，還包括汾河以北的部分區域，因此「汾北」包含在「河東」這一較大的地理概念之中。見《戰國策‧魏策三》載客謂樗里子曰：

　　　公不如按魏之和，使人謂樓子曰：「子能以汾北與我乎？請合於楚外齊，以重公也，此吾事也。」樓子與楚王必疾矣。又謂翟子：「子能以汾北與我乎？必為合於齊外於楚，以重公也。」翟強與齊王必疾矣。是公外得齊、楚以為用，內得樓、翟強以為佐，何故不能有地於河東乎！

　　秦漢時期，河東郡境則明確地劃為汾北、汾南兩個轄區，見《漢書》卷 76〈尹翁歸傳〉：「河東二十八縣，分為兩部，閎孺部汾北，翁歸部汾南。」而北朝時期汾北就已劃歸平陽郡，「河東」僅有汾南之地。因此當時人們改為以「汾北」與「河東」對稱。例如，西魏、北周政權曾一度占有今山西西南部、汾河下游河道南北的領土，齊人即習慣將其轄境分為兩個區域，稱為「汾北」、「河東」。見《北齊書》卷 16〈段榮附子韶傳〉：「汾北、河東，勢為國家之有，若不去柏谷，事同痼疾。」這也表示他們使用的是「河東」的第三種含義，即魏晉之河東郡的轄境，而這時的汾北已分離出去，「河東」的這一概念僅包括汾南，故以兩者並舉。

　　本書使用的「河東」一詞，基本上屬於上述第三種含義，其地域範圍

第一章 河東的地域背景與歷史演進

大致相當於西晉的河東郡，即以今山西運城地區（包括鹽湖、永濟、河津三區市，及芮城、臨猗、萬榮、新絳、稷山、聞喜、夏縣、絳縣、垣曲、平陸十縣）為主體，這是西魏、北周與高氏對抗時在黃河以東長期占有的區域（汾河以北的領土時得時喪），其西境有滔滔大河自北而來，至風陵折向東行；蒲坂（今山西永濟）之東又有中條山脈向東北方向延伸。北境的汾河與澮河相交後，橫流匯入黃河；汾、澮兩河之南是峨嵋臺地，自東而西分布有絳山（紫金山）、峨嵋嶺、稷王山、介山諸峰，迤邐而至大河之濱。這一地區的平面呈三角形，在自然地理方面接近一個完整的區域單位。它古屬冀州，春秋屬晉，戰國屬魏，秦漢魏晉屬河東郡地，故史稱「河東」。

第二章
地理縱覽：河東區域的特徵與優勢

在中國古代，河東地區歷史悠久，人文薈萃。早在新石器時代，當地就成為中國境內原始農牧業最為發達的區域之一。仰韶文化與龍山文化類型遺存分布的中心區域（與關中、豫西北平原並稱），在晉西南平原發現了400多處[003]。進入文明時代以來，該地區仍然具有重要的地位和影響。傳說中堯都平陽，舜都蒲坂，禹都安邑，皆在河東區域。《漢書》卷28下〈地理志下〉曰：「河東土地平易，有鹽鐵之饒，本唐堯所居，《詩·風》唐、魏之國也。」晉南的「唐」（今山西翼城），就是傳說中的陶唐氏和夏族初期活動的中心，即後代所說的「夏墟」。夏文化遺址有東下馮遺址，今臨汾、翼城、襄汾、絳縣、新絳、曲沃、侯馬、夏縣、河津、聞喜、運城、永濟等地均發現有夏文化遺址[004]。夏族勢力壯大後，渡河進入豫西，占據伊洛和嵩嶽地區，才開始建立了夏王朝的統治[005]。河東由於位置居中，自然環境優越，交通方便，在夏商周三代一直是中國政治中心與經濟、文化最為發達的地區。《史記》卷129〈貨殖列傳〉曰：「昔唐人都河東，殷人都河內，周人都河南。夫三河在天下之中，若鼎足，王者所更居也，建國各數百千歲，土地小狹，民人眾，都國諸侯所聚會。」

戰國乃至魏晉時期，當地也是中原著名的大郡，物產豐富，地扼關

---

[003] 衛斯：〈河東史前農業的考古觀察〉，載《古今農業》1988年第1期。
[004] 鄒衡：《夏商周考古學論文集》，文物出版社1980年版，第136、236頁。
[005] 劉起釪：〈由夏族原居地縱論夏文化始於晉南〉，王文清：〈陶寺遺存有可能是陶唐氏文化遺存〉，皆載《華夏文明》第一集，北京大學出版社1987年版。

第二章　地理縱覽：河東區域的特徵與優勢

中、山東交通之要途，控制並經營河東者，會為其軍事鬥爭帶來有利的條件。如李悝為魏相，推行「盡地力之教」，發展精耕細作，提高土地的利用率和單位面積產量，遂使國家富強。替魏國早期的對外征伐提供了充足的兵員勞力和糧草財賦，奠定了其霸業興盛的經濟基礎。

魏國遷都大梁之後，秦國經過多年的蠶食侵略，占領了河東，從而使三晉處於極為被動的局面。如《戰國策·趙策四》所言：「秦得安邑之饒，魏為上交，韓必入朝。」

三國時期，軍閥割據混戰，曹操即把控制河東視為最為迫切的任務之一。

《三國志》卷16〈魏書·杜畿傳〉載：「太祖謂荀彧曰：『關西諸將，恃險與馬，征必為亂。張晟寇殽、澠間，南通劉表，（衛）固等因之，吾恐其為害深。河東被山帶河，四鄰多變，當今天下之要地也。君為我舉蕭何、寇恂以鎮之。』或曰：『杜畿其人也。』於是追拜畿為河東太守。」杜畿到任後，鞏固了曹魏政權對當地的統治，並恢復發展了農業經濟，以至在後來曹操平定關西之亂時，河東發揮了非常重要的作用。

韓遂、馬超之叛也，弘農、馮翊多舉縣邑以應之。河東雖與賊接，民無異心。太祖西征至蒲阪，與賊夾渭為軍，軍食一仰河東。及賊破，餘畜二十餘萬斛。太祖下令曰：「河東太守杜畿，孔子所謂『禹，吾無間然矣』。增秩中二千石。」[006]

河東在歷史上之所以發揮過重要的影響，和它得天獨厚的自然、人文地理條件是密不可分的。

---

[006]　《三國志》卷16〈魏書·杜畿傳〉。

一、物華天寶的經濟環境

(一) 氣候與土壤適宜耕種

　　山西高原的地形相當複雜，丘陵和山地的面積占多數，較為平坦的耕地只有土地面積的30％左右，而且分布得極不平均，主要是在中部大斷陷帶內汾河河谷的忻定、太原、臨汾、運城等幾大盆地，這些盆地地勢平坦，土層深厚，河流匯集，人口稠密，自古以來就是農業墾殖的重心地帶。

　　其中，河東即晉西南地區的運城、臨汾盆地，屬於涑水河和汾河下游流域，是山西高原地勢最低、無霜期最長和耕地最為密集的區域，具有較好的農業發展條件。區內大部分是河谷平原和盆地，地勢平坦，氣候溫暖，熱量充足，無霜期長達180～200天；甚至可以推行一年兩熟、兩年三熟的輪作，是主要產糧區。因此，在山西高原乃至華北地區，河東是最早的農業開發地之一，傳說中播殖百穀的農官后稷，即活動在河東稷山等地。汾陰還築有紀念這位農神的后土祠，漢魏北朝的皇帝們屢次到那裡祭祀，祈求風調雨順，五穀豐登。

　　此外，運城盆地四周環山，每到雨季，洪水帶來的泥土淤積也有利於提高土壤的沃度。如程師孟所言：「河東多土山高下，旁有川穀，每春夏大雨，眾水合流，濁如黃河礬山水，俗謂之天河水，可以淤田。」[007]

---

[007]　《宋史》卷95〈河渠志五〉熙寧九年八月程師孟言。

（二）水利資源豐富

河東地區的農業發展，還有賴於當地具有豐富的水利灌溉資源。

1. 涑水河、汾河及其支流

河東地區之內，可以利用灌溉的耕地面積較多。像發源於絳縣橫嶺關的涑水河，橫貫運城盆地，西流經五姓湖匯入黃河，全長約193公里，其流域兩岸皆可承受灌溉之利。如《讀史方輿紀要》卷41〈山西三·平陽府·聞喜縣〉條記載：「涑水，在縣南，《志》云：源出絳縣橫嶺山乾洞，伏流盤束地中而復出，西流經縣東合甘泉，引為四渠，曰東外、喬寺、觀底、蔡薛，溉田百有二十八頃。西流經夏縣界，下流入於黃河。」

運城盆地以南的中條山脈水文狀況相當良好，地下水和地表水都相當豐富，山麓的諸多泉溪匯入涑水，也能溉注沿途的田地。《讀史方輿紀要》卷41〈山西三·平陽府·安邑縣〉載：「中條山，縣南三十里。有石槽，泉出其中，曰青石泉，流經縣東引以溉田，下流注於涑水。」其支峰鹽道山，「翠柏蔭峰，清泉灌頂，郭景純云：世所謂鴦漿也，發於上而潛於下矣。」[008] 據史書所載，五姓湖以上的永豐渠就是引中條山北的平坑水、巫咸河、橫洛渠、李綽渠等小川流的水匯合而成的，至鹽池北其水量即可行舟。[009]

此外，還可以開發管道，利用汾水與河水發展灌溉事業。如西漢武帝時，河東太守番系便向朝廷提出了引水溉田的建議，「穿渠引汾溉皮氏、汾陰下，引河溉汾陰、蒲坂下，度可得五千頃。五千頃故盡河壖棄地，民茭牧其中耳，今溉田之，度可得穀二百萬石以上」[010]。結果，「天

---

[008] 《水經注》卷6〈涑水〉。
[009] 光緒《山西通志》卷41。
[010] 《史記》卷29〈河渠書〉。

子以為然。發卒數萬人作渠田。……久之，河東渠田廢，予越人，令少府以為稍入」[011]。

由於這些有利條件，河東地區之內的耕地利用率和農作物產量均較高。

2. 湖泊陂澤

河東地區古代天然湖沼甚多，河流與山區泉溪的溉注，致使在這一地區之內出現了為數眾多的陂澤。見於史籍的有「瀔澤」，又名「濁澤」。見《史記》卷43〈趙世家〉：「（成侯）六年，中山築長城。伐魏，敗瀔澤，圍魏惠王。」

《史記正義》：「瀔音濁。徐廣雲長杜有濁澤，非也。《括地志》云：『濁水源出蒲州解縣東北平地。』爾時魏都安邑，韓、趙伐魏，豈河南至長杜也？解縣濁水近於魏都，當是也。」同事又見《史記》卷44〈魏世家〉載魏惠王元年，「（韓）懿侯說，乃與趙成侯合軍並兵以伐魏，戰於濁澤，魏氏大敗，魏君圍」。地點在今運城解州鎮西。

董澤，在聞喜縣東北；晉興澤、張澤，在今永濟市西、中條山北麓，見《水經注》卷6〈涑水〉：

涑水西逕董澤，陂南即古池，東西四里，南北三里。《春秋》文公六年，蒐於董，即斯澤也。……

涑水又西南屬於陂，陂分為二，城南面兩陂，左右澤渚。東陂世謂之晉興澤，東西二十五裡，南北八裡。……西陂，即張澤也，西北去蒲坂十五里，東西二十里，南北四五里，冬夏積水，亦時有盈耗也。

又見《讀史方輿紀要》卷41〈山西三·平陽府·聞喜縣〉「董澤」條：

---

[011] 同上。

縣東北三十五里，……杜預曰：「河東聞喜東北有董澤陂。」陂中產楊柳，可以為箭也。一名董氏陂，又名豢龍池，即舜封董氏豢龍之所。其地出泉名董泉，民引以溉田，流入涑水。

《讀史方輿紀要》卷41〈山西三·平陽府·臨晉縣〉「五姓湖」條：

縣南三十五里，亦曰五姓灘，灘旁為五姓村，湖因以名，即涑水、姚暹渠經流所鍾之地也。《水經注》：「涑水逕張楊城東，又西南屬於二陂，東陂世謂之晉興陂，東西二十五里，南北八里；西陂一名張澤，或謂之張楊池，東西二十里，南北四五里，西北去蒲坂十五里。」五姓湖當即兩陂之餘流矣。

這些湖沼也有利於河東地區的水利事業，後來由於河流改道，水源斷絕而乾涸，或因被圍墾田而先後消失。

（三）水草茂盛，利於畜牧

中條山區是歷史上山西生物資源最為繁多的地區，植被以暖溫帶落葉闊葉雜木林為主。在當時，植被良好，林木繁茂。其支峰鹽道山，「翠柏蔭峰，清泉灌頂」[012]。鼓鐘山翠柏青松，相間並茂[013]。首陽山「嘉木松柏，渾然成林」[014]。除森林外，還分布有大量的草地與陂澤，為牲畜的繁殖提供優越的條件，促使其得到了一定的發展。戰國秦漢魏晉時期，河東是以出產馬牛而聞名天下的。

如《左傳·昭公四年》載晉平公曰：「晉有三不殆，其何敵之有？國險而多馬，齊、楚多難，有是三者，何向而不濟？」《水經注》卷6〈涑水〉亦載：「涑水又西逕猗氏縣故城北，……縣南對澤，即猗頓之故居也。

---

[012] 《水經注》卷6〈涑水〉。
[013] 《水經注》卷4〈河水〉。
[014] 《古今圖書集成·方輿匯編·山川典》卷37。

《孔叢》曰：『猗頓，魯之窮士也，耕則常飢，桑則常寒。聞朱公富，往而問術焉。朱公告曰：子欲速富，當畜五牸。於是乃適西河，大畜牛羊於猗氏之南，十年之間，其息不可計，貲擬王公，馳名天下，以興富於猗氏，故曰猗頓也。』《漢書》卷90〈酷吏傳〉曰：「咸宣，楊人也，以佐史給事河東守。衛將軍青使買馬河東，見宣無害，言上，徵為廄丞。」顏師古注：「將軍衛青充使而於河東買馬也。」《三國志》卷16〈魏書・杜畿傳〉曰：「於是追拜畿為河東太守。……是時天下郡縣皆殘破，河東最先定，少耗減。……漸課民畜牸牛、草馬，下逮雞豚犬豕，皆有章程。百姓勤農，家家豐實。」

《魏書》卷110〈食貨志〉亦載北魏神龜初年高陽王元雍等上奏時，提到當時的鼓吹主簿王後興等請求朝廷每年向河東徵供百官食鹽二萬斛之外，還要「歲求輸馬千匹、牛五百頭」，由此可見當地畜牧業的發達。

（四）礦產豐饒

河東還蘊藏著豐富的鹽、鐵、銅、銀等礦產資源。

1. 鹽礦

《漢書》卷28下〈地理志下〉稱「河東土地平易，有鹽鐵之饒」。運城盆地面積約為3,000平方公里，海拔330～360公尺。盆地的大部曾經是一個湖泊，有很厚的食鹽和石膏沉積，隨著湖水乾涸，逐漸萎縮殘留於南部中條山前的凹陷帶，構成了今天盛產鹽硝的解池、硝池等鹽湖。著名的解池在安邑（今屬鹽湖區）之南，年產食鹽100餘萬擔，號稱「潞鹽」；其面積約為100平方公里，是一個鹽量很高的鹹水湖，魚蝦等生物無法在湖中生長，隆冬也不會冰凍。

第二章 地理縱覽：河東區域的特徵與優勢

《水經注》卷 6〈涑水〉對其有詳細的記述：

其水又經安邑故城南，又西流注於鹽池。〈地理志〉曰：鹽池在安邑西南，許慎謂之鹺，長五十一里，廣七里，周百一十六里，從鹽省古聲。呂忱曰：夙沙初作煮海鹽，河東鹽池謂之鹺。今池水東西七十里，南北十七里，紫色澄渟，潭而不流，水出石鹽，自然印成，朝取夕復，終無減損。唯山水暴至，雨澍潢潦奔洩，則鹽池用耗，故公私共堨水徑，防其淫濫，謂之鹽水，亦謂之為堨水，《山海經》謂之鹽販之澤也。……池西又有一池，謂之女鹽澤，東西二十五里，南北二十里，在猗氏故城南。……土俗裂水沃麻，分灌川野，畦水耗竭，土自成鹽，即所謂鹹鹺也，而味苦，號曰鹽田，鹽鹺之名，始資是矣。

河東鹽池儲量巨大，加工程式簡單方便，是當時內陸最大的產鹽地，有著廣闊的銷售市場。《史記》卷 129〈貨殖列傳〉稱「山東食海鹽，山西食鹽鹵。」後者主要指的是河東鹽池所產的硝鹽，它帶給歷代政府的利潤是非常可觀的，是國家財賦收入的重要來源之一。例如西元 528 年，北魏朝廷下詔取消河東鹽稅，大臣長孫稚便上表反對，言稱：「鹽池天產之貨，密邇京畿，唯應寶而守之，均贍以理。今四方多虞，府藏罄竭，冀、定擾攘，常調之絹不復可收，仰唯府庫，有出無入。略論鹽稅，一年之中，準絹而言，不下三十萬匹。乃是移冀、定二州置於畿甸；今若廢之，事同再失。……昔高祖昇平之年，無所乏少，猶創置鹽官而加典護，非與物而競利，恐由利而亂俗也。況今國用不足，租徵六年之粟，調折來歲之資，此皆奪人私財，事不獲已。臣輒符同監將、尉，還帥所部，依常收稅，更聽後敕。」甚至提出「一失鹽池，三軍乏食」[015]。

正是因為鹽池的出產帶給國家豐厚的利潤，政府經常派遣官員、兵馬在此監護，並和敵對勢力展開激烈的鬥爭，力保該地不失。如北魏之

---

[015] 《資治通鑑》卷 152 梁武帝大通二年（528）正月。

鹽池,「本司鹽都尉治,領兵千餘人守之」[016]。西魏初年,高歡兩次攻入涑水河流域,企圖占領鹽池,都被守將辛慶之力戰擊退。見《周書》卷39〈辛慶之傳〉:「時初復河東,以本官兼鹽池都將。(大統)四年,東魏攻正平郡,陷之,遂欲經略鹽池,慶之守禦有備,乃引軍退。河橋之役,大軍不利,河北守令棄城走,慶之獨因鹽池,抗拒強敵。時論稱其仁勇。」

北魏政府為了防止客水浸入鹽池,解決運鹽車輛翻越中條山的艱難,提高運輸效率,於正始二年(505)在鹽池與西面的黃河之間開鑿了永豐渠(後稱姚暹渠)。這是中國北方唯一的一條專事鹽運的運河,由都水校尉元清主持,動用當地大批人力完成。它基本上是沿戰國初年猗頓運河的故跡而開鑿的,「渠出自夏縣,經巫咸谷北合洪洛渠,東合李綽渠,經苦池而迤邐西向,自安邑歷解州抵臨晉入五姓湖」。出湖後,順涑水河道西行,至今永濟市西南,「由孟盟(明)橋而注黃河」[017]。全渠長60公里左右,呈東北──西南走向,大致上呈一直線。五姓湖以下渠段,是利用了涑水的下游河道。這一方面為這段運渠提供了水源,負責運河航道所需的水量;另一方面,它也是涑水航道的較早記載。如《宋史》卷95〈河渠志五〉仁宗天聖四年閏五月,陝西轉運使王博文奏言:「准敕相度開治解州安邑縣至白家場永豐渠,行舟運鹽,經久不至勞民。按此渠自後魏正始二年,都水校尉元清引平坑水西入黃河以運鹽,故號永豐渠。周、齊之間,渠遂廢絕。隋大業中,都水監姚暹決堰浚渠,自陝郊西入解縣,民賴其利。」

---

[016] 《水經注》卷6〈涑水〉。
[017] 《讀史方輿紀要》卷39〈山西一〉「鹽池」條注。

2. 銅、鐵、銀礦

　　古代河東的金屬礦產資源亦很著名。中條山區的礦產以銅為主，此外還有鐵、金、煤等多種礦物資源，為山西高原重要的礦區。先秦時期，就有「黃帝採首山銅，鑄鼎於荊山下」[018] 的記載。據成書於戰國時期的《山海經》記載，天下產銅之山共有 29 處。經郝懿行《山海經箋疏》和吳任臣《山海經廣注》研究，在河東者有兩處，即今山西平陸縣境的陽山和垣曲縣的鼓鐙之山[019]。另外，1958 年，考古工作者在山西運城的洞溝還發現了一座古代銅礦遺跡。據分析，其開採的歷史可從先秦延續到東漢[020]。河東又「有鹽鐵之饒」，南部的中條山脈是中國北方冶鐵的發源地之一[021]；而北部絳邑之得名，亦歸於紫金山的鐵礦。較為豐富的鐵礦儲量，使當地得以開採冶煉，促進其經濟的發展。魏都安邑所在的故地——山西夏縣曾發現過大批戰國時期冶銅的陶范，以及不少戰國前期的鐵製工具，表明當地金屬鑄造業的發達。後來西漢政府在安邑、絳、皮氏等地設定鐵官，就是對前代魏、秦鐵官的繼承經營。

　　《魏書》卷 110〈食貨志〉北魏熙平二年（517），尚書崔亮奏請各地開銅礦鑄錢之處，即有王屋山礦（時屬河內郡），「計一斗得銅八兩」。

　　銀礦的記載可見於《讀史方輿紀要》卷 41〈山西三·平陽府·安邑縣〉：「中條山，縣南三十里。……又有銀谷，在山中，《隋志》：縣有銀冶。唐大歷中亦嘗置冶於此。」

　　正是由於自然條件的優越，古代河東是北方農業、畜牧、採礦冶鑄

---

[018]　王充：《論衡》卷 7〈道虛篇〉。
[019]　史念海：《河山集》，人民出版社 1978 年版，第 86 頁注 2。
[020]　安志敏、陳存洗：〈山西運城洞溝的東漢銅礦和題記〉，載《考古》1962 年第 10 期。
[021]　郭聲波：〈歷代黃河流域鐵冶點的地理布局及其演變〉：「據研究，最初的鐵冶脫胎於銅冶，故而先秦的鐵銅共生帶如秦嶺北緣、中條山、太行山、桐柏山、魯山都是鐵冶的發軔地。」文載《陝西師大學報》1984 年第 4 期。

業相當發達的地區，豐饒的出產使它成為中原歷代封建政權的重要物質基礎。

二、利於防禦的地形、水文條件

　　河東之所以在古代戰爭中發揮過重要的作用，除了物產豐富之外，還和它周圍利於防守的自然地理環境有著密切的連繫。運城盆地四周多有山水環繞，成為與相鄰地區隔劃的天然分界線，使其在地理形勢上自成一個單元。河東地區的西、南兩邊以黃河為襟帶，隔河與關中平原、豫西山地相望；南及東面又有中條、王屋等山脈為屏障，可以居高臨下，雄視來犯之敵。北邊則有峨嵋臺地和汾水、澮水阻扼對手的進兵。因此自古被視為易守難攻的完固之地。如顧祖禹所稱：「府東連上黨，西略黃河，南通汴、洛，北阻晉陽。宰孔所云：『景霍以為城，汾、河、涑、澮以為淵』，而子犯所謂『表裡山河』者也。」[022]

（一）河流

1. 黃河

　　河東地區西境及南境黃河流經的情況，可以參見《讀史方輿紀要》卷39〈山西一〉「黃河」條：

　　黃河自陝西榆林衛東北折而南，經廢東勝州西，又南流歷大同府朔州西界，又南入太原府河曲縣界，經縣西，又南歷保德州、岢嵐州及興縣之西，又南入汾州府界，經臨縣及永寧縣、寧鄉縣西，又南歷石樓縣

---

[022]　《讀史方輿紀要》卷41〈山西三・平陽府〉。

第二章　地理縱覽：河東區域的特徵與優勢

西而入平陽府界，經隰州之永和縣、大寧縣西，又南經吉州及鄉寧縣西，又南經河津縣、滎河縣西而汾水注焉，又南經臨晉縣界，至蒲州城西南而涑水入焉，又南過雷首山，折而東，經芮城縣、平陸縣南，又東過底柱至垣曲縣東南而入河南懷慶府濟源縣界。

黃河過內蒙古托克托縣之後急轉南下，湧入晉陝峽谷，自內蒙古河口鎮到禹門口的410公里間，水面由海拔984公尺下降至415公尺。在黃河中游，以此段河床下降的坡度為最大。沿途支流眾多，使其流量增加很快，水流湍急。吉縣壺口一帶，兩岸石壁峭立，河床突然下跌15～20公尺，流水急瀉，形成著名的壺口瀑布。以下70公里處又有龍門峽（禹門口），河水受到龍門山與梁山的逼迫，寬度僅有50餘公尺，形成萬馬奔騰的洶湧之勢。

黃河出龍門峽谷後，河床展寬到10倍以上，水勢平穩。向南流至潼關、風陵渡附近，又受到華山的阻礙，折向東流，這一節特稱為「河曲」，河寬約800公尺，這是九曲黃河的最後一曲。在北岸中條山和南岸崤山的挾持下，黃河進入它的最後一段峽谷──豫西峽谷，到平陸以東又穿過三門砥柱之險，經垣曲縣入河南省境。自此以下，流量一般是向下游逐漸減少。河水成為河東、關中、河洛三地的分界線。

沿河東地區西境及東南部邊緣流過的黃河，成為天然的軍事屏障；其原因主要是這段河道的通航性很差。晉陝之間的黃河只有半數的里程能順水通行木船，由內蒙古包頭下行的船隻，通常只能到今山西的河曲縣，以下只有行程很短的航道，而且灘磧成群，常常會發生翻船事故。河曲下至磧口，一年之內的通航期約有8個月；磧口至龍門河段水勢太急，航行尤艱，只能順水單向行駛；且中間壺口一帶不能航行。龍門以下，來往航行的船隻僅限於禹門口至平陸一段，潼關以東河床坡度較大，行船不便。河東地區西、南兩面的黃河航道的幾處絕險，對於防禦

二、利於防禦的地形、水文條件

作戰尤為有利,西面河道的北端有壺口、龍門,急流澎湃,無法航行。南面河道的東端有三門、砥柱,只能順水從人門通過。如建德四年(575)周武帝東征洛陽,遣水師自渭入河,經三門順流而下,攻破河陰大城。但撤兵時船隻卻無法逆水返回,只得燒舟而退。壺口與三門之險使得上游、下游兩地敵人的船隊不能直接駛入,減少了河東遭受攻擊的威脅。

另一方面,黃河出禹門口後,由於匯集了發源於呂梁山南坡的三川河、昕水河等十餘條支流,又陸續注入汾河、澮河、涑水河、渭河,致使流量劇增,又使河床極不穩定,在當地有「三十年河東,三十年河西」的說法。龍門以下至蒲津數百里內,是黃河中游最易改道的地段,兩岸多有淤沙、淺灘、洲渚,船隻難以靠岸停泊,故只有龍門(夏陽)、蒲津兩處理想的碼頭。潼關東至三門的河段,因為兩岸地形的限制,亦僅有風陵渡、寶津、茅津(大陽津)等少數渡口。在這種情況下,河東守軍只需集中扼守幾處要樞,來抵抗對岸敵人的強渡,不必在黃河沿岸分散兵力進行防禦,這對守衛者來說又是一項有利的因素。

正因如此,顧祖禹在《讀史方輿紀要》卷39中,一再強調河水對河東地區防禦的重要作用,稱黃河在「春秋時為秦、晉爭逐之交,戰國屬魏。《史記》:『魏武侯浮西河而下,曰:美哉,山河之固,此魏國之寶也。』後入於秦,而三晉遂無以自固」。

2. 汾河

汾河是山西高原內部的主要河流,全長約716公里,是僅次於渭河的黃河第二支流,其流域面積約為3.9萬平方公里,占今山西全省面積的24.2%。汾河的幹流發源於晉北寧武西南的管涔山[023],自北而南流,經

---

[023] 《讀史方輿紀要》卷39〈山西一·汾水〉:「汾水源出太原府靜樂縣北百四十里管涔山,……又南經平陽府城西及襄陵縣、太平縣之東,又南經曲沃縣西境,折而西經絳州南,又西歷

第二章 地理縱覽：河東區域的特徵與優勢

過靜樂盆地與若干峽谷之後，在婁煩折而向東，至蘭村進入太原盆地，又南下流淌。縱貫南北的晉中斷裂谷，把山西高原分為東部以太行、太嶽山地為主體的山地，和西部以呂梁山為主體的山地。汾河循著斷裂谷地南流，過介休、義棠以後，河道漸寬；再經兩渡、靈石等地穿過靈霍峽谷，兩岸山嶺才逐漸開展。自洪洞以南至臨汾，多有支流匯入，故其流量增大，夏秋季節可以向下游通航。光緒《山西通志》卷49〈關梁考六·河東道〉曰：

> 汾河自府城以南可通舟楫，其津渡在襄陵縣者四處，在太平縣者十三處，在絳州者十二處，在稷山縣七處，在河津縣有五處。

汾河流至新絳後，又匯入澮河，但是受到峨嵋臺地的阻擋，因此折而向西，切過呂梁山的南端，經稷山、龍門（今河津）流入黃河。數十萬年以前，汾河在新絳以東本來是直向南流的，經禮元（今聞喜縣北）取道涑水匯入黃河。後來由於地質構造的變動，形成了峨嵋臺地的隆起，致使該處河道斷流，只得沿著臺地的北麓向西流去[024]。這樣，汾河的下游河段（曲沃 —— 新絳 —— 稷山 —— 河津），便構成了河東地區的北部屏障。戰爭期間，河東的保衛者往往憑藉峨嵋臺地與汾河的阻隔，與北方的敵人夾水相持，往來交鋒。例如：《周書》卷31〈韋孝寬傳〉載北周派遣役徒於汾北齊地築城，為了迷惑敵人，「其夜，又令汾水以南，傍介山、稷山諸村，所在縱火。齊人謂是軍營，遂收兵自固」。

《周書》卷34〈楊㯹傳〉曰：「時東魏以正平（今新絳）為東雍州，遣薛榮祖鎮之。將謀取之，乃先遣奇兵，急攻汾橋。榮祖果盡出城中戰

稷山縣、河津縣南，至榮河在縣北而入於大河。」

[024] 《中國自然地理·地貌》，科學出版社1980年版，第27頁，「汾河下游河道原分兩股，一股即從新絳向西流經河津的現在河道，另一股由新絳向南流經聞喜隘口注入運城盆地，再注入黃河。中更新世晚期的構造變動，使聞喜隘口抬升，河道就斷流了。目前隘口一帶還保留著老河谷形態，其西不遠有很厚的河相砂礫石層。」

士，於汾橋拒守。」《北齊書》卷17〈斛律金附子光傳〉載：「（武平）二年，率眾築平隴、衛壁、統戎等鎮戍十有三所。周柱國枹罕公普屯威、柱國韋孝寬等，步騎萬餘，來逼平隴，與光戰於汾水之北，光大破之，俘斬千計。」

另一方面，北方之敵南征河東，往往選擇深秋和冬季，趁汾水流量不大、便於涉渡的時候，前來進攻。如高歡四次自晉陽出兵河東，兩至蒲津，兩圍玉壁，分別是在天平三年（536）十二月、四年（537）十月、興和四年（542）十月、武定四年（546）九月[025]，表明其充分考慮了汾水的障礙作用。

（二）山脈

1. 中條山

《山西通志》卷31〈山川考一〉曰：「中條山，《禹貢》之雷首也。西起永濟之獨頭坡，東訖垣曲之橫嶺關。芮城、平陸居其陽，虞鄉、解州、安邑、夏縣、聞喜居其陰，山形修阻，首枕大河，尾接王屋，綿亙二百餘里，所在異稱，有首山、首陽山、歷山、陑山、薄山、襄山、吳山、甘棗、渠豬諸名。而虞坂、白徑為南出道，尤奇險，皆主幹也。南支限於河，近與底柱相連。北支旁衍其盤回於汾涑之間者，為鳴條岡，為絳山，為稷山，為介山。」

這條山脈分布於河東地區的東南邊界，在黃河與涑水河、沁河之間。它西起永濟市西南的首陽山，東至垣曲縣東北部的舜王坪（歷山），北與太嶽山相接，南抵黃河北岸，略呈東北──西南走向，綿延約170

---

[025]　《北齊書》卷1〈神武紀上〉；《資治通鑑》卷157至卷159。

公里，寬 10～30 公里，一般海拔 1,100～1,900 公尺，相對高差 800～1,000 公尺，橫臥於運城盆地與黃河谷地之間。

中條山脈又以平陸的張店鎮的山口為界，分為東西兩段，東段面積廣而高峻，群山匯集，雄偉陡峭，最高峰舜王坪，海拔 2,322 公尺，是聯結太行、太嶽、中條的山結。西段山勢挺拔，面積狹長，因此得名「中條」。見《讀史方輿紀要》卷 41〈山西三‧平陽府‧蒲州〉：「中條山，州東南十五里，其山中狹而延袤甚遠，因名。」其北坡多斷崖峭壁，南坡較為平緩，山脊諸峰以永濟市東南的雪花山為最高（海拔 1,994 公尺），相對高差達到 1,500 公尺，故顯得雄偉高峻。

《讀史方輿紀要》卷 39 亦引《名山記》曰：「中條以中狹不絕而名，上有分雲嶺、天柱嶺及桃花、玄女諸洞，谷口、蒼龍等泉。其瀑布水自天柱峰懸流百尺而下，出臨晉縣之王官谷入於大河。而解州東南之白徑嶺通陝州之大陽津渡，尤為奇險。」

同書同卷又稱：「雷首山，一名中條山，在平陽府蒲州東南十五里，首起蒲州，尾接太行，南跨芮城、平陸，北連解州安邑及臨晉、夏縣、聞喜之境，《禹貢》：『壺口、雷首』，即是山也。……《括地志》：『雷首山延長數百里，隨州郡而異名，一名中條山，一名首陽山，又有蒲山、歷山、薄山、襄山、甘棗山、渠豬山、獨頭山、陑山、吳山之名。』」

因為中條山在軍事上具有重要的阻礙作用，故被稱為「嶺（領）阨」。

《史記》卷 68〈商君列傳〉載商鞅謂秦孝公曰：「魏居領阨之西，都安邑，與秦界河而獨擅山東之利。利則西侵秦，病則東收地。」《索隱》注「領阨」曰：「蓋即安邑之東，山領險阨之地，即今蒲州之中條已東，連汾晉之嶮巇也。」

外敵若從南邊渡河來攻，只能穿越山脈中間幾條峽谷通道，如虞

坂、白徑等道；因為地勢險峻，守方占有極大的優勢，而進攻者很難由此進入盆地。

《資治通鑑》卷151梁武帝大通元年（527）十月，「正平民薛鳳賢反，宗人薛修義亦聚眾河東，分據鹽池，攻圍蒲坂，東西連結以應（蕭）寶夤。詔都督宗正珍孫討之」。結果，「守虞坂不得進」。胡三省注：「虞坂，即《左傳》所謂顛軨，在傅巖東北十餘里，東西絕澗，於中築以成道，指南北之路，謂之軨橋。橋之東北有虞原，上道東有虞城，其城北對長坂二十餘里，謂之虞坂。《戰國策》曰：『昔騏驥駕鹽車上虞坂，遷延不能進』，正此處也。」

2. 王屋山

《山西通志》卷31〈山川考一〉曰：「王屋山，在垣曲縣東北六十里，《禹貢》所謂『底柱、析城，至於王屋』也。山西接中條，南通濟瀆，東北與析城連麓，周百三十里，沇水之所潛源，即濟水也，在河南濟源縣。或亦以垣曲之教水為沇水矣。」這條山脈東連太行，西接中條，是晉南豫北的一大名山，屬於中條山的分支，位於今河南省濟源縣西北，今山西省垣曲、陽城二縣之間，是濟水的發源地。其得名據傳是因為「山有三重，其狀如屋」[026]。王屋山與中條山在垣曲縣交接，有路自河內（今河南濟源市）沿黃河北岸西經軹關至垣曲（今山西垣曲縣古城鎮），再北逾王屋山麓，經皋落鎮至聞喜縣含口鎮（今絳縣冷口），到達涑水上游，從而進入運城盆地。

王屋山區及其東至軹關的道路崗巒重疊，林木繁茂，崎嶇難行，便於守兵的阻擊，而對進攻一方尤為不利。如武定四年（546）高歡圍攻玉

---

[026] 《讀史方輿紀要》卷49〈河南四·懷慶府·濟源縣〉「王屋山」條。

壁，命令河南守將侯景經齊子嶺進攻邵郡（今山西垣曲古城鎮）。西魏名將楊領兵抵禦，「景聞至，斫木斷路者六十餘里，猶驚而不安，遂退還河陽」。[027]

3. 晉原（峨嵋原）

河東地區的北部，汾河、澮河以南，是中條山的分支——峨嵋臺地，又稱峨嵋原、峨嵋坡、峨嵋山、晉原、清原。它地勢高昂，面積寬闊，東起曲沃、絳縣之交的紫金山（古稱絳山），向西延伸，歷侯馬、聞喜、新絳、稷山、萬榮、河津，至黃河畔後南下，抵達臨猗和永濟、運城兩市的北界[028]，綿延百餘公里，地跨十一縣市，是著名的黃土大原。峨嵋臺地及其北麓的澮河與汾河下游河段構成了天然防禦屏障，北方之敵如沿汾河河谷南下，至河曲（今侯馬市及曲沃、新絳縣境）即受到峨嵋原的阻隔，只能穿過狹窄的聞喜隘口（今聞喜縣禮元鎮附近）進入運城盆地的北端，容易受到守兵的截擊。

聞喜隘口以西的臺地，分布有稷山（或稱稷王山、稷神山，海拔1,279公尺）、介山（今孤峰山，海拔1,411公尺），其間亦有峽谷通道可達盆地北部。敵軍由此入侵，通常要在新絳西南的玉壁渡過汾水，南行。守軍若在此地築城戍備，也能夠依託險要的地勢阻擋來犯之敵。如西魏王思政、韋孝寬先後鎮守玉壁，以孤城及數千人馬兩次擊退了高歡的二十萬大軍。

---

[027]　《周書》卷34〈楊㯹傳〉。
[028]　《讀史方輿紀要》卷41〈山西三・平陽府・絳州〉：「峨眉山，在州南十里，《志》云：『山迤邐連聞喜、夏、猗氏、臨晉、榮河諸界，西抵黃河，東抵曲沃西境，亦曰峨眉坡，亦曰峨眉原，即中條之坡阜也。』」《大清一統志》卷155〈絳州一〉：「峨嵋嶺，在州南二十里，稷山縣南四十里，聞喜縣北三里，形如峨嵋，亦曰峨嵋山，亦曰峨嵋坡，亦曰峨嵋原，迤邐安定、猗氏、萬泉、臨晉、榮河諸縣，亦曰晉原，亦曰清原，⋯⋯東自曲沃紫金山，西至黃河，高下險夷，土間有石。」

而河東的軍隊如果占據了峨嵋原，對汾河以北之敵就有居高臨下的優勢。如《山西通志》卷 31〈山川考一〉引《聞喜縣志》曰：「峨嵋嶺在縣北三里，由鳳凰原而北，迤邐漸高，行二十餘里，四圍皆為平原，即晉原也，晉城在焉。又北數里，下瞰絳州，其廣五十餘里。」

歷史上，河東軍隊若屯兵原上，即便於向汾北之敵發動進攻。例如《左傳》宣公十五年載，「晉侯治兵於稷，以略狄土，立黎侯而還」。這裡所說的「稷」，就是峨嵋臺地的稷山，見《讀史方輿紀要》卷 41〈山西三·平陽府·絳州〉：「稷神山，縣南五十里，隋因以名縣。《水經注》：『山下有稷亭，《春秋》宣十五年，晉侯治兵於稷，以略狄土』者也。」

三、道路四達的交通樞紐

司馬遷曰：「夫三河在天下之中，若鼎足，王者所更居也。」河東的地理位置處於東亞大陸的核心，水道旱路四通八達，便於和相鄰地域的往來。其境內的汾河、涑水河古時均可航行舟船，入河溯渭，溝通秦晉兩地。運城盆地處在幾條道路交會的中心，北過絳州、平陽、晉陽，即可直達代北。東走垣曲道，逾王屋山，穿過軹道及太行山南麓，便進入華北平原。南由茅津（今山西平陸）或封陵（今山西風陵渡）渡河，經豫西走廊東出崤函，就是號稱「九朝古都」的洛陽；西越桃林、華下，又能進入關中平原。還可以從西境的龍門（今山西河津）、蒲坂（今山西永濟）等地渡河入秦。交通條件的便利，不僅使河東商旅薈萃，貿易發達，而且便於軍隊調遣，有助於向各個方向的兵力活動。顧祖禹在《讀史方輿紀要·山西方輿紀要序》中談到山西形勢特點時，曾強調河東作為交通樞紐區域的重要作用。「於南則首陽、底柱、析城、王屋諸山，濱河而錯峙；

第二章　地理縱覽：河東區域的特徵與優勢

又南則孟津、潼關，皆吾門戶也。汾、澮縈流於右，漳、沁包絡於左，則原隰可以灌注，漕粟可以轉輸矣。且夫越臨晉、溯龍門，則涇、渭之間，可折箠而下也。出天井，下壺關，邯鄲、井陘而東，不可以唯吾所向乎？」

北朝後期，政治軍事鬥爭的地域表現主要有二，首先是東西對抗的形勢重現，形成了關西宇文氏與關東（山東）高氏軍事集團的對峙。其次是晉陽——並州的策略地位日益重要。東魏的實際統治者高歡雖將國都由洛陽遷至鄴城，但又在晉陽屯駐重兵，設定大丞相府處理政務，以該地為霸府別都，以至於在北方中原形成了鄴城、晉陽和長安三個政治中心鼎足而立的局面。河東適在三地之中，占據了許多關塞津渡，既控制和威脅著東西方陸路交通的兩條幹線——晉南豫北通道和豫西通道[029]，又扼守著黃河、汾河水路與聞喜隘口，阻擋了晉陽之師南下關中平原的幾處途徑，故在軍事上處在極為有利的位置。

由於豫西、晉南豫北通道兩條幹線的幾處關鍵路段被河東所控制，在東西對峙交戰當中，占領它的一方在軍事地位上極為有利，既能從多條路線出兵來攻擊對手，又可以帶給敵人的兵力活動很大的困難，使它們無法將軍隊順利投送到對手的心腹要地——政治、經濟重心所在的關中或河洛、冀南平原。下面對河東地區的交通情況分別敘述。

---

[029] 魏晉南北朝時期，連繫東、西方（山東、山西）兩大經濟區域的陸路幹線，主要有兩條：甲、豫西通道從關中平原沿渭水南岸東行，過華陰，入桃林、崤函之塞，穿越豫西的丘陵山地，經洛陽、虎牢、滎陽至管城（今河南鄭州），到達豫東平原。由於河東與豫西通道的西段隔河相望，能夠對這一區域施加重要的影響。可以從黃河北岸的風陵、洇津、陝津遣兵南渡，截斷或利用這一通道。乙、晉南豫北通道由渭水北岸的臨晉（今陝西大荔）東渡黃河，溯涑水河道而上，穿越運城盆地，至聞喜含口折向東南，過橫嶺關，逾王屋山而至垣曲，再經齊子嶺、軹關（今河南濟源西北）穿過太行山南麓與黃河北岸之間的狹長走廊，便進入河內所在的豫北冀南平原。走廊的西端為軹關，其東段有修武、獲嘉、武陟、臨清關。

三、道路四達的交通樞紐

（一）東去河洛

由運城盆地出發，可以通過黃河北岸的道路抵達河洛平原，主要路線是王屋道或稱東道、垣曲道、軹關道。是從盆地北部涑水河上游的含口（今絳縣冷口鎮）東南行，過橫嶺關，經過皋落（今山西垣曲縣皋落鄉），穿越王屋山區而抵達邵郡治所垣曲縣陽胡城（今垣曲縣東南古城鎮）；再東經齊子嶺、軹關（今河南濟源西北），而進入河內郡界。河內郡屬懷州（今河南沁陽），由該地南渡孟津，可以直抵洛陽，是其在黃河北岸的門戶。或由河內北上天井關，進入上黨地區；或東過臨清關（今河南獲嘉）而趨鄴城，進入河北平原。

嚴耕望在《唐代交通圖考》第一卷第171頁考證王屋道曰：

唐代志書，絳州「東南至東都，取垣縣王屋路四百八十里」。蓋即上考之軹關道。絳州至垣縣之行程尚可稍詳考之。蓋略循洮水河谷而上，經含口，又循清水河谷而下，至皋落故城（今有皋落鎮），又四十里至垣縣故城，又二十里至垣縣（今垣曲）。

第172頁：

今日汽車道自絳縣東經橫嶺關、皋落鎮，至垣曲縣，又東行經王屋鎮，濟源縣，至沁陽，蓋即略循此古道而建者。

這條道路出現甚早，春秋前期晉獻公向外擴張，就派太子申生進攻皋落，力圖控制該道。《左傳》閔公二年：「晉侯使太子申生伐東山皋落氏。」楊伯峻注曰：「東山皋落氏，赤狄別種，今山西省垣曲縣東南有皋落鎮，當即故皋落氏地。」晉文公勵精圖治，為了出兵中原，與楚國爭霸，亦利用了這條道路。

《史記》卷39〈晉世家〉載文公二年，「三月甲辰，晉乃發兵至陽樊，圍溫，入襄王於周。……周襄王賜晉河內、陽樊之地」。晉國由此占領

太行山南麓、黃河北岸的策略要地——（修武）南陽。文公此行，就是經過皋落到陽樊（今河南濟源縣南）而進入中原的。據《國語·晉語四》記載，文公為了開發東道，曾經「行賂於草中之戎與麗土之狄」。西元前633年，晉軍再經此道伐曹、衛以解宋圍，遂與楚師決戰於城濮，獲勝後成為諸侯霸主。東道出兵便利，此後近百年間，晉軍多次由此出師至中原，與楚、齊等國爭奪霸權。

嚴耕望先生曾云：「軹關在河陽西北，為太行八陘之南起第一陘，自戰國時代已為秦國出兵山東之要道。……是軹關陘為太行八陘之最南者。此陘在歷史上極有名，《史記·蘇秦傳》說趙曰：『秦下軹道，則南陽危。』又蘇代稱秦正告魏之詞曰：『我下軹，道南陽，封冀，包兩周。』此南陽指太行之南、黃河以北，即漢之河內而言，非漢之南陽郡也；此軹道乃漢河內郡軹道，非長安東郊之軹道也。」[030]他在《唐代交通圖考》中列舉了多條魏晉南北朝時期軹關通行往來的史料，來證明該地係軍道要衝，且為河內趨河東之首途。「是由河陽西北經軹關、齊子嶺，為入周境之要道。大略仍戰國以來之故道也。」[031]

北魏後期戰亂頻仍，故在陽胡城建立邵郡，藉以加強對這條道路的控制。參見《魏書》卷69〈裴延俊附慶孫傳〉載正光末年，汾州吐京群胡聚黨作逆，「（慶孫）從軹關入討，……乃深入二百餘里，至陽胡城。朝廷以此地被山帶河，衿要之所，肅宗末，遂立邵郡，因以慶孫為太守。」

宇文氏與高氏交戰時，也屢次派遣偏師經王屋道進攻河內。

---

[030] 嚴耕望：《唐代交通圖考》第一卷，第168頁。「中央研究院」歷史語言研究所專刊第八十三，1985年。以下引該書不再注明出處。
[031] 同上，第170頁。

《周書》卷 34〈楊㩳傳〉：及齊神武圍玉壁，別令侯景趣齊子嶺。㩳恐入寇邵郡，率騎禦之。景聞㩳至，斫木斷路者六十餘里，猶驚而不安，遂退還河陽。

《周書》卷 34〈楊㩳傳〉：保定四年，遷少師。其年，大軍圍洛陽，詔㩳率義兵萬餘人出軹關……

《周書》卷 29〈劉雄傳〉：（建德）四年，從柱國李穆出軹關，攻邵州等城，拔之。以功獲賞。

《北史》卷 59〈李賢附穆傳〉：（建德）四年，武帝東征，令穆別攻軹關及河北諸縣，並破之。後以帝疾班師，棄而不守。

此外，由蒲津南下繞過風陵堆，可以沿黃河北岸、中條山脈的南麓向東而行，經芮城、平陸而至垣曲古城，與王屋道匯合後再東出齊子嶺。

（二）西通關中

河東通往關中平原的道路主要有兩條：

1. 涑水道（蒲津道）

沿運城盆地內部的涑水河道而下，或乘舟，或在沿岸陸行，到達河曲的蒲津（今永濟市西南蒲州鎮）後，渡河自對岸臨晉（今陝西大荔縣朝邑鎮東）登陸，即可進入渭北平原，經陸路前往長安。這條道路在先秦時期即成為連繫東西方交通的紐帶，而且很早就在渡口架設浮橋。《左傳》昭西元年（前541）記載，春秋時秦公子鍼出奔於晉，從車千乘，曾經「造舟於河，十里舍車，自雍及絳」。楊伯峻對此注曰：

《爾雅·釋水》郭璞注：造舟，「比船為橋。」邢昺疏：「比船於水，加版於上，即今之浮橋。」《元和郡縣志》：「同州朝邑縣橋，本秦後子奔

晉造舟於河，通秦、晉之道。」唐之朝邑縣即今陝西大荔縣東之朝邑廢縣治。……雍，秦國都，今陝西鳳翔縣。絳，晉國都，今侯馬市。[032]

《史記》卷5〈秦本紀〉亦載昭王五十年（前257）「初作河橋」。《史記正義》注曰：「此橋在同州臨晉縣東，渡河至蒲州，今蒲津橋也。」秦始皇統一天下後出巡關東，返回時，也曾由上黨經河東首府安邑至蒲津，渡河抵臨晉後而歸咸陽[033]。關中人眾若由此處東渡蒲津，可以溯涑水而上，經聞喜、正平北去晉州（今山西臨汾）、晉陽。或走王屋（垣曲）道遠赴河內。長安至臨晉、蒲津的道裡行程，嚴耕望先生曾予以詳細考述：長安正東微北至同州二百五十里，其行程蓋有南北兩道。北道由長安北渡渭水七十里至涇陽縣（今縣），東北至三原、富平、奉先（即今蒲城縣），東至同州治所馮翊縣（今大荔）。南道由長安東行至東渭橋，過橋至高陵縣，又東，沿渭水北岸至櫟陽（古縣，今鎮），東至下邽縣（今下邽鎮）、潼縣（今鎮），又東渡洛水至馮翊（今大荔）。

同州南行三十二里有興德宮，置興德驛。又渡渭水興德津至華陰縣，接長安、洛陽大驛道。州東北行至龍門渡河，為通太原之另一道。同州當河中之衝途，為通太原之主線。

李晟曰：「河中抵京師三百里，同州制其衝。」是也。其行程，州東三十五里至朝邑縣（今縣），當置驛。縣東三十步有古大荔國故王城，縣西南二里有臨晉故城，皆為自古用兵會盟之重地。又東約三十里至大河，有蒲津，乃自古臨晉、蒲坂之地，為河東、河北陸道而入關中之第一鎖鑰。故建長橋，置上關，皆以蒲津名。河之兩岸分置河西（今平民縣？）、河東縣（今永濟），夾岸置關城，西關城在河西縣東二里，東關城在河東縣西二里，河之中渚置中潬城。河橋連鎖三城，如河陽橋之制。[034]

---

[032] 楊伯峻：《春秋左傳注》第四冊，中華書局1980年版，第1,214頁。
[033] 《史記》卷6〈秦始皇本紀〉二十九年。
[034] 嚴耕望：《唐代交通圖考》第一卷，第98～100頁。

三、道路四達的交通樞紐

涑水道的黃河東岸渡口蒲津，又名蒲反、蒲坂、蒲坂津、蒲津關，在山西省永濟市西南蒲州鎮，傳說曾為舜都，春秋屬晉，戰國屬魏，秦建蒲坂縣，曹魏——北周時為河東郡治所。其地當河曲衝要，為交通陝、晉、豫三省之控扼樞紐，其得失對於關西、關東兩地爭雄的政治勢力影響甚鉅，策略形勢極為重要。東方之敵欲奪關中，往往先要力爭蒲津，藉此來打開門戶。而關中集團進兵中原，也經常採取攻占蒲津，再由河東北上晉陽，或東出河北，或南下伊洛平原。故唐朝名相張說在《蒲津橋贊》中稱讚其為：「隔秦稱塞，臨晉名關，關西之要衝，河東之輻湊，必由是也。」[035] 清人胡天遊也在《蒲州府形勝論》中曾列舉歷代戰例，總結並讚賞了蒲津在古代戰爭史上的重要地位：

蒲為郡，被河山之固，介雍、豫之交。方春秋戰國時，詭諸得之以強其國，重耳得之以抗秦，魏斯得之而雄三晉者也。以山西論之，則為並、汾之外戶而障其南；以大勢論之，則為關中、陝洛之樞而扼其要。故蒲之所繫重矣。以自北而西南者言之，劉淵陷蒲坂，則晉之洛陽危；金婁室破河中，宋關、陝不能守。以自秦、豫而北者言之，前則赫連屈子攻蒲坂，拓跋為之震動；後則宇文泰取秦州，因得略定汾、絳，而高氏晉州始岌岌以就亡。蓋形者居要，所謂得之者雄。……天寶之亂，安祿山據兩京，郭子儀謂河東據二京間，得之則二京可復。金末完顏伯嘉上言曰：「中原之有河東，猶人之有肩背。河東保障關陝，此必爭之地，若使他人據之，則河津以南、太行以西皆不足恃。」

顧祖禹在《讀史方輿紀要》卷 39 中，亦將蒲津列為山西首座重險，並陳述了春秋以來該地在軍事上的重要作用：

蒲津關在平陽府蒲州西門外黃河西岸，西至陝西朝邑縣三十五里。《左傳》文公二年「秦伯伐晉，濟河焚舟」，即此處也。又昭元年「秦公子針奔晉，造舟於河」，通秦、晉之道也。戰國時魏置關於此，亦曰蒲坂

---

[035] 《全唐文》卷 226。

第二章　地理縱覽：河東區域的特徵與優勢

津，亦曰夏陽津。《秦紀》：「昭襄王十五年初作河橋。」司馬貞曰：「為浮橋於臨晉關也。」漢王二年東出臨晉關，至河內擊虜殷王卬。三年，魏王豹反，韓信擊之，魏盛兵蒲坂，塞臨晉。信益為疑兵，陳船欲渡臨晉，而從間道襲安邑，虜豹，遂定魏地。景帝三年七國反，吳王濞反書曰：「齊諸王與趙王定河間、河內，或入臨晉關，咸與寡人會於洛陽。」武帝元封六年立蒲津關，蓋設關官以譏行旅。後漢建安十六年，曹操西擊馬超、韓遂，與超等夾潼關而軍，操潛遣徐晃、朱靈度蒲阪津，據河西為營。徐晃謂操：「公盛兵潼關，而賊不復別守蒲津，知其無謀也。」既而操從潼關北渡，遂自蒲坂度西河，循河為甬道而南，大破超軍。晉太元十一年慕容永等自長安而東，出臨晉至河東。又符丕使其相王永傳檄四方，會兵臨晉討姚萇、慕容垂。後魏孝昌三年蕭寶寅據關中，圍馮翊未下，長孫稚等奉命討之。至恆農，楊侃謂稚曰：「潼關險要，守禦已固，無所施其智勇。不如北取蒲坂，渡河而西，入其腹心，置兵死地，則華州之圍不戰自解，潼關之守必內顧而走。支節既解，長安可坐取也。」稚從之，寶寅由是敗散。……

與蒲津隔河相望的西岸渡口臨晉，本名大荔，為戎王所據；秦得之後曾「築高壘以臨晉國」，故改為臨晉，位於今陝西大荔縣朝邑鎮東。戰國初年，魏國曾一度越河占有此地，商鞅強秦後又將其奪回。該渡口處於晉南豫北通道的西端，是關中平原的門戶，故《戰國策·齊策六》載即墨大夫謂齊王曰：「夫三晉大夫皆不便秦，……王收而與之百萬之眾，使收三晉之故地，即臨晉之關可以入矣。」

戰國秦漢之間，臨晉亦多次成為關中與山東勢力爭奪與會盟之所，錢穆《史記地名考》「臨晉」條六記云：「魏文十六，伐秦，築臨晉元裡。秦惠文王十二，與魏王會臨晉。魏哀十七，與秦會臨晉。秦武三，與韓惠王會臨晉。漢王從臨晉渡，下河內。漢王還定三秦，渡臨晉。……」由此也能證明臨晉、蒲津與涑水道對於古代交通的顯著影響。

2. 汾水道

或稱「龍門道」。龍門即禹門口，是黃河東岸的另一處重要古渡口，在今山西省河津市西北和陝西省韓城市東北 30 公里處，傳說為大禹治水時所開鑿。

《水經注》卷 4〈河水〉引《魏土地記》：「梁山北有龍門山，大禹所鑿，通孟津河口，廣八十步，巖際鐫跡，遺功尚存。」黃河流至此地，兩岸峭壁對峙，形如闕門；驚濤激浪，巨流湍急。而出龍門口後，河道變寬，便一瀉千里。龍門以下數百里，兩岸數十里沙灘間，洲渚密布，淺灘及分流層出不窮，多有淤沙蛇陷之厄。「故黃河自龍門以下數百里之河道，均無一處理想適宜之渡口；而龍門口以東，又恰為汾水盆地交通之要衝，故龍門口遂成秦晉兩地古今馳名之渡口。」[036]

古代汾河下游可以通航，春秋時期，秦國都雍（今陝西鳳翔），在渭河中游；晉國都絳（今山西侯馬），在汾河支流澮河流域；船隻順澮、汾而下，可以經龍門附近的汾河口駛入黃河，轉入渭河，進入關中平原。西元前 647 年，晉國遭受饑荒，求救於秦，「秦於是乎輸粟於晉，自雍及絳相繼」。史稱「泛舟之役」，就是利用了這一段水道，見《左傳》僖公十三年。北朝時期，汾河水運仍在進行。《魏書》卷 110〈食貨志〉載三門都將薛欽上言：「汾州有租調之處，去汾不過百里，華州去河不滿六十，並令計程依舊酬價，車送船所。」

由正平（今山西新絳）沿汾河北岸的陸路西行，過高涼（今山西稷山），至龍門峽谷口渡河，登陸後南下即為夏陽（今陝西韓城市東南）。《通典》卷 173〈同州‧馮翊郡〉「韓城」條曰：「古韓國謂之少梁。漢為夏陽縣。有梁山，……有韓原，即《左傳》『秦晉戰於韓原』是也。有龍門

---

[036]　嚴耕望：《唐代交通圖考》第一卷，第 109 頁注。

第二章　地理縱覽：河東區域的特徵與優勢

山，即禹導河至於龍門是也。魚集龍門，上即為龍，皆在此。龍門城在縣東北，極嶮峻。又有龍門關，後周分為郃陽及今縣。」過夏陽後進入渭北平原，即可南下咸陽、長安。

關中之旅由夏陽東渡，對岸是汾陰故城，有著名的后土祠，岸邊津渡稱為汾陰渡或后土渡，可供舟楫來往。東漢建武初年，鄧禹領兵自汾陰渡河入夏陽，即由此處。西魏大統三年（537），高歡率師自晉陽南下，「將自后土濟」[037]，也是企圖經此進入關中。由汾陰東北行，渡過汾水，即至龍門縣。

《元和郡縣圖志》卷12〈河東道一‧絳州〉曰：「龍門縣，古耿國，殷王祖乙所都，晉獻公滅之以賜趙夙。秦置為皮氏縣，漢屬河東郡。後魏太武帝改皮氏為龍門縣，因龍門山為名，屬北鄉郡。」由此沿汾水北岸東行，至稷山、正平，亦可北去晉州（今臨汾）、太原。由龍門縣南渡汾水，沿大河東岸南行，過汾陰後，即進入運城盆地。

龍門津渡自先秦以來多有征戰，西元前645年，晉惠公西向伐秦，與穆公之師戰於韓原。戰國前期，魏國又渡河占據少梁，以此作為據點擴張勢力，建立了西河郡。至秦惠王八年（前330），「魏納河西地。九年，渡河，取汾陰、皮氏」[038]。秦不僅收復了少梁，還由此地渡河攻占了對岸的兩處城市。楚漢戰爭期間，魏豹據河東以反漢，韓信在臨晉聚集船隊，虛張聲勢，將敵軍吸引在蒲坂，暗地調兵由夏陽乘木罌潛渡，襲擊安邑成功，一舉殲敵。《資治通鑑》卷108東晉太元二十一年，載後秦主姚興遣將攻西燕河東太守柳恭，恭臨河據守，不能下。姚興乃禮聘汾陰薛強為將，「引秦兵自龍門濟，遂入蒲坂」。北魏太和二十一年（497），孝文帝自代北返途經龍門時，曾遣使祭祀大禹，並置龍門鎮於此。

---

[037]　《周書》卷2〈文帝紀下〉。
[038]　《史記》卷5〈秦本紀〉。

三、道路四達的交通樞紐

孝昌二年（526），孝明帝又以薛修義為守將，領精兵常駐龍門。永熙三年（534）東西魏分裂，高歡破潼關，屯華陰，龍門都督薛崇禮歸降。東魏先後派遣將軍薛循義、賀蘭懿等率眾渡河，占據西岸渡口的要塞楊氏壁。次年（535），守將賀蘭懿等見形勢不利，棄楊氏壁逃歸，龍門兩岸津渡即為西魏占領[039]。周武帝天和二年（570），斛律光犯汾北，圍定陽；北周齊國公宇文憲領兵二萬自龍門渡河，收復數座城池。

（三）南向崤函

這條道路在新安、宜陽以西的部分又稱「崤函道」，崤函道的西段（陝縣至潼關）與河東只有黃河一水之隔，河東之南，逾中條山、黃河而與豫西的崤函山區相對，那裡是古代關中與華北平原交通連繫的陸路主道——豫西通道的艱險地段，古稱崤函道。河東師旅如果在蒲津、龍門西渡受阻，或是王屋道東行不暢的情況下，還可以從南面的風陵渡、茅津（大陽津）或竇津等處渡河，經崤函道西行進入關中；或是東越崤山，進入洛陽盆地，再東去華北大平原。但是中條逶迤，黃河洶湧，其間可以逾涉之途徑主要有二：一是中條山脈南北通道；二是黃河北岸渡口。

1. 中條山脈南北通道

由運城盆地南越中條山脈的通道有：

■（1）虞坂（巔軨）道

《太平寰宇記》卷46〈河東道七‧解州安邑縣〉曰：「中條山，在縣南二十里。其山西連華嶽，東接太行山，有路名曰『虞坂』。」這條道路在盆地中心城市安邑（今鹽湖區）之南，翻越山脈後即達河北郡治河北縣

---

[039]　《周書》卷35〈薛端傳〉。

(今平陸)，與陝州（今三門峽市）隔河相對，縣南之陝津（大陽津）可渡。通道的山北原上有古虞城，扼守長坂，相傳為虞舜所築，以故得名。該地在《左傳》中稱為「顛（巔）軨」，是因為中途有山澗橫絕，被人用土築成通道，名為軨橋的緣故。古代河東池鹽多用車載經此道運往中原，由於路途艱險，車重難以攀登，因此產生了「騏驥駕鹽車上虞坂，遷延不能進」的寓言故事。

《水經注》卷4〈河水〉：

河水又東經大陽縣故城南。……河水又東，沙澗水注之。水北出虞山，東南經傅巖，歷傳說隱室前，俗名之為聖人窟。孔安國《傳》：傅說隱於虞、虢之間，即此處也。傅巖東北十餘里，即巔軨坂也。《春秋左傳》所謂入自巔軨者也。有東西絕澗，左右幽空窮深，地塹中則築以成道，指南北之路，謂之軨橋也。……橋之東北有虞原，原上道東有虞城，堯妻舜以嬪於虞者也。……其城北對長坂二十許里，謂之虞坂。戴延之曰：自上及下，七山相重。《戰國策》曰：昔騏驥駕鹽車上於虞坂，遷延負轅而不能進，此蓋其困處也。橋之東北山溪中，有小水西南注沙澗，亂流經大陽城東，河北郡治也。沙澗水南流注於河。

《資治通鑑》卷152梁武帝中大通二年（528）正月載長孫稚曰：「然今薛修義圍河東，薛鳳賢據安邑，宗正珍孫守虞坂不得進，如何可往？」胡三省注：

《水經注》曰：「虞坂，即《左傳》所謂巔軨，在傅巖東北十餘里，東西絕澗，於中築以成道，指南北之路，謂之軨橋。橋之東北有虞原，上道東有虞城，其城北對長坂二十餘里，謂之虞坂。《戰國策》曰：昔騏驥駕鹽車上虞坂，遷延不能進，正此處也。」

嚴耕望先生曾對這條路線的道裡行程作過考證：「其道由陝州北渡大陽津，東北十七里至河北縣，天寶元年更名平陸（今縣東北十五里）。又

東北蓋略循沙澗水谷而上,經傅巖四十五里至軨橋,即古巔軨坂,當沙澗水,東西絕澗幽空,窮深地墊,中間築以成道,通南北之路,故有軨橋之名。又東北十餘里至虞城,在虞原上,大道之東,虞仲所封,所謂北虞,即晉國假道於虞以伐虢者也。城北山道向上及下七山相重二十許里,謂之虞坂,地極險峻,故古人以騏驥駕鹽車上虞坂為困境之譬。下坂,西北行三十二里至安邑縣(今縣);下坂,東北行蓋四十二里至夏縣(今縣)。由安邑、夏縣北經絳州、晉州至太原府,此為南北交通之一重要孔道。」[040]

■(2)白陘(徑)道

這條路線在虞坂道之西,以途經白陘嶺而得名,《大清一統志》解州卷山川目「白陘嶺」條載:「嶺在州東南十五里,跨安邑、平陸二縣界,中條之別嶺也。」這條路線自解縣(今運城市)東南越中條山脈之白陘嶺,由今平陸縣西北抵陝津,又稱「石門道」,是古代池鹽外運的另一條通道。《水經注》卷6〈涑水〉載「澤南面層山,天巖雲秀,地谷淵深,左右壁立,間不容軌,謂之石門。路出其中,名之曰白徑,南通上陽,北暨鹽澤」。《元和郡縣圖志》卷12〈河東道一‧河中府〉「解縣」條云:「通路自縣東南逾中條山,出白徑,趨陝州之道也。山嶺參天,左右壁立,間不容軌,謂之石門,路出其中,名之白徑嶺焉。」《讀史方輿紀要》卷41〈山西三‧平陽府‧解州〉曰:「白徑嶺,在州東南十五里,中條山之別嶺也,路通陝州大陽津渡。《志》云:由檀道山陡徑出白徑嶺趨陝州,即石門百梯之險也。唐至德二載郭子儀復河東,賊將崔乾祐走安邑,復自白徑嶺亡去。」

---

[040] 嚴耕望:《唐代交通圖考》第一卷,第164頁。

2. 黃河北岸渡口

自運城盆地南越中條山脈後，即到達黃河北岸，舟楫往來的主要渡口從東向西排列有以下幾處：

■（1）陝津

古稱茅津、茅城津、大（太）陽津，其北岸渡口在今山西平陸縣西南故茅城南，該地古時又有「大陽」之稱，以故得名。

《水經注》卷4〈河水〉曰：「河北對茅城，故茅亭，茅，戎邑也。《公羊》曰：『晉敗之大陽者也。津亦取名焉。』《春秋》文公三年，『秦伯伐晉，自茅津濟，封殽屍而還』是也。東則咸陽澗水注之，水出北虞山南，至陝津注河，河南即陝城也。昔周、召分伯，以此城為東、西之別，東城即虢邑之上陽也。……」《資治通鑑》卷94東晉咸和三年八月，「（劉）膺濟自大陽，攻石生於金墉」。胡三省注：「大陽屬河東郡。應劭曰：『在大河之陽，故曰大陽。』《唐志》，陝州陝縣有大陽故關，春秋之茅津也。」

南岸渡口即在陝縣（今河南三門峽市）之北。陝津是古代黃河最為重要的渡口之一。其原因有二：首先，陝縣為豫西通道西段的交通樞紐，是殽山南北二道的交會之處，由此地可以西通函谷、潼關，直赴關中；或東去新安，或東南赴宜陽，越殽函山區而抵達伊洛平原；因此自古即為晉豫交通之重要碼頭。

其次，該處河床較窄，僅寬七十餘丈，便於涉渡來往。《元和郡縣圖志》卷6〈河南道二·陝州陝縣〉曰：「太陽橋，長七十六丈，廣二丈，架黃河為之，在縣東北三里。貞觀十一年，太宗東巡，遣武侯將軍丘行恭營造。」

三、道路四達的交通樞紐

　　由於陝津溝通晉豫兩地，故很早即成為兵家覬覦之所。西周末年，犬戎攻破鎬京，殺幽王。虢國隨平王東遷，定居於陝，分眾據守黃河南北，史稱南虢、北虢。《漢書》卷28上〈地理志上〉曰：「北虢在大陽。」大陽也稱下陽，《春秋·僖公二年》載：「虞師、晉師滅下陽。」杜預注：「下陽，虢邑也。在河東大陽縣。」王先謙《漢書補注》曰：「陝（縣）與大陽夾河對岸，故有上陽、下陽之分，亦有南虢、北虢之稱，實一虢也。」西元前658年，晉獻公假道於虞（今平陸縣境），經巔軨道逾中條山脈而攻占虢之下陽；西元前655年晉軍又渡河克上陽，虢公醜奔京師雒邑，國亡。事見《左傳》僖公二年、五年。

　　西元前624年，秦穆公渡河伐晉，「晉人不出，遂自茅津渡，封殽屍而還」[041]。魏晉南北朝戰爭頻繁，茅津屢為黃河南北軍隊往來所涉渡，地位顯著，北周曾於此設大陽關，以守護津要。見《元和郡縣圖志》卷6〈河南道二·陝州陝縣〉：「太陽故關，在縣西北四里，後周大象元年置，即茅津也。」

■ (2) 洷（竇）津

　　故址在今山西芮城縣南，對岸碼頭在今河南靈寶縣西北。「洷」或作「竇」、「鄋」，傳說漢武帝微服出行，遇辱於竇氏之肆，為其妻解困，後將津渡賜於竇婦，以故得名。但經酈道元考證，應是由於河北渡口在洷水流入黃河之處的緣故。《水經注》卷4〈河水〉：

　　　門水又北經弘農縣故城東，城即故函谷關校尉舊治處也。……其水側城北流而注於河。河水於此有洷津之名。說者咸云漢武微行柏谷，遇辱竇門，又感其妻深識之饋，既返玉階，厚賞賚焉，賜以河津，令其鬻渡，今竇津是也。……於按河之南畔夾側水有津，謂之洷津。河北縣有

---

[041] 《左傳·文公三年》。

第二章　地理縱覽：河東區域的特徵與優勢

洰水，南入於河，河水故有洰津之名，不從門始。蓋事類名同，故作者疑之。竹書《穆天子傳》曰：「天子自寘軨，乃次於洰水之陽。丁亥，入於南鄭。」考其沿歷所蹠，路直斯津，以是推之，知非因門矣。

又見《元和郡縣圖志》卷6〈河南道二・陝州靈寶縣〉：「洰津，在縣西北三里。隋義寧元年置關。貞觀元年廢關置津。」

《讀史方輿紀要》卷41〈山西三・平陽府・芮城縣〉「洰泉」條：「縣東北三十五里，出中條山，南入大河。一名洰澤，其入河處謂之洰津渡，達河南靈寶縣。《郡志》云：洰津一名寶津，亦名陌底渡，在芮城縣東南四十里王邨。」

嚴耕望亦考證云：「洰津道者，陝州西南靈寶縣（今縣，《民國地圖集》作故縣 34° 45N 110° 50E）之西北三里有洰津（今渡），亦為大河津渡之要，隋末曾置關。蓋由此北渡河至芮城，又北逾山至涑水流域也。」[042] 洰津的地位及作用不如陝津，但是在兩岸交兵時，人們多注重陝津的防守，進軍的一方往往會出其不意，從被人忽視的洰津渡過黃河。例如，東漢建安十年（205）河東豪強衛固割據該郡，曹操委派杜畿為太守赴任，「（衛）固等使兵數千人絕陝津，畿至不得渡」。而杜畿虛張聲勢，「遂詭道從郖津度」，[043] 平定了這場叛亂。北魏正平二年（452）六月，劉宋派遣「龐萌、薛安都寇弘農，……八月，冠軍將軍封禮率騎二千從洰津南渡，赴弘農。」[044]

■（3）風陵渡

在今芮城縣風陵渡鎮南，地當黃河彎曲處，其北有風陵堆山，渡口與天險潼關隔岸相對，北去蒲津約三十公里，為河東、關中之間要衝。

---

[042]　嚴耕望：《唐代交通圖考》第一卷，第173頁。
[043]　《三國志》卷16〈魏書・杜畿傳〉。
[044]　《魏書》卷4下〈世祖紀下〉。

《水經注》卷 4〈河水〉曰:「(潼)關之直北,隔河有層阜,巍然獨秀,孤峙河陽,世謂之風陵,戴延之所謂風堆者也。南則河濱姚氏之營,與晉對岸。」嚴耕望曰:「兩軍對岸立營,正見為一津渡處。」又見《元和郡縣圖志》卷 2《華州華陰縣》:「潼關……上躋高隅,俯視洪流,盤紆峻極,實謂天險。河之北岸則風陵津,北至蒲關六十餘里。」《元和郡縣圖志》卷 12〈河東道一‧河中府‧河東縣〉:「風陵堆山,在縣南五十五里。與潼關相對。……風陵故關,一名風陵津,在縣南五十里。」

春秋時此地即築有羈馬城(陽晉),是秦晉交兵爭奪的要鎮[045]。風陵渡之所以重要,是因為南面的潼關形勢險要,山東之師若欲經崤函道西進關中,容易在此受阻。如果出敵不意,北渡風陵後再由蒲津轉涉黃河,即可擺脫敵人主力,順利進入渭北平原。例如,建安十六年(211)八月,曹操西征關中,馬超、韓遂等擁兵十萬,於潼關嚴陣以待。曹操見難以踰越,便接受了徐晃的建議,命令他與朱靈領兵北渡風陵,再西渡蒲坂,先據河西為營;親率大軍再次由此途徑進入渭北。《三國志》卷 17〈魏書‧徐晃傳〉曰:「韓遂、馬超等反關右,遣晃屯汾陰以撫河東,賜牛酒,令上先人墓。太祖至潼關,恐不得渡,召問晃。晃曰:『公盛兵於此,而賊不復別守蒲坂,知其無謀也。今假臣精兵渡蒲坂津,為軍先置,以截其裡,賊可擒也。』太祖曰:『善。』使晃以步騎四千人渡津,作塹柵未成,賊梁興夜將步騎五千餘人攻晃,晃擊走之,太祖軍得渡,遂破超等。」

---

[045] 靳生禾、謝鴻喜:〈春秋戰略重鎮羈馬遺址考〉:「羈馬(陽晉)城,位於今芮城縣風陵渡西北匼河村北垣。……從大地形著眼,西、南瀕臨黃河,東接中條山,南控風陵,北禦蒲坂。從小地形看,古城處中條山前洪積扇,又經長期洪水沖刷切割,形成一個南北東三面為 30 公尺以上深溝,西瀕黃河的突兀高地。一軍守城,居高臨下,有弓有箭,河外之敵欲逾北犯、東進,都是不可想像的。……倘敵軍避開此城而由北面蒲津東渡北上,只要羈馬不失,敵軍將不敢盲目北犯。……城周至少 3,000 公尺,已屬『千丈之城』。」載《中國史研究》1991 年第 1 期。

第二章 地理縱覽：河東區域的特徵與優勢

曹操此戰勝利後，曾向諸將解釋了採取這項轉移行動的原因，事見《三國志》卷1〈魏書・武帝紀〉建安十六年九月：

關中平，諸將或問公曰：「初，賊守潼關，渭北道缺，不從河東擊馮翊而反守潼關，引日而後北渡，何也？」公曰：「賊守潼關，若吾入河東，賊必引守諸津，則西河未可渡，吾故盛兵以向潼關；賊悉眾南守，西河之備虛，故二將得擅取西河；引軍北渡，賊不能與吾爭西河者，以有二將之軍也。連車樹柵，為甬道而南，既為不可勝，且以示弱。渡渭為堅壘，虜至不出，所以驕之也；故賊不為營壘而求割地。吾順言許之，所以從其意，使自安而不為備，因畜士卒之力，一旦擊之，所謂疾雷不及掩耳，兵之變化，固非一道也。」

（四）北通晉陽

關中師旅從臨晉、蒲津渡河後，由河東北上山西高原的核心區域──晉陽所在的太原盆地，主要有兩條道路。

1. 桐鄉路

從蒲津沿涑水河谷東北而行，經過虞鄉、解縣、安邑，在聞喜縣境穿越峨嵋臺地，渡過汾河，到達正平（唐之絳州，今新絳縣）；至汾曲（今侯馬、曲沃縣境）沿汾河河谷北上，穿過臨汾盆地、靈石峽谷，抵達晉陽。此路之名稱可見《元和郡縣圖志》卷12〈河東道一〉載河中府「東北至絳州，取桐鄉路二百六十里」。《太平寰宇記》卷46〈河東道七〉載蒲州「東北至絳州，取桐鄉路二百六十五里」。之所以稱為「桐鄉路」，是因為中途經過桐鄉古城，可見《元和郡縣圖志》卷12〈河東道一・河中府絳州〉「聞喜縣」條：「桐鄉故城，漢聞喜縣也，在縣西南八里。」北周武帝在建德五年（576）出兵河東，北上伐齊，攻占重鎮晉州（平陽，今臨汾）

後，留梁士彥駐守，而將主力經此道南撤，命宇文憲率領，屯於涑水上游待命增援。參見《資治通鑑》卷172陳宣帝太建八年十一月：「周主使齊王憲將兵六萬屯涑川，遙為平陽聲援。」又見《周書》卷12〈齊煬王憲傳〉：

　　高祖又令憲率兵六萬，還援晉州。憲遂進軍，營於涑水。齊主攻圍晉州，晝夜不息。間諜還者，或云已陷。憲乃遣柱國越王盛、大將軍尉遲迥、開府宇文神舉等輕騎一萬夜至晉州。憲進軍據蒙坑，為其後援，知城未陷，乃歸涑川。

可見由涑水上游北接汾曲，是有一條能夠通行大軍的道路，連繫臨汾與運城兩座盆地。後來周武帝在晉州大敗齊師，乘勝北上，攻占了晉陽。

桐鄉路的道裡路程，嚴耕望先生曾做過詳細考證：

　　（桐鄉路）由河中府略循涑水南側東北行，約七十里至虞鄉縣（今縣），又三十里至解縣（今縣），又東北四十五里至安邑縣（今縣）。縣南東十八里有龍池宮，開元八年置。相近有蚩尤城。由縣東北經安邑故城，有青臺，上有禹廟，下有青臺驛。又北至桐鄉故城，去安邑約五十二里，即漢聞喜縣也。又北渡涑水八裡至聞喜縣（今縣）。又北六十里至絳州治所正平縣（今新絳），去河中二百六十里。[046]

2. 汾陰路

由蒲津沿黃河東岸北進，經北鄉郡（治汾陰，今萬榮縣榮河鎮）渡過汾水，到達龍門縣，再沿汾水北岸東行，至正平與桐鄉路匯合[047]。嚴耕望先生曾舉《資治通鑑》卷141的史事為例，說明這條道路在北魏時的使

---

[046]　嚴耕望：《唐代交通圖考》第一卷，第104頁。
[047]　嚴耕望：《唐代交通圖考》第一卷，第109頁。又蒲州沿大河東側北行三十五里至辛驛店，又四十里至粉店，又四十里至寶鼎縣（古汾陰，今榮河），又二十五里至秦村，又三十五里至新橋渡，渡汾水，又十六里亦至龍門縣。

用情況。「齊建武四年『三月己酉，魏主南至離石。……夏四月庚申，至龍門，遣使祀夏禹。癸亥，至蒲坂，祀虞舜。辛未，至長安。』是龍門至蒲坂才三日程，必直南行至蒲坂，不繞道也。」[048]

東魏天平二年（536）高歡領兵由晉陽南下，亦走汾陰路從龍門趨至蒲津，造浮橋渡河去攻打關中。《周書》卷2〈文帝紀下〉：「（大統）三年春正月，東魏寇龍門，屯軍蒲坂，造三道浮橋度河。又遣其將竇泰趣潼關，高敖曹圍洛州。」《資治通鑑》卷157梁武帝大同三年閏月，「東魏丞相歡將兵二十萬自壺口趣蒲津，使高敖曹將兵三萬出河南」。

隋煬帝大業十三年（617），李淵起兵太原，進攻長安，亦由絳州至龍門，分軍西渡黃河占領韓城，而自率大兵經汾陰至河東，又由蒲津渡河到朝邑，走的也是這條路線[049]。

日僧圓仁所著《入唐求法巡禮行記》，亦載開元五年（717）他從五臺山出發，沿山西南北主要驛路幹線，經由今定襄、忻州、太原、清徐、文水、汾陽、孝義、靈石、霍縣、趙城、洪洞、臨汾、稷山、龍門、萬榮、永濟，過黃河蒲津關而入京畿道河西縣境，再經朝邑縣、同州抵達長安。

綜上所述，河東地區土厚水深，物產豐富；又有山河陵原環繞，易守難攻，水旱道路四通八達，因此具有重要的策略地位。在北朝後期東西對抗的形勢下，河東的位置處於長安、太原、洛陽、鄴城等政治重心區域之間，在兼併戰爭當中，占領該地的一方會獲得明顯的優勢，或能禦敵於國門之外，或能朝幾個方向出兵進攻，從而掌握了作戰的主動權；故而備受各方君主將帥之矚目。

---

[048]　同上書，第110頁。
[049]　《資治通鑑》卷184隋煬帝大業十三年。

第三章
東西魏對峙下的軍事情勢

　　北魏王朝分裂以後，東亞大陸形成三大政治軍事集團對峙的局面。如杜佑所言：「自東、西魏之後，天下三分，梁陳有江東，宇文有關西，高氏據河北。」[050] 南朝的經濟雖較為富庶，但是由於門閥政治的腐朽，軍事力量相當衰弱，故僅對東西魏的鬥爭作壁上觀，未能乘機大舉興師來奪取中原。侯景之亂以後，江南殘破，更加無力北進，直到臨近高齊滅亡之際，才出兵收復了淮南。

一、東、西魏初年的國力對比

　　高歡執政的東魏政權，占據了淮河以北、晉陝邊境黃河及潼關、商洛山地以東的中原大部分地區，控制著當時中國人口最密集、經濟文化最發達的黃河下游區域。據《周書》卷6〈武帝紀下〉記載，後來北齊投降時，「合州五十五，郡一百六十二，縣三百八十五，戶三百三十萬二千五百二十八，口二千萬六千八百八十六」。東魏在綜合國力方面（領土、經濟、人口、兵力之總括）要比西魏強大得多，如《北齊書》卷8〈後主紀論〉所言，東魏、北齊的國境「西苞汾、晉，南極江、淮，東盡海隅，北漸沙漠，六國之地，我獲其五，九州之境，彼分其四。料甲兵之眾寡，校帑藏之虛實，折衝千里之將，帷幄六奇之士，比二方之優劣，

---

[050] 《通典》卷171〈州郡一·序目上〉。

第三章　東西魏對峙下的軍事情勢

無等級以寄言」。在軍事力量方面，東魏初年的高歡掌握著一支數量遠勝於對手的鮮卑人馬，從他幾次出征的情況來看，除了留守部隊，還可以出動 20 萬左右兵眾。

《北齊書》卷 2〈神武帝紀下〉載天平元年（534）六月高歡上表於魏孝武帝曰：「臣今潛勒兵馬三萬，擬從河東而渡；又遣恆州刺史厙狄干、瀛州刺史郭瓊、汾州刺史斛律金、前武衛將軍彭樂擬兵四萬，從其來違津渡；遣領軍將軍婁昭、相州刺史竇泰、前瀛州刺史堯雄、并州刺史高隆之擬兵五萬，以討荊州；遣冀州刺史尉景、前冀州刺史高敖曹、濟州刺史蔡儁、前侍中封隆之擬山東兵七萬、突騎五萬，以徵江左。」天平四年（537）「十月壬辰，神武西討，自蒲津濟，眾二十萬」。超過對方兩倍以上，完全處於優勢狀態。

西魏僅占有關西區域，當地的農業經濟從魏晉以後屢經戰亂破壞，早已失去往日的繁華，遠沒有東魏統治的河北、山東發達。北魏末年，關隴地區爆發了莫折念生、萬俟醜奴領導的農民大起義，其間還有蕭寶夤發動的叛亂。義師和北魏官軍作戰數年，互有勝負，一場大戰往往死傷數萬，甚至十餘萬人[051]，還有雙方攻掠城鄉所進行的大肆殺戮，致使原有「天府之國」美稱的關中平原屍骸遍地，百業凋零。如《魏書》卷 106〈地形志〉所稱：「孝昌之際，離亂尤甚。恆代而北，盡為丘墟；崤潼已西，煙火斷絕；……於是生民耗減，且將大半。」

宇文泰擁立元寶炬、建立西魏政權後，他掌握的領土、人口、軍隊遠比東魏為少，經濟資源也差得很多。故高澄對西魏被俘將領裴寬說：「卿三河冠蓋，材識如此，我必使卿富貴。關中貧狹，何足可依，勿懷異圖也。」[052] 後來北齊大臣盧叔虎請求出師伐周，亦言：「大齊之比關

---

[051] 《資治通鑑》卷 150 梁武帝普通六年正月條。
[052] 《周書》卷 34〈裴寬傳〉。

西，強弱不同，貧富有異，而戎馬不息，未能吞併，此失於不用強富也。」[053]

二、高歡採取的策略部署

在處於優勢狀態的情況下，高歡在東魏建國之初又實施了一系列軍事部署，進一步鞏固和加強自己的有利地位。

1. 進占崤函與河東

永熙三年（534）七月，宇文泰迎魏孝武帝入關，定都長安。高歡率師進入洛陽後，又領兵向西追擊魏孝武帝，順勢占領了崤函山區與河東，控制了壺口以下的龍門、蒲津、風陵、大陽等全部渡口，封鎖了豫西通道和晉南豫北通道，並占據了關中東出中原的首要門戶──天險潼關，將山東──關西這兩大經濟、政治區域的中間地帶（山西高原和豫西丘陵）悉數囊括。如《北齊書》卷2〈神武紀下〉所載：

神武尋至恆農，遂西克潼關，執毛洪賓。進軍長城，龍門都督薛崇禮降。神武退舍河東，命行臺尚書長史薛瑜守潼關，大都督厙狄履溫守封陵。

透過這次軍事行動，高歡一方面封堵了西魏東進中原的主要道路，又造成了對關中地區嚴重威脅的情勢。由於屯兵崤函、河東，他可以從幾個方向、多條道路向西魏出擊，形勢十分有利。儘管宇文泰在當年十月，「進軍攻潼關，斬薛瑜，虜其卒七千人，還長安」[054]。也只是稍微

---

[053]　《北齊書》卷42〈盧叔武傳〉。
[054]　《資治通鑑》卷156 梁武帝中大通六年（534）。

第三章 東西魏對峙下的軍事情勢

緩和了局勢；西魏未能奪回崤函、河東這兩處策略要地,並沒有從根本上改變被動不利的局面。

2. 遷都鄴城、重兵屯集晉陽

高歡在北魏末年統領重兵時,其根據地有兩座。一是冀州的渤海郡（治南皮,今河北省南皮北）、長樂郡（治信都,今河北冀縣）。普泰元年（531）,他率領六鎮兵民脫離爾朱兆,來到河北時,曾得到當地大族高氏、封氏的有力支持,成為他崛起的地方力量。二是并州的晉陽（今山西太原）,普泰二年（532）七月,高歡領兵擊敗爾朱兆、攻克晉陽後,看中了這塊形勢險要的「戎馬之地」,把它作為自己的政治、軍事基地。《資治通鑑》卷155載：「歡以晉陽四塞,乃建大丞相府而居之。」胡三省注曰：

太原郡之地,東阻太行、常山,西有蒙山,南有霍太山、高壁嶺,北陘東陘、西陘關,故亦以為四塞之地。

自此至於高齊建國,遂以晉陽為陪都。

後來他又在此修建晉陽宮,礪兵秣馬,還將六鎮兵民從河北遷徙回來,居住在晉陽周圍,藉以加強當地的防務和經濟建設。

上述兩地,是東魏立國的根本,命脈之所繫。如北齊文宣帝所稱：「冀州之渤海、長樂二郡,先帝始封之國,義旗初起之地。并州之太原,青州之齊郡,霸業所在,王命是基。」[055]

高歡在北伐爾朱兆之際,就曾考慮到洛陽屢受戰火摧殘,民生凋敝,如果繼續在此地建都,需要從山東轉運巨量的物資,負擔沉重,不如將首都遷到靠近經濟重心地區的鄴城,既便於補給,又靠近自己的河

---

[055] 《北齊書》卷4〈文宣帝紀〉天保元年六月詔。

二、高歡採取的策略部署

北根據地，有利於控制它。他臨行時向魏孝武帝提出遷都建議，但是未獲准許。「初，神武自京師將北，以為洛陽久經喪亂，王氣衰盡，雖有山河之固，土地褊狹，不如鄴，請遷都。」[056] 未獲孝武之允。此次西征歸來，高歡立元善見為帝，獨攬大權，而洛陽的西、南兩境又受到宇文氏和蕭梁的威脅，安全無法保障，他便下令將東魏的國都遷往鄴城，自己統率軍隊主力回到晉陽，居大丞相府以總攬政事。事見《北齊書》卷 2〈神武帝紀下〉天平元年十月：

> 魏於是始分為二。神武以孝武既西，恐逼崤、陝，洛陽覆在河外，接近梁境。如向晉陽，形勢不能相接，乃議遷鄴，護軍祖瑩贊焉。詔下三日，車駕便發，戶四十萬狼狽就道。神武留洛陽部分，事畢還晉陽。自是軍國政務，皆歸相府。

於是出現了並立的兩個政治中心，而晉陽因為屯集重兵，為高歡所親駐，其地位與作用均超過了鄴城。

3. 盡力在河西建立據點

高歡占領河東地區後，迅速派遣兵將西渡黃河，在對岸設定城壘，夾河據守，企圖控制兩岸渡口，藉此保障自己的軍隊能夠順利地渡河往來，隨時可以將兵力投入關中平原。其表現有二：

一是在蒲津西岸築城，並企圖奪取鄰近的要鎮華州（今陝西大荔）。《資治通鑑》卷 156 梁武帝中大通六年九月載，「（高）歡退屯河東，使行臺長史薛瑜守潼關，大都督庫狄履溫守封陵，築城於蒲津西岸，以薛紹宗為華州刺史，使守之。以高敖曹行豫州事」。

華州距離蒲津渡口僅數十里，是通往長安、潼關兩地的交通樞紐。

---

[056] 《北齊書》卷 2〈神武帝紀下〉天平元年六月。

第三章　東西魏對峙下的軍事情勢

高歡占據黃河西岸後，憑藉往來便利的條件，數次從蒲坂發兵偷襲華州，造成了西魏的關中防務極大的威脅。例如，大統元年（535）正月，東魏大將司馬子如率領竇泰、韓軌等進攻潼關，宇文泰帶兵屯於霸上待援。司馬子如卻出其不意，改由蒲坂渡河西進，乘華州守軍的懈怠，攻城幾乎得逞。《資治通鑑》卷157載其事：

> 子如與軌回軍，從蒲津宵濟，攻華州。時修城未畢，梯倚城外，比曉，東魏人乘梯而入。刺史王羆臥尚未起，聞外匈匈有聲，袒身露髻徒跣，持白梃大呼而出，東魏人見之驚卻。羆遂至東門，左右稍集，合戰，破之，子如等遂引去。

二是在龍門渡河，占領對岸的要塞楊氏壁。天平元年（534）十月，高歡追擊魏孝武帝不及，經河東返回洛陽，命令薛修義取道龍門西渡，招降西魏楊氏壁的守將薛崇禮。《北齊書》卷20〈薛修義傳〉：

> 武帝之入關也，高祖奉迎臨潼關，以修義為關右行臺，自龍門濟河。西魏北華州刺史薛崇禮屯楊氏壁，修義以書招之，崇禮率萬餘人降。

所謂「楊氏壁」，起初是關中大族華陰楊氏在十六國戰亂之時，於龍門渡口西岸建立的塢壁[057]。東魏控制該城後，雙方又展開反覆爭奪，幾番易手。據《周書》卷2〈文帝紀〉記載，直至大統三年（537）六月，宇文泰「遣儀同于謹取楊氏壁」，河西的這一據點才最後歸屬西魏。

4. 以河東為前線基地，頻頻進突破瓶頸中

東魏軍隊的主力在晉陽，由於控制了河東地區，南下征伐西魏甚為方便，可以依靠當地有利的地理條件左出右入，從蒲津或風陵——潼關

---

[057]　《資治通鑑》卷156梁武帝中大通六年十月胡三省注曰：「按《薛端傳》，楊氏壁在龍門西岸，當在華陰、夏陽之間，蓋華陰諸楊遇亂築壁以自守，因以為名。」

兩個策略方向直接威脅關中平原，使敵人顧此失彼。晉陽、鄴城的東魏軍隊如果南渡河陽，走崤函道進突破瓶頸中，需要克服豫西山地的重重險礙，人員、糧草執行不易。因此，沙苑之戰以前，東魏對關中的三次攻擊都是由晉陽南下，以河東為前線基地發動的。《資治通鑑》卷157梁大同元年(535)正月，「東魏大行臺尚書司馬子如帥大都督竇泰、太州刺史韓軌等攻潼關，魏丞相泰軍於霸上。子如與軌回軍，從蒲津宵濟，攻華州」。梁大同二年(536)十二月，「丁丑，東魏丞相歡督諸軍伐魏，遣司徒高敖曹趣上洛，大都督竇泰趣潼關」。「(三年正月)東魏丞相歡軍蒲坂，造三浮橋，欲渡河。……」閏九月，「東魏丞相歡將兵二十萬自壺口趣蒲津，使高敖曹將兵三萬出河南。……歡不從，自蒲津濟河」。《周書》卷2〈文帝紀下〉：「(大統)三年春正月，東魏寇龍門，屯軍蒲坂，造三道浮橋度河。又遣其將竇泰趣潼關，高敖曹圍洛州。」西魏警惕河東方向的入侵時，晉陽的東魏軍隊主力則乘其不備、襲擊陝北的城鎮，使其顧此失彼。《資治通鑑》卷157梁大同二年(536)正月，高歡自并州出擊，襲西魏夏州，破之。「留都督張瓊將兵鎮守，遷其部落五千戶以歸。」、「(西)魏靈州刺史曹泥與其婿涼州刺史普樂劉豐復叛降東魏，魏人圍之，水灌其城，不沒者四尺。東魏丞相歡發阿至羅三萬騎徑度靈州，繞出魏師之後，魏師退。歡率騎迎泥及豐，拔其遺戶五千以歸，以豐為南汾州刺史。」二月，「東魏丞相歡令阿至羅逼魏秦州刺史萬俟普，歡以眾應之」。四月，「魏秦州刺史萬俟普與其子太宰洛、豳州刺史叱干寶樂、右衛將軍破六韓常及督將三百人奔東魏，丞相泰輕騎追之，至河北千餘里，不及而還」。胡三省注：「河北，龍門、西河之北也。」

由此可見，高歡的軍事部署相當成功；憑藉優勢兵力與河東、崤函的重要樞紐位置，東魏在這一階段對西魏的作戰中頻頻出擊，完全占據了主動，使自己處在相當有利的地位之上。

第三章　東西魏對峙下的軍事情勢

第四章
弘農、沙苑之戰：
西魏的勝利與局勢重塑

一、西魏攻取弘農及河東數郡

　　西魏大統二年（536），關中遭受了嚴重的旱災，《資治通鑑》卷157載：「是歲，魏關中大飢，人相食，死者什七八。」引發了社會的動盪，「時關中大飢，徵稅民間穀食，以供軍費。或隱匿者，令遞相告，多被箠楚，以是人有逃散」[058]。為了擺脫糧食匱乏的困境和消除強敵壓境的威脅，宇文泰接受了宇文深進攻弘農的建議[059]。弘農郡治陝城（今河南三門峽市），該地位於崤函山區的樞要地點，是崤山南北二道的匯合之處，在北魏時期又築有屯儲漕糧的巨倉。攻占弘農，是一舉數得的好棋，既可以阻斷崤函道，北渡陝津進入河東；又能夠獲取屯糧，補給西魏軍隊與關中民眾的食用。

　　大統三年八月，宇文泰率李弼、獨孤信、梁御、趙貴、于謹、若干惠、怡峰、劉亮、王德、侯莫陳崇、李遠、達奚武等十二將東伐。至潼關誓師，宇文泰誡曰：「與爾有眾，奉天威，誅暴亂。唯爾士，整爾甲

---

[058]　《周書》卷18〈王羆傳〉。
[059]　《周書》卷27〈宇文深傳〉：「深又說太祖進取弘農，復克之。太祖大悅，謂深曰：『君即吾家之陳平也。』」

第四章　弘農、沙苑之戰：西魏的勝利與局勢重塑

兵，戒爾戎事，無貪財以輕敵，無暴民以作威。用命則有賞，不用命則有戮。爾眾士其勉之。」[060]

西魏大軍以于謹為前鋒，「至盤豆，東魏將高叔禮守險不下，攻破之。拔虜其卒一千」[061]。八月戊子，師至弘農。「東魏將高幹、陝州刺史李徽伯拒守。於時連雨，太祖乃命諸軍冒雨攻之。庚寅，城潰，斬徽伯，虜其戰士八千。」[062]

西魏攻占陝城之後，形勢迅速朝著有利的方向發展，其表現如下：

1. 補充了軍民用糧

據《周書》卷 2〈文帝紀下〉記載，宇文泰在占領該郡後曾將大軍留駐月餘，來補充給養。「是歲，關中饑。太祖既平弘農，因館穀五十餘日。」並把倉粟運往關內。直到高歡發動反攻時，宇文泰才將主力撤回，留下少數人馬駐守陝城，被東魏高昂（敖曹）包圍，存糧才停止了西運。見《北齊書》卷 26〈薛琡傳〉載其所言：「西賊連年饑饉，無可食啗，故冒死來入陝州，欲取倉粟。今高司徒已圍陝城，粟不得出。……」

2. 崤函歸附

黃河以南原先歸順東魏的地方豪強，又紛紛歸附西魏，使宇文泰未受損耗便控制了宜陽、新安所在的崤山南北二道。《周書》卷 2〈文帝紀下〉載大統三年八月，「於是宜陽、邵郡皆來歸附。先是，河南豪傑多聚眾應東魏，至是各率所部來降」。《周書》卷 43〈韓雄傳〉曰：「時太祖在弘農，雄至上謁。太祖嘉之，封武陽縣侯，邑八百戶。遣雄還鄉里，

---

[060]　《周書》卷 2〈文帝紀下〉。
[061]　《周書》卷 15〈于謹傳〉。
[062]　《周書》卷 2〈文帝紀下〉

更圖進取。雄乃招集義眾，進逼洛州。」《周書》卷43〈陳忻傳〉曰：「陳忻字永怡，宜陽人也。……魏孝武西遷之後，忻乃於辟惡山招集勇敢少年數十人，寇掠東魏，仍密遣使歸附。……（大統）三年，太祖復弘農，東魏揚州刺史段琛拔城遁走。忻率義徒於九曲道邀之，殺傷甚眾，擒其新安令張祇。太祖嘉其忠款，使行新安縣事。」《周書》卷43〈魏玄傳〉曰：「父承祖，魏景初中，自梁歸魏，家於新安。……自是每率鄉兵，抗拒東魏，前後十餘載，皆有功。」

3. 進占河東數郡

宇文泰攻占陝城後，又派賀拔勝領兵北渡黃河，追擒敵將高幹，並乘勢攻取了河北郡（今山西平陸）、邵郡（今山西垣曲縣古城鎮）等河東地區的南部、東部地段。《周書》卷2〈文帝紀下〉載大統三年八月宇文泰取弘農，「高幹走度河，令賀拔勝追擒之，並送長安」。《周書》卷34〈楊㯹傳〉曰：「時弘農為東魏守，從太祖拔之。然自河以北，猶附東魏。父猛先為邵郡白水令，與其豪右相知，請微行詣邵郡，舉兵以應朝廷，太祖許之。遂行，與土豪王覆憐等陰謀舉事，密相應會者三千人，內外俱發，遂拔邵郡。擒郡守程保及令四人，並斬之。」《資治通鑑》卷157梁大同三年（537）八月，載楊取邵郡後，「遣諜說諭東魏城堡，旬月之間，歸附甚眾。東魏以東雍州刺史司馬恭鎮正平，司空從事中郎聞喜裴邃欲攻之，恭棄城走，（宇文）泰以楊行正平郡事」。綜上所述，西魏在攻占弘農之後，迅速地擺脫了困境，改變了當時的策略情勢。它占領中條山南麓河谷與崤函地區，控制住風陵至三門的黃河兩岸，封鎖了豫西通道，擴展了防禦縱深地帶，使關中的防務得以鞏固。陝城倉粟的西運，也緩和了饑荒所帶來的危機。弘農戰役的這一區域性勝利，扭轉了政治、軍事形勢，使它開始朝著有利於西魏政權的方向發展。

第四章　弘農、沙苑之戰：西魏的勝利與局勢重塑

二、東魏的反攻與沙苑之戰

　　宇文泰取弘農後，崤函山區與河東等策略要地相繼淪陷，使東魏受到了沉重打擊，這是高歡無法接受的，因此他迅速地予以回應，親自率領大軍進行反攻。弘農在八月失陷，當年閏九月，「東魏丞相歡將兵二十萬自壺口趣蒲津，使高敖曹將兵三萬出河南」[063]。當時，宇文泰在弘農的將士不滿萬人，見高歡勢眾，便率兵入關，僅留下少數守軍，隨即被東魏高昂（敖曹）的部隊包圍。高歡大軍西渡黃河之前，屬下丞相右長史薛琡勸他採取緩兵之計，等待關中的饑荒進一步惡化，迫使宇文泰等投降，而不要貿然進軍。薛琡說：

> 西賊連年饑饉，無可食啖，故冒死來入陝州，欲取倉粟。今高司徒已圍陝城，粟不得出。但置兵諸道，勿與野戰，比及來年麥秋，人民盡應餓死，寶炬、黑獺自然歸降。願王無渡河也。[064]

　　大將侯景也勸高歡切勿投入全部主力，可以採取分兵進攻的策略，以相互支援，確保勝利。他說：「今者之舉，兵眾極大，萬一不捷，卒難收斂。不如分為二軍，相繼而進，前軍若勝，後軍合力；前軍若敗，後軍承之。」[065] 但是高歡自恃兵力強大，過於輕敵，想借西魏災亂匱乏之際而一舉獲得成功，便拒絕了兩人的建議，決定全力渡河西征。

　　高歡率軍在蒲津渡河後，直逼咸陽、長安的北邊門戶華州。宇文泰深知該地的重要，事先遣使告誡守將王羆加強防務。高歡兵臨城下時，見守備甚嚴，便打消了攻城的念頭，繞城而過，涉洛水後屯於許原之

---

[063]　《資治通鑑》卷157梁武帝大同三年（537）。又見《北齊書》卷2〈神武帝紀〉天平四年，「十月壬辰，神武西討，自蒲津濟，眾二十萬。周文軍於沙苑。神武以地陿少卻，西人鼓噪而進，軍大亂，棄器甲十有八萬，神武跨橐駝，候船以歸」。《周書》卷2〈文帝紀下〉記載為「齊神武懼，率眾十萬出壺口」。可能有誤。

[064]　《北齊書》卷26〈薛琡傳〉。

[065]　同上。

060

二、東魏的反攻與沙苑之戰

西。《周書》卷18〈王羆傳〉曰:「太祖以華州衝要,遣使勞羆,令加守備。羆語使人曰:『老羆當道臥,貆子安得過!』太祖聞而壯之。及齊神武至城下,謂羆曰:『何不早降?』羆乃大呼曰:『此城是王羆塚,生死在此,欲死者來!』齊神武遂不敢攻。」《周書》卷2〈文帝紀下〉載大統三年九月,「齊神武遂度河,逼華州。刺史王羆嚴守。知不可攻,乃涉洛,軍於許原西」。

宇文泰到達渭南後,向諸州徵兵,但都未及時趕到。他召集眾將商議,說:「高歡越山度河,遠來至此,天亡之時也。吾欲擊之何如?」[066] 認為當前正是殲滅強敵的大好時機。但是諸將都覺得眾寡不敵,請求等待高歡西進深入,根據形勢變化再作決定。宇文泰反對說:「歡若得至咸陽,人情轉騷擾。今及其新至,便可擊之。」[067] 便下令在渭水上建造浮橋,命軍士帶三日糧,以輕騎北渡渭水,輜重從渭南沿河向西撤退。

十月壬辰,宇文泰兵至沙苑(今陝西大荔南,洛、渭二水之間),距離東魏大軍六十餘里。由於兵力相差懸殊,諸將皆懼,宇文深獨來祝賀。宇文泰問其原因,他回答說:「高歡之撫河北,甚得眾心,雖乏智謀,人皆用命,以此自守,未易可圖。今懸師度河,非眾所欲,唯歡恥失竇氏,愎諫而來。所謂忿兵,一戰可以擒也。此事昭然可見,不賀何為。請假深一節,發王羆之兵,邀其走路,使無遺類矣。」[068] 宇文泰深以為然,遂決定在此地與敵人交戰。並派遣達奚武赴敵營偵察。「武從三騎,皆衣敵人衣服。至日暮,去營百步,下馬潛聽,得其軍號。因上馬歷營,若警夜者,有不如法者,往往撻之。具知敵之情狀,以告太祖。太祖深嘉焉。」[069] 於是掌握了東魏軍隊的詳細情況。

---

[066] 《周書》卷2〈文帝紀下〉。
[067] 《周書》卷2〈文帝紀下〉。
[068] 《周書》卷27〈宇文測附深傳〉。
[069] 《周書》卷19〈達奚武傳〉。

第四章　弘農、沙苑之戰：西魏的勝利與局勢重塑

高歡得知西魏主力來臨，便發兵前來會戰。宇文泰聞訊後召集諸將謀議，李弼建議說：「彼眾我寡，不可平地置陣。此東十里有渭曲，可先據以待之。」[070] 宇文泰接受後，「遂進軍至渭曲，背水東西為陣。李弼為右拒，趙貴為左拒。命將士皆偃戈於葭蘆中，聞鼓聲而起」[071]。申時，東魏軍隊趕到，都督斛律羌舉見渭曲地形複雜，主張不與敵軍交鋒，派遣奇兵直趨長安。他對高歡說：

> 黑獺舉國而來，欲一死決，譬如狷狗，或能噬人；且渭曲葦深土濘，無所用力，不如緩與相持，密分精銳徑掩長安，巢穴既傾，則黑獺不戰成擒矣。[072]

高歡不從，說：「縱火焚之，何如？」侯景反對說：「當生擒黑獺以示百姓，若眾中燒死，誰回信之！」將軍彭樂氣盛求戰，稱：「我眾賊寡，百人擒一，何憂不克！」[073] 得到了高歡的讚許，遂下令進兵。東魏軍隊望見西魏兵少，「爭進擊之，無復行列」[074]。宇文泰乘機奮力擊鼓，伏兵齊出，「于謹等六軍與之合戰，李弼等率鐵騎橫擊之，絕其軍為二隊，大破之」[075]。取得了沙苑之戰的勝利。

西魏在這場戰役裡戰果輝煌，「斬六千餘級，臨陣降者二萬餘人。齊神武夜遁，追至河上，復大克獲。前後虜其卒七萬。留其甲士二萬，餘悉縱歸。收其輜重兵甲，獻俘長安」[076]。都督李穆建議：「高歡破膽矣，速追之，可獲。」宇文泰不聽，還軍渭南，此時諸州援兵紛紛趕到，宇文泰下令於沙苑戰場每人植柳一棵，以紀念這次勝利，並表彰將士們的

---

[070]　《周書》卷2〈文帝紀下〉。
[071]　同上。
[072]　《資治通鑑》卷157 梁武帝大同三年（537）十月。
[073]　同上。
[074]　同上。
[075]　《周書》卷2〈文帝紀下〉。
[076]　《周書》卷2〈文帝紀下〉。

武功。由於沙苑之戰關係到西魏政權的生死存亡，將士凱旋還朝後，受到朝廷的重賞，宇文泰被封為柱國大將軍，李弼等十二員大將也都加官進爵，增封食邑。

高歡戰敗後，乘夜騎駱駝上船逃往黃河東岸，僅以身免。大將侯景請戰曰：「黑獺新勝而驕，必不為備，願得精騎二萬，徑往取之。」[077] 這本來是條殲敵良策，但是高歡徵求其妻婁妃的意見，婁妃卻反對說：「設如其言，景豈有還理！得黑獺而失景，何利之有！」[078] 高歡於是廢置了這項建議，使東魏失掉最後反敗為勝的機會。

三、沙苑之戰的歷史影響

沙苑之戰扭轉了東、西魏對峙交戰的局面，其影響是巨大的，表現在以下幾個方面。

1. 雙方的兵力差距顯著縮小

東魏在這次戰役中，「喪甲士八萬人，棄鎧仗十有八萬」[079]。人員和物資裝備的損失相當慘重，使其對西魏的軍事優勢明顯減弱了。而西魏不僅繳獲了大量兵甲器械，還俘虜了數萬敵軍，補充了自己的隊伍。此後，在兩國的交戰當中，西魏經常處於主動出擊的狀態，改變了過去隔河相持、防不勝防的被動局面。

---

[077]　《資治通鑑》卷157 梁武帝大同三年（537）十月。
[078]　同上
[079]　《資治通鑑》卷157 梁武帝大同三年（537）十月。

第四章　弘農、沙苑之戰：西魏的勝利與局勢重塑

2. 西魏全取河東，策略形勢轉為有利

沙苑戰後，西魏乘勝出兵，自蒲津東渡，由李弼主持圍攻河東郡治蒲坂，當地豪強紛紛歸順。如敬珍、敬祥「遂與同郡豪右張小白、樊昭賢、王玄略等舉兵，數日之中，眾至萬餘。將襲歡後軍，兵未進而齊神武已敗。珍與祥邀之，多所克獲。及李弼軍至河東，珍與小白等率猗氏、南解、北解、安邑、溫泉、虞鄉等六縣戶十餘萬歸附，太祖嘉之」[080]。

高歡逃歸晉陽之時，留下當地大族汾陰薛氏的將官薛崇禮鎮守蒲坂。「太祖遣李弼圖之，崇禮固守不下。」[081] 其族弟薛善見形勢不利，勸崇禮投降西魏未果，便開城歸順。事見《周書》卷35〈薛善傳〉：

善密謂崇禮曰：「高氏戎車犯順，致令主上播越。與兄悉是衣冠緒餘，荷國榮寵。今大軍已臨，而兄尚欲為高氏盡力。若城陷之日，送首長安，云逆賊某甲之首，死而有靈，豈不歿有餘愧！不如早歸誠款，雖未足以表奇節，庶獲全首領。」而崇禮猶持疑不決。會善從弟馥妹夫高子信為防城都督，守城南面。遣馥來詣善云：「意欲應接西軍，但恐力所不制。」善即令弟濟將門生數十人，與信、馥等斬關引弼軍入。

薛崇禮出逃，後被追獲。「丞相（宇文）泰進軍蒲坂，略定汾、絳，凡薛氏族預開城之謀者，皆賜五等爵。」[082] 不僅全部占領了河東重地，還奪取了汾水以北的正平（今山西新絳）、絳郡（今山西絳縣）及南汾州（今山西吉縣）等地，一度兵臨晉州（今山西臨汾市）城下[083]，在西、南兩面對東魏的霸府晉陽構成了嚴重威脅。

---

[080]　《周書》卷35〈薛善附敬珍傳〉。
[081]　《周書》卷35〈薛善傳〉。
[082]　《資治通鑑》卷157梁武帝大同三年（537）十月。
[083]　《資治通鑑》卷157梁武帝大同三年（537）十月：「……東魏行晉州事封祖業棄城走，儀同三司薛修義追至洪洞，說祖業還守，祖業不從；修義還據晉州，安集固守。魏儀同長孫子彥兵城下，修義開門伏甲以待之，子彥不測虛實，遂退走。丞相歡以修義為晉州刺史。」《北齊書》卷20〈薛修義傳〉：「沙苑之役，從諸軍退。還，行晉州事封祖業棄城走，修義追至洪洞，說祖業還守，而祖業不從，修義還據晉州，安集固守。西魏儀同長孫子彥圍逼城下，修義開門伏甲以待之，子彥不測虛實，於是遁走。」

3. 收復崤函，進取洛、豫二州

沙苑之戰勝利後，圍攻弘農的高昂被迫撤兵，退回洛陽。而宇文泰乘勢東徵，「遣左僕射、馮翊王元季海為行臺，與開府獨孤信率步騎二萬向洛陽；洛州刺史李顯趨荊州；賀拔勝、李弼渡河圍蒲坂，牙門將高子信開門納勝軍，東魏將薛崇禮棄城走，勝等追獲之。……初，太祖自弘農入關後，東魏將高敖曹圍弘農，聞其軍敗，退守洛陽。獨孤信至新安，敖曹復走度河，信遂入洛陽」[084]。《資治通鑑》卷157梁大同三年（537）十月亦載：

高敖曹聞歡敗，棄恆農，退保洛陽。獨孤信至新安，高敖曹引兵北渡河。信逼洛陽，洛州刺史廣陽王湛棄城歸鄴，信遂據金墉城。東魏潁州長史賀若統執刺史田迄，舉城降魏，（西）魏都督梁迥入據其城。前通直散騎侍郎鄭偉起兵陳留，攻東魏梁州，執其刺史鹿永吉。前大司馬從事中郎崔彥穆攻滎陽，執其太守蘇淑，與廣州長史劉志皆降於魏。偉，先護之子也。丞相泰以偉為北徐州刺史，彥穆為滎陽太守。

西魏軍隊的東征，取得了意想不到的赫赫戰果，繼獨孤信占領洛陽地區之後，十一月，大都督宇文貴等在潁川擊敗來犯的東魏軍隊，「是云寶殺其陽州刺史那椿，以州降（西）魏」[085]。韋孝寬又攻占了東魏的豫州（今河南汝南）。唯有郭鸞攻東魏東荊州刺史慕容儼不利，《資治通鑑》卷157記載，「時河南諸州多失守，唯東荊獲全」。

《通典》卷171〈州郡一·序目上〉曰：「當齊神武之時，與周文帝抗敵，十三四年間，凡四出師，大舉西伐，周師東討者三焉。自文宣之後，才守境而已。」如前所述，西魏初年局面不利，經常被動挨打。宇文泰占領河東、崤函後形勢發生扭轉，因為有這兩塊緩衝地帶阻隔，敵人無法

---

[084]　《周書》卷2〈文帝紀下〉大統三年十月。
[085]　《資治通鑑》卷157梁武帝大同三年（537）十一月。

第四章　弘農、沙苑之戰：西魏的勝利與局勢重塑

直接威脅關中。西魏只要做好這兩地的防衛，就可以禦敵於國門之外，確保首都與根據地的平安。後來高歡兩次出師攻打玉壁，均失利而還，未能進入河東。西魏在防禦時僅動用了當地的駐軍，並未損耗關中的主力即獲成功，就證明了這一點。

另外，河東、崤函兩地可以朝東、北、南等幾個策略方向用兵，這使西魏在進攻上占據了有利的地位。沙苑之戰後，宇文泰及其後繼者多次從兩地發動攻擊，基本上處於主動的情勢。在國勢弱於對手的情況下，取得交戰的主動權，這與河東、崤函兩處要樞的易手有著密切的連繫，而這些又都是弘農、沙苑之戰的勝利所帶來的。因此，古代的史家曾讚賞這兩次戰役對於北朝後期政治軍事形勢所發揮的重要作用，如李延壽在《北史》卷9〈周本紀上〉中說：「高氏藉甲兵之眾，恃戎馬之強，屢入近畿，志圖吞噬。及英謀電發，弘農建城濮之勳，沙苑有昆陽之捷，取威定霸，以弱為強。」

第五章
防務強化：西魏在河東的戰略部署

高歡在沙苑之戰失敗後，經過休整集結，於次年開始反攻。大統四年（538）二月，東魏大都督善無賀拔仁領兵圍攻南汾州（今山西吉縣），守將韋子粲投降。隨後，高歡便將把主攻方向放在河南，命大行臺侯景在虎牢整頓兵馬，將出師收復失地。西魏將軍梁迴、韋孝寬、趙繼宗等見形勢不利，放棄了潁州（今河南長葛東北）、汝南等城池，紛紛西歸。侯景進攻廣州（今河南襄城），聞西魏派援兵來救，遂遣行洛州事盧勇應敵。《資治通鑑》卷158載：

（盧勇）乃率百騎至大隗山，遇（西）魏師。日已暮，勇多置幡旗於樹顛，夜，分騎為十隊，鳴角直前，擒魏儀同三司程華，斬儀同三司王徵蠻而還。廣州守將駱超遂以城降東魏，丞相歡以（盧）勇行廣州事。

七月，東魏兵圍中原要樞洛陽，宇文泰與西魏文帝率眾來援。八月，雙方在邙山附近對陣，史稱「河橋之戰」。西魏軍隊先勝後敗，被迫放棄了洛陽地區，宇文泰退至弘農，留大將王思政鎮守，領主力撤回關中。

西魏此役失利後，在東線退守崤陝。崤函山區地形複雜，難以展開兵力，通行運輸亦有許多困難。豫西通道的西段路徑，「東自崤山，西至潼津，通名函谷，號曰天險」[086]。其間有新安、宜陽、陝縣、函谷、潼關等多座關隘，險要的地勢加上重兵防守足以使來犯者望而卻步，高

---

[086] 《元和郡縣圖志》卷6〈河南道二‧陝州‧靈寶縣〉。

第五章　防務強化：西魏在河東的戰略部署

歡若想經此地入侵關中，困難是相當大的。而河東逼近東魏的政治軍事重心——并州，從防禦的角度來說，這裡對高氏的腹心之地晉陽、河洛威脅很大。從進攻的情況來看，晉陽之師由汾水河谷南下攻擊河東較為便利，如果占據河東，則能從幾個渡口進入關中，對西魏構成了嚴重威脅。因此高歡在此後的數年內，對河東發動了幾次攻擊，力圖奪回這一策略要地。東魏在河東方向的軍事反攻，從小規模出兵收復南汾州以及東雍州、絳郡開始，到公元542～546年兩次出動大軍圍攻玉壁失敗而告終。受挫的主要原因，是由於西魏政權在占領河東以後，採取了一系列有效的政治、軍事措施，明顯地增強了河東的防禦能力。

一、選用河東、關隴士族出任軍政長官

（一）河東大姓

魏晉南北朝是門閥士族統治時期，這一階層雖有部分成員腐朽沒落，但是仍有許多人具備文武才能，掌握治國之術；又依靠封建依附關係，操縱著宗族鄉里的眾多民眾，是州郡的地頭蛇、土霸王，也是不可忽視的社會勢力。十六國北朝以來，入主中原的胡族統治者大多對其採取合作的態度，以換取他們的支持。宇文泰起兵時主要依靠部下的六鎮鮮卑，但是人數有限，因此不得不拉攏境內的各股漢族門閥勢力，以充實自己的統治力量。而河東士族自魏晉以來盤踞繁衍，曾多次擁兵割據，對抗朝廷。顧炎武曾說河東「其地重而族厚」。當地的大姓，「若解之柳，聞喜之裴，皆歷任數百年，冠裳不絕。汾陰之薛，憑河自保於石虎、苻堅割據之際，而未嘗一仕其朝。猗氏之樊、王，舉義兵以抗高歡

一、選用河東、關隴士族出任軍政長官

之眾。此非三代之法猶存,而其人之賢者又率之以保家亢宗之道,胡以能久而不衰若是!」[087]

西魏宇文泰在攻占河東前後,曾通知了許多當地豪族,並委派他們出任河東軍政長官,依賴他們的力量鞏固統治。例如他在弘農出兵渡河,攻打邵郡之際,藉助於大姓楊,連繫當地豪強裡應外合。見《周書》卷34〈楊㩄傳〉:「父猛先為邵郡白水令,與其豪右相知,請微行詣邵郡,舉兵以應朝廷。」奪取邵郡後,楊等人即上表奏請當地土豪王覆憐為郡守。

後來楊亦出任河東重職,歷任建州刺史、正平郡守、邵州刺史,統領一方,守禦邊境多有戰功。後來戰敗降敵,宇文氏政權考慮到他在當地的勢力和影響,並未懲罰其親屬。「朝廷猶錄其功,不以為罪,令其子襲爵。」

又如沙苑戰後,河東大族敬珍、敬祥兄弟率眾歸順西魏,使宇文泰得以順利占領了河東,事後亦對其大加封賞。見《周書》卷35〈薛善附敬珍傳〉:「及李弼軍至河東,珍與(張)小白等率猗氏、南解、北解、安邑、溫泉、虞鄉等六縣戶十餘萬歸附。太祖嘉之,即拜珍平陽太守,領永寧防主;(敬)祥龍驤將軍、行臺郎中,領相里防主,並賜鼓吹以寵異之。太祖仍執珍手曰:『國家有河東之地者,卿兄弟之力。還以此地付卿,我無東顧之憂矣。』」

另據記載,河東大姓被西魏政權委以重任,或在故鄉,或在朝內,為官者甚眾,這項政策一直延續到北周時期。略舉其例:

---

[087] 《亭林文集》卷5〈裴村記〉。

第五章 防務強化：西魏在河東的戰略部署

1. 聞喜裴氏

聞喜裴氏為河東第一大姓，其門下人才薈萃，文武兼濟[088]。北朝時期，它在政治上發揮過重要的影響，被統治者尊稱為「三河領袖」、「三河冠蓋」[089]。東西魏分裂後，聞喜裴氏中的許多人投奔了宇文泰，例如：

裴諏之東魏孝靜帝遷鄴後，諏之留在河南，「西魏領軍獨孤信入據金墉，以諏之為開府屬，號為『洛陽遺彥』。……遂隨西師入關」[090]。高歡聞知大怒，囚其兄弟裴讓之等，後因讓之申辯得力才被獲釋。事見《北齊書》卷35〈裴讓之傳〉：「第二弟諏之奔關右，兄弟五人皆拘繫。神武問曰：『諏之何在？』答曰：『昔吳、蜀二國，諸葛兄弟各得遂心，況讓之老母在，君臣分定，失忠與孝，愚夫不為。伏願明公以誠信待物，若以不信處物，物亦安能自信？以此定霸，猶卻行而求道耳。』神武善其言，兄弟俱釋。」

裴子袖北魏大臣裴延俊族兄聿之子，亦投關西，見《北史》卷38〈裴延俊附族兄聿傳〉。

裴寬、裴漢、裴尼《周書》卷34〈裴寬傳〉載：「裴寬字長寬，河東聞喜人也。祖德歡，魏中書郎、河內郡守。父靜慮，銀青光祿大夫，贈汾州刺史。」高歡領兵進逼洛陽，魏孝武帝入關之際，裴寬與諸弟商議

---

[088] 六朝時，聞喜裴氏在文化方面知名者甚多，如西晉裴秀之地圖學，裴頠著有唯物論思想的名篇〈崇有論〉；史學領域以裴松之的《三國志注》、裴駰的《史記集解》、裴子野的《宋略》（已佚）聞名。軍事方面，仕宦南朝領兵為將者有劉宋的裴方明，南齊的裴叔業、裴邃及其三子之高、之平、之橫，與陳朝的裴子烈、裴忌等人。《南史》卷58〈韋睿裴邃傳〉論稱：「韋、裴少年勵操，俱以學尚自立，晚節驅馳，各著功於戎馬。……二門子弟，各著名節，克荷隆構。『將門有將』，斯言豈曰妄乎。」

[089] 《魏書》卷45〈裴駿傳〉：「會世祖親討蓋吳，引見駿，駿陳敘事宜，甚會機理。世祖大悅，顧謂崔浩曰：『裴駿有當世才具，且忠義可嘉。』補中書博士。浩亦深器駿，目為三河領袖。」《周書》卷34〈裴寬傳〉：「……因傷被擒。至河陰，見齊文襄。寬舉止詳雅，善於占對，文襄甚賞異之。謂寬曰：『卿三河冠蓋，材識如此，我必使卿富貴。關中貧狹，何足可依，勿懷異圖也。』」

[090] 《北齊書》卷35〈裴讓之附弟諏之傳〉。

一、選用河東、關隴士族出任軍政長官

投奔西魏。前引《周書》本傳曰：

及孝武西遷，寬謂其諸弟曰：「權臣擅命，乘輿播越，戰爭方始，當何所依？」諸弟咸不能對。寬曰：「君臣逆順，大義昭然。今天子西幸，理無東面，以虧臣節。」乃將家屬避難於大石巖。獨孤信鎮洛陽，始出見焉。

裴寬在大統五年授都督、同軌防長史，加征虜將軍。大統十四年，他與東魏大將彭樂作戰被俘，齊文襄帝為了勸降，「因解鏁付館，厚加其禮」。裴寬在夜晚將臥氈裁碎作繩索，縋城而下，逃歸關中，深受宇文泰褒獎，他對群臣說：「被堅執銳，或有其人，疾風勁草，歲寒方驗。裴長寬為高澄如此厚遇，乃能冒死歸我。雖古之竹帛所載，何以加之！」[091]遂重加封賞，為孔城防主，遷河南郡守。保定元年，出為汭州刺史，與陳朝作戰被俘，卒於江南。

其弟裴漢、裴尼隨之入關，亦任要職。裴漢「大統五年，除大丞相府士曹行參軍，補墨曹參軍。……（天和）五年，加車騎大將軍，儀同三司」。裴尼「六官建，拜御正下大夫」[092]。

裴鴻為裴寬族弟，「少恭謹，有幹略，歷官內外。孝閔帝踐阼，拜輔城公司馬，加儀同三司。為晉公護雍州治中，累遷御正中大夫，進位開府儀同三司，轉民部中大夫。保定末，出為中州刺史、九曲城主。鎮守邊鄙，甚有捍禦之能。……天和初，拜鄴州刺史，轉襄州總管府長史，賜爵高邑縣侯」[093]。

裴俠字嵩和，父欣，任魏昌樂王府司馬、西河郡守。裴俠在北魏孝莊帝時任輕車將軍、東郡太守。後隨魏孝武帝入關，除丞相府士曹參

---

[091] 《周書》卷34〈裴寬傳〉。
[092] 《周書》卷34〈裴寬附漢、尼傳〉。
[093] 《周書》卷34〈裴寬附鴻傳〉。

第五章　防務強化：西魏在河東的戰略部署

軍。大統三年，裴俠「領鄉兵從戰沙苑，先鋒陷陣」[094]，作戰英勇以功進爵為侯。王思政鎮玉壁，以裴俠為長史。高歡圍攻玉壁，以書招降，王思政命裴俠起草回信，言辭壯烈。宇文泰讀後稱讚說：「雖魯連無以加也。」後除河北郡守等職。

裴果字戎昭，「祖思賢，魏青州刺史。父遵，齊州刺史」。北魏末至東魏初年任河北郡守，沙苑之戰後率宗族鄉黨歸順西魏，受到宇文泰嘉獎，頒賜田宅、奴婢、牛馬、衣服、什物等。後為西魏勇將，屢立戰功。《周書》卷36〈裴果傳〉載：

> 從戰河橋，解玉壁圍。並摧鋒奮擊，所向披靡。大統九年，又從戰邙山，於太祖前挺身陷陣，生擒東魏都督賀婁烏蘭。勇冠當時，人莫不嘆服。以此太祖愈親待之，補帳內都督，遷平東將軍。後從開府楊忠平隨郡、安陸，以功加大都督，除正平郡守。正平，果本郡也。以威猛為政，百姓畏之，盜賊亦為之屏息。

裴邃、裴文舉、裴邃之父裴秀業，曾任北魏中散大夫、天水郡守。裴邃亦被州裡推舉為官，「解褐散騎常侍、奉車都尉，累遷諫議大夫、司空從事中郎」[095]，後回歸鄉里。沙苑之戰前夕，東魏入寇河東，占領正平（今山西新絳）。裴邃率領聞喜鄉兵與之對抗，並設計奪取正平；西魏人馬反攻至河東時，得到了裴邃的大力支援，他因此獲得了宇文泰的嘉獎，被任命為正平郡守。

《周書》卷37〈裴文舉傳〉曰：「大統三年，東魏來寇，邃乃糾合鄉人，分據險要以自固。時東魏以正平為東雍州，遣其將司馬恭鎮之。每遣間人，煽動百姓。邃密遣都督韓僧明入城，喻其將士，即有五百餘人，許為內應。期日未至，恭知之，乃棄城夜走。因是東雍遂內屬。及

---

[094]　《周書》卷35〈裴俠傳〉。
[095]　《周書》卷37〈裴文舉傳〉。

李弼略地東境,遂為之鄉導,多所降下。太祖嘉之,特賞衣物,封澄城縣子,邑三百戶,進安東將軍、銀青光祿大夫,加散騎常侍、太尉府司馬,除正平郡守。」

裴邃去世後,其子文舉亦被任命官職,「大統十年,起家奉朝請,遷丞相府墨曹參軍」[096]。後遷威烈將軍、著作郎、中外府參軍事,並承襲父爵。「世宗初,累遷帥都督、寧遠將軍、大都督。……保定三年,遷絳州刺史。」[097]

2. 解縣柳氏

據史籍所載,受到西魏重用的有柳慶、柳帶韋、柳敏等人。其情況分述如下:

柳慶字更興,為解縣大族。其五世祖柳恭,在後趙時曾出任河東郡守。其父柳僧習,在北魏時擔任過北地、潁川兩郡太守,揚州大中正;柳慶則除中堅將軍。魏孝武帝西遷之前,曾任命柳慶為散騎侍郎,派他先行入關,通知宇文泰。「慶至高平見太祖,共論時事。太祖即請奉迎輿駕,仍命慶先還復命。」[098]

柳慶回到洛陽,孝武帝卻改變主張,欲遷往荊州,投奔軍閥賀拔勝。柳慶力陳西遷之利,說道:

關中金城千里,天下之強國也。宇文泰忠誠奮發,朝廷之良臣也。以陛下之聖明,仗宇文泰之力用,進可以東向而制群雄,退可以閉關而固天府。此萬全之計也。荊州地非要害,眾又寡弱,外迫梁寇,內拒歡黨,斯乃危亡是懼,寧足以固鴻基?以臣斷之,未見其可。

---

[096] 同上。
[097] 同上。
[098] 《周書》卷 22〈柳慶傳〉。

第五章　防務強化：西魏在河東的戰略部署

結果，孝武帝採納了他的意見。「及帝西遷，慶以母老不從。獨孤信之鎮洛陽，乃得入關。」[099] 先後出任相府東閣祭酒、領記室，戶曹參軍，大行臺郎中、領北華州長史，尚書都兵，雍州別駕，平南將軍，大行臺右丞、加撫軍將軍，民部尚書，驃騎大將軍，開府儀同三司，尚書右僕射，左僕射，並由於受寵而被賜姓宇文氏。

柳帶韋字孝孫，柳慶兄子。隨同其叔伯歸順西魏，被宇文泰任命為參軍。「魏廢帝元年，出為解縣令。二年，加授驃騎將軍、左光祿大夫。明年，轉汾陰令。發擿姦伏，百姓畏而懷之。」[100] 後入朝任大都督，驃騎大將軍、開府儀同三司。「凡居劇職，十有餘年，處斷無滯，官曹清肅。」[101]

柳敏字白澤，西晉太常柳純七世孫。父柳懿，北魏時車騎大將軍、儀同三司、汾州刺史。柳敏少時好學不倦，博涉經史及陰陽卜筮之術，文武俱備，負有盛名。北魏末年曾出任地方官員（河東郡丞）。大統三年，西魏占領河東後，柳敏歸順，深得宇文泰的賞識。《周書》卷32〈柳敏傳〉載：「及文帝克復河東，見而器異之，乃謂之曰：『今日不喜得河東，喜得卿也。』」

柳敏被徵拜為丞相府參軍事。「俄轉戶曹參軍，兼記室。每有四方賓客，恆令接之，爰及吉凶禮儀，亦令監綜。又與蘇綽等修撰新制，為朝廷政典。」[102] 後又接連升遷，並統領本鄉武裝。「遷禮部郎中，封武城縣子，加帥都督，領本鄉兵。俄遷大都督。」[103]

西魏廢帝元年（552），尉遲迥伐蜀，「以敏為行軍司馬，軍中籌略，

---

[099]　同上。
[100]　《周書》卷22〈柳慶傳〉。
[101]　同上。
[102]　《周書》卷32〈柳敏傳〉。
[103]　同上。

一、選用河東、關隴士族出任軍政長官

並以委之。益州平，進驃騎大將軍、開府儀同三司，加侍中，遷尚書，賜姓宇文氏」。[104] 孝閔帝即位後，柳敏進爵為公，又被任命為河東郡守。

3. 汾陰薛氏

在西魏出任要職的有薛端、薛善、薛憕、薛寘等人。

薛端字仁直，本名沙陀，後因「性強直，每有奏請，不避權貴。太祖嘉之，故賜名端，欲令名質相副」[105]。薛端為北魏雍州刺史、汾陰侯薛辨之六世孫，世代為河東大姓。高祖薛謹曾任泰州刺史、內都坐大官、涪陵公。曾祖薛洪隆曾任河東太守。北魏末年，司空高乾徵辟薛端為參軍，賜爵汾陰縣男。後來他看到天下大亂，居朝無所作為，且有性命之憂，便辭官返回鄉里。西魏國後，宇文泰命大都督薛崇禮鎮守龍門楊氏壁，薛端隨同前往。後楊氏壁被圍，薛崇禮投降東魏，薛端不從，率領宗族、家僮逃入石城柵固守，並設計收復楊氏壁，得到宇文泰的賞識和提拔，成為他身邊的一員勇將。「從擒竇泰，復弘農，戰沙苑，並有功」[106]，升為吏部尚書，賜姓宇文氏。「六官建，拜軍司馬，加侍中、驃騎大將軍、開府儀同三司，進爵為侯。」[107]

薛善字仲良，祖父薛瑚，曾任北魏河東郡守。父薛和，任南青州刺史。薛善在北魏末年任司空府參軍事，遷儻城郡守，轉鹽池都將。魏孝武帝西遷後，東魏控制河東，任命薛善為泰州別駕。沙苑之戰後，高歡敗歸晉陽，留薛善族兄薛崇禮守河東，被西魏大將圍困。薛善見形勢不利，勸崇禮投降未果，遂與親屬、門生開城歸順。「太祖嘉之，以善為

---

[104] 同上。
[105] 《周書》卷 35〈薛端傳〉。
[106] 《周書》卷 35〈薛端傳〉。
[107] 同上。

075

第五章 防務強化：西魏在河東的戰略部署

汾陰令。善幹用強明，一郡稱最。太守王羆美之，令善兼督六縣事。」[108]後被提拔為行臺郎中，黃門侍郎，又出任河東郡守，進驃騎大將軍、開府儀同三司，賜姓宇文氏。

薛善之弟薛慎亦出任丞相府墨曹參軍，負責講學進修事務。《周書》卷35〈薛善附慎傳〉載：「太祖於行臺省置學，取丞郎及府佐德行明敏者充生。悉令旦理公務，晚就講習，先《六經》，後子史。……又以慎為學師，以知諸生課業。」

薛憕字景猷，北魏普泰年間拜給事中，加伏波將軍。高歡擁眾干政後，薛憕與族人西入關中。《周書》卷38〈薛憕傳〉曰：

> 及齊神武起兵，憕乃東遊陳、梁間，謂族人孝通曰：「高歡阻兵陵上，喪亂方始。關中形勝之地，必有霸王居之。」乃與孝通俱遊長安。

後被宇文泰任命為記室參軍，征虜將軍、中散大夫，「魏文帝即位，拜中書侍郎，加安東將軍」。並參與制定朝廷儀制。

薛寘祖父薛遵彥，北魏時擔任過平遠將軍、河東郡守、安邑侯。父義曾任尚書吏部郎，清河、廣平二郡太守。薛寘曾為州主簿、郡功曹，又入朝為官，「稍遷左將軍、太中大夫」[109]。後隨魏孝武帝入關，封陽縣子，中軍將軍。後遷中書令、車騎大將軍、儀同三司。

（二）關隴大族

另外，西魏（北周）政權還委派了一些關隴大族人士，來擔任河東地區的軍政要職。例如：

---

[108] 《周書》卷35〈薛善傳〉。
[109] 《周書》卷38〈薛寘傳〉。

一、選用河東、關隴士族出任軍政長官

1. 杜陵韋氏

關中著名大姓。柳芳在論述南北朝族姓時曾說:「過江則為僑姓,王、謝、袁、蕭為大;東南則為吳姓,朱、張、顧、陸為大;山東則為郡姓,王、崔、盧、李、鄭為大;關中亦號郡姓,韋、裴、柳、薛、楊、杜首之。」[110] 杜陵韋氏在河東任要職者有:

韋孝寬《周書》卷31〈韋孝寬傳〉曰:「韋叔裕字孝寬,京兆杜陵人也,少以字行,世為三輔著姓。」跟隨宇文泰帳下,屢立戰功。「文帝自原州赴雍州,命孝寬隨軍。及克潼關,即授弘農郡守。從擒竇泰,兼左丞,節度宜陽兵馬事。仍與獨孤信入洛陽城守。復與宇文貴、怡峰應接潁州義徒,破東魏將任祥、堯雄於潁川。孝寬又進平樂口,下豫州,獲刺史馮邕。又從戰於河橋。」大統八年(542)轉為晉州刺史,鎮守河東要塞玉壁,曾抗擊高歡大軍圍攻,堅守六旬。

韋瑱「字世珍,京兆杜陵人也,世為三輔著姓。」[111] 跟隨宇文泰克復弘農,並參加了沙苑、河橋之戰。大統八年,高歡入侵河東,兵圍玉壁,韋瑱隨從宇文泰前往救援。「軍還,令瑱以本官鎮蒲津關,帶中潬城主。尋除蒲州總管府長史。」[112] 其子韋師,在北周時出任蒲州總管府中郎,行河東郡事。

2. 華陰楊氏

楊敷字文衍,大統元年(535)拜奉車都尉,後任帥都督、平東將軍,「天和六年,出為汾州諸軍事、汾州刺史,進爵為公」[113]。

---

[110] 《新唐書》卷199〈儒學傳中〉。
[111] 《周書》卷39〈韋瑱傳〉。
[112] 《周書》卷39〈韋瑱傳〉。
[113] 《周書》卷34〈楊敷傳〉。

3. 京兆王氏

　　王羆「字熊羆，京兆霸城人，漢河南尹王遵之後，世為州郡著姓。」[114] 曾被宇文泰任命為大都督、華州刺史，數次挫敗東魏軍隊的進攻。後調任河東太守，鎮守該地。大統七年（541），卒於鎮。

4. 安定梁氏

　　梁昕「字元明，安定烏氏人，世為關中著姓。」[115] 宇文泰迎魏孝武帝入關時，「昕以三輔望族上謁，太祖見昕容貌瑰偉，深賞異之。即授右府長流參軍。……從復弘農，戰沙苑，皆有功」[116]。後曾出任邵州刺史。

5. 隴西李氏

　　李遠字萬歲，曾從宇文泰徵竇泰，克復弘農，參加沙苑、河橋戰役，並有殊勳。大統三年十月，西魏占領河東後，任命他為該郡太守。《周書》卷25〈李賢附弟遠傳〉載：「時河東初復，民情未安，太祖謂遠曰：『河東國之要鎮，非卿無以撫之。』乃授河東郡守。」

6. 隴西辛氏

　　辛慶之「字慶之，隴西狄道人也，世為隴右著姓。」[117] 大統初年被任為車騎將軍，後遷衛大將軍、行臺左丞。西魏進占河東後，委任他鎮守鹽池，屢立戰功，後曾代行河東太守事務。見《周書》卷39〈辛慶之傳〉：

---

[114]　《周書》卷18〈王羆傳〉。
[115]　《周書》卷39〈梁昕傳〉。
[116]　同上。
[117]　《周書》卷39〈辛慶之傳〉。

一、選用河東、關隴士族出任軍政長官

時初復河東,以本官兼鹽池都將。四年,東魏攻正平郡,陷之,遂欲經略鹽池,慶之守禦有備,乃引軍退。河橋之役,大軍不利,河北守令棄城走,慶之獨因鹽池,抗拒強敵。時論稱其仁勇。六年,行河東郡事。九年,入為丞相府右長史。兼給事黃門侍郎,除度支尚書。復行河東郡事。

這些人既是西魏政權的統治基礎,與宇文氏有著共同利益;他們的親族又遠在後方,可以被利用作為人質,如有叛降,即會被殺,使其難有二心。由於家屬會受株連,在河東出任軍政長官的關隴人士多為忠心不二、寧死不降者,如韋孝寬以玉壁孤城抗高歡大軍,堅守數月,面對勸降慷慨陳詞:「孝寬關西男子,必不為降將軍也!」高歡將其姪韋遷「鎖至城下,臨以白刃,云若不早降,便行大戮。孝寬慷慨激揚,略無顧意」[118]。

又楊敷困守汾州,糧盡援絕,仍不肯降敵,「敷殊死戰,矢盡,為孝先所擒。齊人方欲任用之,敷不為之屈,遂以憂懼卒於鄴」[119]。

即使有個別降敵者,其親屬也會受到嚴懲,使他人心懷忧懼,不敢效仿。例如,宇文泰曾任命關中豪族韋子粲為南汾州刺史,鎮守汾北前線。後來東魏進攻該地,韋子粲投降,宇文泰即誅滅其族。事見《資治通鑑》卷158梁大同四年(538)二月,「東魏大都督善無賀拔仁攻魏南汾州,刺史韋子粲降之,丞相泰滅子粲之族」。《北齊書》卷27〈韋子粲傳〉亦曰:「初,子粲兄弟十三人,子姪親屬,闔門百口悉在西魏。以子粲陷城不能死難,多致誅滅,歸國獲存,唯與弟道諧二人而已。」其弟韋子爽逃亡隱匿,後至大赦時出首,仍被處以死刑。[120]

---

[118] 《周書》卷31〈韋孝寬傳〉。
[119] 《周書》卷34〈楊敷傳〉。
[120] 《周書》卷34〈裴寬傳〉:「時汾州刺史韋子粲降於東魏,子粲兄弟在關中者,咸已從坐。其季弟子爽先在洛,窘急,乃投寬。寬開懷納之。遇有大赦,或傳子爽合免,因爾遂出。子爽卒以伏法。」

第五章　防務強化：西魏在河東的戰略部署

二、發展經濟、緩和邊界局勢

宇文泰占領河東後，對當地的吏治非常重視，多次派遣賢臣循吏出任郡縣守令，安撫民眾，勸課農桑，修整戰備，很快就使那裡社會秩序安定，經濟形勢好轉，並增強了防禦力量。

《周書》卷25〈李賢附弟遠傳〉：

時河東初復，民情未安，太祖謂遠曰：「河東國之要鎮，非卿無以撫之。」乃授河東郡守。遠敦獎風俗，勸課農桑，肅遏姦非，兼修守禦之備。曾未期月，百姓懷之。太祖嘉焉，降書勞問。

《周書》卷37〈張軌傳〉：

（大統）六年，出為河北郡守。在郡三年，聲績甚著。臨人治術，有循吏之美。大統間，宰人者多推尚之。……軌性清素，臨終之日，家無餘財，唯有素書數百卷。

《周書》卷35〈裴俠傳〉：

裴俠字嵩和，河東解人也。……除河北郡守。俠躬履儉素，愛民如子，所食唯菽麥鹽菜而已。吏民莫不懷之。……去職之日，一無所取。民歌之曰：「肥鮮不食，丁庸不取，裴公貞惠，為世規矩。」俠嘗與諸牧守俱謁太祖。太祖命俠別立，謂諸牧守曰：「裴俠清慎奉公，為天下之最，今眾中有如俠者，可與之俱立。」眾皆默然，無敢應者。太祖乃厚賜俠。朝野嘆服，號為獨立君。

《周書》卷29〈王雅傳〉：

世宗初，除汾州刺史。勵精為治，人庶悅而附之，自遠至者七百餘家。保定初，更為夏州刺史，卒於州。

另一方面，由於西魏政權剛占領河東，統治尚未穩固，國力又略顯弱勢。如果和東魏（北齊）的邊界關係保持著緊張狀態，頻頻發生武裝衝突，一來消耗財物和人力，二來妨礙生產與社會的安定，不利於當地的建設與發展。因此，河東守境的地方長官往往採取友好態度，多次放回俘獲的東魏人士，以求緩和兩國的關係，保持邊境的和平。如《周書》卷27《宇文測傳》載：

（大統）六年，坐事免。尋除使持節、驃騎大將軍、開府儀同三司、大都督、行汾州事。測政存簡惠，頗得民和。地接東魏，數相鈔竊，或有獲其為寇者，多縛送之。測皆命解縛，置之飯店，引與相見，如客禮焉。仍設酒餚宴勞，放還其國，並給糧餉，衛送出境。自是東魏人大慚，乃不為寇。汾、晉之間，各安其業。兩界之民，遂通慶弔，不復為仇讎矣。時論稱之，方於羊叔子。

有人誣告宇文測交通敵國，心懷不軌。「太祖怒曰：『測為我安邊，吾知其無貳志，何為間我骨肉，生此貝錦。』乃命斬之。仍許測以便宜從事。」

這項政策至北周統治時期仍在奉行，並常常取得成效，使邊界上的衝突大大減少。如《周書》卷31〈韋孝寬傳〉載其出任勳州刺史時，「又有汾州胡抄得關東人，孝寬復放東還，並致書一幅，具陳朝廷欲敦鄰好」。又見《周書》卷37〈韓褒傳〉：

（保定）三年，出為汾州刺史。州界北接太原，當千里徑。先是齊寇數入，民廢耕桑，前後刺史，莫能防捍。褒至，適會寇來，褒乃不下屬縣。人既不及設備，以故多被抄掠。齊人喜相謂曰：「汾州不覺吾至，先未集兵。今者之還，必莫能追躡我矣。」由是益懈，不為營壘。褒已先勒精銳，伏北山中，分據險阻，邀其歸路。乘其眾怠，縱伏擊之，盡獲其眾。故事，獲生口者，並囚送京師。褒因是奏曰：「所獲賊眾，不足為

第五章　防務強化：西魏在河東的戰略部署

多。俘而辱之，但益其忿耳。請一切放還，以德報怨。」有詔許焉。自此抄兵頗息。

不過，東魏、北齊方面雖然會有所回應，減少邊境的抄掠，卻不肯放回被俘的對方人眾，這使宇文氏政權耿耿於懷，後來遂成為出師伐齊的一個藉口。如《周書》卷6〈武帝紀下〉載建德四年七月丁丑詔書陳述伐齊理由時曾說：「往者軍下宜陽，釁由彼始；兵興汾曲，事非我先。此獲俘囚，禮送相繼；彼所拘執，曾無一反。」

三、收縮防區、確立衛戍重點

沙苑之戰失敗後，高歡倉皇逃歸晉陽，放棄了許多城池，使西魏得以在河東、汾北、河南大肆擴張領土。但是如前所述，東魏的國力畢竟略勝一籌，在稍事休整以後，隨即開始了反攻。大統四年（538）初，高歡遣尉景、莫多婁貸文先後攻克南汾州（治定陽，今山西吉縣）、東雍州（治正平，今山西新絳東北）[121]，河橋之戰失利後，西魏又丟棄了洛陽、潁川等地。宇文泰在河東地區投入的防禦兵力並不是很多，在相當程度上要依靠當地土豪大族的武裝組織；在敵強我弱的形勢下，他採取了收縮兵力、放棄某些邊境地段的做法，以便使河東的防務更加鞏固。這方面部署的變更主要表現在該地區與敵國接壤的東部、北部兩個策略方向。

1. 東部放棄建州，退至邵郡

宇文泰占領河東後，曾派遣楊㲉招募當地義兵，自籌糧餉東伐，一度擴展到建州（治高都，今山西晉城東北）。《周書》卷34〈楊㲉傳〉：「太

---

[121]　《北史》卷69〈楊㲉傳〉；《北齊書》卷19〈莫多婁貸文傳〉。

082

祖以摀有謀略，堪委邊任，乃表行建州事。時建州遠在敵境三百餘里，然威恩夙著，所經之處，多並贏糧附之。比至建州，眾已一萬。東魏刺史車折於洛出兵逆戰，擊敗之。又破其行臺斛律俱步騎二萬於州西，大獲甲仗及軍資，以給義士。由是威名大振。」

建州與河東的連繫有兩條路線，一是北道，由正平東去汾曲，經澮河上游的曲沃、翼城過中條山尾，橫渡沁河後抵達高平。二是南道，由邵郡（治陽胡城，今山西垣曲縣東南古城鎮）東越王屋山，過齊子嶺、軹關到河內，再北逾太行山麓至建州。這兩條路線都很艱險。楊占領該地後，孤軍深入東魏境內，由於道路崎嶇險阻，後方的糧草援兵難以接濟。東魏攻陷正平、南絳郡後，建州與河東連繫的北道已被隔斷，高歡又派遣兵將前去增援。楊之師孤懸於境外，危在旦夕，故施計矇蔽敵人，退軍而至邵郡，將齊子嶺一帶的險要路段拋為棄地，用作阻礙敵軍的屏障。事見《周書》卷34〈楊摀傳〉：

東魏遣太保侯（尉）景攻陷正平，復遣行臺薛循義率兵與斛律俱相會，於是敵眾漸盛。以孤軍無援，且腹背受敵。謀欲拔還。恐義徒背叛，遂偽為太祖書，遣人若從外送來者，云已遣軍四道赴援。因令人漏洩，使所在知之。又分土人義首，令領所部四出抄掠，擬供軍費。分遣訖，遂於夜中拔還邵郡。朝廷嘉其權以全軍，即授建州刺史。

這樣一來，就透過收縮兵力縮短了補給路線，並增加了敵人進攻的難度，從而顯著改善了河東東部的防禦情勢。

2. 北部讓出東雍州，建立玉壁要塞

在沙苑之戰前後的數年內，西魏與東魏曾反覆爭奪位於策略要地汾曲的樞紐地點──東雍州，即正平（今山西新絳），該地曾經三次易手。《周書》卷34〈楊摀傳〉載大統三年克邵郡後：「於是遣諜人誘說東魏城

第五章　防務強化：西魏在河東的戰略部署

堡，旬月之間，正平、河北、南汾、二絳、建州、太寧等城，並有請為內應者，大軍因攻而拔之。以行正平郡事，左丞如故。齊神武敗於沙苑，其將韓軌、潘洛、可朱渾元等為殿，分兵要截，殺傷甚眾。東雍州刺史馬恭懼威聲，棄城遁走。

遂移據東雍州。……（邙山之戰前）東魏遣太保侯景攻陷正平。……時東魏以正平為東雍州，遣薛榮祖鎮之。將謀取之，乃先遣奇兵，急攻汾橋。榮祖果盡出城中戰士，於汾橋拒守。其夜，率步騎二千，從他道濟，遂襲克之。進驃騎將軍。既而劭郡民以郡東叛，郡守郭武安脫身走免。又率兵攻而復之。轉正平郡守。又擊破東魏南絳郡，虜其郡守屈僧珍。」

大統四年（538）河橋之戰以後，西魏喪失了崤函以東的伊洛平原，在策略情勢上處於被動地位，河東也面臨著來自晉陽──平陽方向敵軍優勢兵力的嚴重威脅。有識之士王思政提出建議，將河東北部邊境防禦重心要塞移至正平以西、汾水之南的玉壁（今山西稷山縣西南），不再和敵方力爭汾北的東雍州。見《資治通鑑》卷158梁武帝大同四年：「東道行臺王思政以玉壁險要，請築城自恆農徙鎮之，詔加都督汾、晉、并州諸軍事、并州刺史，行臺如故。」

此後，正平基本上歸屬東魏，高歡兩次率大軍南下攻打玉壁，均順利來往於汾曲，未遇到阻礙。直至北齊之世，正平仍為高氏占領，並在其西設武平關，其南設家雀關。《通典》卷179〈州郡九・古冀州下・絳郡正平縣〉：「有汾、澮二水，有高齊故武平關，在今縣西三十里；故家雀關，在縣南七里；並是鎮處。」《周書》卷37〈裴文舉傳〉：「保定三年，遷絳州刺史。……初，文舉叔父季和為曲沃令，卒於聞喜川，而叔母韋氏卒於正平縣。屬東西分割，韋氏墳壟在齊境。及文舉在本州，每加賞募。齊人感其孝義，潛相要結，以韋氏柩西歸，竟得合葬。」

三、收縮防區、確立衛戍重點

西魏為什麼要放棄正平，選擇玉壁作為河東北部的防禦重心呢？這和兩地的地理位置、作戰環境以及東魏的進攻路線有關。高歡出兵河東之途徑，是率大軍自晉陽、晉州（今山西臨汾）南下，至汾曲（今山西曲沃、侯馬）有二道：

一是聞喜（桐鄉）路即由汾曲直接南下，經聞喜隘口穿過峨嵋臺地到達涑水上游，順流進入河東腹地。這條路線沿途地形複雜，隘口道路崎嶇狹窄，兵力不易展開和機動，糧草運輸困難，又容易受到阻擊，附近的豪強勢力也持敵對態度。大統三年（537）東魏占領正平後，曾南下試探，結果遭到聞喜大姓裴邃等地方武裝的抵抗，最終連正平郡城也被迫丟棄了。《周書》卷37〈裴文舉傳〉：「河東聞喜人也。……大統三年，東魏來寇，（父）邃乃糾合鄉人，分據險要以自固。時東魏以正平為東雍州，遣其將司馬恭鎮之。每遣間人，煽動百姓。邃密遣都督韓僧明入城，喻其將士，即有五百餘人，許為內應。期日未至，恭知之，乃棄城夜走。因是東雍遂內屬。及李弼略地東境，邃為之鄉導，多所降下。」

鑒於上述種種不利因素，因此，這條道路並不是東魏進攻河東的主要途徑。

二是龍門、汾陰路自汾曲沿汾水北岸西行，過正平、高涼（今山西稷山）到達龍門，再渡過汾水，沿黃河東岸南下，經汾陰進入運城盆地。選擇這條路線有兩點好處。

其一，道路易行。正平到龍門的陸路較為平坦，能夠避開峨嵋臺地的障礙，行進方便。如北魏孝文帝太和二十一年（497）由平城南巡，至河東蒲坂而赴關中，即未走聞喜路，而選擇了比較舒適便利的龍門、汾陰路[122]。另外，大軍由此道西征，還可以與船隊同行，水陸並進，便於

---

[122] 《魏書》卷7〈高祖紀下〉太和二十一年三月：「乙未，車駕南巡。……丙辰，車駕幸平陽，遣使者以太牢祭唐堯。夏四月庚申，幸龍門，遣使者以太牢祭夏禹。癸亥，行幸蒲坂，遣

第五章 防務強化：西魏在河東的戰略部署

給養的運輸。

其二，通達性強。對於東魏來說，進攻河東的目的是為了將軍隊投入到關中平原。而進兵龍門能夠從兩個方向對西魏造成威脅，即或在龍門西渡黃河至夏陽（今陝西韓城），進入渭北平原；或南下汾陰、蒲坂，自蒲津西渡黃河而進入關中。使用這條路線，敵人不易判斷攻方的真實意圖，如果分兵在夏陽、蒲津鎮守，就會削弱防禦力量，有利於攻方的作戰。所以高歡在玉壁之戰前兩次西征，走的都是這條道路。《周書》卷2〈文帝紀下〉：「（大統）三年春正月，東魏寇龍門，屯軍蒲坂，造三道浮橋度河。又遣其將竇泰趣潼關，高敖曹圍洛州。……（八月，宇文泰取崤陝、河北後）齊神武懼，率眾十萬出壺口，趨蒲坂，將自后土濟。」《資治通鑑》卷157梁大同三年（537）閏月，「東魏丞相歡將兵二十萬自壺口趣蒲津，……自蒲津濟河。」胡注：「《班志》：『壺口山在河東郡北屈縣東南。』北屈，後魏改為禽昌縣，屬平陽郡；隋改平昌為襄陵縣。」

正平處於涑水道、汾水道的交叉路口，地理位置固然重要，但是距離東魏的重鎮晉州太近，西魏的國勢又相對較弱，難以在此長期據守。另一方面，正平地處汾水北岸，與後方有河流相隔，防禦時背水作戰，和後方的連繫易被截斷，故為兵家所忌。這些都是西魏放棄該地的重要原因。

玉壁城的位置在高涼（今山西稷山縣）西南十二裡峨嵋坡上，臨近汾河南岸渡口。見《元和郡縣圖志》卷12〈河東道一·河中府·絳州稷山縣〉：「玉壁故城，在縣南十二里。後魏文帝大統四年，東道行臺王思政表築玉壁城，因自鎮之。」又見《讀史方輿紀要》卷41〈山西三·平陽府·稷山縣〉：「玉壁城，縣西南十三里，西魏大統四年東道行臺王思政以玉壁險要，請築城，自恆農徙鎮之。宇文泰從之，因以思政為并州刺史，鎮玉

使者以太牢祭虞舜。戊辰，詔修堯、舜、夏禹廟。辛未，行幸長安。」

壁。」西魏在此處建立城壘，作為南汾州及勳州治所。北周又於此地設玉壁總管府，作為河東北部防禦的重心和支撐點，這是由於以下原因決定的：作戰環境有利。玉壁城前臨汾河，可以作為天然塹壕，對敵軍的來攻產生阻滯作用。背依峨嵋嶺，地勢高峻。《元和郡縣圖志》卷12〈河東道一·河中府·絳州稷山縣〉「玉壁故城」條曰：「城周迴八十（『十』字衍）里，四面並臨深谷。」據今日考察，玉壁城遺址在現稷山縣城西南5公里柳溝坡上白家莊村西，「其東、西、北三面皆為深溝巨壑，地勢突兀，險峻天成」[123]。於此地修築城堡，增加了敵人仰攻的難度。

阻遏敵人入侵。玉壁原為汾河下游的一處渡口，北魏時曾在此設定關卡[124]。由此地渡河後南行，有穿越峨嵋臺地的隘路，可以通往汾陰（今山西萬榮），到達運城盆地的北部。在玉壁築城設防，能夠阻斷這條進入盆地的通道，保護河東腹地的安全。

威脅對方的補給路線。前文已述，東魏進攻河東時主要走龍門、汾陰路，由正平、高涼西至龍門，在汾水北岸行進。南岸玉壁城的守軍約有八千人，不足以渡河去阻擋高歡的大兵，但是在敵軍主力通過後，卻可以分頭出動，封鎖道路，斷絕其後方運輸的給養。即使東魏在高涼留下一些部隊戍守，也難以杜絕對方在龍門道上的騷擾破壞，會帶給前線的大軍行動許多麻煩。

綜上所述，玉壁具有軍事上的重要價值，故宇文泰接受了王思政的建議，在該地設立要塞，部署精兵良將，使其成為東魏西征路上的嚴重障礙。大統八年（542）、十二年（546），高歡兩次率傾國之師攻打玉壁，均鎩羽於銳卒堅城之前，慘敗而歸。尤其是後一次，「頓軍五旬，城不

---

[123] 《稷山縣志》，新華出版社1994年版，第497頁。
[124] 《讀史方輿紀要》卷41〈山西三·平陽府·稷山縣〉「汾水」條：「《志》云：今縣西南十二里有玉壁渡，元魏時於汾水北置關，後為渡。其南又有景村渡，後徙而西北為李村渡。夏秋以舟，冬為木橋以濟。」

拔，死者七萬人」，致使高歡「智力俱困，因而發疾」，還師晉陽後二月即死去了。

四、設定中潬城、蒲津關城與重建浮橋

（一）中潬城之立

「潬」的本義是指江河中流沉積而成的沙洲，見《爾雅·釋水篇》：「潬，沙出。」蒲津渡口兩岸中間的沙洲，是連線黃河東西兩段浮橋的地方，可謂交通樞要。高歡在天平元年（534）追擊魏孝武帝至潼關後，自風陵北渡河東，又築城於蒲津西岸，中潬也在其控制之下。見《資治通鑑》卷 156 梁武帝中大通六年九月，「（高）歡退屯河東，使行臺長史薛瑜守潼關，大都督厙狄履溫守封陵，築城於蒲津西岸，以薛紹宗為華州刺史，使守之」。

大統三年（537）十月，西魏在沙苑之戰大勝之後，兵進河東，並在蒲津沙洲上建立了城壘，名為「中潬城」，留置兵將守備，藉以保護浮橋，增強津渡的防禦力量。《周書》卷 39〈韋瑱傳〉載：

> 大統八年，齊神武侵汾、絳，瑱從太祖禦之。軍還，令瑱以本官鎮蒲津關，帶中潬城主。

此前蒲津的中潬城不見記載，史籍僅有高歡在蒲津西岸築城的紀錄，因此可以認為它是在大統三年（537）西魏占領河東以後至八年（542）宇文泰增援玉壁還軍期間設定的。

(二)重建浮橋與築蒲津關城

《通典》卷 179〈州郡九・古冀州下〉河東郡河東縣條曰：「漢蒲坂縣，春秋秦晉戰於河曲，即其地也。有蒲津關，西魏大統四年造浮橋，九年築城為防。」前文已述，據《左傳》昭西元年（前 541）記載，蒲津浮橋早在春秋時期就已修築。《史記》卷 5〈秦本紀〉亦載昭王五十年（前 257）「初作河橋」。張守節《史記正義》注曰：「此橋在同州臨晉縣東，渡河至蒲州，今蒲津橋也。」但浮橋既為繩索連繫木船而成，不甚牢固，每年冬初或春初常有冰凌漂浮河面、順流而下，屢屢發生將浮橋沖毀之事。《全唐文》卷 226 張說〈蒲津橋贊〉曰：「域中有四瀆，黃河是其長。河上有三橋，蒲津是其一。隔秦稱塞，臨晉名關，關西之要衝，河東之輻湊，必由是也。其舊制：橫百丈，連艦十艘，辮修筎以維之，繫圍木以距之，亦云固矣。然每冬冰未合，春沍初解，流澌崢嶸，塞川而下，如礫如臼，……縆斷航破，無歲不有。雖殘渭南之竹，僕隴坻之松，敗輒更之，罄不供費。……以為常矣。」

此外，歷代爆發的戰亂也常常使浮橋遭到破壞。西魏大統初年，蒲津舟橋已經蕩然無存，故《周書》卷 2〈文帝紀下〉載大統三年（537）正月，東魏高歡下河東，「屯軍蒲坂，造三道浮橋度河」；後來他撤兵時又將浮橋拆毀。西魏在當年十月沙苑之戰勝利後進軍占據泰州，為了鞏固當地的防務，便於從關中根據地向河東運送兵員給養，所以在次年重新建造了浮橋。

再者，泰州州城暨河東郡治所在的蒲坂縣城，距離渡口還有數里之遙，可見〈太平寰宇記〉卷 46〈河東道七・蒲州河東縣〉。浮橋東端的蒲津關原有城池保護。大統八年（542）東魏出動大軍進攻玉壁之後，河東的軍事形勢日趨緊張，出於增強浮橋防務的目的，宇文泰下令覆在蒲津

第五章　防務強化：西魏在河東的戰略部署

關築城為防。據前引《周書》卷 39〈韋瑱傳〉所言，西魏的蒲津關守將兼任中潬城主，表明了朝廷對當地防禦加倍重視。

五、在臨近河東的華（同）州設立重鎮

華州治武鄉，故址在今陝西大荔縣城關東。該地西南有洛水環繞，東臨黃河，距蒲津渡口數十里，自古即為兵家重地。春秋初年，犬戎據此築王城，稱大荔國，後為秦所滅，改稱臨晉，為進軍河東之前線要塞。兩漢魏晉時期該地屬馮翊郡，北魏孝文帝太和十一年（487）置華州，西魏仍之，至廢帝三年（554）改稱同州。見《魏書》卷 106 下〈地形志下〉載華州，「太和十一年分秦州之華山、澄城、白水置」。《隋書》卷 29〈地理志上〉馮翊郡注：「後魏置華州，西魏改曰同州。」

華（同）州是長安至河東的中途要鎮，該地臨近蒲津渡口，是控制這條交通路線的樞要。嚴耕望先生曾對此評論道：

> 同州當河中之衝途，為通太原之主線。李晟曰：「河中抵京師三百里，同州制其衝。」是也。其行程：州東三十五里至朝邑縣（今縣），當置驛。縣東三十步有古大荔國故王城，縣西南二里有臨晉故城，皆為自古用兵會盟之重地。
>
> 又東約三十里至大河，有蒲津，乃自古臨晉、蒲坂之地，為河東、河北陸道西入關中之第一鎖鑰。故建長橋，置上關，皆以蒲津名。河之西岸分置河西（今平民縣？）河東縣（今永濟），夾岸置關城。西關城在河西縣東二里，東關城在河東縣西二里。河之中渚置中潬城。河橋連鎖三城，如河陽橋之制。……[125]

---

[125]　嚴耕望：《唐代交通圖考》第一卷，第 99～100 頁。

五、在臨近河東的華（同）州設立重鎮

魏孝武帝入關後，高歡兵進崤陝、河東，又在蒲津西岸臨河築城，控制了黃河渡口，勢逼華州。宇文泰率領西魏軍隊主力屯於長安附近，因為蒲津方向的威脅太大，故派遣老將王羆任大都督，鎮守華州，並補修城池，以抵禦東魏來犯之敵。《太平寰宇記》卷28〈關西道四〉曰：「按《郡國記》云，同州所理城，即後魏永平三年刺史安定王元燮所築。其東城，正光五年，刺史穆弼築，西與大城通。其外城，大統元年，刺史王羆築。」

河東歸屬東魏時，高歡數次調遣兵將由蒲津西渡，攻打華州，企圖奪取這一要地，打開進軍長安的門戶。但是由於王羆的奮力防衛，均未能得逞。《北史》卷62〈王羆傳〉曰：「嘗修州城未畢，梯在城外。神武遣韓軌、司馬子如從河東宵濟襲羆，羆不覺。比曉，軌眾已乘梯入城。羆尚臥未起，聞外匈匈有聲，便袒身露髻徒跣，持一白棒，大呼而出，謂曰：『老羆當道臥，貉子那得過。』敵見，驚退。逐至東門，左右稍集，合戰破之。軌遂投城遁走。文帝聞而壯之。」又載「沙苑之役，神武士馬甚盛。文帝以華州衝要，遣使勞羆，令加守備。及神武至城下，謂羆曰：『何不早降？』羆乃大呼曰：『此城是王羆家，生死在此，欲死者來！』神武遂不敢攻。」《周書》卷2〈文帝紀下〉：「（大統三年九月）齊神武遂度河，逼華州。刺史王羆嚴守。知不可攻，乃涉洛，軍於許原西。」

沙苑戰後，高歡敗歸晉陽，西魏乘勢攻占了河東。為了鞏固當地的防務，在敵人大兵壓境時能夠迅速地給予支援，宇文泰調整了兵力部署，留魏帝於京師長安，而以華州為別都、霸府，親自率領諸將及軍隊主力移居該地[126]；並設立丞相府，處理軍國政務。有急便領兵出征，事

---

[126] 溫大雅：《大唐創業起居注》卷2：「初，周齊戰爭之始，周太祖徙往同州，侍從達官，隨（隋）便各給田宅。景皇帝（李虎）與隋太祖（楊堅）併家於州治。隋太祖宅在州城東南，西臨大路；景皇帝宅居州城西北，而面漯水。東西相望，二里之間。……」

第五章 防務強化：西魏在河東的戰略部署

訖即還屯華州。《周書》卷2〈文帝紀下〉載大統三年十月沙苑戰後：「太祖進軍蒲坂，略定汾絳。……四年春三月，太祖率諸將入朝。禮畢，還華州。」次年河橋之戰失利後，宇文泰敗歸關中，鎮壓了趙青雀、于伏德、慕容思慶等人的叛亂，「關中於是乃定。魏主還長安，太祖復屯華州。」大統九年邙山戰敗後，「於是廣募關隴豪右，以增軍旅」。冬十月，「大閱於櫟陽，還屯華州。」大統十四年夏五月，「太祖奉魏太子巡撫西境，……至蒲川，聞帝不豫，遂還。既至，帝疾已癒，於是還華州。」

如胡三省所言：「宇文泰輔政多居同（華）州，以其地扼關、河之要，齊人或來侵軼，便於應接也。」[127]

西魏恭帝三年（556）九月乙亥，宇文泰在雲陽病逝，世子宇文覺繼位後，亦當即奔赴同州，掌管權力[128]。後來宇文護執掌朝政，都督中外諸軍事，亦在同州晉國公第置府來發號施令，還設立了皇帝的別廟，並建有同州宮和長春宮兩座宮殿。見《周書》卷11〈晉蕩公護傳〉：「自太祖為丞相，立左右十二軍，總屬相府。太祖崩後，皆受護處分，凡所徵發，非護書不行。護第屯兵禁衛，盛於宮闕。事無鉅細，皆先斷後聞。保定元年，以護為都督中外諸軍事，令五府總於天官。……於是詔於同州晉國第，立德皇帝別廟，使護祭焉。」

王仲犖先生對此評論道：「按宇文護執周政，亦以同州地扼關河之要，多居同州。北周諸帝又時巡幸，故同州置同州宮也。」[129]

而周武帝除掉宇文護後，也立即派遣齊國公宇文憲赴同州，「往護第，收兵符及諸簿書等」[130]。

---

[127] 《資治通鑑》卷166梁敬帝太平元年（556）九月丙子條注。
[128] 《資治通鑑》卷166梁敬帝太平元年（556）九月乙亥，宇文泰卒於雲陽。「丙子，世子覺嗣位，為太師、柱國、大冢宰，出鎮同州。時年十五。」
[129] 王仲犖：《北周地理志》上冊，中華書局1980年版，第56頁。以下引該書不再注明出處。
[130] 《周書》卷12〈齊煬王憲傳〉。

五、在臨近河東的華（同）州設立重鎮

西魏、北周的統治者還在同州附近創辦屯田、興修水利，大力發展農業，以壯大當地的經濟力量。例如，《周書》卷35〈薛善傳〉載宇文泰克河東後，「時欲廣置屯田以供軍費，乃除司農少卿，領同州夏陽縣（今韓城、黃龍東南部）二十屯監。又於夏陽諸山置鐵冶，復令善為冶監，每月役八千人，營造軍器」。周武帝保定二年（562）正月，又於同州「開龍首渠，以廣灌溉」[131]。使這裡的生產事業得以發展。

在軍事上，華州（同州）自此成為西魏、北周軍隊前往河東的出發基地。例如，高歡在大統八年（542）領兵攻打河東的前方要塞玉壁，宇文泰即是從此出兵增援，「冬十月，齊神武侵汾、絳，圍玉壁。太祖出軍蒲坂，將擊之。軍至皂莢，齊神武退」[132]。

保定三年（563），北周派遣楊忠、達奚武自塞北、河東兩路夾攻晉陽，也是周武帝親臨同州後由此發兵出行的。《周書》卷5〈武帝紀上〉曰：「（保定三年九月）丙戌，幸同州。戊子，詔柱國楊忠率騎一萬與突厥伐齊。……十有二月辛卯，至自同州。遣太保、鄭國公達奚武率騎三萬出平陽以應楊忠。」

天和五年（570），斛律光、段榮等進占汾北，執政宇文護亦率兵將由同州北上，至龍門渡河後實行反攻。參見《周書》卷12〈齊煬王憲傳〉：

是歲，（斛律）明月又率大眾於汾北築城，西至龍門。晉公護謂憲曰：「寇賊充斥，戎馬交馳，遂使疆場之間，生民委弊。豈得坐觀屠滅，而不思救之。汝謂計將安出？」曰：「如憲所見，兄宜暫出同州，以為威勢，憲請以精兵居前，隨機攻取。非唯邊境清寧，亦當別有克獲。」護然之。

六年，乃遣憲率眾二萬，出自龍門。

---

[131]　《隋書》卷24〈食貨志〉。
[132]　《周書》卷2〈文帝紀下〉。

第五章　防務強化：西魏在河東的戰略部署

　　周武帝親政後，亦頻頻巡幸同州、蒲州等，並在河東舉行軍事演習，為大舉伐齊作準備，直至最後出兵北攻晉陽，滅亡北齊，統一了北方。參見《周書》卷5、6〈武帝紀〉：「（建德三年）九月庚申，幸同州。……（十月）甲寅，行幸蒲州。乙卯，曲赦蒲州見囚大辟以下。丙辰，行幸同州。……（四年三月）丙寅，至自同州。……（十月）甲午，行幸同州。……（十二月）庚午，至自同州。……五年春正月癸未，行幸同州。辛卯，行幸河東涑川，集關中、河東諸軍校獵。甲午，還同州。……（三月）壬寅，至自同州。……夏四月乙卯，行幸同州。……五月壬辰，至自同州。……」十月東伐。

第六章
政區演變：
西魏與北周的河東行政管理

　　宇文氏自大統三年（537）八月之後，在河東地區建立了統治，其範圍大致上是東拒齊子嶺，北以汾河、澮河、絳山為界，與東魏、北齊對抗；另外，它在汾北還曾占有定陽一隅之地，時得時喪。西魏、北周在河東的行政區域，可以劃分為兩大部分：一是泰（蒲）州。這是河東地區的主體，即今運城盆地，它土厚水深，有鹽鐵之饒，為河東地區經濟、政治重心之所在。又西臨黃河，北阻峨嵋臺地，東、南兩面為中條山脈所環繞，有天然屏障為其護衛。二是緣邊州郡。西魏在泰州的北、東、南三面所設的龍門、高涼、正平、絳郡、邵郡、河北等郡，後改為勳州、絳州、邵州、虞州。這一地帶北邊自龍門上溯汾水，至汾澮之交、絳山折而向南，到王屋山南麓，再沿黃河北岸、中條山南麓的狹長河谷平原往西至風陵渡，呈馬蹄形狀將泰州拱衛起來。

　　由於兩魏、周齊是割據混戰之世，河東又屬於邊陲要地，宇文氏設定政區的指導計畫，首先是考慮軍事防禦和國家的安全。因此，利用外圍的山水丘陵來部署防務，保衛運城盆地，成為西魏、北周統治者的一貫政策。這一點，在他們的軍事轄區劃分上也能清楚地反映出來，即在河東分別設定了蒲州總管府和勳州總管府，前者統領盆地內部以及蒲津、潼關等鄰近重鎮的防務，後者則負責緣邊州郡的武備事宜。

　　宇文氏占領河東後，隨即建立了各級地方行政組織，遣官治理民

第六章　政區演變：西魏與北周的河東行政管理

政，部署防務。其諸州郡縣的劃分、命名，大體上繼承了北魏時期的制度，僅做了少許調整。後來魏廢帝、周明帝之世，改郡為州，又進行了較大的變動。關於西魏、北周河東各級行政區域的設立、沿革、改動遷徙情況，前人做過不少考證工作，著名的作品有：錢大昕的《廿二史考異》，楊守敬的《〈隋書・地理志〉考證》，尤其值得注意的是王仲犖先生的〈北周地理志〉。在二十四史中，《周書》無地理志，據《隋書・地理志》前序所言，北周靜帝大象二年（580）時有州 211、郡 508、縣 1224，這是北周亡國前一年的州郡數目。王仲犖先生補著的《北周地理志》，以北周武帝宣政元年（578）、宣帝大象元年（579）為斷限，共著錄了北周的州 215、郡 552、縣 1056，與《隋書・地理志》所記的州郡數目相差無幾。另外，1992 年，山西人民出版社發行了張紀仲先生編寫的《山西歷史政區地理》一書，其中對兩魏、周齊時代的河東諸州郡縣情況亦有圖表和簡略的文字介紹，可以供讀者參閱。筆者現匯集諸說，在這一章裡，考述分析西魏、北周（平齊前）河東政區建置的演變與地位，凡涉及前賢與近世學者的研究成果，自在文中註明來源，以便讀者查證。

一、泰州（蒲州）

西魏之泰州即北周之蒲州，《元和郡縣圖志》卷 12〈河東道一・河中府〉曾敘述其歷史沿革曰：「《禹貢》冀州之域。按今州，本帝舜所都蒲坂也。春秋時，為魏、耿、楊、芮之地。《左傳》曰：『晉獻公滅魏以賜畢萬。』服虔注曰：『魏在晉之蒲坂。』畢萬之後，十代至文侯，列為諸侯，至惠王僭號稱王，至王假為秦所滅，今州即秦河東郡地也。漢元年，項羽封魏豹為西魏王，王河東，都平陽。二年，豹降，從漢王在滎陽，請

一、泰州（蒲州）

歸侍親疾，至則絕河津反為楚，盡有太原、上黨地。九月，韓信虜豹，定魏地，置河東、上黨、太原郡。文帝時，季布為河東守。文帝曰：『河東吾股肱郡，故特召君耳。』後魏太武帝於今州理置雍州，延和元年改雍州為秦（泰）州。周明帝改秦（泰）州為蒲州，因蒲坂以為名。……」

泰州（蒲州）下轄河東、北鄉（汾陰）二郡，統治區域大致上包括今山西南部鹽湖區、永濟市及臨猗、萬榮二縣。該州位處運城盆地的中心，土地平坦肥沃，易於墾殖，有涑水和姚暹渠穿過[133]，周武帝時又開鑿了蒲州渠[134]，便於通航和水利灌溉，還有池鹽之利。西陲的蒲坂（今山西永濟西南）津渡則是涑水道、汾陰道兩條幹線匯集的終點，為連繫關中、晉北和華北三大區域交通往來的水陸樞紐，具有極為重要的經濟、軍事價值。如顧祖禹在《讀史方輿紀要》卷41中所言：

（蒲）州控據關、河，山川要會。春秋時為秦、晉爭衡之地。戰國時魏不能保河東，三晉遂折而入於秦。漢以三河並屬司隸，為畿輔重地。自古天下有事，爭雄於河、山之會者，未有不以河東為嗌喉者也。曹操曰：「河東天下之要會。」晉永興以後，劉淵據平陽，而蒲坂尚為晉守，關中得以息肩。及永嘉末，趙染以蒲坂降劉聰，而關中從此多故矣。晉亡關中，由於失蒲坂也。劉曜據關中，以蒲坂為重鎮，其後苻、姚之徒，皆以重兵戍守，赫連氏因之。拓跋魏爭關中，先奪其蒲坂；及赫連定復據長安，又急戍蒲坂以陃之，而夏不復振矣。孝昌末楊侃曰：「河東治在蒲坂，西逼河滸，其封疆多在郡東」是也。西魏大統三年蒲坂來附，宇文泰遂進軍蒲坂，略定汾、絳（汾謂今吉州），及東魏來爭，未嘗不藉蒲坂以挫其鋒。

---

[133] 《讀史方輿紀要》卷41〈山西三・平陽府・蒲州〉曰：「涑水，在州東十里。有孟盟橋，其上流即絳水也，自絳縣歷聞喜、夏縣、安邑、猗氏至臨晉縣界，合姚暹渠而西出流經此，又西南注於大河，俗名揚安澗。《水經注》：『涑水經雷首山北與蒲坂分山』是也。」

[134] 《隋書》卷24〈食貨志〉：「（周）武帝保定二年正月，初於蒲州開渠河，同州開龍首渠，以廣溉灌。」《讀史方輿紀要》卷41〈山西三・平陽府・蒲州〉「黃河」條曰：「宇文周保定初，鑿河渠於蒲州，蓋導河入渠，以資灌溉。」

第六章　政區演變：西魏與北周的河東行政管理

（一）北朝的「泰州」與「蒲州」

1. 北朝與唐代地誌中的兩「秦州」

在北朝及唐代的史籍與地誌當中，往往提到北魏時期有兩「秦州」並存的記載，一在隴西，一在晉南。《魏書》卷106下〈地形志下〉曰：「秦州（注：治上封城），領郡三，縣十二。天水郡，……略陽郡，……漢陽郡……」又同書同卷「秦州」（今中華書局本已改作「泰州」）條注：「神䴥元年置雍州，延和元年改，太和中罷，天平初復，後陷。」領河東、北鄉二郡。《隋書》卷29〈地理志中〉天水郡條注：「舊秦州。後周置總管府，大業初府廢。」同書卷30〈地理志中〉河東郡條注：「後魏曰秦州，後周改曰蒲州。」《元和郡縣圖志》卷12〈河東道一·河中府〉曰：「後魏太武帝於今州理置雍州，延和元年改雍州為秦州。周明帝改秦州為蒲州，因蒲坂以為名。」同書卷39〈隴右道上〉秦州條：「（秦）始皇分天下為三十六郡，此為隴西地。漢武帝元鼎三年，分隴西置天水郡。……魏分隴右為秦州，因秦邑以為名，後省入雍州。」

由於當時朝廷對州郡重名者多加上方位（東南西北）以示區別，如東雍州、南汾州等，而上述史籍中所載之二「秦州」卻沒有這類附加的方位來表示，因此引起了後代學者的懷疑。清儒錢大昕在《廿二史考異》卷30中對此詳細地考證，指出《魏書·地形志》中晉南之「秦州」，實際上是「泰州」，後人抄錄史書時誤寫「泰」作「秦」，遂傳訛至今。其考證如下：

此秦州不言治所，以《水經注》考之，蓋治蒲坂也。考《志》中州名相同者，多加東西南北以別之。太和改洛為司，因以上洛為洛。天平以大梁為梁，其時南鄭之梁已失。非同時有兩洛州、兩梁州也。唯光、義、譙、南郢係武定新附之州，沿蕭梁舊名，未及更正，故有重複耳。

獨兩秦州並置者六十餘年，何以不議改易？且延和元年改雍州為秦州，其時赫連定甫平，秦州初入版圖，豈有復置秦州之理？予積疑者數載。後讀〈食貨志〉稱並、肆、汾、建、晉、泰、陝、東雍、南汾九州。〈靈徵志〉，天平四年，泰州井溢。太和二年，泰州獻五色狗。〈薛辯傳〉，贈都督冀定泰三州諸軍事。〈出帝紀〉，泰州刺史萬俟普撥。又《齊書·莫多婁貸文傳》，仍為汾陝東雍晉泰五州大都督。《周書·薛端傳》，高祖謹，泰州刺史。〈侯植傳〉，父欣，泰州刺史。史言泰州者多矣，而〈地形志〉無之。乃悟蒲坂之秦州，當為泰州之訛，字形相涉，讀史者不能是正，非一日矣。

他的觀點後來得到了學術界的公認，如王仲犖先生所言：「按自錢氏證〈地形志〉河東郡之秦州為泰州之訛，舉世昭昭，遂不可易。」[135]

2.「泰州」或作「太州」

由於「泰」、「太」二字可以同音假借，而後者筆畫簡單，便於書寫，「泰州」在古代碑刻和史書中有時也寫作「太州」。〈周故譙郡太守曹君之碑〉曰：「逢太祖皇帝親總六戎，討逆賊薛永宗、蓋吳，駕幸太州。下詔鄉俊，導以前驅。」《魏書》卷44〈薛野豬傳〉：「轉太州刺史。」《北齊書》卷17〈斛律金傳〉：「元象中，周文帝復大舉向河陽，高祖率眾討之，使金徑往太州，為掎角之勢。金到晉州，以軍退不行。」《北齊書》卷20〈薛修義傳〉：「（天保）五年七月卒，時年七十七。贈晉太華三州諸軍事、司空、晉州刺史。」《文館詞林》卷662〈北齊文宣帝徵長安詔〉：「賊率宇文黑獺若敢率烏合之眾東下，或由舊洛，或由太州，當親統六軍，決機兩陳。」

另外，《資治通鑑》卷157梁武帝大同元年亦載東魏有「太州刺史韓

---

[135]　王仲犖：《北周地理志》，第769頁。

第六章 政區演變：西魏與北周的河東行政管理

軌」，胡三省注曰：「按《韓軌傳》為秦州刺史，又考魏收《志》，東魏置泰州刺史於河東，領河東、北鄉二郡。史蓋誤以『秦』為『泰』，緣『泰』之誤，又以『泰』為『太』。」王仲犖先生對此評論道：「今據錢氏之說，則《通鑑》作『太』本不誤，而《北齊書》作『秦』為誤也。」[136]

3. 西魏都督泰州諸軍事者

沙苑之戰以後，史籍當中對「泰州」之稱的使用發生了一些變化。如王仲犖先生所言，「又按西魏自大統三年取河東，以西魏相宇文泰之故，史遂不舉泰州之名而代之以鎮河東、鎮蒲坂也」[137]。所謂「鎮河東」、「鎮蒲坂」者，即言其出任都督泰州諸軍事、泰州刺史。史書記載有下列官員：

① 楊騰《北史》卷80〈外戚楊騰傳〉：「文帝即位，位開府儀同三司。出鎮河東。薨。」

② 王羆《北史》卷62〈王羆傳〉載其於孝武西遷後除華州刺史，沙苑之役，「神武不敢攻，後移鎮河東」。河橋之戰後，西魏軍隊敗還關中，徵拜王羆為雍州刺史。「未幾，還鎮河東」。後卒於官。

③ 元欽《北史》卷5〈魏文帝紀〉載大統八年「冬十月，詔皇太子鎮河東」。王仲犖評論道：「按餘人鎮河東、鎮蒲坂，或即為泰州刺史。皇太子以儲貳之尊，鎮河東，當無下兼刺史之理。蓋時齊神武圍玉壁，故令太子出鎮河東以禦之也。」[138]

④ 王盟《周書》卷20〈王盟傳〉載大統八年：「東魏侵汾川，圍玉壁。盟以左軍大都督守蒲坂。」

---

[136] 王仲犖：《北周地理志》，第770頁。
[137] 王仲犖：《北周地理志》，第770頁。
[138] 同上。

⑤ 宇文護《周書》卷 11〈晉蕩公護傳〉：「(大統)十五年，出鎮河東，遷大將軍。」
⑥ 楊忠《周書》卷 19〈楊忠傳〉：「孝閔帝踐阼，入為小宗伯。齊人寇東境，忠出鎮蒲坂。」

又《周書》卷 36〈司馬裔傳〉載其於魏廢帝二年 (553)「以功賜爵龍門縣子，行蒲州刺史」。而據《周書》卷 4〈明帝紀〉所載，泰州之稱於明帝二年 (557) 才被取消，代以「蒲州」之名。王仲犖先生認為〈司馬裔傳〉所言有誤，「蓋庾信《周司馬裔神道碑》寫成於周天和末，為宇文泰諱，自不得不追改泰州為蒲州也。及令狐德棻撰述周史，多取故家碑傳。於庾信碑文司馬裔為泰州事，又未及訂正。遂使《周書》裔傳與《周書》本紀，互相牴觸，今當從紀為正」[139]。

4. 北周改「泰州」為「蒲州」

北周代魏之後，宇文氏初登大寶，即將「泰州」更名為「蒲州」，以表示對其父宇文泰的尊敬。《周書》卷 4〈明帝紀〉二年 (557) 正月，「丁巳，雍州置十二郡，又於河東置蒲州……」如《元和郡縣圖志》卷 12 所言，「因蒲坂以為名」。此後，北周史籍中便以「蒲州」為正式記載。《周書》卷 5〈武帝紀〉：「(保定)二年春正月壬寅，初於蒲州開河渠，同州開龍首渠，以廣灌溉。」保定三年九月，「己丑，蒲州獻嘉禾，異畝同穎。」建德三年十月「庚子，詔蒲州民遭饑乏絕者，令向鄜城以西，及荊州管內就食。」

[139] 王仲犖：《北周地理志》，第 771 頁。

第六章　政區演變：西魏與北周的河東行政管理

5. 北周鎮蒲州及任蒲州刺史者計有以下官員：

① 宇文邕《周書》卷 5〈武帝紀〉：「世宗即位，遷柱國，授蒲州諸軍事、蒲州刺史。武成元年，入為大司空、治御正，進封魯國公，領宗師。」

② 宇文直《周書》卷 4〈明帝紀〉武成元年三月，「秦郡公直鎮蒲州」。《周書》卷 13〈衛剌王直傳〉：「武成初，出鎮蒲州，拜大將軍，進衛國公，邑萬戶。保定初，為雍州牧。」

③ 長孫儉 庾信〈周大將軍長孫儉神道碑〉：「保定二年，治蒲州刺史，檢校六防諸軍事。四年，治襄州，仍授柱國大將軍，餘官如故。」[140]

④ 宇文廣《周書》卷 10〈邵惠公顥傳〉載宇文顥之孫宇文廣，「保定初，入為小司寇。尋以本官鎮蒲州，兼知潼關等六防諸軍事。二年，除秦州總管、十三州諸軍事、秦州刺史」。庾信《周大將軍趙公墓誌銘》：「（保定）二年，敕守蒲城，都督潼關等六防諸軍事。其年閏月，遷都督秦渭等十二州諸軍事、秦州刺史。」[141]

⑤ 赫連遷《周書》卷 27〈赫連達傳〉：「子遷嗣，大象中位至大將軍、蒲州刺史。」

⑥ 楊爽《隋書》卷 44〈衛昭王爽傳〉：「高祖執政，拜大將軍、秦州總管。未之官，轉授蒲州刺史。」

6. 蒲州總管府的興廢

　　蒲州因為其重要的軍事地位，在北周時期建立了總管府。據《周書》卷 4〈明帝紀〉所載，武成元年（559）春正月，「太師、晉公護上表歸政，帝始親覽萬機。軍旅之事，護猶總焉。初改都督諸州軍事為總管」。在此以前，並無「總管」一職。而《周書》卷 39〈韋瑱傳〉載：「大統八年，齊

---

[140]　《庾子山集注》卷 13，中華書局 1980 年版。
[141]　《庾子山集注》卷 15。

一、泰州（蒲州）

神武侵汾、絳，瓄從太祖禦之。軍還，令瓄以本官鎮蒲津關，帶中潬城主。尋除蒲州總管府長史。頃之，徵拜鴻臚卿，以望族兼領鄉兵。」似乎在西魏大統年間已經設定了蒲州總管府。王仲犖先生認為是《周書》此處記載有誤，或許是作者為了避諱，在史籍中用後來北周的制度取代了西魏的官制名稱。

據《周書·文帝紀》：「大統九年，以邙山失律，於是廣募關隴豪右，以增軍旅。」則瓄之以族望兼領鄉兵，當亦為大統九年、十年間事。其為蒲州總管府長史，當在八年之後，十年之前。時蒲州尚稱泰州，亦無總管之稱，何來此蒲州總管府長史乎？或者時有都督泰州諸軍事、泰州刺史，瓄以蒲津關鎮將兼中潬城主又帶泰州長史，周人避宇文泰名諱，以後之蒲州總管府長史追改稱瓄之官邪？不然，則有訛奪也。[142]

北周任蒲州總管者，有以下官員：

① 宇文會《周書》卷5〈武帝紀〉保定二年，「六月己亥，以柱國蜀國公尉遲迥為大司馬，邵國公會為蒲州總管」。又《周書》卷10〈邵惠公顥傳〉載其孫宇文會，「（保定）二年，除蒲州潼關六防諸軍事、蒲州刺史」。

② 宇文訓《周書》卷11〈晉蕩公護傳〉載武帝殺宇文護，改天和七年為建德元年。「護世子訓為蒲州刺史，其夜，遣柱國越國公盛乘傳往蒲州，徵訓赴京師，至同州賜死。」

③ 竇毅《周書》卷30〈竇熾傳〉載熾兄子毅在保定五年（565）使突厥迎親有功，「遷蒲州總管，徙金州總管」。

④ 陸通見〈大唐故韓王府兵曹參軍延陵縣開國公陸君墓誌銘〉：君諱紹。高祖通，周使持節、柱國大司馬、蒲陝秦襄四州總管、綏德郡開國公。

---

[142] 王仲犖：《北周地理志》，第772頁。

第六章　政區演變：西魏與北周的河東行政管理

公元 577 年，北周武帝滅掉北齊，統一了北方，蒲州所受的外來軍事威脅基本上消除了，朝廷因此廢除了當地的總管府，並在處於舊周齊邊境的晉州（今山西臨汾）設總管府以鎮之，以準備彈壓北齊境內可能發生的動亂。《周書》卷 6〈武帝紀下〉：「建德六年四月乙卯，廢蒲、陝、涇、寧四州總管。」

次年又廢掉了原本設在同州（今陝西大荔市）的行宮，將其東移到蒲州。

《周書》卷 6〈武帝紀下〉曰：「（宣政元年）三月戊辰，於蒲州置宮。廢同州及長春二宮。」

（二）西魏、北周之河東郡

1. 河東郡治的西移

北魏泰州屬下原有河東、北鄉（北周改為汾陰）兩郡。其中河東郡是泰州（北周蒲州）的主體，郡治在蒲坂（今山西永濟市西南），也是州治的所在地。秦漢時期，河東郡治在運城盆地中心靠近鹽池的安邑（今山西夏縣）。永嘉之亂以後，北方戰亂不絕，郡境西陲的蒲坂由於處於水陸要衝，總綰幾條通道，其政治、軍事上的作用顯著提升，因而在北魏時期取代了安邑的地位，被當作河東郡治。參見《隋書》卷 30〈地理志中〉：「河東，舊曰蒲坂縣，置河東郡。開皇初郡廢。」楊守敬《隋書·地理志考證》：「漢河東郡在夏縣北，後魏徙此。《寰宇記》：河東縣，本漢蒲坂縣地，屬河東郡。後魏移郡於縣理。」

2. 西魏、北周所授河東郡守

大統三年（537）十一月，西魏攻占河東郡，此後至北周時期歷任該郡太守或行河東郡事者，有以下官員：

① 李遠《周書》卷25〈李賢附弟遠傳〉：「時河東初復，民情未安，太祖謂遠曰：『河東國之要鎮，非卿無以撫之。』乃授河東郡守。遠敦獎風俗，勸課農桑，肅遏姦非，兼修守禦之備。曾未期月，百姓懷之。太祖嘉焉，降書勞問。」

② 辛慶之《周書》卷39〈辛慶之傳〉：「隴西狄道人也，世為隴右著姓。……時初復河東，以本官兼鹽池都將。四年，東魏攻正平郡，陷之，遂欲經略鹽池，慶之守禦有備，乃引軍退。河橋之役，大軍不利，河北守令棄城走，慶之獨因鹽池，抗拒強敵。時論稱其仁勇。六年，行河東郡事。九年，入為丞相府右長史。……復行河東郡事。」

③ 韓果《周書》卷27〈韓果傳〉：「（大統）九年，從戰邙山，軍還，除河東郡守。又從大軍破稽胡於北山，胡地險阻，人跡罕至，果進兵窮討，散其種落。稽胡憚果勁健，號為著翅人。」

④ 薛善《周書》卷35〈薛善傳〉：「除河東郡守，進驃騎大將軍，開府儀同三司，賜姓宇文氏。六官建，拜工部中大夫。」

⑤ 柳敏《周書》卷32〈柳敏傳〉：「及文帝克復河東，見而器異之，乃謂之曰：『今日不喜得河東，喜得卿也。』即拜丞相府參軍事。……孝閔帝踐阼，進爵為公，又除河東郡守，尋復徵拜禮部。」

⑥ 蔣昇《周書》卷47〈藝術‧蔣昇傳〉：「保定二年，增邑三百戶，除河東郡守。尋入為太史中大夫。」

⑦ 杜杲《北史》卷70〈杜杲傳〉：「（建德中）除河東郡守。」

⑧ 韋師《周書》卷39〈韋瑱附子師傳〉：「建德末，蒲州總管府中郎，行河東郡事。」

第六章　政區演變：西魏與北周的河東行政管理

3. 河東郡屬縣情況

據記載，北魏河東郡有五縣，為蒲坂、安定、南解、北解、猗氏，範圍大致上包括今山西永濟、鹽湖區及臨猗縣南部分地區。《魏書》卷106下〈地形志下〉曰：「河東郡（本注：秦置，治蒲坂），領縣五。安定（本注：太和元年置）、蒲坂（本注：二漢、晉屬，有華陽城、雷首山）、南解（本注：二漢、晉曰解，屬，後改。有桑泉城）、北解（本注：太和十一年置。有張楊城）、猗氏（本注：二漢、晉屬河東，後復屬。有介山塘）。」關於上述南解縣和北解縣的記載，光緒《山西通志》卷26〈府州廳縣考四〉認為有些失誤，可能是將「南」、「北」二字相互錯置了。

謹案：〈地形志〉南解、北解二事恐有誤，當是「南」、「北」二字互訛。考張楊城即今之五姓湖，為涑水、姚渠之委。桑泉城在涑水之北，南解自無緣得有桑泉城，北解亦無緣得有張楊城也。幸《太平（寰宇）記》於故解城云後魏改為北解縣，數語明確不誤，證以地勢，南、北可無疑矣。

西魏占領河東後，其郡縣制度記載不詳。關於泰州，史書中只提到河東郡的情況，不見有關舊北鄉郡的記載。有些史籍還提到西魏將安定縣併入南解縣。而《周書》卷35〈薛善附敬珍傳〉記載宇文泰進兵河東時，當地還有虞鄉縣，而並非像後代地誌所言，至北周時才設定了虞鄉縣。

北周時，河東的郡縣區域有了較大的變化。朝廷廢南解縣，別置綏化縣；最終又將綏化、北解縣併入虞鄉縣。另外，北周時還建立了汾陰郡，下屬汾陰（治今山西萬榮縣西南）、猗氏（今山西臨猗縣南）二縣。河東郡僅設定蒲坂、虞鄉二縣。現分別敘述西魏、北周河東郡屬縣情況。

(1) 蒲坂

縣治在今山西省永濟縣西南蒲州鎮東南二里,為河東郡治及泰州（蒲州）治所,也是秦漢蒲坂縣城故址所在地,城西有著名的蒲津渡口和浮橋。《通典》卷179〈州郡九・古冀州下〉河東郡河東縣:「漢蒲坂縣,春秋秦晉戰於河曲,即其地也,有蒲津關,西魏大統四年,造浮橋;九年築城為防。」

蒲坂是傳說中部落聯盟著名首領堯、舜活動的地方,當地有媯水、堯城以及舜勞作之陶城等遺跡。《水經注》卷4〈河水〉曰:「河水南逕雷首山西,山臨大河,北去蒲坂三十里,《尚書》所謂『壺口雷首』者也。俗亦謂之堯山,山上有故城,世又曰堯城。闞駰曰:『蒲坂,堯都。按〈地理志〉曰:縣有堯山、首山祠,雷首山在南。』事有似而非,非而似,千載眇邈,非所詳耳。」

《元和郡縣圖志》卷12〈河東道一・河中府河東縣〉:「媯汭水,源出縣南雷首山;《尚書》:釐降二女於媯汭。……故陶城,在縣北四十里。《尚書大傳》曰:舜陶於河濱。故堯城,在縣南二十八里。」《史記》卷5〈秦本紀〉:「（昭襄王）四年,取蒲坂。」、「《正義》:《括地志》云:『蒲坂故城在蒲州河東縣南二里,即堯舜所都也。』」《讀史方輿紀要》卷41〈山西三・平陽府・蒲州〉歷山,「州東南百里,相傳即舜所耕處。上有歷觀,漢成帝元延二年幸河東,祠后土,因游龍門,登歷觀是也。《郡國志》:『河東有三艐山,北曰大艐,西曰小艐,東有荀艐,三山各距城三十里。舜耕歷山,謂此地云。』又九峰山在州東南百二十里,有九峰序列,形勢秀拔」。又同書同卷載首陽山,「州東南三十里,與中條山連麓。山有夷齊墓,《詩》:『采苓采苓,首陽之巔』是也。或以此為雷首山。有虞澤,即舜所漁處,其水南流入黃河」。

第六章　政區演變：西魏與北周的河東行政管理

「蒲坂」之名，始出現於戰國，見《史記》卷5〈秦本紀〉：「（昭襄王）五年，魏王來朝應亭，復與魏蒲坂。……十七年，城陽君入朝，及東周君來朝。秦以垣為蒲坂、皮氏。王之宜陽。」《索隱》注曰：「『為』當為『易』，蓋字訛也。」《正義》注曰：「蒲坂，今河東縣也。皮氏故城在絳州龍門縣西一里八十步。」而同書《魏世家》及《漢書》或稱該地為「蒲反」。《史記》卷44〈魏世家〉：「（哀王）十六年，秦拔我蒲反、陽晉、封陵。十七年，與秦會臨晉。秦予我蒲反。」《漢書》卷28上〈地理志上〉河東郡蒲反縣自注：「有堯山、首山祠。雷首山在南，故曰蒲，秦更名。莽曰蒲城。」

據上述《漢書・地理志》的解釋，該地原名為「蒲」，後稱為「蒲反」、「蒲坂」的原因，後人的註解有兩說。第一，孟康認為是因為戰國時秦返還蒲地於魏而更名，見《漢書》卷28上〈地理志上〉注引孟康曰：「本蒲也，晉文公以賂秦，後秦人還蒲，魏人喜曰：『蒲反矣。』謂秦名之，非也。」

第二，應劭認為，由於蒲地附近有長坂，故被稱為「蒲坂」。見《漢書》卷28上〈地理志上〉注引應劭曰：「秦始皇東巡見長坂，故加『反（坂）』云。」這種說法得到了顏師古等人的贊同，因為當地確有長原顯著地形，為蒲地之坂，古稱「蒲坂」，見《元和郡縣圖志》卷12〈河東道一・河中府〉：「長原，一名蒲坂，在縣東二里，其原出龍骨。」看來，有可能是以這個代表性地形的名稱做了縣名。不過，它的出現應該是在秦始皇即位之前。在這一點上，應劭的解釋有些誤差，臣瓚在《漢書》的註解中已經修正。

據歷史記載，東西魏分裂之際，高歡遣將韓軌領兵一萬據守蒲坂。魏孝武帝自洛陽西遷時，高歡率大軍尾隨追擊，宇文泰則從關中帶兵救援，至於弘農。為了分散敵軍的力量，宇文泰命令趙貴聲言欲攻占蒲

坂，北趨晉陽。孝武帝至長安後，河西的西魏軍隊為了迎擊高歡，集中屯於霸上，並未在蒲津渡河。《周書》卷1〈文帝紀上〉永熙三年四月，宇文泰討侯莫陳悅，「時齊神武已有異志，故魏帝深仗太祖，乃徵二千騎移鎮東雍州，助為聲援，仍令太祖稍引軍而東。太祖乃遣大都督梁御率步騎五千鎮河、渭合口，為圖河東之計。太祖之討悅也，悅遣使請援於齊神武，神武使其都督韓軌將兵一萬據蒲坂，而雍州刺史賈顯送船與軌，請軌兵入關。太祖因梁御之東，乃逼召顯赴軍。御遂入雍州」。

秋七月，太祖率眾發自高平，前軍至於弘農。而齊神武稍逼京邑，魏帝親總六軍，屯於河橋，令左衛元斌之、領軍斛斯椿鎮武牢，遣使告太祖。……（太祖）即以大都督趙貴為別道行臺，自蒲坂濟，趣並州。遣大都督李賢將精騎一千赴洛陽。……

八月，齊神武襲陷潼關，侵華陰。太祖率諸軍屯霸上以待之。齊神武留其將薛瑾守關而退。

《周書》卷16〈趙貴傳〉：

齊神武舉兵向洛，使其都督韓軌進據蒲坂。太祖以貴為行臺，與梁御等討之。未濟河而魏孝武已西入關。

據《周書》卷2〈文帝紀下〉記載，大統三年（537）正月，「東魏寇龍門，（高歡）屯軍蒲坂，造三道浮橋度河。又遣將竇泰趣潼關，高敖曹圍洛州」。宇文泰料高歡輕敵，出其不意，領兵潛出小關，先攻竇泰，「盡俘其眾萬餘人。斬泰，傳首長安。高敖曹適陷洛州，執刺史泉企，聞泰之歿，焚輜重棄城走。齊神武亦撤橋而退，企子元禮尋復洛州，斬東魏刺史杜密。太祖還軍長安」。

弘農之戰後，西魏攻占邵郡、河北及東雍州。「齊神武懼，率眾十

第六章　政區演變：西魏與北周的河東行政管理

萬出壺口，趨蒲坂，將自后土濟。又遣其將高敖曹以三萬人出河南。」[143] 十月，高歡在沙苑戰敗，退還晉陽。宇文泰「遣左僕射、馮翊王元季海為行臺，與開府獨孤信率步騎二萬向洛陽；洛州刺史李顯趨荊州；賀拔勝、李弼渡河圍蒲坂。牙門將高子信開門納勝軍，東魏將薛崇禮棄城走，勝等追獲之。太祖進軍蒲坂，略定汾、絳。」[144] 從此蒲坂及河東郡即被宇文氏占據。

蒲坂縣境內有許多形勝要地，分述如下：

甲、蒲坂城

在今永濟市西南黃河之濱，因蒲津渡口為歷來兵家必爭之地，早在戰國時期魏已在此築城戍守。《讀史方輿紀要》卷41〈山西三・平陽府・蒲州〉曾敘述該地的交戰經歷：

> 蒲坂城，州東南五里。杜佑曰：秦、晉戰於河曲，即蒲坂也。戰國時為魏地。《史記》：「秦昭襄四年，取魏蒲坂。五年，魏朝臨晉，復與魏蒲坂。十七年，秦以垣易蒲坂、皮氏。」漢曰蒲反縣。應劭曰：「故曰蒲，秦始皇東巡，見長坂，故加反云。」反與坂同也。後漢曰蒲坂縣。建武十八年上幸蒲坂，祠后土。晉永嘉五年，時南陽王模鎮關中，使牙門將趙染戍蒲坂，染叛降於劉聰，聰遣染與劉曜等攻模於長安。建興初，劉聰遣劉曜屯蒲坂以窺關中。咸和三年，石勒將石虎攻蒲坂，劉曜自將馳救，虎引卻。八年，後趙石生起兵長安討石虎，使其將郭權為前鋒，出潼關，自將大軍蒲坂。姚秦時置并、冀二州於此。義熙十二年姚懿以蒲坂叛，秦主泓遣姚紹擊平之。十三年劉裕伐秦，檀道濟渡河攻秦并州刺史尹昭於蒲坂，泓使姚驢救之，蒲坂降於裕。十四年置并州鎮焉，明年沒於赫連夏。後魏主燾始光三年遣將奚斤襲夏蒲坂，取之，斤遂西入長安。神䴥初夏主定復取長安，魏主命安頡軍蒲坂以拒之。太和二十一年

---

[143]　《周書》卷2〈文帝紀下〉。
[144]　同上。

一、泰州（蒲州）

自龍門至蒲坂祀虞舜，遂至長安。永熙三年宇文泰討侯莫陳悅於泰州，高歡遣將韓軌據蒲坂以救之，不克。……《志》云：今州城東南隅有虞都故城，與州城相連，周九里有奇，其相近有虞阪云。

蒲坂城既是該縣的縣城所在，也是西魏泰州、北周及唐代蒲州的州城。

《元和郡縣圖志》卷12〈河東道一·河中府蒲州〉曰：「州城，即蒲坂城也。城中有舜廟，城外有舜宅及二妃壇。」

乙、蒲津關

在蒲坂城西門外黃河浮橋的西端，有津渡碼頭。《太平寰宇記》卷46〈河東道七·蒲州河東縣〉曰：「蒲津關，在縣西二里，亦子路問津之所。魏太祖西征馬超、韓遂，夜渡蒲坂津，即此也。後魏大統四年造舟為梁，九年築城。亦關河之巨防。」《讀史方輿紀要》卷41〈山西三·平陽府·蒲州〉亦曰：「蒲津關，在州西門外黃河西岸，今名大慶關，山、陝間之喉亢也。亦曰蒲渡。」

關於蒲津關的始立時間，嚴耕望先生在《唐代交通圖考》第一卷篇三中曾有詳考：

至於關名蒲津之始。《通鑑》一七二，陳太建八年，周伐齊，分軍守要害，使涼城公辛韶守蒲津關。胡注：「《漢書》，武帝元封六年，立蒲津關。」按《漢書》實無此文。又《元和志》一二〈河中府·河東縣〉，「蒲坂關一名蒲津關，在縣西四里。《魏志》曰：太祖西征馬超、韓遂，夜渡蒲津關。即謂此也。」檢《魏志》亦無蒲津關之名。不知關名蒲津究何始也。然觀《通鑑》此條，不能遲於南北朝末期。又《周書》三九《韋瑱傳》，「鎮蒲津關，帶中潬城主」，尤為強證。至唐通稱蒲津關，見《通典》一七三《馮翊郡朝邑縣》目及《史記·淮陰侯傳·索隱》等處。

第六章　政區演變：西魏與北周的河東行政管理

丙、中潬城

　　在蒲津黃河兩岸之間的中潬（沙洲）上，既連線東西兩段浮橋，又築城置軍以增強守衛。《讀史方輿紀要》卷 41〈山西三・平陽府・蒲州〉曰：「中潬城，在蒲津河中渚上，隋置以守固河橋。橋西岸又有蒲津城，隋末李淵自河東濟河，靳孝謨以蒲津、中潬二城降。又西關城，或曰蒲津城也。」其說有誤，據前引《周書》卷 39〈韋瑱傳〉載：「大統八年，齊神武侵汾、絳，瑱從太祖禦之。軍還，以瑱以本官鎮蒲津關，帶中潬城主。」是西魏大統年間已有中潬城。

丁、風陵關津

　　即今山西芮城縣西南著名的風陵渡，在蒲坂城南五十餘里黃河北岸，與潼關隔岸相對，並設有關津。其名稱的由來，是因為當地有巨堆，傳說為風后之陵，故曰風陵、封陵或風堆。《元和郡縣圖志》卷 12〈河東道一・河中府〉曰：「風陵堆山，在縣南五十五里，與潼關相對。」、「風陵故關，一名風陵津，在縣南五十里。魏太祖西征韓遂，自潼關北渡，即其處也。」《讀史方輿紀要》卷 41〈山西三・平陽府・蒲州〉曰：「風陵堆，州南五十五里，相傳風后塚也，亦曰封陵。《史記》：『魏襄王十六年，秦拔我蒲坂、陽晉、封陵。二十年，秦復與我河外及封陵以和。』亦謂之風谷。《正義》：『封陵在蒲坂南河曲中。』《水經注》：『函谷關直北隔河有層阜，巍然獨秀，孤峙河陽，世謂之風陵，戴延之所謂風堆也。杜佑曰：『風陵堆南岸與潼關相對，亦曰風陵山。』一名風陵津。曹操徵韓遂自潼關北度，即其處也。後魏永熙末，魏主西入關，高歡克潼關而守之，使別將庫狄履溫守封陵。又大統三年高歡遣竇泰攻潼關，宇文泰遣軍襲之，自風陵渡至潼關，竇泰敗死。」「風陵關，州南六十里，路通潼關。唐聖歷初於風陵堆南津口置關以譏行旅。《宋志》：『蒲

一、泰州（蒲州）

州河西縣有蒲津關，河東縣南有風陵關。』是也。亦曰風陵津，亦曰風陵渡。」

　　兩魏周齊交戰時，風陵亦為兵家所重。北周時，當地與對岸的潼關皆為蒲州總管所轄。東魏西征時，亦數次遣兵控制該地。《北齊書》卷2〈神武紀下〉天平元年八月，「神武尋至恆農，遂西克潼關，執毛洪賓。進軍長城，龍門都督薛崇禮降。神武退舍河東，命行臺尚書長史薛瑜守潼關，大都督厙狄履溫守封陵。於蒲津西岸築城，守華州，以薛紹宗為刺史。」《北齊書》卷17〈斛律金傳〉曰：「天平初，遷鄴，使金領步騎三萬鎮風陵以備西寇。」《北齊書》卷24〈孫搴傳〉曰：「會高祖西討，登風陵，命中外府司馬李義深、相府城局李士略共作檄文，二人皆辭，請以搴自代。高祖引搴入帳，自為吹火，催促之。搴援筆立就，其文甚美。」

戊、涑水城

　　在蒲坂城東北二十餘里，涑水岸邊。見《讀史方輿紀要》卷41〈山西三‧平陽府‧蒲州〉：「涑水城，州東北二十六里。《左傳》成公十三年，晉侯使呂相絕秦，所云『伐我涑川』者。又羈馬城，在州南三十六里。《左傳》文公十二年『秦伐晉取羈馬』，亦呂相所云『翦我羈馬』者也。《史記》：『晉靈公六年，秦康公伐晉，取羈馬，晉侯怒，使趙盾、趙穿、郤缺擊秦，戰於河曲』是矣。即今涉丘。」

（2）安定縣

　　北魏安定縣（今運城市西南解州鎮），原為秦漢解縣轄區之一部分，西魏占據河東後，將其併入南解縣。參見《隋書》卷30〈地理志中〉：「虞鄉，後魏曰安定，西魏改曰南解。」光緒《山西通志》卷54〈古蹟考五〉言：「南解城在虞鄉縣，又縣西有安定城。」

　　王仲犖《北周地理志》第776頁對此評論道：「按據〈地形志〉：『安

定，太和元年置。』又『南解，二漢、晉曰解，屬河東郡，後改』。是後魏世二縣並置，非如《隋志》所云改安定為南解也。蓋西魏世，始並安定於南解耳。」

另見《讀史方輿紀要》卷 41〈山西三‧平陽府‧解州〉：「廢解縣。今州治，漢解縣地，後魏太和初析置安定縣，屬河東郡。西魏改曰南解，又改曰綏化，尋曰虞鄉。隋因之，屬蒲州。唐初改為解縣，屬虞州。」

■（3）南解與綏化縣

西魏南解縣今山西臨猗縣西南，北周明帝時改置為綏化縣，今山西永濟市虞鄉鎮西北，舊時稱綏化鄉古城村。周武帝保定元年（561）又併入虞鄉縣。《隋書》卷 30〈地理志中〉曰：「虞鄉，後魏曰安定。西魏改曰南解。又改曰綏化。又曰虞鄉。」《元和郡縣圖志》卷 12〈河東道一‧河中府蒲州〉：「虞鄉縣，本漢解縣地也。後魏孝文帝改置南解縣，屬河東郡。周明帝武成二年廢南解縣，別置綏化縣，武帝改綏化為虞鄉。」《太平寰宇記》卷 46〈河東道七‧蒲州虞鄉縣〉：「本漢解縣地。……（後魏孝文帝改）置南解縣，屬河東郡。周明帝廢南解縣，別置綏化縣，今縣西北三十里綏化故城是也。至保定元年，改綏化為虞鄉縣，復屬河東郡。周末置解縣於虞鄉城東，於解縣五十里別置虞鄉，即此邑也。」、「綏化故城，後魏綏化郡及綏化縣所理也，在（虞鄉）縣西北三十里，周廢。」《讀史方輿紀要》卷 41〈山西三‧平陽府‧臨晉縣〉曰：「解城，縣東南十八里，即春秋時晉之解梁城，解讀曰蟹。僖公十五年，晉惠公許賂秦伯以河外列城五，內及解梁城。《戰國策》『赧王二十一年秦敗魏師於解』，即解梁也。漢置解縣，屬河東郡，後漢及晉因之。後魏為南解縣，西魏時改廢。杜預曰：『春秋解梁城在漢解縣西。』」

王仲犖《北周地理志》第 777～778 頁曰：「按《寰宇記》之『後魏』，

實指西魏言之也。《寰宇記》之虞鄉縣，即今山西永濟縣東之虞鄉鎮。西魏於綏化縣置綏化郡，唯見《寰宇記》。」又云：「按《寰宇記》謂西魏置綏化郡及綏化縣，及改綏化，並廢綏化郡，故云復隸河東郡也。查西魏有虞鄉縣，蓋廢入南解縣；周廢南解入綏化，又改綏化為虞鄉。隋開皇中，別置解縣，尋省。大業九年，又移虞鄉縣於開皇中所置之解縣理。唐武德初，又改虞鄉縣為解縣，而別置虞鄉縣。縣名屢改，縣治屢徙，今為分別言之。後魏南解縣，在今山西臨猗縣西南，《元和志》：『故解城，本春秋時解梁城。又為漢解縣城也。在臨晉縣東十八里』是也。周明帝武成二年廢入綏化。隋唐解縣，即今山西運城縣西南解州。《寰宇記》解縣下云：『漢解縣，周省。按此前解縣，在今臨晉縣界。隋文帝開皇十六年，於此置解縣，大業二年省。九年，自綏化故城移虞鄉縣於隋廢解縣理，即今解縣理也。唐武德元年，改虞鄉為解縣。此即唐以後之解州治也。其西魏之虞鄉縣，已廢入綏化縣，北周又改綏化縣為虞鄉縣，即今山西永濟縣東綏化鄉古城村是也。隋虞鄉縣在今山西運城縣西南解州。』《寰宇記》：『隋大業九年，自綏化故城移虞鄉縣於隋廢解縣是也。唐虞鄉縣在今山西永濟縣東之虞鄉鎮。』《通典‧州郡典》虞鄉下云：『後於虞鄉城置解縣，更於解西五十里別置虞鄉縣。』《元和郡縣志》：『唐武德元年，改虞鄉縣為解縣，仍於蒲州界別置虞鄉縣。』是也。」

西魏任南解令者見《周書》卷22〈柳慶附兄子帶韋傳〉：「魏廢帝元年，出為解縣令。二年，加授驃騎將軍、左光祿大夫。明年，轉汾陰令。」

■（4）北解縣

北魏北解縣今臨猗縣西南臨晉鎮南，亦秦漢時解縣轄區。西魏占領河東後仍置北解縣，至北周時廢除，併入汾陰郡猗氏縣。《元和郡縣圖

第六章 政區演變：西魏與北周的河東行政管理

志》卷 12〈河東道一·河中府〉曰：「臨晉縣，本漢解縣地，後魏改為北解縣。隋開皇十六年，分猗氏縣於今理置桑泉縣，因縣東桑泉故城以為名也，天寶十二年改為臨晉。……桑泉故城，在縣東十三里。《左傳》曰：『重耳圍令狐，入桑泉』，謂此也。」《讀史方輿紀要》卷 41〈山西三·平陽府·臨晉縣〉曰：「州東北九十里，東南至解州七十里。春秋時晉國桑泉地，漢為解縣地，後魏為北解縣地，隋開皇十六年置桑泉縣，屬蒲州，義寧初蒲州移治於此。唐還舊治，仍屬蒲州。天寶十三載改曰臨晉。」、「又北解城在今縣西三十里。後魏太和十一年置北解縣，屬河東郡，即此，後周廢。」又云：「桑泉城，在縣東北十三里，春秋時晉故邑也。《左傳》僖公二十四年：『晉公子重耳濟河入桑泉。』杜預曰：『桑泉城在解縣北二十里也。』隋因以名縣。又有溫泉廢縣，唐武德三年分桑泉地置。九年廢。」

■（5）虞鄉縣

今山西永濟市東虞鄉鎮西北。秦漢時為解縣轄地，屬河東郡。北魏孝文帝時分解縣地置南解縣。《通典》卷 179〈州郡九·古冀州下·河東郡〉曰：「解，隋曰虞鄉，武德元年改之。」又云：「虞鄉，漢解縣地。後於虞鄉置解縣，更於解西五十里別置虞鄉縣。」所談縣治變遷的情況不是很明確。而稍後的《元和郡縣圖志》卷 12〈河東道一·河中府〉說得較為詳細：

虞鄉縣，本漢解縣地也，後魏孝文帝改置南解縣，屬河東郡。周明帝武成二年廢南解縣，別置綏化縣，武帝改綏化為虞鄉。

從《魏書》卷 106〈地形志下〉河東郡的記載來看，並未提到北魏和東西魏分裂時當地設有虞鄉縣，但是從史料記載來看，西魏占領河東之際，當地已經有了虞鄉縣。王仲犖《北周地理志》第 777 頁云：「按《周

書‧薛善傳敬珍附傳》：『齊神武沙苑已敗，珍等率猗氏、南解、北解、安邑、溫泉、虞鄉等六縣戶十餘萬歸附。』是西魏大統初，已有虞鄉縣，唐武德元年於蒲州河東縣東七十里別置虞鄉，疑即置於西魏虞鄉縣舊城。」可以參見《讀史方輿紀要》卷41〈山西三‧平陽府‧臨晉縣〉：「虞鄉城，縣南六十里，漢解縣地，後魏分置虞鄉縣。唐武德初改虞鄉為解縣，即今之解州，而於解縣西五十里別置虞鄉，即此城也。貞觀二十二年省入解縣。天授二年復置，屬蒲州。」

西魏、北周別封虞鄉縣者見《隋書》卷46〈張奫傳〉載其父張羨，「仕魏為蕩難將軍。從武帝入關，累遷銀青光祿大夫。周太祖引為從事中郎，賜姓叱羅氏。……賜爵虞鄉縣公」。

後來西魏廢虞鄉縣，併入南解，北周明帝時廢南解縣，別置綏化縣；周武帝時又改綏化為虞鄉縣。北周虞鄉縣在綏化縣舊治，參見《元和郡縣圖志》卷12〈河東道一‧河中府〉：

解縣，本漢舊縣也，屬河東郡。隋大業二年省解縣，九年自綏化故城移虞鄉縣於廢解縣理，即今縣理是也。武德元年改虞鄉縣為解縣，屬虞州，因漢舊名也，仍於蒲州界別置虞鄉縣。貞觀十四年，廢虞州，解縣屬河中府。

北周虞鄉縣境內有以下要地：

甲、女鹽池

在今山西運城市西南解州鎮西北十五里，面積略小於東邊安邑縣的鹽池，其食鹽的產量、品質與後者相比均有不及。《水經注》卷6〈涑水〉：「（鹽）澤南面層山，天巖雲秀，地谷淵深，左右壁立，間不容軌，謂之石門。路出其中，名之曰徑，南通上陽，北暨鹽澤。池西又有一池，謂之女鹽澤，東西二十五里，南北二十里，在猗氏故城南。《春秋》

成公六年，晉謀去故絳，大夫曰：『郇、瑕，地沃饒近鹽。』服虔曰：『土平有溉曰沃。鹽，鹽池也。』土俗裂水沃麻，分灌川野，畦水耗竭，土自成鹽，即所謂鹹鹺也。而味苦，號曰鹽田。鹽鹺之名，始資是矣。」又見《元和郡縣圖志》卷12〈河東道一·河中府·解縣〉：「女鹽池，在縣西北三里，東西二十五里，南北二十里。鹽味少苦，不及縣東大池鹽。俗言此池亢旱，鹽即凝結；如逢霖雨，鹽則不生。今大池與安邑縣池總謂之雨（兩）池，官置使以領之，每歲收利納一百六十萬貫。」

乙、陽晉城

在今山西永濟市西南虞鄉鎮西南，又名晉城。《讀史方輿紀要》卷41〈山西三·平陽府·臨晉縣〉「虞鄉城」條下曰：「陽晉城，在縣西南。《括地志》：『虞鄉縣西有陽晉城，一名晉城。』《史記·魏世家》：『襄王十六年，秦拔我陽晉。』又西北有高安城。《趙世家》：『成侯四年，與秦戰高安。』《正義》：『高安，在河東也。』又智城，亦在縣西，《括地志》：『虞鄉縣北有智城，智伯所居。』」

丙、王官城

在今永濟市虞鄉鎮東王官峪。見《元和郡縣圖志》卷12《河東道一·河中府·虞鄉縣》曰：「王官故城，在縣南二里。《左傳》曰秦伯濟河焚舟取王官。」

丁、檀道山（百梯山）

在今山西運城市西南解州鎮南五里。《水經注》卷6〈涑水〉曰：「涑水又西南屬於陂。陂分為二，城南面兩陂，左右澤渚。東陂世謂之晉興澤，東西二十五里，南北八里，南對鹽道山。其西則石壁千尋，東則磻溪萬仞，方嶺雲回，奇峰霞舉，孤標秀出，罩絡群山之表，翠柏蔭峰，

清泉灌頂。郭景純云：世謂之鴛漿也。發於上而潛於下矣。……路出北巘，勢多懸絕，來去者咸援蘿騰崟，尋葛降深，於東則連木乃陟，百梯方降，巖側縻鎖之跡，仍今存焉，故亦曰百梯山也。」《元和郡縣圖志》卷12〈河東道一·河中府·虞鄉縣〉曰：「檀道山，一名百梯山，在縣西南十二里。山高萬仞，躋攀者百梯方可升降，故曰百梯山。南有穴，莫測淺深，每有敕使投金龍於此，兼醮焉。」《讀史方輿紀要》卷41〈山西三·平陽府·廢解縣〉曰：「檀道山，州南五里，與中條山相連。山嶺參天，左右壁立，間不容軌，謂之石門，凡百梯才可上，亦曰石梯山。東嶺出泉，澄渟為池，謂之天池。上有盎漿，俗名止渴泉。」

戊、白徑嶺

在今運城市解州鎮東南十五里。參見《元和郡縣圖志》卷12〈河東道一·河中府·解縣〉：「通路自縣東南逾中條山，出白徑，趨陝州之道也。山嶺參天，左右壁立，間不容軌，謂之石門，路出其中，名之曰白徑嶺焉。」

又見《讀史方輿紀要》卷41〈山西三·平陽府·廢解縣〉：「白徑嶺，在州東南十五里，中條山之別嶺也。路通陝州大陽津渡。《志》云：由檀道山陡徑出白徑嶺趨陝州，即石門百梯之險也。……」

（三）北周之汾陰郡

北魏時期的泰州有河東、北鄉二郡，後者的管轄範圍大致包括今山西省萬榮、臨猗兩縣。《魏書》卷106下〈地形志下〉泰州條載：「北鄉郡，領縣二，北猗氏、汾陰。」西魏占領泰州後，史書中只提到河東郡的情況，不見有關舊北鄉郡的記載。此外，《周書》卷35〈薛善傳〉記載河東郡有六縣，大統三年，「太祖嘉之，以善為汾陰令。善幹用強明，

第六章　政區演變：西魏與北周的河東行政管理

一郡稱最。太守王羆美之，令善兼督六縣事」。並非北魏時河東郡所屬之五縣，而原屬北鄉郡的汾陰似乎也歸屬了河東郡，這引起了史家的注意。王仲犖先生便據此懷疑西魏進占河東後廢除了北鄉郡，而將其屬縣併入了河東郡。見《北周地理志》第 780 頁：

> 按時王羆鎮河東，或兼河東太守，故云太守王羆美之。〈地形志〉，河東郡領安定等五縣，北鄉郡領北猗氏、汾陰二縣，此云兼督六縣事，或西魏取汾、絳後，即廢北鄉郡，而以汾陰改隸河東郡耶？

另外，北魏北鄉郡所轄有北猗氏縣，《魏書》卷 106 下〈地形志下〉泰州北鄉郡北猗氏縣注：「太和十一年置，有解城。」王仲犖先生考證其縣治在今山西臨猗縣城關，並認為宇文氏占領河東後取消了北猗氏縣，「蓋廢於西魏、北周之世」，只保留了汾陰縣。[145]

北周武帝時，將汾陰縣治由后土城移至殷湯古城，並設定了汾陰郡，有汾陰、猗氏二縣。參見《太平寰宇記》卷 46〈河東道七·蒲州寶鼎縣〉：「後魏太和十一年復置汾陰縣於后土城，周武帝又移於殷湯古城，後置汾陰郡，以汾陰縣屬之。」

北周任汾陰郡守者見《周書》卷 45〈儒林·樂遜傳〉：「（大象）二年，進位開府儀同大將軍，出為汾陰郡守。遜以老疾固辭，詔許之。」下面分別介紹汾陰郡的屬縣情況。

1. 汾陰縣

治殷湯城，在今山西萬榮縣西南。該縣為傳說中夏代的綸邑所在地，秦漢時設汾陰縣，以其地在汾水之南而得名。《太平寰宇記》卷 46〈河東道七·蒲州〉：

---

[145]　王仲犖：《北周地理志》，第 780 頁。

一、泰州（蒲州）

寶鼎縣，古綸地，在夏為少康之邑。漢為汾陰縣，屬河東郡，汾水南流過縣，故曰汾陰。高帝封周昌為侯，即此地也，今縣北九里汾陰故城是也。後漢至晉不改。劉元海省汾陰入蒲坂縣。後魏太和十一年復置汾陰縣於后土城。

秦漢汾陰縣治，在汾水南岸的汾陰故城。漢武帝元鼎四年（前113），立后土祠於汾陰城北。北魏孝文帝太和十一年（487）又在后土城（立於后土祠處）置汾陰縣。《太平寰宇記》卷46〈河東道七・蒲州〉：「萬泉縣，本漢汾陰縣地。……後魏孝文帝又於后土城置汾陰縣。今縣北一里故后土城是也。」王仲犖按：「遍翻舊志，乃悟《寰宇記》『萬泉縣』下所云『今縣北一里故后土城』者，謂漢汾陰故城北一里之后土城，而非謂萬泉縣北一里別有后土城也。」[146]

漢汾陰縣城與后土祠相鄰，可以參見《水經注》卷4：「（河水）又南過汾陰縣西。」酈道元注曰：「河水東際汾陰脽，縣故城在脽側。……魏《土地記》曰：『河東郡北八十里有汾陰城，北去汾水三里。城西北隅曰脽丘，上有后土祠。』《封禪書》曰：『元鼎四年始立后土祠於汾陰脽丘』是也。」

據前引《太平寰宇記》卷46所載，北周武帝時又北遷汾陰縣治於殷湯古城，其地點在今山西萬榮縣西南榮河鎮（古榮河縣城）北九里。《讀史方輿紀要》卷41〈山西三・平陽府・榮河縣〉：「汾陰城，縣北九里，戰國時魏邑也。……漢置汾陰縣。……《圖經》：『城北去汾水三里，西北隅有丘曰脽丘，上有后土祠。』……隋遷縣於今治。……《志》云：故汾陰城俗名殷湯城，以城北四十三里有湯陵云。」

王仲犖在《北周地理志》第780頁中曾對汾陰縣治的遷徙地點加以考證後進行概述：「按魏太和中復置汾陰縣於后土城，當在今山西萬榮縣西

---

[146]　王仲犖：《北周地理志》，第780頁。

第六章　政區演變：西魏與北周的河東行政管理

南榮河鎮北十一里脽丘側。《水經注》所謂縣故城在脽側是矣。周武帝遷於殷湯古城，當在今山西萬榮縣西南榮河鎮北九里。隋始遷縣治於殷湯故城南九里。唐改縣曰寶鼎，宋改寶鼎曰榮河，今又廢入萬泉縣，並改縣名為萬榮縣。其榮河舊治，今稱榮河鎮云。」

西魏任汾陰令者有薛善，見《周書》卷35〈薛善傳〉：「（大統三年）太祖嘉之，以善為汾陰令。善幹用強明，一郡稱最。太守王羆美之，令善兼督六縣事。」

有柳慶，《周書》卷22〈柳慶附兄子帶韋傳〉曰：「魏廢帝元年，出為解縣令。二年，加授驃騎將軍、左光祿大夫。明年，轉汾陰令。發擿姦伏，百姓畏而懷之。」

北周封汾陰縣者見《隋書》卷48〈楊素附楊文紀傳〉：「高祖為丞相，改封汾陰縣公。」

汾陰縣之形勝要地有以下各處。

■（1）漢汾陰城

在今山西萬榮縣榮河鎮北，《讀史方輿紀要》卷41〈山西三．平陽府．榮河縣〉曰：「汾陰城，縣北九里，戰國時魏邑也。《史記》：『周顯王四十年，秦伐魏，取汾陰。』漢置汾陰縣，高帝六年封周勃為汾陰侯。……宣帝神爵元年幸汾陰萬歲宮。建武初，鄧禹自汾陰渡河，入夏陽是也。晉大興初，劉曜討靳準於平陽，使其將劉雅屯汾陰。隋遷縣於今治，唐開元十年改曰寶鼎。《唐史》云：『十一年祭后土於汾陰，二十年行幸北都，還至汾陰祀后土』，皆因故名也。宋大中祥符三年祀汾陰，有榮光溢河之瑞，因改寶鼎縣曰榮河。《志》云：故汾陰城俗名殷湯城，以城北四十三里有湯陵云。」

(2) 萬歲宮

在漢汾陰城內,為漢武帝所築行宮,後代帝王祭祀后土常居於此。參見《讀史方輿紀要》卷 41〈山西三・平陽府・榮河縣〉:「萬歲宮,在汾陰故城內。城西北二里即后土祠也,漢武立祠並置宮於此,時臨幸焉。又有大寧宮,在今城內東北隅。宋真宗祀汾陰,此其齋宮云。」

(3) 脽丘、后土祠

脽丘在今山西萬榮縣西榮河鎮北,為黃河東岸沿岸的一道長丘,汾水在丘北西流入河。西漢元狩六年 (前 117) 得古鼎於汾水南岸,故改年號為元鼎以示紀念,並在元鼎四年 (前 113) 於脽丘上立后土祠 (後世俗稱后土廟),後世帝王常來此處祭祀,以祈求豐年。《元和郡縣圖志》卷 12〈河東道一・河中府寶鼎縣〉:「后土祠,在縣西北一十一里。」王仲犖《北周地理志》第 779 頁注曰:「按寶鼎縣即今山西萬榮縣西南之榮河鎮。」《讀史方輿紀要》卷 41〈山西三・平陽府・榮河縣〉汾陰城條:「《圖經》:『城北去汾水三里,西北隅有丘曰脽丘,上有后土祠。』文帝十六年,以辛垣平言周鼎將出汾陰,乃治廟汾陰南,臨河,欲祠出周鼎。武帝元狩六年獲寶鼎於汾陰,因改元曰元鼎,四年始立后土祠於脽丘。宣帝神爵元年幸汾陰萬歲宮。」《讀史方輿紀要》卷 41〈山西三・平陽府・榮河縣〉曰:「脽丘,縣北十里,亦名脽上,亦曰魏脽。如淳曰:『脽音誰。』脽者,河之東岸特堆崛起,長四五里,廣二里,高十餘丈,舊汾陰縣亦在脽上。漢置后土祠即在縣西,汾水經脽北而入河也。漢元狩四(筆者注:『四』應為『六』)年得大鼎於魏脽后土祠旁,其後數幸河東祠后土,宣帝及元、成時亦數幸祠焉。……『漢家后土之宮,汾水合河、梁山對麓』是也。」

■(4) 后土渡

或稱「汾陰渡」，在今萬榮縣榮河鎮北后土城側，亦黃河津濟處。光緒《山西通志》卷49〈關梁考六〉曰：「榮河縣北九里后土祠前有汾陰渡」，注：「今新渡口在廟前鎮。」東漢建武初，鄧禹自汾陰渡河入夏陽，即由此津涉渡。《周書》卷2〈文帝紀下〉記載：大統三年八月，宇文泰東伐弘農，取河北、邵郡。「齊神武懼，率眾十萬出壺口，趨蒲坂，將自后土濟。」也是準備由此渡河進入關中。

后土渡之對岸為夏陽渡，即今陝西省韓城市東南，亦稱龍門渡。見《周書》卷5〈武帝紀上〉天和六年春正月：「詔柱國、齊國公憲率師禦斛律明月。……三月己酉，齊國公憲自龍門渡河。」《資治通鑑》卷170 陳宣帝太建三年三月：「周齊國公憲自龍門渡河」，胡三省注曰：「此自夏陽渡汾陰也。」王仲犖《北周地理志》第781頁曰：「按北周置龍門關於龍門縣西北龍門山下，關下即禹門渡，亦稱龍門渡，見後龍門縣下。此龍門渡，當在其南，蓋自今陝西韓城縣渡至山西萬榮縣榮河鎮之西北也。」

■(5) 北鄉城

在今山西萬榮縣榮河鎮北。《魏書》卷106下〈地形志下〉泰州北鄉郡汾陰縣注曰：「二漢、晉屬河東，後屬。有北鄉城、后土祠。」

另參見《太平寰宇記》卷46〈河東道七·蒲州寶鼎縣〉：「古北鄉城在縣北三十一步。汾陰北鄉城，即採桑津也。」

2. 猗氏（桑泉）縣

今山西臨猗縣城關。原為秦漢猗氏舊縣，因戰國時魯人猗頓居此經營畜牧業致富、聞名天下而得名。北魏北鄉郡有北猗氏縣，但猗氏縣則屬於河東郡。見《魏書》卷106下〈地形志下〉猗氏縣注：「二漢、晉屬河

東，後復屬。有介山塘。」北猗氏縣注：「太和十一年置。有解城。」《周書》卷35〈薛善附敬珍傳〉記載東西魏分裂之際河東仍有猗氏縣，齊神武沙苑之敗，「珍與小白等率猗氏、南解、北解、安邑、溫泉、虞鄉等六縣戶十餘萬歸附」。

據光緒《山西通志》卷26〈府州廳縣考四〉考證，前引《魏書・地形志》關於猗氏、北猗氏兩縣的記載有些錯誤，內容如下：

謹案：〈地形志〉猗氏、北猗氏亦有誤。以地勢考之，介山在東北，解城在西南，不得反為北也。況《元和》、《太平》二記皆言西魏改猗氏為桑泉，不言北猗氏所在，蓋當時已省入猗氏矣。故後周又復桑泉為猗氏也，則以桑泉故城在北解，其時已省入猗氏，而故解城在桑泉城東五里之近，故因為名。若介山塘之猗氏，則遠於桑泉矣。又考魏置北鄉郡領北猗氏、汾陰二縣，而猗氏仍隸河東，唐置萬泉縣即分汾陰東境，故介山在縣南一里，是即猗氏在西南，北猗氏在東北之明證。則〈地形志〉介山塘係北猗氏下，解城係猗氏下乃合也。

西魏占領河東後，將北猗氏併入猗氏縣，又於恭帝二年（555）改猗氏名曰桑泉。周明帝時又復猗氏縣之名，改屬汾陰郡。《元和郡縣圖志》卷12〈河東道一・河中府〉曰：「猗氏縣，本漢舊縣，即猗頓之所居也。東（筆者注：『東』應為『西』）魏恭帝二年，改猗氏為桑泉縣，周明帝復改桑泉為猗氏縣，屬汾陰郡。隋開皇三年罷郡，屬蒲州。」《讀史方輿紀要》卷41〈山西三・平陽府・蒲州〉曰：「猗氏縣，州東北百二十里，南至解州六十里，東南至夏縣七十里，古郇國地。後為晉令狐地。漢置猗氏縣，屬河東郡，因猗頓所居而名。後漢及魏、晉因之，後魏仍屬河東郡，西魏改曰桑泉，後周復舊。隋屬蒲州，唐因之。」

猗氏縣境內有下列古城遺址：

第六章　政區演變：西魏與北周的河東行政管理

■ (1) 猗氏城

今山西臨猗縣南。《讀史方輿紀要》卷41〈山西三·平陽府·猗氏縣〉：「猗氏城，縣南二十里。《孔叢子》：『魯人猗頓適西河，大畜牛羊於猗氏之南。』此即其所居也。漢置縣於此，高祖封功臣陳遬為侯邑。《水經注》：『猗氏縣南對澤即猗頓故居。』丁度曰：『《左傳》所云郇瑕之地，沃饒而近鹽，即猗氏也。後猗頓居此，用鹽鹽起富，漢因以猗氏名縣。』隋徙縣於今治。……今故城俗名王寮村。」

■ (2) 桑泉城

在今山西臨猗縣臨晉鎮東。見《元和郡縣圖志》卷12〈河東道一·河中府臨晉縣〉：「桑泉故城，在縣東十三里。《左傳》曰：『重耳圍令狐，入桑泉』；謂此也。」又《讀史方輿紀要》卷41〈山西三·平陽府·臨晉縣〉解城條附：「桑泉城，在縣東北十三里，春秋時晉故邑也。《左傳》僖公二十四年：『晉公子重耳濟河入桑泉。』杜預曰：『桑泉城在解縣北二十里也。』隋因以名縣。又有溫泉廢縣，唐武德三年分桑泉地置，九年廢。」

■ (3) 令狐城

今山西臨猗縣西。見《讀史方輿紀要》卷41〈山西三·平陽府·猗氏縣〉：「令狐城，縣西十五里。晉邑也。《左傳》僖公二十四年：『晉文公從秦反國，濟河圍令狐。』又文七年：『晉敗秦於令狐，至於刳首。』闞駰曰：『令狐即猗氏地，今其處猶名狐村。』又縣北有廬柳城，秦送重耳入晉，圍令狐，晉軍廬柳，即是城也。」

■ (4) 神羌堡

在今山西臨猗縣東北。見《讀史方輿紀要》卷41〈山西三·平陽府·猗氏縣〉：「神羌堡，縣東北十五里峨眉坡上。《志》云：鄧禹圍安邑、定河東，嘗駐師於此。」

(5) 皂莢戍

在今山西臨猗縣臨晉鎮西南，為西魏時河東戍所。《周書》卷 2〈文帝紀下〉曰：「（大統八年）冬十月，齊神武侵汾、絳，圍玉壁。太祖出軍蒲坂，將擊之。至皂莢，齊神武退，太祖度汾追之，遂遁去。」又見《讀史方輿紀要》卷 41〈山西三·平陽府·臨晉縣〉：「皂莢戍，在縣南。西魏大統中高歡圍玉壁，宇文泰出軍蒲坂，至皂莢聞歡退，渡汾追之，不及。胡氏曰：『皂莢在蒲坂東也。』」

3. 溫泉縣

在今山西臨猗縣西南。前引《周書》卷 35〈薛善附敬珍傳〉曾提到大統三年十月賀拔勝、李弼占領泰州時，當地有溫泉縣。王仲犖先生在《北周地理志》第 782 頁考證道：「按敬珍以猗氏等六縣附西魏，中有溫泉。〈地形志〉無溫泉縣。《寰宇記》蒲州總敘下云：唐武德三年置溫泉縣，九年省溫泉縣。蓋廢入桑泉縣也。唐桑泉縣，即今山西臨猗縣西南之臨晉鎮。北周溫泉縣，當在今臨晉鎮附近。」並認為該縣廢除於北周時期。

二、河北郡（虞州）

西魏時期河東地區南部的行政區域是河北郡，包括大陽、河北、南安邑、北安邑四縣。該郡跨越中條山脈兩側，其南境瀕臨黃河河曲東段，北括鹽池東部而抵涑水中游河段。河北郡在北魏時期屬於陝州，其歷史演變情況如下：

第六章　政區演變：西魏與北周的河東行政管理

（一）陝州的歷史沿革

　　陝州的建制始於北魏孝文帝太和十一年（487），以古之陝地（今山西平陸縣、河南三門峽市）而得名，包括黃河北岸的河北與南岸的恆（弘）農兩郡。該地扼守豫西通道，又有連繫黃河南北兩岸的陝津（大陽津）渡口，依山傍水，形勢險要，是商周及後代東西兩大政治地域的分界之處，備受兵家重視。其行政地理沿革見《元和郡縣圖志》卷6〈河南道二〉陝州：「《禹貢》豫州之域。周為二伯分陝之地，《公羊傳》曰：『自陝以東，周公主之；自陝以西，召公主之。』又為古之虢國，今平陸縣地是也。戰國時為魏地，後屬韓。秦併天下，屬三川郡。漢為弘農郡之陝縣，自漢至宋不改。後魏孝文帝太和十一年，置陝州，以顯祖獻文皇帝諱『弘』，改為恆農郡。十八年，罷陝州，孝武帝永熙中重置。西魏文帝大統三年，又罷州。周明帝復置，屯兵於此以備齊。」

　　《太平寰宇記》卷6〈河南道六〉陝州曰：「《禹貢》為冀、豫二州之域，郡夾河，河南諸縣則豫州域，河北則冀州。在周即二伯分陝，是亦為虢國之地。春秋時為北虢上陽城，即今平陸縣是也。又有焦國，故七國時為魏地。《史記》魏襄王六年，『秦取我焦』是也。後屬韓。秦屬三川。漢為弘農郡之陝縣，自是至晉因之。後魏太和十一年置陝州及恆農郡於此，十八年又罷。孝武帝永熙中再置。大統三年又罷。後周明帝又置。武帝改弘農為崤郡，州如故，兼屯兵於此備北齊。」

（二）北魏、西魏時期的河北郡

　　北魏、西魏時期的河北郡境包括中條山南麓、黃河以北的河谷地帶，即大陽（今平陸舊城）、河北（今芮城縣）兩縣；以及中條山北麓、涑水東南一側鄰近鹽池的地段，即南安邑（今運城安邑鎮）、北安邑（今夏

二、河北郡（虞州）

縣北）兩縣。該地區在秦漢魏晉時期屬於河東郡管轄[147]，至東晉十六國時，黃河以北多為五胡之人占據，曾分其地置河北郡，遣太守理之，治河北縣。北魏孝文帝太和年間將郡治移到大陽。楊守敬《〈隋書·地理志〉考證》云：「《晉書》載記，姚泓有河北太守薛帛；《北史薛辯傳》，仕姚興歷河北太守。然則東晉時姚秦置也。」王仲犖《北周地理志·下》第579頁虞州河北郡條注曰：「《寰宇記》：今芮城縣北五里有魏城，即畢萬所封，漢以其地為河北縣，屬河東郡。姚秦於此置河北郡。後魏太和十一年，自此移郡於大陽城。按《水經·河水注》：『沙澗水亂流逕大陽城東，河北郡治也。』據是，則河北郡治大陽城也。」

東、西魏分裂之際，此郡歸屬東魏。大統三年（537）八月，宇文泰克弘農，東魏守將高幹逃遁，由大陽津北渡黃河。宇文泰「令賀拔勝迫擒之，並送長安」[148]；又乘勢攻占了河北郡地。《周書》卷14〈賀拔勝傳〉：「又從太祖攻弘農，勝自陝津先渡河，東魏將高幹遁，勝追獲，囚之。下河北，擒郡守孫晏、崔乂。」《周書》卷34〈楊㩲傳〉亦載：「時弘農為東魏守，從太祖攻拔之。然自河以北，猶附東魏。……於是遣諜人誘說東魏城堡，旬月之間，正平、河北、南汾、二絳、建州、太寧等城，並有請為內應者，大軍因攻而拔之。」

西魏占據河北郡後，高歡率大軍反攻，在沙苑之戰中遭到慘敗，狼狽逃歸晉陽。西魏方面又進據汾、絳等河東全境。次年八月，宇文泰敗於邙山，東魏軍隊乘勝西進，一度占領邵郡，進逼鹽池與中條山南麓各縣，引起極大的恐慌；後被西魏鹽池都將辛慶之擊退，保住了這一地區。見《周書》卷39〈辛慶之傳〉：「河橋之役，大軍不利，河北守令棄城走，慶之獨因鹽池，抗拒強敵。時論稱其仁勇。」

---

[147] 《元和郡縣圖志》卷6〈河南道三·陝州〉。
[148] 《周書》卷2〈文帝紀下〉。

（三）西魏時期的河北郡守

史籍所載西魏時任河北郡守者如下：

① 裴果《周書》卷 36〈裴果傳〉：「裴果字戎昭，河東聞喜人也。祖思賢，魏青州刺史。父遵，齊州刺史。……永熙中，授河北郡守。及齊神武敗於沙苑，果乃率其宗黨歸闕。」

② 張軌《周書》卷 37〈張軌傳〉：「（大統）六年，出為河北郡守。在郡三年，聲績甚著。臨人治術，有循吏之美。大統間，宰人者多推尚之。」

③ 裴俠《周書》卷 35〈裴俠傳〉：「裴俠字嵩和，河東解人也。……大統三年，領鄉兵從戰沙苑，先鋒陷陣。……（八年）王思政鎮玉壁，以俠為長史。……除河北郡守。……（大統）九年，入為大行臺郎中。」

④ 厙狄昌《周書》卷 27〈厙狄昌傳〉：「（大統）四年，從戰河橋，除冀州刺史。後與于謹破胡賊劉平伏於上郡，授馮翊郡守。久之，轉河北郡守。十三年，錄前後功，授大都督、通直散騎常侍。」

⑤ 元定《周書》卷 34〈元定傳〉：「（大統）十三年，授河北郡守，加大都督、通直散騎常侍。」

（四）西魏、北周時期河北郡行政區劃的演變及其原因

1. 西魏罷陝州，河北郡獨立

大統三年（537）宇文泰克弘農、定河北後，曾罷陝州，使河北與恆農二郡不再歸屬一州，這項措施和當地在各個歷史階段不同策略作用有關。

二、河北郡（虞州）

陝州河北郡四縣原屬河東郡，為什麼到了北魏時把它與河南的恆（弘）農郡合為一州呢？筆者認為，這和當時首都洛陽的策略防禦部署有密切關係。北魏定都洛陽，曾置四中郎將以禦四方來寇，陝州恆（弘）農郡是西中郎將的駐所，有著防衛西方的重要作用。洛陽西邊之敵若來入侵，可以經過黃河南岸的豫西通道與北岸的晉南豫北通道兩條途徑，陝縣及對岸的大陽正是其衝要樞紐，如果依照漢晉的政區劃分，它們分別為二郡（或州）所管轄，不利於統一的防務安排。合為一州，有利於黃河兩岸的協防，可以在同一位軍事長官的指揮下相互支援。西方之敵不論從哪條道路東犯，都會受到阻礙；若有一方形勢危急，陝州主將能夠迅速做出反應，便於組織調撥兵力，及時封鎖西來之敵的任何一條通路。

大統三年以後，陝縣和大陽為西魏所據，但是防禦作戰的形勢發生了很大變化。宇文氏敵手東魏軍隊的根據地有二，首先是高歡長駐的陪都晉陽（今山西太原），兵力最為強盛；其次是東魏的國都鄴城（今河北省臨漳縣）。東魏與西魏接壤的前線要鎮，也是其進攻的出發基地和防禦的策略樞紐，亦有兩座，一是西鄰邵郡（今山西垣曲縣）、恆農的河陽（今河南省孟縣），二是南鄰河東的晉州（今山西臨汾）。東魏軍隊西侵關中，通常經過這兩座重鎮，走以下三條道路：

汾水道晉陽之敵沿汾水河谷南下，經晉州抵達河東。

豫西通道晉陽或鄴城之敵經過河陽、洛陽後，沿黃河南岸穿過豫西丘陵山地，進至恆農、潼關。

晉南豫北通道晉陽或鄴城之敵匯集河陽後，沿黃河北岸西進齊子嶺，進攻邵郡。

從北朝後期宇文氏與高氏的作戰情況來看，無論東魏軍隊從哪條道路而來，西魏的應對部署都是先由當地駐軍進行抵抗，等待關中主力前

第六章　政區演變：西魏與北周的河東行政管理

來救援，而不是由黃河對岸的地方駐軍渡河支援；這顯然是考慮到黃河天險的阻隔，部隊來往調動不便。另外，若是削弱了對岸的防禦兵力，也有可能露出破綻，遭到敵人襲擊而導致防線的崩潰。因此，在西魏政權的策略防禦部署中，河北郡與弘農郡分別擔負著不同方向的守備任務，各有自己的防區，並不採取北魏時期兩岸駐軍密切合作、相互支援的做法，故實行分郡別州而治。

2. 北周明帝置虞州、河北郡境的縮小

北周明帝二年（558）於原河北郡轄境置虞州，治大陽；將其故土分為二郡：河北郡，治大陽，轄河北、芮城兩縣；安邑郡，治夏縣，轄夏縣、安邑二縣。

北周政權對該地區行政建置的改動也反映了河北郡在這一時期軍事地位、作用的變化，看來此時中條山脈南北兩側的四縣所擔負的防禦任務也各不相同，所以周明帝時將其分為二郡，置虞州而統之；河北、安邑二郡既可以透過峽谷通道相互支援，也能夠獨立承擔各自的防禦任務。

（五）西魏河北郡暨北周虞州的屬縣

下面分述西魏河北郡及北周所設虞州所轄四縣的情況。

1. 大陽（河北）縣

今山西平陸縣西南，為古虞國、虢國下陽邑所在地，後為晉獻公所滅，戰國時屬魏。《讀史方輿紀要》卷41〈山西三·平陽府·平陸縣〉曰：「春秋時虞國地，後為晉地，戰國時魏地。漢為大陽縣地，屬河東

二、河北郡（虞州）

郡。」、「大陽」或稱「太陽」，縣治與州治陝城隔河相對，有大陽津渡（或稱陝津、茅津）與集津供舟楫來往。《魏書》卷106下〈地形志下〉陝州河北郡太陽縣條注：「二漢、晉屬河東。後屬（陝州），有虞城、夏（下）陽城。」《元和郡縣圖志》卷6〈河南道二〉陝州平陸縣：「本漢大陽縣地，屬河東郡。後魏於此置河北郡，領河北縣。……黃河，在縣南二百步。」同書同卷陝州陝縣：「太陽故關，在縣西北四里，後周大象元年置，即茅津也。春秋時秦伯伐晉，自茅津濟，封殽屍而還。」《讀史方輿紀要》卷41〈山西三〉蒲州平陸縣：「黃河，在縣南，自芮城縣而東，至是微折而南，至其東南三十五里傅巖前，有茅津渡，亦曰大陽渡。又流經縣東五十里，經底柱峰，曰三門集津；又流經縣東南百二十八里曰白浪渡，皆黃河津濟處也。」

大陽為西魏河北郡治所駐地，河北郡舊治在其西邊的芮城，北魏孝文帝時移至大陽。王仲犖《北周地理志》第580頁河北縣條對此考證道：「按《寰宇記》：『平陸縣本漢大陽縣地。後魏太和十一年，自今芮城縣界故魏城移河北郡於縣理。』又云：『芮城縣北五里有魏城，漢以其地為河北縣，姚秦於此置河北郡，後魏太和十一年，自此移郡於大陽城。』《水經·河水注》『沙澗水亂流，逕大陽城東，河北郡治。』是河北郡後魏太和十一年，已自魏城移治大陽；至北周武成二年，又改河北縣為永樂縣，而改大陽縣為河北縣也。」大陽縣境因南有黃河津渡，北有顛軨坂（虞坂）、白陘道等通路穿越中條山而至運城盆地（詳見第二章中「三、道路四達的交通樞紐」），地當衝扼，形勢險要，三代時即有統治者於此築城戍守，如故虞城和下（夏）陽城。《水經注》卷4〈河水〉曰：「（軨）橋之東北有虞原，原上道東有虞城，堯妻舜以嬪於虞者也。」《元和郡縣圖志》卷6〈河南道二〉陝州平陸縣曰：「故虞城，在縣東北五十里虞山之上。晉侯使荀息假道於虞以伐虢，即此城也。」、「下陽故城在縣東

第六章 政區演變：西魏與北周的河東行政管理

北二十里。」《讀史方輿紀要》卷 41〈山西三・平陽府・平陸縣〉：「下陽城，在大陽故縣東北三十里，春秋時虢邑也。僖公二年，虞師、晉師滅夏陽。《穀梁傳》：『虞、虢之塞邑，晉獻公假道於虞以伐虢，取其下陽以歸。』賈逵曰：『虞在晉南，虢在虞南也。』」

其險要與名勝之地還有吳（虞）山、吳（虞）坂、間原、傅巖、顛軨坂等，見《元和郡縣圖志》卷 6〈河南道〉陝州平陸縣：

> 吳（虞）山，即吳（虞）坂也，伯樂遇騏驥駕鹽車之地。其坂自上及下，七山相重。

> 傅巖，在縣（筆者注：缺字）七里。即傅說版築之處。

> 間原，在縣西六十五里。即虞、芮爭田，讓為間田之所。

> 顛軨坂，今謂之軨橋，在縣東北四十五里。《左傳》曰：「冀為不道，入自顛軨」，是也。

西魏大統年間，曾於此縣境內僑置北徐州，後廢除。王仲犖先生認為該州「當置於虞州河北郡界內，接懷州河內郡」[149]。北徐州的情況可以參見《周書》卷 36〈段永傳〉、〈鄭偉傳〉、〈司馬裔傳〉。

大陽縣東南黃河中有底柱山及三門，是航道當中的著名險阻。《水經注》卷 4〈河水〉曰：「砥柱，山名也。昔禹治洪水，山陵當水者鑿之，故破山以通河。河水分流，包山而過，山見水中若柱然，故曰砥柱也。三穿既決，水流疏分，指狀表目，亦謂之三門矣。山在虢城東北、大陽城東也。」但據楊守敬《水經注疏》引都穆云，砥柱在三門之東百五十步，別為一山。「砥柱在陝州東五十里黃河中。循河至三門，中曰神門，南曰鬼門，北曰人門。水行其間，聲激如雷，而鬼門尤為險惡，舟筏一入，鮮有得脫。三門之廣，約二十丈；其東百五十步即砥柱，崇約三丈，

---

[149] 王仲犖：《北周地理志》，第 580 頁。

周數丈，以三門為砥柱者誤也。」

西魏破江陵時，俘獲名士顏之推，大將軍李穆將他薦往弘農，為其兄李遠掌管文書。顏之推不甘為敵國將官的僚屬，乘機登舟入河逃脫，歷三門而至北齊境界。《北齊書》卷45〈文苑‧顏之推傳〉曰：「值河水暴長，具船將妻子來奔，經砥柱之險，時人稱其勇決。顯祖見而悅之，即除奉朝請，引入內館中，侍從左右，頗被顧盼。」

2. 河北（芮城）

縣治在今山西芮城縣城關。「黃河，在縣南二十里。」[150] 此地古為芮伯所居，是商朝的一個小封國，東與虞國為鄰。周族興起，控制關中地區後，虞、芮兩國轉而屬周，曾因邊界糾紛請文王平訟。後移封國至河西，春秋初年芮伯萬回到故地，在古芮城東北築城而居，稱為魏國，後被晉國所滅，封與大夫畢萬，即戰國時魏君之祖。兩城遺址保留多年。《元和郡縣圖志》卷6〈河南道二〉陝州芮城縣曰：「故魏城，《春秋》『晉滅之，賜畢萬』，是也，在縣北五里。故芮城，在縣西二十里。古芮伯國也。」《讀史方輿紀要》卷41〈山西三‧平陽府‧芮城縣〉：「古芮城，縣西三十里，商時芮伯封此，與虞為鄰國。文王為西伯，虞、芮質成是也。周時芮為同姓國，其封地在今陝西同州。《春秋》桓三年：『芮伯萬為母所逐，出居於魏，謂即此城云。今名鄭村。』」、「河北城，在縣東北三十里，一名魏城，故魏國城也。晉獻公滅之以封其大夫畢萬。漢置河北縣，魏、晉皆屬河東郡。姚秦置河北郡於此，後魏因之。《地記》：『郡治大陽，河北縣仍治此。後周改置河北郡於大陽，此城遂廢。』《漢志》注：『河北縣即古魏國』是矣。」

---

[150] 《元和郡縣圖志》卷6〈河南道二‧陝州‧芮城縣〉。

第六章　政區演變：西魏與北周的河東行政管理

　　該縣自漢朝至魏晉均稱「河北」，屬河東郡。十六國姚秦時於此立河北郡，北魏沿襲。西魏時曾改置安戎縣，北周明帝二年（558）改稱芮城縣，屬虞州。周武帝時又改稱虞州為芮州。《讀史方輿紀要》卷41〈山西三・平陽府・芮城縣〉曰：「古芮國，春秋時魏國地，後屬晉。漢為河東郡河北縣地。西魏置安戎縣，後周改芮城，又置永樂郡（筆者注：『郡』應為『縣』）於此。」《元和郡縣圖志》卷6〈河南道二〉陝州曰：「芮城縣，本漢河北縣地，屬河東郡，自漢至後魏因之。周明帝二年，改名芮城，屬河北郡。其年，又於此置虞州。武帝建德二年，於縣置芮州。」《太平寰宇記》卷6〈陝州芮城縣〉：「古魏國附庸邑。今縣西二十里有芮城。按《史記》：芮國在馮翊界。魯桓公三年，芮伯萬為母姜氏所逐，遂居於魏，為晉所滅。今芮城是也。今縣北五里有魏城，即畢萬所封。漢以其地為河北縣，屬河東郡。……後周明帝二年，自縣東十里移安戎縣於此，尋改為芮城縣，因古芮城而得名。」光緒《山西通志》卷54〈古蹟考五〉曰：「安戎城，在芮城縣東。」

　　北周明帝武成二年（560）又於芮城縣境分置永樂縣，今芮城縣西南永樂鎮，周武帝保定二年（562）廢。《隋書》卷30〈地理志中〉河東郡曰：「芮城，舊置，曰安戎，後周改焉，又置永樂郡，後省入焉。有關官。」《太平寰宇記》卷46〈蒲州永樂縣〉曰：「本漢河北縣地，後周武成二年改河北縣為永樂縣，保定二年省，以地屬芮城。」

　　楊守敬《〈隋書・地理志〉考證》云：「據《寰宇記》，則《隋志》『永樂郡』當作『永樂縣』。」又見《讀史方輿紀要》卷41〈山西三蒲州條〉曰：「永樂城，州東南百二十里，本蒲坂縣地。後周置永樂縣，為永樂郡治，尋省郡，後又省縣入芮城。」

　　河北（芮城）縣背依首陽山，此處為中條山脈最狹之處[151]，有道可以

---

[151]　《讀史方輿紀要》卷41〈山西三・平陽府・芮城縣〉：「首陽山，縣北十五里，北與蒲州接界。」

穿越，進入運城盆地。其地當河曲，東西有大陽、風陵兩處要津，本縣境內又有寶津可以航渡黃河[152]。故亦屬要衝，素為兵家所重。

河北（芮城）縣因形勢險要，多有城堡故址。除前述古芮城、魏城外，據《讀史方輿紀要》卷41〈山西三‧平陽府‧芮城縣〉記載，還有萬壽堡，在「縣西北八里。《志》云：『周顯王時芮民西接於秦，葺此堡以自守，廢址猶存。』」

襄邑堡，「在縣東。晉義熙十三年劉裕遣諸軍伐姚秦，進抵潼關，檀道濟、沈林子自陝北度河，拔襄邑堡。《括地志》：『襄邑堡在河北縣。』」

3. 南安邑（夏縣）

在中條山麓的北側、涑水中游河段的東南，西魏南安邑縣治所在今山西運城市安邑鄉，北周改稱夏縣，移其治所到今夏縣城關。南安邑在秦漢時為安邑縣地，屬河東郡。《魏書》卷106下〈地形志下〉載北魏孝文帝太和十一年（487）將原安邑縣分為南安邑、北安邑二縣[153]，置安邑郡以統之。後廢安邑郡，改屬河北郡。傳說夏禹曾在此建都，今仍存有禹王城遺址，故北周時改稱為夏縣。王仲犖《北周地理志》第582頁考述曰：「按南安邑本在今安邑縣界，建德七年，始移今治也。」

《郡國志》：薄山在縣城北十里，以其南北狹薄，謂之薄山，即中條之異名也。」

[152] 《讀史方輿紀要》卷41〈山西三‧平陽府‧芮城縣〉：「大河，在縣南；又縣西亦距河，相去不過二十餘里。縣居河、山之間，最為迫狹，亦謂之河曲。……《舊志》云：河水自蒲坂南至潼關，激而東流，蒲坂、潼關之間，謂之河曲也。」、「洰泉，縣東北三十五里，出中條山，南入大河，一名洰澤，其入河處謂之洰津渡，達河南靈寶縣。《郡志》云：洰津一名寶津，亦名陌底渡，在芮城縣東南四十里王村。」

[153] 《元和郡縣圖志》卷6〈河南道二‧陝州〉「夏縣」條和《太平寰宇記》卷6〈河南道二‧陝州〉「夏縣」條均稱北魏孝文帝時析安邑縣地分置夏縣，時間又有所不同，今從《魏書‧地形志》所載。《元和郡縣圖志》卷6〈河南道二‧陝州〉：「夏縣，本漢安邑縣地，屬河東郡。後魏孝文帝太和十一年，別置安邑縣，十八年改為夏縣，因夏禹所都為名……」《太平寰宇記》卷6〈河南道二‧陝州〉夏縣：「本漢安邑故地，魏孝文太和元年析安邑縣置夏縣，以夏禹所都之地為名，屬河東郡。後周建德七年移於此地。」

第六章　政區演變：西魏與北周的河東行政管理

　　縣西有涑水流過，北魏時曾於此為渠首，開鑿運河通航將池鹽外運，名為永豐渠。唐朝都水監姚遇在此基礎上疏通挖掘，以通運瀉洪，後名為姚遇渠，自今夏縣王峪口至永濟市五姓湖，總長120公里。《元和郡縣圖志》卷6〈河南道二〉陝州夏縣曰：「涑川，在縣北四十里。……按：川東西三十里，南北七里。」《太平寰宇記》卷6〈河南道二〉陝州夏縣：「涑川，在縣北四十里，從聞喜縣界接河中猗氏縣。東北有青原，南距安邑，沃野彌望一百餘里。」《左傳》成公十三年，晉侯使呂相絕秦，曰：「伐我涑川。」《讀史方輿紀要》卷41〈山西三・平陽府・夏縣〉：「姚遇渠，在城南，中條山北之水引流為渠。在縣北十里有橫洛渠，縣東十里有李綽渠，皆中條山谷諸水所導流也，匯流而南入於安邑之苦池灘。」

　　該縣境內還有幾座古城遺址，例如：

■（1）夏城（禹王城）

　　在今夏縣西北。見《元和郡縣圖志》卷6〈河南道二〉陝州夏縣：「安邑故城，在縣西北十五里。夏禹所都也。」又見《讀史方輿紀要》卷41〈山西三・平陽府・夏縣〉：「夏城，縣西北十五里，相傳禹建都時築，一名禹王城。城內有青臺，高百尺，或謂之塗山氏臺。」

　　《太平寰宇記》卷6〈河南道二〉陝州夏縣，「夏禹臺在縣西北十五里，《土地十三州志》云：『禹娶塗山氏女，思本國，築臺以望。今城南門臺基猶存。』夏靜〈與洛下人書〉曰：『安邑塗山氏臺，俗謂之青臺，上有禹祠。』」

■（2）巫咸城

　　在今夏縣南。《讀史方輿紀要》卷41〈山西三・平陽府・夏縣〉：「巫咸城，縣南五里，相傳殷巫咸隱此。」

二、河北郡（虞州）

4. 北安邑（安邑）

　　轄區在南安邑之北，今山西夏縣西北禹王鄉。該地傳說曾為夏禹故都，春秋時屬晉國領土，大夫魏絳曾將封邑自魏城（今山西芮城）遷至此，戰國前期是魏國的都城。秦漢魏晉為安邑縣，屬河東郡。北魏孝文帝太和十一年（487）分安邑縣為南安邑、北安邑二縣，置安邑郡以統之；十八年（494）轉屬河北郡。西魏因之，北周時改北安邑為安邑，屬虞州安邑郡。《魏書》卷 106 下〈地形志下〉河北郡北安邑條注曰：「二漢、晉曰安邑，屬河東，後改。太和十一年置為郡，十八年復屬。」《元和郡縣圖志》卷 6〈河南道二〉陝州：「安邑縣，本夏舊都，漢以為縣，屬河東郡。隋開皇十六年屬虞州，貞觀十七年屬蒲州，乾元三年割屬陝州。」《讀史方輿紀要》卷 41〈山西三・平陽府・安邑縣〉：「故夏都也，春秋時屬晉，戰國為魏都，後入於秦，秦為安邑縣，河東郡治焉。兩漢及魏、晉因之。後魏太和十一年置安邑郡，尋改縣為北安邑縣，又改郡為河北郡，縣屬焉。……安邑故城，縣西二里，皇甫謐云：『舜、禹皆都於此。』春秋時魏絳徙安邑。又魏武侯二年城安邑。《戰國策》城渾曰：『蒲坂、平陽相去百里，秦人一夜襲之，安邑不知。』《史記》：秦孝公八年，衛鞅將兵圍安邑，降之。《魏世家》：惠王三十一年，秦地東至河，安邑近秦，於是徙都大梁。《秦紀》：昭襄二十一年左更錯攻魏，魏獻安邑，始置河東郡。」

　　王仲犖《北周地理志》第 582 頁考述曰：「按安邑之除北字，當與北周改南安邑為夏縣同時。」

　　北安邑有以下名勝要地：

■（1）鹽池

　　在今山西運城市南。《元和郡縣圖志》卷 6〈河南道二〉陝州安邑縣條云：「鹽池，在縣南五里，即《左傳》『郇、瑕氏之地，沃饒近鹽』是

第六章　政區演變：西魏與北周的河東行政管理

也。今按：池東西四十里，南北七里，西入解縣界。」王仲犖先生考證北安邑鹽池云：「在今運城縣東南，與解池蓋一池而分為東西兩池也。」

■（2）司鹽城

在今夏縣西，為漢晉北朝鹽池管理官員的治所。見《讀史方輿紀要》卷41〈山西三·平陽府·安邑縣〉：「司鹽城，城西二十里。《括地志》：『故鹽氏城也。』《秦紀》：『昭襄王十一年齊、韓、魏、趙、宋、中山共攻秦，至鹽氏而還。』漢有司鹽都尉治此，因名司鹽城。」北魏因之，設司鹽都將。西魏辛慶之曾為鹽池都將，治此，抗拒東魏北、東兩路來敵，事見前引《周書》卷39〈辛慶之傳〉。

■（3）雷首山

在今夏縣南，即中條山脈的一段，有銀礦。《元和郡縣圖志》卷6〈河南道二〉陝州安邑縣條云：「雷首山，一名中條山，在縣南二十里。其山有銀谷，在縣西南三十五里，隋及武德初並置銀冶監，今廢。」

■（4）高堠原

在今夏縣北，是傳說中商湯伐桀的古戰場——「鳴條」之所在地。《元和郡縣圖志》卷6〈河南道二〉陝州安邑縣條：「高堠原，在縣北三十里。原南坂口，即古鳴條陌也，湯與桀戰於此。」又見《讀史方輿紀要》卷41〈山西三·平陽府·安邑縣〉：「鳴條岡，縣北三十里。《括地志》：『高涯原在安邑縣北，其南坂口即故鳴條陌。岡之北與夏縣接界。』或云舜所葬也。」

三、邵郡（邵州）、王屋郡（西懷州）

（一）邵郡的由來

邵郡位於河東地區的東南部，轄境大致相當於現在山西省的垣曲縣，秦漢魏晉時為河東郡垣縣所治。據史籍所載，北魏獻文帝皇興四年（470），在舊垣縣的轄區範圍內建立了邵郡，治所在陽胡城（今山西垣曲縣古城鎮東南），屬東雍州，下有白水、清廉、苌平、西太平四縣。《魏書》卷106〈地形志上〉曰：「東雍州（本注：世祖置，太和中罷，天平初復）領郡三，縣八。邵郡，領縣四，……白水（本注：有馬頭山）、清廉（本注：有清廉山、白馬山）、苌平（本注：有王屋山）、西太平。」

因為垣縣在周代曾作為召（邵）公姬奭的采邑，稱為「邵（召）」、「召原」、「郫邵」，故命名為「邵郡」。《太平寰宇記》卷47〈河東道八‧絳州〉垣縣：「本河東郡之縣名，其地即周、召分陝之所。今縣東北六十里有邵原祠廟於古棠樹。《春秋》襄公二十三年，『齊侯伐晉，取朝歌，為二隊，入孟門，登太行，張武軍於熒庭，戍郫邵。』杜注云：『晉邑。』《晉書‧地理志》云漢屬河東郡。後魏獻文帝皇興四年置邵郡於陽壺（胡）舊城。」

又，《讀史方輿紀要》卷41〈山西三‧平陽府‧絳州〉垣曲縣邵城條亦言：「在縣東，亦曰郫邵。《博物記》：『垣縣東九十里有郫邵之陌。』《春秋》文八年『晉賈季迎公子樂於陳，趙孟殺諸郫』，即郫邵也。又襄二十三年：『齊侯伐晉，取朝歌，入孟門，登太行，張武軍於熒庭，戍郫邵。』孔穎達曰：『垣縣有召亭』是也。宋白曰：『其地即周、召分陝之所。』今有邵原祠，在垣縣東六十里古棠樹下，魏邵郡蓋因以名。」

第六章　政區演變：西魏與北周的河東行政管理

邵郡枕帶黃河，位於中條山、王屋山交會地段，是河東地區通往中原的東方門戶，郡內有三條通道，匯集於白水縣，東有箕關道（古稱軹道）通河陽，北有鼓鍾道通聞喜含口，西有路途沿黃河北岸至河北郡大陽津渡及河北（芮城）縣，策略地位十分重要，故受到統治者的重視。北魏孝文帝太和年間一度撤銷了邵郡，將其地併入河內郡。肅宗正光年間，由於汾州少數民族暴動，威脅到首都洛陽的安全，朝廷派裴慶孫領兵由軹關進入河東平叛，認為該地形勢緊要，隨即在孝昌年間又恢復了邵郡的政區建制。《魏書》卷 69〈裴延俊附慶孫傳〉曰：「正光末，汾州吐京群胡……聚黨作逆……（慶孫）從軹關入討，至齊子嶺東，……乃深入二百餘里，至陽胡城。朝廷以此地被山帶河，衿要之所，肅宗末，遂立邵郡，因以慶孫為太守。」《魏書》卷 106 上〈地形志上〉東雍州邵郡條注：「皇興四年置邵上郡，太和中並河內，孝昌中改復。」

（二）西魏、東魏對邵郡的爭奪

東、西魏分裂之後，邵郡在高歡政權的控制下。大統三年（537）八月，宇文泰出潼關、克弘農後，隨軍大臣、河東豪傑楊㯹誘說邵郡土豪王覆憐等起兵，擒殺東魏所置守令，歸降宇文泰。詳情可見《周書》卷 34〈楊㯹傳〉：

時弘農為東魏守，從太祖攻拔之。然自河以北，猶附東魏。父猛先為邵郡白水令，與其豪右相知，請微行詣邵郡，舉兵以應朝廷。太祖許之。遂行，與土豪王覆憐等陰謀舉事，密相應會者三千人，內外俱發，遂拔邵郡。擒郡守程保及令四人，並斬之。眾議推行郡事，以因覆憐成事，遂表覆憐為邵郡守。

又見《周書》卷 2〈文帝紀下〉大統三年八月太祖東伐至弘農，「於是宜陽、邵郡皆來歸附。」

大統四年（538）河橋之戰後，東魏軍隊乘勝進擊河東，收復了邵郡等失地，但楊㯹又領兵反攻，再度奪下了這座策略重鎮。事見《北齊書》卷17〈斛律金傳〉：「（元象中）因從高祖攻下南絳、邵郡等數城。」及《周書》卷34〈楊㯹傳〉：「……既而邵郡民以邵東叛，郡守郭武安脫身走免，又率兵攻而復之。」

　　楊㯹克復邵郡後，以此為基地，攻東魏建州（今山西晉城東北），後因孤軍深入，戰事不利，又撤兵返回邵郡。見《周書》卷34〈楊㯹傳〉：「太祖以有謀略，堪委邊任，乃錶行建州事。時建州遠在敵境三百餘里，然威恩夙著，所經之處，多並贏糧附之；比至建州，眾已一萬。東魏刺史車折於洛出兵逆戰，擊敗之。又破其行臺斛律俱步騎二萬於州西，大獲甲仗及軍資，以給義士。由是威名大振。東魏遣太保侯景攻陷正平，復遣行臺薛循義率兵與斛律俱相會，於是敵眾漸盛。以孤軍無援，且腹背受敵。謀欲拔還。恐義徒背叛，遂偽為太祖書，遣人若從外送來者，云已遣軍四道赴援。因令人漏洩，使所在知之。又分土人義首，令領所部四出抄掠，擬供軍費。分遣訖，遂於夜中拔還邵郡。朝廷嘉其權以全軍，即授建州刺史。」

（三）北周置邵州

　　西魏克邵郡後，未立州以統之。北周明帝二年（558），置邵州，下屬邵郡；武成元年（559）又改白水縣為亳城縣。事見《隋書》卷30〈地理志中‧絳郡〉：「垣，後魏置邵郡及白水縣，後周置邵州，改白水為亳城。開皇初郡廢，大業初州廢。」《元和郡縣圖志》卷6〈河南道二〉陝州亦云：「垣縣，本漢縣，屬河東郡，後魏獻文帝皇興四年，置邵州（筆者注：『州』應作『郡』）及白水縣。周明帝武成元年，改白水為亳城縣，隋大業三年改亳城為垣縣，屬絳郡。」

又，《太平寰宇記》卷47〈河東道八‧絳州〉曰：「垣縣，……《晉書‧地理志》云漢屬河東郡。後魏獻文帝皇興四年，置邵郡於陽壺（胡）舊城。西魏大統三年置邵州，移於今所。隋大業三年廢邵州。」王仲犖《北周地理志》第583頁對此評論道：「按置立邵州，在周明帝二年，《記》云大統三年，誤。」

（四）西魏、北周的邵郡、邵州長官

1. 西魏任邵郡太守者

史籍所載西魏任邵郡太守者有三人，先後為：王覆憐，大統三年八月西魏克邵郡後任職。郭武安，大統四年任職，河橋之戰後東魏兵進邵郡時棄官逃走。楊㯥，大統中領兵再克邵郡後被任命領郡守職。三人事見《周書》卷34〈楊㯥傳〉：

（大統三年拔邵郡，楊㯥等）遂表（王）覆憐為邵郡守。……既而邵郡民以邵東叛，郡守郭武安脫身走免，㯥又率兵攻而復之。……（大統十二年，加晉、建二州諸軍事）復除建州、邵郡、河內、汲郡、黎陽諸軍事，領邵郡。

2. 北周任邵州刺史者

史料所載有以下官員：

① 楊㯥《周書》卷34〈楊㯥傳〉：「（大統十六年，授大行臺尚書）；又於邵郡置邵州，以㯥為刺史，率所部兵鎮之。」
② 梁昕《周書》卷39〈梁昕傳〉：「安定烏氏人也，世為關中著姓。……（世宗）三年，除九曲城主。保定元年，遷中州刺史，增邑八百戶，

轉邵州刺史。二年，以母喪去職。尋起複本任。天和初，徵拜工部中大夫。」

③ 於義《隋書》卷39〈於義傳〉：「明、武世，歷西兗、瓜、邵三州刺史。數從征伐，進位開府。」又姚崇《兗州都督於知微碑》曰：「高祖義，周瓜、潼、兗、邵四州刺史。」

④ 賀若誼《隋書》；卷39〈賀若誼傳〉：「周閔帝受禪，除司射大夫，……後歷靈、邵二州刺史，原、信二州總管，俱有能名。」

⑤ 豆盧勣《隋書》卷39〈豆盧勣傳〉：「天和二年，授邵州刺史，襲爵楚國公。」

⑥ 韓德興《周書》卷34〈楊敷韓盛傳〉：「（兄）德興……歷官持節、車騎大將軍、儀同三司、通洛慈澗防主、邵州刺史、任城縣男。」

⑦ 鄭翊《周書》卷35〈鄭孝穆傳〉：子翊「後至開府儀同三司、大將軍、邵州刺史。」

⑧ 寇嶠〈周故邵州刺史寇嶠妻襄城君薛夫人墓誌〉，載於趙超《漢魏南北朝墓誌匯編》第490頁，天津古籍出版社1992年出版。

（五）邵郡屬縣

據前引《魏書》卷106上〈地形志上〉所載，北魏邵郡屬縣有四：白水、清廉、萇平、西太平。西魏、北周時邵郡先後設立三縣：白水（後改為亳城），清廉、蒲原。分別詳述如下：

1. 白水縣

治陽胡城，在今山西垣曲縣東南舊垣曲古城東南。白水縣地即前述古之召原、郇邵，周代召公之采邑，春秋時為晉地。戰國時稱垣、王

第六章　政區演變：西魏與北周的河東行政管理

垣，屬魏國，以該縣境內有王屋山，其狀如垣而得名。《讀史方輿紀要》卷41〈山西三・平陽府・垣曲縣〉：

> 垣縣城，在縣西北二十里，故魏邑也，一名王垣。《史記》：「魏武侯二年，城安邑、王垣」。又秦昭襄十五年大梁（良）造白起攻魏，取垣，復與之。十八年復取垣。漢置垣縣。後漢延平元年垣山崩，即垣縣山也。徐廣曰：「縣有王屋山，故曰王垣」，亦曰武垣。……《博物記》：「山在縣東，狀如垣，故縣亦有東垣之稱。」建安十年，寇張白騎之眾攻東垣。晉太元十一年符丕與慕容永戰於襄陵，大敗，南奔東垣，即此。

秦漢時該地為垣縣，屬河東郡。北魏、西魏稱白水，為邵郡治所。北周改稱亳城。見《元和郡縣圖志》卷6〈河南道二・陝州〉：「垣縣，本漢縣，屬河東郡。後魏獻文帝皇興四年，置邵州（郡）及白水縣。周明帝武成元年，改白水為亳城縣，隋大業三年改亳城為垣縣，屬絳郡。武德元年屬邵州，九年屬絳州，貞元三年割屬陝州。縣枕黃河。」

又見《讀史方輿紀要》卷41〈山西三・平陽府・垣曲縣〉條：「漢河東郡垣縣地。後魏皇興四年置白水縣，為邵郡治。後周兼置邵州，改縣曰亳城。隋開皇初郡廢，大業初州廢，改縣為垣縣，屬絳郡。」

另據《讀史方輿紀要》卷41〈山西三・平陽府・垣曲縣〉所載，北魏改縣名為白水，是因為縣城東面有白水河的緣故。「魏白水縣即故垣縣也。城東有白水，西南流合清水，故改為白水縣，邵郡、邵州皆治焉。」

該縣為邵郡的主體，縣治暨郡治陽胡城披山帶河，形勢險要，又為箕關道（軹道）、鼓鍾道、瀕河道三途交會之所，為中原人眾自東方進入河東地區的通路樞紐，故歷來備受兵家重視。縣內的關隘城堡眾多，歷述如下：

三、邵郡（邵州）、王屋郡（西懷州）

■（1）箕關

在縣東，又稱瀺關。《讀史方輿紀要》卷41〈山西三·平陽府·垣曲縣〉條載箕關，「在縣東北七十里，亦曰瀺關。《水經注》：『瀺水出王屋西山瀺溪，夾山東南流經故城東，即瀺關也。瀺水西屈經關城南，又東流注於河。』《後漢書》：『建武三年遣鄧禹入關，至箕關擊河東都尉。二年遣司空王梁北守箕關，擊赤眉別校，降之。』即此」。

箕關外即齊子嶺，為兩魏周齊分界之棄地。《讀史方輿紀要》卷49〈河南四·懷慶府·濟源縣〉曰：「齊子嶺，縣西六十里。杜佑曰：『在王屋縣東二十里，周、齊分界處也。』西魏大統十二年高歡圍玉壁，別使侯景將兵趣齊子嶺。又周建德五年周主攻齊晉州，分遣韓明守齊子嶺是也。」由邵郡東行，出箕關越齊子嶺，即抵達軹關（今河南濟源市西）[154]，距離東魏北齊的中原重鎮河陽不遠。其間道路山巒重複，林木叢生，崎嶇難行。如武定四年（546）高歡南下河東，曾命令河南守將侯景西進齊子嶺，進攻邵郡。宇文泰使楊㮇迎擊，「（侯）景聞㮇至，斫木斷路者六十餘里，猶驚而不安，遂退還河陽」[155]。

■（2）邵城

在縣東。見《讀史方輿紀要》卷41〈山西三·平陽府·垣曲縣〉條：「邵城，在縣東，亦曰郫邵。《博物記》：『垣縣東九十里有郫邵之阨。』《春秋》文八年『晉賈季迎公子樂於陳，趙孟殺諸郫』，即郫邵也。又襄二十三年：『齊侯伐晉，取朝歌，入孟門，登太行，張武軍於熒庭，戍郫

---

[154] 《讀史方輿紀要》卷49〈河南四·懷慶府·濟源縣〉：「軹關，在縣西北十五里。關當軹道之險，因曰軹關。……又北齊主湛河清二年，遣斛律光勘掌城於軹關，仍築長城二百里，置十二戍。宇文周保定四年楊㮇與齊戰，出軹關，引兵深入，為齊所敗。又建德四年韋孝寬陳伐齊之策曰：『大軍出軹關，方軌而進。』蓋自軹關出險趣鄴，前無阻險，可以方軌橫行云。」

[155] 《周書》卷34〈楊㮇傳〉。

第六章 政區演變：西魏與北周的河東行政管理

邵。』孔穎達曰：『垣縣有召亭』是也。宋白曰：『其地即周、召分陝之所。』今有邵原祠，在垣縣東六十里古棠樹下，魏邵郡蓋因以名。」

■（3）亳城

在今垣曲縣西北。見《讀史方輿紀要》卷41〈山西三・平陽府・垣曲縣〉條：「亳城，在縣西北十五里，相傳湯克夏歸亳，嘗駐於此，因名。後周以此名縣。隋義寧初復置亳城縣，屬邵原郡。」

■（4）鼓鍾城

在今垣曲縣古城北鼓鍾山，形勢險峻，扼守由白水至聞喜進入運城盆地的要途——鼓鍾道。王屋山與中條山在垣曲縣交接，有路自河內（今河南濟源市）沿黃河北岸西經軹關至白水，再北逾王屋山麓，經皋落鎮至聞喜縣含口鎮（今絳縣冷口），到達涑水上游，從而進入運城盆地。《讀史方輿紀要》卷41〈山西三・平陽府・垣曲縣〉條：「鼓鍾鎮，縣北六十里，亦曰鼓鍾城。《水經注》：『教水出垣縣北教山，其水南歷鼓鍾上峽，飛流注壑，夾岸深高，南流歷鼓鍾川。川西南有冶宮，世謂之鼓鍾城。』後周建德五年攻晉州，分遣尹升守鼓鍾鎮，即是處矣。鼓鍾川水至馬頭山東伏流，重出南入於河。」

■（5）垣城

在今垣曲縣西。見《元和郡縣圖志》卷6〈河南道二〉陝州垣縣條：「垣城，在縣西二十里。」又見《讀史方輿紀要》卷41〈山西三・平陽府・垣曲縣〉：「垣縣城，在縣西北二十里，故魏邑也，一名王垣。」

■（6）皋落城

在今垣曲古城西北皋落鎮。參見《元和郡縣圖志》卷6〈河南道二〉陝州垣縣條：「皋落城，在縣西北六十里。《左傳》曰：『晉侯使太子申

生伐東山皋落氏』是也。」

又見《太平寰宇記》卷47〈河東道八·絳州〉垣縣條:「古皋落城,在縣西北六十里。一名倚箔城。按《左傳》閔公二年:『晉侯使太子申生伐東山皋落氏。』杜注云:『赤狄別種也』。《水經注》云:『清水東流經皋落城北。』」

《讀史方輿紀要》卷41〈山西三·平陽府·垣曲縣〉亦曰:「皋落城,在縣西北六十里。《水經注》:『清水東流經皋落城。即《春秋》閔二年晉侯伐東山皋落氏處。世謂之倚亳城,蓋聲相近。』今亦見前樂平縣皋落山。」

(7) 陽胡城

白水縣治暨邵郡治所所在地,在今山西垣曲縣東南舊垣曲古城東南東灘村,先秦時稱壺(瓠)丘、陽壺,南瀕黃河,北依中條山。參見《太平寰宇記》卷47〈河東道八·絳州〉垣縣條:「古陽壺城,南臨大河。《左傳》襄公元年春,『晉圍宋彭城,晉人以宋五大夫在彭城者歸,置諸瓠丘』。杜注云:『瓠丘,晉地,河東東垣縣東南有壺丘。』《水經注》云:『清水又東南經陽壺城東,即垣縣之壺丘亭也。』」

又見《讀史方輿紀要》卷41〈山西三·平陽府·垣曲縣〉:

陽胡城,在縣東南二十里,近大河。亦曰陽壺,即崤谷之北岸。春秋時謂之壺丘。襄元年,晉人以宋五大夫在彭城者歸,置之瓠丘。杜預曰:「河東之垣縣東南有壺丘亭」也,亦曰陽壺。戰國周安王元年秦伐魏,至陽壺。後魏時曰陽胡。《魏書·裴慶孫傳》:「邵郡治陽胡城,去軹關二百餘里。」魏主脩永熙三年與高歡有隙,將入關,使源子恭守陽胡,蓋以防歡之邀截。西魏以邵郡為重鎮,與高歡相持,亦即陽胡矣。

第六章　政區演變：西魏與北周的河東行政管理

2. 清廉縣

今山西垣曲縣古城西。北魏置邵郡時，割聞喜、安邑二縣東界之人於當地設清廉縣治之，以當地有清廉山而得名。見《魏書》卷 106 上〈地形志上〉載邵郡領清廉縣注，境內有清廉山。又見《太平寰宇記》卷 47〈河東道八‧絳州〉垣縣條：「古清廉縣，在縣西五十二里，後魏割聞喜、安邑東界之人，於清廉山北置縣，隸邵郡。隋大業二年廢。」

清廉山在白水縣西北，地扼其通往絳縣、聞喜而進入運城盆地的大道，故位置相當重要，如光緒《山西通志》卷 31〈山川考一〉所稱：「清廉山，亦曰清襄山，橫嶺關所倚也。北為冷口峪，在絳縣南涑水所出之黍葭谷也。南為風山口，在垣曲西北亳清水所出之西嶺也。其山屬絳者，北限乾河，西通含口，近接聞喜境。屬垣者有轉山、墨山、曦山、虎兒、鷹嘴、白馬諸山。南則俯臨黃河，西則環以清水，有壺丘焉，止於縣城之右為中條尾。」

境內有清廉城，在縣西。《讀史方輿紀要》卷 41〈山西三‧平陽府‧垣曲縣〉曰：「清廉城，縣西五十二里，後魏置，以清廉山為名。隋義寧初復置，屬邵原郡。……」

3. 蒲原縣

在今垣曲縣古城西。北周時曾分白水縣界置蒲原縣，在垣縣之東，隋煬帝時併入垣縣。參見《隋書》卷 30〈地理志中〉絳郡垣縣條注：「後魏置邵郡及白水縣。後周置邵州，改白水為亳城。開皇初郡廢，大業初州廢，縣改為垣縣，又省後魏所置清廉縣及後周所置蒲原縣入焉。有黑山。」

另見《讀史方輿紀要》卷41〈山西三・平陽府・垣曲縣〉：「又蒲原廢縣，在縣東，後周置，大業初省。唐武德二年改置長泉縣，屬懷州，尋廢。」

(六) 王屋郡、王屋縣

北周明帝武成元年（559）置王屋郡，郡治王屋縣，在今河南濟源縣西八十里王屋鎮，以縣北王屋山而命名[156]。周武帝天和六年（571），又於此地立西懷州，至建德六年（577）平齊後撤銷該州建制。王屋縣轄地即秦漢時河東郡垣縣東部、北魏邵郡之萇（長）平縣。《隋書》卷30〈地理志中〉河內郡王屋縣條注：「舊曰長（萇）平，後周改為，後又置懷州。及平齊，廢州置王屋郡。開皇初郡廢。有王屋山、齊子嶺。有軹關。」《元和郡縣圖志》卷5〈河南道一・河南府王屋縣〉曰：「本周時召康公之采邑，漢為垣縣地，後魏獻文帝分垣縣置長（萇）平縣，周明帝改為王屋縣，因山為名，仍於縣置王屋郡。天和元年，又為西懷州。隋開皇三年，改為邵州。大業三年，廢邵州，以縣屬懷州。顯慶二年，割屬河南府。」《太平寰宇記》卷5〈河南道五・西京三・河南府〉曰：「王屋縣，本周畿內地召公之邑。平王東遷，亦為采地。今縣西有康公祠。六國屬魏，漢為河東郡垣縣地。後魏皇興四年於此分置長平縣，屬邵州（筆者注：『州』應為『郡』）。北齊置懷州，後周武成元年，州廢，改為王屋縣，因縣北十里山為名。仍於縣理置王屋郡。天和六年又於郡理立西懷州，建德六年州省，又為王屋郡。隋開皇三年郡罷，以縣屬邵州。大業三年省州，以縣入河內郡。」

大統三年八月宇文泰克邵郡，與高歡幾度爭奪易手後，邊界相對固

---

[156]　《太平寰宇記》卷5〈河南道五・西京三・河南府王屋縣〉：「王屋山在縣北十五里……在河東垣縣之地。《古今地名》云：『王屋山狀如垣，故以名縣。』」

定，西魏守白水縣箕關，東魏守懷州之軹關，舊茛平縣所在之齊子嶺地區為兩國邊界之隙（棄）地，無人鎮守，故雙方將領侯景、楊㯔等可以帶兵自由進出。

該縣南臨黃河，境內有邵原、邵康公廟等古蹟。《太平寰宇記》卷 5〈河南道五・西京三・河南府王屋縣〉曰：「黃河，在縣南十五里。……邵原，在縣西四十里，即康公之采地也。……邵康公廟，在縣西十五里，《輿地誌》云：『垣縣，邵康公之邑』。《春秋》注云：『邵康公，周太保召公奭也。』」

四、南絳郡（絳郡）

西魏、北周（平齊前）在河東地區東北部的統治區域以原北魏之南絳郡轄地為主，魏恭帝時改南絳郡為絳郡。此外，宇文氏在原北魏晉州北絳郡北絳縣、東雍州正平郡曲沃縣亦有若干軍事據點，多數維持到北齊天保年間。

（一）西魏之南絳郡 —— 絳郡

大統三年八月，宇文泰克弘農，又渡河下邵郡後，河東諸郡豪傑紛紛倒戈投向西魏。《周書》卷 34〈楊㯔傳〉曰：「……於是遣諜人誘說東魏城堡，旬月之間，正平、河北、南汾、二絳、建州、太寧等城，並有請為內應者，大軍因攻而拔之。」引起了當地東魏統治的崩潰。這段記載中「二絳」指的是北魏設立的南絳郡、北絳郡，原屬晉州。據《魏書》卷 106 上〈地形志上〉記載，南絳郡治會（澮）交川（今山西絳縣東北大交鎮），孝莊帝建義元年（528）置，領縣二，南絳，「太和十八年置，屬正

四、南絳郡（絳郡）

平郡，建義初屬」；小鄉，「建義元年罷（筆者注，『罷』應為『置』，見中華書局本《魏書》第2516頁注72校勘記）。有小鄉城。」北絳郡治北絳縣城（今山西翼城縣東南北絳村），孝明帝孝昌三年（527）置，有新安、北絳二縣。

光緒《山西通志》卷27〈府州廳縣考五〉對此記述較詳細：

絳縣，春秋晉曲沃東境地。戰國為曲陽地。二漢、晉皆為河東郡聞喜縣地。其絳縣，後漢為絳邑，晉隸平陽郡，非今縣地。晉末廢。後魏太和十二年，復置絳縣（本注云：此北絳，初尚未加「北」字）。十八年，始析南境澮南地置南絳縣，治車廂城，同隸晉州之正平郡。建義元年，置南絳郡，治澮交川，改南絳並新置小鄉縣隸焉。

沙苑之戰以後，高歡退還晉陽，西魏兵鋒曾抵晉州（今山西臨汾市）城下。但次年東魏大舉反攻，先後收復北絳、南絳、邵郡等地。見《北齊書》卷17〈斛律金傳〉：「金到晉州，以軍退不行，仍與行臺薛修義共圍喬山之寇。俄而高祖至，仍共討平之，因從高祖攻下南絳、邵郡等數城。」雙方在河東地區東北部經過拉鋸爭奪後，大致以澮水、絳山為界，各立南絳郡。西魏之南絳郡治車箱城，在今山西絳縣東南。西魏恭帝在位時（554～556），改南絳郡（縣）為絳郡（縣）。見《太平寰宇記》卷47〈河東道八·絳州〉：

絳縣，本漢聞喜縣地，自漢迄晉同。後魏孝文帝置南絳縣，其地屬焉，因縣北絳山為名，屬正平郡。孝莊改屬南絳郡。縣理車箱城，今縣南十里車箱城是也。恭帝去「南」字，直為絳縣。開皇三年罷郡，改屬絳州。武德元年自車箱城移於澮州，四年廢澮州，屬絳州。

東魏亦立南絳郡，治所仍在澮交川。《周書》卷34〈楊㯹傳〉曰：「轉正平郡守，又擊破東魏南絳郡，虜其郡守屈僧珍。」王仲犖《北周地理志》第804頁曰絳郡小鄉縣：「舊置，有後魏置南絳郡」，自注曰：「此

153

第六章　政區演變：西魏與北周的河東行政管理

後魏東魏北齊之南絳郡治澮交川者也。楊守敬《〈隋書·地理志〉考證》謂此南絳郡與絳郡復出，蓋不知東西分峙時，一置南絳郡治澮交川，一置絳郡治車箱城，固非一地一事也。」

北周明帝二年（558）立絳州，絳郡併入其轄區。

（二）南絳郡（絳郡）屬縣

1. 南絳（絳）

西魏南絳縣（絳縣）治車箱城，在今絳縣東南十里，大統五年（539）築。參見《太平寰宇記》卷 47〈河東道八·絳州絳縣〉：「古理車箱城，去縣東南十里，在太陰山北，四面懸絕。西魏大統五年修其城，東西長，形似車箱，因名。」

《讀史方輿紀要》卷 41〈山西三·平陽府·絳縣〉記載較為詳備：「車箱城，在縣東南十里。《志》云：晉侯處群公子之所，城東西形長如車箱而名。西魏大統五年嘗修此城為戍守處，又僑置建州於此。十二年高歡圍玉壁，別使侯景將兵趨齊子嶺。魏建州刺史楊㧑鎮車箱，恐其寇邵郡，帥騎禦之。十六年宇文泰伐齊，自弘農為橋濟河，至建州，即此城也。宋白曰：『絳縣古理車箱城，隋移今治。』」

南絳縣在春秋時為晉國屬地，稱為「新田」。據《元和郡縣圖志》卷 12 和《太平寰宇記》卷 47 所載，該縣在西漢時為聞喜縣地，屬河東郡。而《讀史方輿紀要》卷 41 稱其為西漢絳縣轄地，漢高帝六年（前 201）曾封於功臣華無害為侯國。可能因為該地在西漢位於聞喜、絳兩縣交界之處，當時輿書記載歸屬不詳，故有爭議[157]。其名「絳」，是由於縣北的絳

---

[157]　《元和郡縣圖志》卷 12〈河東道一·絳州〉：「絳縣，本漢聞喜縣地，後魏孝文帝置南絳縣，其地屬焉，因縣北絳山為名也，屬正平郡。恭帝去『南』字，直為絳縣。隋開皇三年罷郡，

山而命名,絳山今稱紫金山,因為含有鐵礦而呈現絳紅色。見《讀史方輿紀要》卷 41〈山西三・平陽府・絳縣〉:「絳山,縣西北二十五里,山出鐵,亦名紫金山,蓋與曲沃縣接界。《志》云:『絳山西入聞喜縣,東距白馬山,絳水出其谷內』。」此外,該縣產鐵之處還有備窮山,見《元和郡縣圖志》卷 12〈河東道一・絳州絳縣〉:「備窮山,在縣東北二十五里。出鐵礦,穴五所。」

南絳縣(絳縣)處於中條山西北麓,地形東部多山,中西部多丘陵,西部和西南較為平坦。境內的絳山是峨嵋臺地的起點。此外另有多條河流,如絳水、澮水、教水等等,又是運城盆地主要河流——涑水的發源地。《讀史方輿紀要》卷 41〈山西三・平陽府・絳縣〉對此記載較詳:

太行山,縣東二十里,山甚高險,西北諸山多其支委,或謂之南山,即元末察罕敗賊處。

太陰山,在縣東南十里。崖壁峭絕,陽景不到,接連太行,勢極高峻。下有沸泉峽,懸流奔壑一十餘丈,西北流注於澮水。

嶎山,縣東南八十五里,亦曰效山,又詭為罩山,即《山海經》所云「教山,教水出焉」者也。孔穎達云:乾河之源出於此山之南,入垣曲縣界。

絳水,在縣西南二十五里。《括地志》:「絳水一名白水,今名沸泉,源出絳山。飛泉奮湧,注縣積壑三十餘丈,望之極為奇觀,可接引以北灌平陽。」胡氏曰:「此正絳水利以灌平陽之說。然《括地志》亦因舊文強為附會耳。」《志》云,「絳水西流入聞喜縣,為涑水之上源。」

改屬絳州。義寧元年屬翼城郡。武德元年屬澮州,尋改屬絳州。"《太平寰宇記》卷 47〈河東道八・絳州〉:「絳縣,本漢聞喜縣地,自漢迄晉同。後魏孝文帝置南絳縣,其地屬焉,因縣北絳山為名,屬正平郡。孝莊帝改置南絳郡。縣理車箱城,今縣南十里車箱城是也。恭帝去『南』字,直為絳縣。開皇三年罷郡,改屬絳州。武德元年自車箱城移於澮州,四年廢澮州,屬絳州。」《讀史方輿紀要》卷 41〈山西三・平陽府・絳縣〉:「絳縣(注:州東南百里,北至曲沃縣九十里),春秋時晉新田之地,漢為絳縣,屬河東郡。高帝六年封華無害為侯國。晉屬平陽郡。後魏置南絳縣,又置南絳郡治焉。後周廢郡,改縣為絳縣,尋置晉州。建德五年州廢,仍置絳郡。隋初郡廢,縣屬絳州。」

155

第六章　政區演變：西魏與北周的河東行政管理

澮河，在縣東北四十里，地名大交鎮。澮水別源出焉，西北流會山溪諸水，至曲沃會於翼城縣之澮水。

2. 小鄉縣

今山西翼城西。《讀史方輿紀要》卷 41〈山西三・平陽府・翼城縣〉曰：「小鄉城，在縣西南。後魏末置小鄉縣，屬南絳郡。隋初縣屬絳州，又改為汾東縣。大業初省，義寧初復置，屬翼城郡。唐初屬澮州，尋屬絳州，武德九年省入翼城縣。」

王仲犖《北周地理志》第 804 頁曰：「《隋書・地理志》：小鄉縣，開皇十八年，改曰汾東，大業初省入正平焉。按《清一統志》謂後魏小鄉縣屬南絳郡，當在今絳州曲沃之間，隋所置縣則在翼城縣西二里。蓋不知後魏之南絳郡治澮交川，即今絳縣東北大交鎮，當時之曲沃縣治在澮水之南，故南絳郡南絳縣並與正平接境也。周既廢南絳郡南絳縣入小鄉，隋又改小鄉曰汾東，旋又省汾東入正平也。」

前引《魏書》卷 106 上〈地形志上〉載晉州南絳郡，建義初年置，治澮交川。領縣二：南絳、小鄉。《隋書》卷 30〈地理志中〉絳郡正平縣注：「又有後魏南絳郡，後周廢郡，又並南絳縣入小鄉縣。開皇十八年改曰汾東，大業初省入焉。」

大統三年（537）八月後，南北二絳被宇文泰占領，小鄉縣亦歸屬西魏；次年高歡率斛律金等反攻，奪回北絳郡及南絳之小鄉縣，該地轉屬東魏、北齊之南絳郡[158]。但是西魏及北周還在小鄉縣境內保留了若干軍事據點，至北齊天保九年（558）才被齊將斛律光攻克。參見《北齊書》卷

---

[158]　《周書》卷 34〈楊㝏傳〉：「於是遣諜人誘說東魏城堡，旬月之間，正平、河北、南汾、二絳、建州、大寧等城，並有請為內應者，大軍因攻而拔之。……轉正平郡守，又擊破東魏南絳郡。擄其郡守屈僧珍。」《北齊書》卷 17〈斛律金傳〉：「金到晉州以軍退不行，仍與行臺薛修義共圍喬山之寇。俄而高祖至，仍共討平之，因從高祖攻下南絳、邵郡等數城。」

17〈斛律光傳〉：「（天保三年）除晉州刺史。……九年，又率眾取周絳川、白馬、澮交、翼城等四戍。除朔州刺史。」此條史料中絳川、白馬、澮交三戍皆在小鄉縣境，分述如下：

(1) 絳川戍

王仲犖《北周地理志》第 805 頁云：「按絳川戍，當在絳水流域之附近。」絳水發源於絳山之東，流向西北，與澮水匯合。《水經注》卷 6〈澮水〉曰：「澮水又西南與絳水合，俗謂之白水，非也。水出絳山東，寒泉奮湧，揚波北注，懸流奔壑，一十許丈，青崖若點黛，素湍如委練，望之極為奇觀矣。其水西北流注於澮。應劭曰：絳水出絳縣西南，蓋以故絳為言也。」《元和郡縣圖志》卷 12〈河東道一·絳州絳縣〉曰：「絳水，一名沸泉水，出絳山谷東，懸流奔壑，一十許丈，西北注於澮。……水在絳縣北十四里。」

(2) 白馬戍

在今絳縣東北白馬山附近。光緒《山西通志》卷 49〈關梁考六〉曰：「白馬山，在翼城縣東南八十里。」王仲犖《北周地理志》第 805 頁云：「《水經·澮水注》：紫谷水東出白馬山白馬川。《遁甲開山圖》曰：『絳山東距白馬山，謂是山也。』西迳熒庭城南，而西出紫谷，與乾河合，即教水之枝川也。其水西與田川水合。水出東溪西北，至澮交入澮。按《寰宇記》『絳山在絳縣西一十八里，西入聞喜縣界，東距白馬山。』白馬戍蓋在絳縣東北白馬山附近。」

(3) 澮交戍

王仲犖《北周地理志》第 805 頁注「澮交戍」曰：「今山西絳縣東北大交鎮。按〈地形志〉南絳郡治會交川，即澮交川也。《水經·澮水注》：

第六章　政區演變：西魏與北周的河東行政管理

澮水東出絳高山，又曰澮山。西逕翼城南。又西南與諸水合，謂之澮交。……按澮文即澮交之訛也。」

(三) 西魏、北周(平齊前)在絳的僑置州郡長官

由絳縣東行，穿越中條山麓即至建州（今山西晉城市東北），到達晉東南的長治盆地；從絳縣北渡澮水後、溯汾河而上可赴東魏、北齊重鎮平陽（今山西臨汾市）；絳縣西沿涑水而行，至聞喜則進入運城盆地；由絳縣經鼓鍾道南過橫嶺關、皋落城抵達河東地區的東大門——邵郡治所白水，是道路四通的交會之所，故此受到統治者的重視[159]。光緒《山西通志》卷 49〈關梁考六〉曾概述道：「橫嶺關，在絳縣南五十里。其北為含口，即冷口峪也，通聞喜。東南為風山口。在垣曲有皋落鎮，今設厘卡。其在絳縣東者有沙峪口，在垣曲東者有鼓鍾川，皆入澤隘道也。」該書又引舊《山西通志》曰：「橫嶺關，在垣曲縣西八十里，絳縣東南界，中條山之要隘也。風山口，縣西六十里，為橫嶺關入口處。……沙峪口，在絳縣東三十里，壁峰峭絕。」

西魏、北周政府對河東防務的部署上，是把東部（邵郡）和東北部（絳郡）作為一個作戰區域。由於絳郡軍事地位的重要性，它所在的建州、晉州刺史治所，實際上是這一戰區最高軍事長官駐地。統率駐軍北拒晉州、正平來敵，南驅河陽入侵邵郡之寇。如楊㩥「授建州刺史，鎮車箱。……進授大都督，加晉、建二州諸軍事。……尋遷開府，復除建州邵郡、河內、汲郡、黎陽等諸軍事」[160]。

---

[159] 光緒《山西通志》卷 27〈府州廳縣考五〉載絳縣四至四到曰：「東至垣曲縣白楊村六十里，至澤州府沁水縣治一百四十里。西至聞喜縣界橫水鎮二十五里，聞喜縣治七十里。南至垣曲縣界橫嶺關五十里。北至平陽府曲沃縣界白水村二十里。東南到垣曲縣界橫嶺關五十里，垣曲縣治一百三十里，到河南懷慶府濟源縣治三百里。西南到聞喜縣界喬寺村三十里，到解州夏縣治一百二十五里。東北到平陽府翼城縣界大交鎮四十里，翼城縣治七十里。西北到曲沃縣界任莊鋪二十五里，曲沃縣治五十里。」

[160] 《周書》卷 34〈楊㩥傳〉。

四、南絳郡（絳郡）

1. 西魏、北周任建州刺史者

絳縣治暨郡治車箱城，有西魏僑置建州。據史籍所載，西魏、北周先後任建州刺史者有以下官員：

① 楊㯹《周書》卷34〈楊㯹傳〉：「復授建州刺史，鎮車箱。」
② 元景山《隋書》卷39〈元景山傳〉：「後與齊人戰於北邙，斬級居多，加開府，遷建州刺史。……從武帝平齊，每戰有功。」
③ 魏衝《隋書》卷73〈循吏·魏德深傳〉：「祖衝，仕周為刑部大夫、建州刺史，因家弘農。」

2. 西魏、北周任晉州刺史者

另外，因為南絳郡瀕臨東魏、北齊南境，宇文氏又在此僑置晉州及平陽郡。《隋書》卷30〈地理志中〉曰：「絳，後周置晉州，建德五年廢。」史籍所載西魏、北周任晉州刺史者有：

① 韋孝寬《周書》卷31〈韋孝寬傳〉：「（大統）八年，轉晉州刺史。尋移鎮玉壁，兼攝南汾州事。」
② 王長述《隋書》卷54〈王長述傳〉：「周受禪，……拜賓部大夫，出為晉州刺史，轉玉壁總管長史。」
③ 裴藻《北史》卷54〈司馬子如傳附裴藻傳〉：「密令所親人河東裴藻間行入關，請降。……入周，封聞喜縣男，除晉州刺史。」

西魏在絳任平陽郡守者有敬珍，見《周書》卷35〈薛善附敬珍傳〉：「及李弼軍至河東，珍與（張）小白等率猗氏、南解、北解、安邑、溫泉、虞鄉等六縣戶十餘萬歸附。太祖嘉之，即拜珍平陽太守，領永寧防主；（敬）祥龍驤將軍、行臺郎中，領相裡防主。並賜鼓吹以寵異之。」

第六章　政區演變：西魏與北周的河東行政管理

（四）絳郡之北的西魏、北周戍所

1. 翼城戍

在北絳郡北絳縣，該郡在北魏時期屬晉州，郡治暨縣治在今山西翼城縣東南三十五里北絳村（古障壁城）。《魏書》卷106上〈地形志上〉晉州：「北絳郡（本注：孝昌三年置。治絳）領縣二，戶一千七百四十，口六千二百九十二。新安、北絳（本注：二漢屬河東，晉屬平陽。二漢、晉曰絳，後罷。太和十二年復，改屬）。」《隋書》卷30〈地理志中·絳郡〉曰：「翼城，後魏置，曰北絳縣，並置北絳郡。後齊廢新安縣，並南絳郡入焉。開皇初郡廢。」《太平寰宇記》卷47〈河東道八·絳州〉曰：「翼城縣，本漢絳縣地，屬河東郡。……後魏明帝置北絳縣於曲沃縣東，屬北絳郡。周、齊不改。隋開皇三年罷郡，改屬晉州。十六年，改為翼城縣，屬絳州。……障壁城，後魏北絳郡及北絳縣也。」

北絳縣境內有西魏、北周之翼城戍，見前引《北齊書》卷17〈斛律光傳〉：「（天保）九年，又率眾取周絳川、白馬、澮交、翼城等四戍。」按翼城戍之名，其地當在該縣治所東南的古翼城，這是春秋時期晉國的絳都城址。

《元和郡縣圖志》卷12〈河東道一·絳州〉曰：「翼城縣，本漢絳縣地也，屬河東郡。後魏明帝置北絳縣，隋開皇末改為翼城縣，屬絳州，因縣東古翼城為名也。武德元年於此置澮州，四年廢澮州，縣屬絳州。……故翼城，在縣東南十五里。晉故絳都也。」《讀史方輿紀要》卷41〈山西三·平陽府·翼城縣〉曰：「春秋時晉之絳邑，後更曰翼。漢為絳縣地，後魏太和十二年置北絳縣。孝昌三年兼置北絳郡治焉。隋開皇初郡廢，縣屬絳州。十八年改曰翼城縣，義寧初於縣置翼城郡。……」、

「故翼城,縣東南十五里,晉故絳也,城方二里。《春秋》隱五年:『曲沃莊伯以鄭人、邢人伐翼。』《詩譜》曰:『穆侯遷都於絳,曾孫孝侯改絳為翼。』莊二十六年,『獻公使士蒍城絳,以深其宮,自曲沃徙都之』,即此。或以為唐城,誤也。後魏北絳縣置於此,隋、唐為翼城縣治。五代唐徙治於王逢寨,即今縣云。」

北齊名將斛律光在天保九年(558)攻占翼城戍。周武帝建德五年(576)十二月,北周在晉州會戰中大敗齊軍,附近的北齊城戍紛紛歸降,其中也包括翼城。《隋書》卷 60〈崔仲方傳〉:「又令仲方說翼城等四城,下之。」

2. 新安戍、天柱戍、牛頭戍

《北齊書》卷 17〈斛律光傳〉曰:「(天保三年)除晉州刺史。東有周天柱、新安、牛頭三戍,招引亡叛,屢為寇竊。七年,光率步騎五千襲破之,又大破周儀同王敬俊等,獲口五百餘人,雜畜千餘頭而還。」文中所言「新安戍」在原北絳郡新安縣境內,其縣北魏、東魏時存在,北齊時廢除,併入南絳郡。其建置沿革可見《魏書》卷 106 上〈地形志上〉北絳郡新安縣注云:「二漢屬恆(弘)農,晉屬河南,後罷。孝昌二年復,後屬(北絳郡)。」《隋書》卷 30〈地理志中〉絳郡翼城縣注:「後魏置,曰北絳縣,並置北絳郡。後齊廢新安縣,並南絳郡入焉。」

王仲犖《北周地理志》第 814 頁曰:「按新安戍當置於廢新安縣城。」天柱、牛頭二戍,王仲犖認為亦應在北絳郡境內,具體地點待考。

第六章　政區演變：西魏與北周的河東行政管理

五、正平郡（絳州）

（一）正平郡的起源

　　西魏、北周（平齊前）在河東正北部的統治區域是正平郡（絳州），範圍大致上包括今山西新絳縣汾河以南地區以及聞喜、曲沃縣的一部分。北魏太武帝時在漢晉臨汾、聞喜、曲沃三縣的轄境建立了正平郡，屬東雍州，郡治暨州治在柏壁。孝文帝時遷都洛陽，州郡改置，廢東雍州。《元和郡縣圖志》卷12〈河東道一‧絳州〉曾記述其沿革情況：

　　《禹貢》冀州之域。春秋時屬晉，《左傳》曰：「晉人謀去故絳，欲居郇、瑕氏之地。韓獻子曰：郇、瑕氏土薄水淺，不如新田。遂居新田。」注曰：「新田，今平陽絳邑縣是也。」三卿滅晉，其地屬魏，戰國時亦為魏地。秦為河東郡地。今州，即漢河東郡之臨汾縣地也。魏正始八年，分河東汾北置平陽郡，又為平陽郡地。後魏太武帝於今理西南二十里正平縣界柏壁置東雍州及正平郡，其地屬焉。孝文帝廢東雍州，東魏靜帝復置，周明帝武成二年改東雍州為絳州。

　　如上所述，太武帝時正平郡治柏壁城的位置在今山西新絳縣西南20里，處於汾河之南。然而酈道元《水經注》卷6〈汾水〉則曰：「汾水又逕絳縣故城北，……又西逕魏正平郡南，故東雍州治。太和中，皇都徙洛，罷州立郡矣。又西逕王澤澮水入焉。」由此看來，北魏孝文帝廢東雍州後，又將正平郡城遷徙到汾河之北的漢臨汾縣舊治了，所以《水經注》中會有汾河流經正平郡城之南的記載。不過，也有些學者認為存在著這樣的可能性，即北魏時期正平郡城及東雍州治始終是在汾北的臨汾城，並沒有設定在汾南的柏壁。[161]

---

[161]　王仲犖：《北周地理志》第 791～792 頁：「按《元和郡縣志》、《寰宇記》絳州總序，並謂後

五、正平郡（絳州）

《魏書》卷106〈地形志上〉東雍州條曰：「正平郡（本注：故南太平，神䴥年改為徵平，太和十八年復），領縣二，戶一千七百四十四，口八千三百八十九。聞喜（本注：二漢、晉屬河東，後屬。有周陽城）、曲沃（本注：太和十一年置）。」按這段記載，北魏正平郡屬下只有聞喜、曲沃二縣，而無郡治所在的正平（臨汾）縣。這是由於北朝時期有一些郡治所在地往往不置縣衙，直接以郡府機構統轄各鄉。王仲犖《北周地理志》第795頁曰：「《魏書·地形志》：『正平郡領聞喜、曲沃二縣』，據《水經·汾水注》，正平郡治在汾水之北，而聞喜縣在汾水之南，曲沃縣在汾水東南。蓋正平郡治正平郡城，郡治下無附郭之縣，此在北朝固極常見事也。」

（二）兩魏、周齊對峙下的正平郡

正平郡是河東地區的北方門戶和交通樞紐，古代運城盆地通往臨汾、太原盆地的兩條幹線——涑水道、汾陰道匯集於當地後，再溯汾河而上，可以水陸並行，直達晉陽。該地背依峨嵋嶺，面阻汾河，具有地理上的防禦優勢。河東守軍如果控制了正平，就能夠禦敵於國門之外。而北方的晉陽之師沿汾河南下占領該郡後，既能穿過在今聞喜縣禮元一帶的峽谷進入運城盆地，再沿涑水道至蒲津入關中；也可以由汾曲折而向西，經高涼、龍門渡河入關中；或從龍門走汾陰道沿黃河東岸南下，至蒲津入關中。鑒於以上原因，正平在古代屬於名副其實的兵家必爭之

魏太武帝於今絳州理西南二十里正平縣界柏壁置東雍州及正平郡。柏壁在汾水南，則似魏太武帝時，置東雍州及正平郡，並在汾水之南也。然據《水經》汾水又南過臨汾縣東、又屈從縣南西流注：『汾水又逕絳縣故城北。又西，逕魏正平郡南，故東雍州治。太和中，皇都徙洛，罷州立郡矣。又西，逕王澤，澮水會焉。』則酈道元注《水經》時，正平郡城固在汾水之北也。或者後魏太武帝世，東雍州及正平郡曾治汾水南之柏壁鎮城，至酈道元時，正平郡已移治汾北正平郡城久矣。道元遂亦就其新治言之。或者正平郡太武帝時本無置於柏壁事，以西魏、北周世，曾置絳州及正平郡於柏壁，遂以為後魏、東魏之正平郡及東雍州亦治柏壁也。」

第六章　政區演變：西魏與北周的河東行政管理

地,對於河東地區的安全來說,有著極為重要的軍事意義。正如顧祖禹所言：

> 州控帶關、河,翼輔汾、晉,據河東之肘腋,為戰守之要區。馬燧拔此而懷光危,朱溫扼此而王珂陷,五代周備此而河東卻,金人屯此而關中傾,所繫非淺矣。[162]

東西魏分裂之後,宇文泰保孝武帝入長安,河東地區為東魏所統治。如前所述,由於正平位置極為重要,高歡為了加強對該郡的控制,命傀儡孝靜帝復置東雍州。但是自宇文泰占領陝州,又將勢力擴張到河東地區之後,隨即與高歡對正平郡展開了激烈的爭奪,前後易手達6次之多。

1. 西魏初占正平

《周書》卷34〈楊㯹傳〉記載,大統三年(537)八月,宇文泰克弘農、得邵郡後,又聽從楊㯹的建議,「於是遣諜人誘說東魏城堡,旬月之間,正平、河北、南汾、二絳、建州、太寧等城,並有請為內應者,大軍因攻而拔之」。並任命楊㯹暫領正平郡事。這是西魏統治該郡的開始。

2. 東魏奪回正平

當年閏九月,高歡率二十萬眾自晉陽南下,經汾曲過高涼、龍門至蒲津。西魏守將楊㯹見其勢大,遂放棄正平,引兵撤往汾南據守,阻止敵人經聞喜縣境進入河東腹地。東魏奪回正平後,任命司馬恭為東雍州刺史,鎮守該地,並派遣間諜至聞喜刺探軍情,煽動叛亂。事見《周書》卷37〈裴文舉傳〉：「河東聞喜人也。……大統三年,東魏來寇,(父)邃

---

[162] 《讀史方輿紀要》卷41〈山西三·絳州〉。

乃糾合鄉人，分據險要以自固。時東魏以正平為東雍州，遣其將司馬恭鎮之。每遣間人，煽動百姓。……」

3. 西魏再占正平

當年十月，沙苑戰役之後，高歡因兵敗狼狽撤回晉陽，楊㯹則拉攏當地豪強，乘機分兵攔截殺傷；又通知正平城內謀叛的東魏將士，準備裡應外合，奪回該地。東魏守將司馬恭聞訊後倉皇逃走，楊㯹遂再次占領正平。西魏大軍進入河東後，宇文泰嘉獎了與之配合作戰的聞喜豪族裴邃，並任命他為正平郡太守。其事可參見《周書》卷34〈楊㯹傳〉：「齊神武敗於沙苑，其將韓軌、潘洛、可朱渾元為殿，分兵要截，殺傷甚眾。東雍州刺史（司）馬恭懼威聲，棄城遁走。遂移據東雍州。」《周書》卷37〈裴文舉傳〉亦云：「（沙苑戰後，裴）邃密遣都督韓僧明入（正平）城，喻其將士，即有五百餘人，詐為內應。期日未至，恭知之，乃棄城夜走。因是東雍遂內屬。及李弼略地東境，邃為之鄉導，多所降下。太祖嘉之，特賞衣物，……除正平郡守。尋卒官。」

4. 東魏再奪正平

大統四年（538）二月，東魏又在河東地區發動反攻，先收復了治在定陽（今山西吉縣）的南汾州，隨後又派遣太保尉景領兵攻克了正平，擒獲西魏守將晉州刺史金祚。這次戰役的具體時間不詳，但是據下列史料記載來看，應該在當年八月河橋之戰以前。《北史》卷53〈金祚傳〉曰：「後隨魏孝武西入，周文帝以祚為兗州刺史。……尋除東北道大都督、晉州刺史，入據東雍州。神武遣尉景攻降之。芒山之戰，以大都督從破西軍，除華州刺史。」《北史》卷69〈楊㯹傳〉曰：「東魏遣太保尉景攻陷

第六章 政區演變：西魏與北周的河東行政管理

正平，復遣行臺薛修義與斛律俱相會，於是敵眾漸盛。……」[163]《北齊書》卷 17〈斛律金傳〉曰：「從高祖戰於沙苑，不利班師，因此東雍諸城復為西軍所據，遣金與尉景、厙狄干等討復之。」《北齊書》卷 19〈莫多婁貸文傳〉曰：「天平中，除晉州刺史。汾州胡賊為寇竊，高祖親討焉，以貸文為先鋒，每有戰功。還，賚奴婢三十人、牛馬各五十匹、布一千匹，仍為汾、陝、東雍、晉、泰五州大都督。後與太保尉景攻東雍、南汾二州，克之。」

東魏此番奪回正平後，任命了薛榮祖為東雍州刺史，鎮守該地。又將舊臨汾縣南徙至正平郡城。王仲犖《北周地理志》第 795 頁：「按西魏初臨汾縣尚治漢臨汾縣舊治，屬平陽郡也（舊治在平陽郡界，今新絳縣東北二十里）。」

關於這一階段正平郡的爭奪情況，還可以參見《北齊書》卷 20〈薛修義傳〉，該傳記載沙苑戰役之後，薛修義鎮守晉州有功，「高祖甚嘉之，就拜晉州刺史、南汾、東雍、陝四州行臺，賞帛千匹。修義在州，擒西魏所署正平太守段榮顯，招降胡酋胡垂黎等部落數千口，表置五城郡以安處之」。其事在大統九年（543）邙山之戰以前。

王仲犖《北周地理志》第 794 頁曰：「按東雍州治正平郡城，蓋自薛修義擒段榮顯，而汾北之地，遂入東魏也。」

5. 西魏三占正平

楊㯃在日前占領正平之後，被宇文泰派往建州（今山西晉城市北），因形勢不利，撤回邵郡，此時正平已被東魏軍隊收復，因為該地位處要衝，楊㯃使用分兵誘敵之計再次奪回，並攻占了正平以東的南絳郡，保

---

[163] 《周書》卷 34〈楊㯃傳〉載：「東魏遣太保侯景攻陷正平。」按前引《北史》、《北齊書》等記載來看，「侯景」誤，應為「尉景」。

> 五、正平郡（絳州）

障了它側翼的安全。《周書》卷34〈楊㨄傳〉曰：「時東魏以正平為東雍州，遣薛榮祖鎮之。㨄將謀取之，乃先遣奇兵，急攻汾橋。榮祖果盡出城中戰士，於汾橋拒守。其夜，㨄率步騎二千，從他道濟，遂襲克之。進驃騎將軍。既而邵郡民以郡東叛，郡守郭武安亦脫身走免。㨄又率兵攻而復之。轉正平郡守。又擊破東魏南絳郡，虜其郡守屈僧珍。」

王仲犖《北周地理志》第792頁曰：「（楊）㨄先行正平郡事，郡治在汾南。後襲克東雍州，轉正平郡守，此正平郡，即東魏汾北之正平郡也。」此次戰役的時間，史籍未有明確記載。從《周書》卷34〈楊㨄傳〉的前後文來看，事在河橋戰後（538）至邙山之戰（543）以前，具體日期不詳。

6. 西魏兵撤汾南、東魏三複正平

河橋之戰以後，西魏改變了河東的策略防禦部署，將北境的主要兵力收縮到汾水以南，集中到玉壁（今山西稷山縣西南）和柏壁（今山西新絳縣西南），分別設定了勳州總管府和絳州刺史治所，而汾北的正平郡城及臨汾縣均予以放棄了。因此，高歡在大統八年（542）和大統十二年（546）兩次圍攻玉壁，都是從晉陽沿汾水南下，經過汾曲後西行至高涼郡，在正平沒有受到任何抵抗。即使是在其退兵後，西魏人馬進行追擊，也未曾再次占領汾北的正平。東魏守臨汾（今新絳東北）、即正平郡城，在汾北。西魏退往汾南後，正平郡治龍頭城（今山西聞喜），僅轄聞喜、曲沃二縣。北周明帝二年（558）立絳州，正平為其轄郡，郡治暨州治初在龍頭城，後移柏壁（今山西新絳縣西南）。北齊、北周之世，雙方仍然是隔汾河而治，進入了相對穩定的割據階段。《周書》卷37〈裴文舉傳〉載絳州刺史裴文舉叔母墳墓葬在正平，屬齊境，而叔父葬於聞喜，屬周境。

第六章　政區演變：西魏與北周的河東行政管理

初，文舉叔父季和為曲沃令，卒於聞喜川，而叔母韋氏卒於正平縣。屬東西分隔，韋氏墳壟在齊境。及文舉在本州，每加賞募。齊人感其孝義，潛相要結，以韋氏柩西歸，竟得合葬。

王仲犖先生在《北周地理志》第 794～795 頁曾詳論此段時期正平郡之分裂情況：「《讀史方輿紀要》：『正平廢縣，今絳州治，漢為河東郡臨汾縣地。後周改置臨汾縣，亦為正平郡治。』按後周改置臨汾縣，當云後齊改置臨汾縣。《隋書·地理志》：『太平，後魏置。後齊省臨汾縣入焉。』、『正平，舊曰臨汾，置正平郡，開皇初郡廢。十八年，縣改名焉。』蓋臨汾漢縣，本在今新絳東北二十五里。北齊移置於今新絳縣城關。而其舊治則省入太平也。《魏書·地形志》：『正平郡領聞喜、曲沃二縣』，據《水經·汾水注》，正平郡治在汾水之北，而聞喜縣在汾水之南，曲沃縣在汾水東南。蓋正平郡治正平郡城，郡治下無附郭之縣，此在北朝固極常見事也。既而東西分峙，大統四年之後，汾水以北，初屬東魏，後屬北齊，汾水以南，初屬西魏，後屬北周。如此，則東魏北齊有正平郡而無屬縣，西魏北周有聞喜、曲沃二縣而無郡以統之。故周明帝武成二年，於聞喜之龍頭城別置絳州及正平郡，北齊亦移平陽郡之臨汾縣於汾北之正平郡治也。」

北周滅齊之役，儘管在建德五年（576）克晉州，擊敗後主高緯的援軍，並順勢陷晉陽，下鄴城，但是由東雍州刺史傅伏鎮守的正平郡城臨汾卻始終未被攻克。直到建德六年（577）三月，傅伏得知後主被擒，北齊亡國之後，才歸降了周武帝。其事可見《北齊書》卷 41〈傅伏傳〉：

武平六年，除東雍州刺史，會周兵來逼，伏出戰，卻之。周克晉州，執獲行臺尉相貴，以之招伏，伏不從。後主親救晉州，以伏為行臺右僕射。周軍來掠，伏擊走之。……周帝自鄴還至晉州，遣高阿那肱

五、正平郡（絳州）

等百餘人臨汾召伏。伏出軍隔水相見，問至尊今在何處。阿那肱曰：「已被捉獲，別路入關。」伏仰天大哭，率眾入城，於廳事前北面哀號良久，降。

西魏又於聞喜縣界置東徐州，尋廢。《周書》卷43〈韓雄傳〉載其邙山戰役立功，「除東徐州刺史。太祖以雄勣勞積年，乃徵入朝，屢加賞勞。復遣還州。東魏東雍州刺史郭叔略與雄接境，頗為邊患」。錢大昕考證曰：「此西魏所置之東徐州，非〈地形志〉之東徐治下邳者也。據下文云，東魏東雍州刺史郭叔略與雄接境。則其地去東雍不遠。東魏之東雍治正平，則東徐蓋在洛陽之西北，正平之南矣。」[164]

（三）兩魏周齊任正平郡、東雍州長官者

史書中所記兩魏周齊任正平郡及東雍州行政長官甚眾，分列如下：

1. 西魏任正平郡守者

據史籍所載，西魏任正平郡太守者先後有：

① 楊㩋：大統三年八月西魏初占正平郡時，「以**㩋**行正平郡事，左丞如故」。參見《周書》卷34〈楊㩋傳〉。

② 裴邃：同年十月沙苑戰役後，西魏再占正平，裴邃助戰有功，「太祖嘉之，特賞衣物，……除正平郡守。尋卒官」。參見《周書》卷37〈裴文舉傳〉。

③ 段榮顯：裴邃去世後，接任此職，後被東魏冀州刺史薛修義所擒。事見前引《北齊書》卷20〈薛修義傳〉。

④ 楊㩋：邙山之戰前（具體時間不詳），楊用計打敗東魏守將薛榮祖，

---

[164] 《廿二史考異》卷32，商務印書館1958年版，第619頁。

收復正平；既而又收復邵郡，以功被任命為正平太守。參見《周書》卷 34〈楊㯹傳〉。

⑤ 高琳：大統九年（543）三月邙山戰役之後，以功任正平太守。見《周書》卷 29〈高琳傳〉：「（大統）四年，從擒莫多婁貸文，仍戰河橋，琳先驅奮擊，勇冠諸軍。太祖嘉之，謂之日：『公即我之韓、白也。』拜太子左庶子。尋以本官鎮玉壁。復從太祖戰邙山，除正平郡守，加大都督。」

2. 西魏任東雍州刺史者

① 王德《周書》卷 17〈王德傳〉：「及孝武西遷，以奉迎功，進封下博縣伯，邑五百戶。行東雍州事。在州未幾，百姓懷之。賜姓烏丸氏。大統元年，拜衛將軍，右光祿大夫，進爵為公，增邑一千戶。」

② 唐永《北史》卷 67〈唐永傳〉：「大統元年，拜東雍州刺史，尋加衛將軍，封平壽伯。卒，贈司空。」

③ 梁御《周書》卷 17〈梁御傳〉：「從太祖復弘農，破沙苑，加侍中、開府儀同三司，進爵廣平郡公，增邑一千五百戶，出為東雍州刺史。為政舉大綱而已，民庶稱焉。四年，薨於州。」

④ 寇洛《北史》卷 59〈寇洛傳〉：「（大統）四年，鎮東雍州。五年，卒於鎮。」

⑤ 楊寬《周書》卷 22〈楊寬傳〉：「（大統）五年，除驃騎大將軍、開府儀同三司、都督東雍州諸軍事、東雍州刺史，即本州也。十年，轉河州刺史。」

⑥ 劉亮《周書》卷 17〈劉亮傳〉：「（大統）十年，出為東雍州刺史。為政清淨，百姓安之。在職三歲，卒於州，時年四十。」

⑦ 宇文深《周書》卷 27〈宇文深傳〉：「（大統）六年，別監李弼軍討白

額稽胡，並有戰功。俄進爵為侯，歷通直散騎常侍、東雍州別駕、使持節大都督、東雍州刺史。深為政嚴明，……吏民懷之。十七年，入為雍州別駕。」

另，大統三年（537）末至四年（538）初，金祚曾以晉州刺史鎮東雍州，後被東魏尉景、斛律金等所攻，戰敗而降。見《北史》卷53〈金祚傳〉：「（沙苑戰後）尋除東北道大都督、晉州刺史，入據東雍州。神武遣尉景攻降之。」

3. 北周（平齊前）任絳州刺史者

北周明帝武成二年（560）立絳州，轄絳郡、正平、高涼、龍門等郡。其刺史治所初在龍頭城（今山西聞喜縣東北），後移柏壁（今山西新絳縣西南），平齊後再至移玉壁（今山西稷山縣西南）。史籍所載歷任絳州刺史者有：

① 敬珍：河東蒲坂大族，大統三年（537）十月西魏兵進泰州，見《周書》卷35《薛善附敬珍傳》：「珍與小白等率猗氏、南解、北解、安邑、溫泉、虞鄉等六縣戶十餘萬歸附。太祖嘉之，即拜珍平陽太守，領永寧防主。……久之，遷絳州刺史。以疾免，卒於家」。

② 宇文貞：見周保定二年九月廿七日立《檀泉寺造像記》，有絳州刺史龍頭城開府儀同三司宇文貞。

③ 裴文舉：周武帝保定三年（563）就任，見《周書》卷37〈裴文舉傳〉：「保定三年，遷絳州刺史。邃之往正平也，以廉約自守，每行春省俗，單車而已。及文舉臨州，一遵其法。百姓美而化之。總管韋孝寬特相欽重，每與談論，不覺膝前於席。……」

④ 長孫兕：周武帝天和元年（566）就任。見《周書》卷26〈長孫紹遠附兄子兕傳〉：「天和初，累遷驃騎大將軍、開府，遷絳州刺史。」

4. 東魏、北齊任東雍州刺史者

　　大統三年（537）十月，高歡在沙苑之戰失敗後撤回晉陽時，將河東北部的百姓遷徙到自己統治的區域，被遷區域中也有正平郡所在的東雍州。事見《北史》卷53〈薛修義傳〉：「及沙苑之敗，徙秦、南汾、東雍三州人於并州。」東魏、北齊在汾北正平鎮守之長官為東雍州刺史（包括臨時代理者），據史書記載，先後有：

① 慕容儼：東魏天平初年（534）就任，後調往荊州。《北齊書》卷20〈慕容儼傳〉：「爾朱敗，與豫州刺史李恩歸高祖。以勳累遷安東將軍、高涼太守，轉五城太守、東雍州刺史。」

② 盧文偉：就任於東魏靜帝天平末年（536～537），後調往青州。見《北齊書》卷22〈盧文偉傳〉：「天平末，高祖以文偉行東雍州事，轉行青州事。」

③ 司馬恭：大統三年（537）十月沙苑戰役前後就任，高歡兵敗撤回晉陽時，司馬恭亦棄城逃走。事見前引《周書》卷34〈楊㯹傳〉、卷37〈裴文舉傳〉。

④ 薛榮祖：大統四年（538）東魏收復正平後就任，後敗於西魏楊㯹，丟失州城。見前引《周書》卷34〈楊㯹傳〉。

⑤ 潘樂：高歡在位時曾任東雍州刺史，具體時間不詳。見《北齊書》卷15〈潘樂傳〉：「累以軍功拜東雍州刺史。神武嘗議欲廢州，樂以東雍地帶山河，境連胡、蜀，形勝之會，不可棄也。遂如故。」

⑥ 郭叔略：大統末年被西魏東徐州刺史韓雄所殺。事見《周書》卷43〈韓雄傳〉：「（邙山之戰後）除東徐州刺史，……東魏東雍州刺史郭叔略與雄接境，頗為邊患。雄密圖之，乃輕將十騎，夜入其境，伏

⑦ 范舍樂：從高歡起兵，多有戰功。任東雍州刺史的年代不詳。見《北史》卷 53〈萬俟普傳附范舍樂傳〉：「范舍樂，代人，有武藝，筋力絕人。任東雍州刺史、開府儀同三司，封平舒侯。」

⑧ 傅伏：北齊後主武平六年（575）就任，至幼主承光元年（577）齊亡，降周。事見前引《北齊書》卷 41〈傅伏傳〉。

（四）正平郡屬縣

1. 正平縣

在今山西新絳縣及聞喜縣北部。該地在兩漢至北魏前期屬臨汾縣，縣城在今新絳縣東北，兩漢屬河東郡，魏晉屬平陽郡。北魏立正平郡及東雍州後，初置郡城暨州治於柏壁（今山西新絳縣西南），孝文帝時遷往舊臨汾縣南境，今山西新絳縣城關。《元和郡縣圖志》卷 12〈河東道一·絳州〉：

正平縣，本漢臨汾縣地，屬河東郡。隋開皇三年罷郡，改屬絳州。十八年改臨汾縣為正平縣，因正平故郡城為名也。……

柏壁，在縣西南二十里。後魏明帝元年，於此置柏壁鎮，太武帝廢鎮，置東雍州及正平郡。周武帝於此改置絳州，建德六年又自此移絳州於今稷山縣西南二十里玉壁。按柏壁高二丈五尺，周迴八里。

《太平寰宇記》卷 47〈河東道八·絳州正平縣〉曰：

州城，本後魏東雍州及正平郡城也。太和中，皇都徙洛，罷州立郡，即謂此也。

第六章　政區演變：西魏與北周的河東行政管理

臨汾故城，即漢臨汾縣。在今東北二十五里。

如前所述，東西魏分裂後，雙方激烈地爭奪正平，郡城所在的汾北之地頻頻易手。大統四年（538）以後，兩國在此地的邊界穩定下來，基本上劃汾水而治。東魏、北齊占據汾北的郡城，與西魏、北周南以家雀關（今新絳縣南）為界，西以武平關（今新絳縣西）為界。《通典》卷179〈州郡九·絳州正平縣〉曰：「有高齊故武平關，在今縣西三十里；故家雀關在縣南七里，並是鎮處。」《元和郡縣圖志》卷12〈河東道一·絳州正平縣〉：「武平故關，在縣西三十里，高齊時置，周滅齊廢。」《太平寰宇記》卷47〈河東道八·絳州正平縣〉曰：「故家雀關，在縣南七里。」《讀史方輿紀要》卷41〈山西三·平陽府·絳州〉曰：「武平關，州西二十里，北齊時屯兵於此以防周。《通典》：州南七里有故家雀關，亦周、齊時戍守處。」

正平境內兩魏周齊的軍事據點有：

■（1）稷王城

在今新絳縣西。見《讀史方輿紀要》卷41〈山西三·平陽府·絳州〉「龍門城」條：「又縣西三里有稷王城，亦周、齊時戍守處，以稷王廟而名。」

■（2）高歡城

在稷王城西。見前引《讀史方輿紀要》同卷同條，「又高歡城在縣西五里，高歡攻圍玉壁時所築也」。

■（3）華谷城

在今山西新絳縣西北化峪村。《讀史方輿紀要》卷41〈山西三·平陽府·絳州〉曰：「華谷城，在縣西北二十里。……今名華谷村。」華谷是因匯入汾水的華水而得名。《水經注》卷6〈汾水〉曰：「汾水又西與

華水合，水出北山華谷，西南流逕一故城西，俗謂之梗陽城，非也。梗陽在榆次，非在此。按《故漢上谷長史侯相碑》云：『……晉卿士蒍，斯其裔也，食採華陽。』今蒲坂北亭也，即是城也。其水西南流注於汾。」

北齊後主武平元年（570），遣軍與周師爭奪崤函重鎮宜陽，雙方久戰不決。北周名將韋孝寬建議在正平以北的華谷和長秋築城，防止敵人突襲汾北，未得到執政的宇文護採納，結果被北齊斛律光搶得先機，築起華谷、龍門二城。其事可見《周書》卷5〈武帝紀上〉：「（天和五年）是冬，齊將斛律明月寇邊，於汾北築城，自華谷至於龍門。」、「（六年）三月己酉，齊國公憲自龍門度河，斛律明月退保華谷，憲攻拔其新築五城。」又見《周書》卷31〈韋孝寬傳〉：「後孔城遂陷，宜陽被圍。孝寬乃謂其將帥曰：『宜陽一城之地，未能損益。然兩國爭之，勞師數載。彼多君子，寧乏謀猷？若棄崤東，來圖汾北，我之疆界，必見侵擾。今宜於華谷及長秋速築城，以杜賊志。脫其先我，圖之實難。』於是畫地形，具陳其狀。晉公護令長史叱羅協謂使人曰：『韋公子孫雖多，數不滿百。汾北築城，遣誰固守？』事遂不行。……是歲，齊人果解宜陽之圍，經略汾北，遂築城守之。其丞相斛律明月至汾東，請與孝寬相見。明月曰：『宜陽小城，久勞戰爭。今既入彼，欲於汾北取償，幸勿怪也。』」

《資治通鑑》卷170，陳宣帝太建二年（570）十二月：「齊斛律光果出晉州道，於汾北築華谷、龍門二城。」太建三年正月，「齊斛律光築十三城於西境，馬上以鞭指畫而成，拓地五百里，而未嘗伐功。又與孝寬戰於汾北，破之。齊王憲督諸將東拒齊師。……（三月）周齊公憲自龍門渡河，斛律光退保華谷，憲拔其新築五城。齊太宰段韶、蘭陵王長恭將兵禦周師，攻柏谷城，拔之而還。」胡三省注：「此齊遣段韶等出伊、洛以牽制汾北也。」

華谷等城築成後，斛律光以此作為攻掠汾北的基地，西趨龍門津

第六章　政區演變：西魏與北周的河東行政管理

渡，北逼汾州，並迫使敵將韋孝寬渡過汾水前來求戰，將其打敗，獲得了軍事上的主動權。其事可見《北齊書》卷17〈斛律光傳〉：

其冬，光又率步騎五萬於玉壁築華谷、龍門二城，與憲、顯敬等相持，憲等不敢動。光乃進圍定陽，仍築南汾城，置州以逼之，夷夏萬餘戶並來內附。

（武平）二年，率眾築平隴、衛壁、統戎等鎮戍十有三所。周柱國枹罕公普屯威、柱國韋孝寬等，步騎萬餘，來逼平隴，與光戰於汾水之北，光大破之，俘斬千計。

北周建德五年（576）冬出兵伐齊，由韋孝寬攻陷華谷城，並以此作為屯軍據點，準備接應北取汾州之周師。見《周書》卷6〈武帝紀下〉：「（建德五年冬十月東徵）柱國、趙王招步騎一萬自華谷攻齊汾州諸城。」《周書》卷31〈韋孝寬傳〉：「（建德五年冬十月東徵）及趙王招率兵出稽胡，與大軍掎角，乃敕孝寬為行軍總管，圍守華谷以應接之。孝寬克其四城，武帝平晉州，復令孝寬還舊鎮。」

■（4）龍門城

在今新絳縣北，亦北齊斛律光所築，引證史料見前述「華谷城」條所引《北齊書》卷17、《周書》卷6與《賢治通鑑》卷170等。又見《讀史方輿紀要》卷41〈山西三·平陽府·絳州〉：「龍門城，在縣北，即高齊斛律光所築以爭汾北者。」

■（5）長秋城

今新絳縣西北三十里泉掌鎮。西漢其地曾為長修侯國，以附近之修水為名，原有長修故城。見《太平寰宇記》卷47〈河東道八·絳州正平縣〉：「長修故城，《郡國縣道記》云：『絳西北三十里長修故城』，是也。漢高帝二年封杜恬為侯國，後漢省。故城南有修水流入。」後「長修」訛

176

為「長秋」。參見《資治通鑑》卷170胡三省注:「《水經》:『涑水出河東聞喜縣黍葭谷。』《注》云:『涑水所出,俗謂之華谷。』又云:『汾水過臨汾縣東,又屈從縣南西流,又西過長修縣南,又西與華水合,水出北山華谷。此所謂長秋,蓋即漢長修縣故墟也。俗語訛以「修」為「長秋」耳。』」

由於該地具有較為重要的軍事價值,周將韋孝寬曾建議在此築城,以防止齊軍攻掠汾北:「今宜於華谷及長秋速築城以杜賊志。」[165]

(6) 文侯城

又稱「文侯鎮」,傳說為晉文侯所立。它所在的地點,顧祖禹認為是位於稷山縣,見《讀史方輿紀要》卷41〈山西三・平陽府・絳州〉曰:「文侯鎮,在縣西北。」而光緒《山西通志》則認為是在今吉縣一帶,見該書卷53〈古蹟考四〉。王仲犖先生經過考證後認為,應在汾水南岸柏壁城(今新絳縣西南)附近。見《北周地理志》第800頁:「(文侯城)當在汾水之南,柏壁城附近。」《讀史方輿紀要》、《山西通志》曰在稷山、吉縣皆誤。

該城原為西魏、北周要塞,北齊於天保十年(559)將其占領。《北齊書》卷17〈斛律光傳〉載該年二月,斛律光「率騎一萬討周開府曹回公,斬之。柏谷城主儀同薛禹生棄城奔遁,遂取文侯鎮,立戍置柵而還」。此後該地被齊軍占領。北周武帝在建德五年(576)冬東征,於晉州會戰中打敗齊軍主力,是時文侯城仍在北齊手裡。見《北史》卷92〈高阿那肱傳〉:「(後主兵敗北逃)有軍士雷相,告稱:『阿那肱遣臣招引西軍,行到文侯城,恐事不果,故還聞奏。』後主召侍中斛律孝卿,令其檢校。孝卿固執云:『此人自欲投賊,行至文侯城,迷不得去,畏死妄語耳。』事遂寢。」

---

[165] 《周書》卷31〈韋孝寬傳〉。

第六章　政區演變：西魏與北周的河東行政管理

周軍在晉州戰役獲勝後，乘勢攻占附近地區，文侯城也被收復。《隋書》卷 60〈段文振傳〉載其隨武帝攻克晉州，「進拔文侯、華谷、高壁三城，皆有力焉」。

■（7）汾橋

在今新絳縣城關之南汾水上，為當時南北往來的主要通道。《周書》卷 34〈楊㯹傳〉載：「時東魏以正平為東雍州，遣薛榮祖鎮之。㯹將謀取之，乃先遣奇兵，急攻汾橋。榮祖果盡出城中戰士，於汾橋拒守。其夜，率步騎二千，從他道濟，遂襲克之。」

2. 聞喜

聞喜縣境在春秋時為晉國之曲沃，秦及西漢前期為左邑縣，屬河東郡。漢武帝在元鼎六年（前 111）巡幸河東時路過這裡，聞漢軍征服南越之訊而大喜，故在當地立縣以示紀念，名為「聞喜」，治桐鄉（今山西聞喜縣西南），仍屬河東郡。東漢時又撤銷了左邑縣，將其地併入聞喜縣。北魏時聞喜縣改屬正平郡，西魏、北周仍之。《元和郡縣圖志》卷 12〈河東道一‧絳州〉曰：

> 聞喜縣，本漢左邑縣之桐鄉也，武帝元鼎六年，將幸緱氏，至此聞南越破，大喜，因立聞喜縣，屬河東郡。後魏改屬正平郡，隋開皇三年罷郡，屬絳州。……
>
> 桐鄉故城，漢聞喜縣也，在縣西南八里。俗以此城為伊尹放太甲於桐宮之所。孔注《尚書》曰：桐，湯葬地也。……

《讀史方輿紀要》卷 41〈山西三‧平陽府‧聞喜縣〉曰：

> 春秋時晉之曲沃地，秦改為左邑，屬河東郡。漢武帝經此聞破南粵，因置聞喜縣，仍屬河東郡，後漢及魏、晉因之。後魏置太平郡於

此,後屬正平郡。隋初郡廢,縣屬絳州。唐因之。……

左邑城,在縣東,春秋時之曲沃也。杜預曰:「曲沃,晉別封成師之邑,在聞喜縣」是也。桓八年,曲沃滅翼。莊二十六年,獻公自曲沃徙都絳。二十八年,使太子申生居曲沃,亦謂之新城,又謂之下國。僖公十狐突適下國,遇太子,又太子謂狐突曰:「請七日見我於新城西偏」,即曲沃也。又襄二十三年,齊納晉欒盈於曲沃。《戰國策》周顯王四十六年,秦伐魏,取曲沃。又赧王六年,秦復伐魏,取曲沃而歸其人。秦謂之左邑。《水經注》:左邑,故曲沃,《詩》所謂從子於鵠者也。漢元鼎六年,分左邑縣地置聞喜縣。東漢罷左邑,移聞喜縣治焉。建安初車駕還洛陽,自安邑幸聞喜。後周移縣治於今絳州之柏壁。隋移治甘谷。

西魏占領正平後,曾將聞喜作為正平郡治所在地。據《周書》卷4〈明帝紀〉記載,北周明帝二年(558)正月改置州郡,於「正平置絳州」,將聞喜縣治及正平郡治移到東北的龍頭城(又稱「龍頭壁」)。周武帝時又將郡及州治遷至柏壁(今山西新絳縣西南)。《太平寰宇記》卷46〈河東道七·解州聞喜縣〉曰:「聞喜縣,本漢左邑縣之桐鄉也。武帝元鼎六年,……立聞喜縣,屬河東郡。」周明帝武成(筆者注:『武成』二字衍)二年,改東雍州為絳州[166],仍移於聞喜縣東北二十八里龍頭城。正平郡亦與州俱遷,武帝又移於今正平縣西南二十里柏壁。又云:「龍頭壁,後周絳州及正平郡所理也。在縣東北二十八里。武帝又移於柏壁。」《讀史方輿紀要》卷41〈山西三·平陽府·聞喜縣〉龍頭堡條:「縣東北二十八里。《寰宇記》:『後周正平郡及聞喜縣嘗理於此』。」

聞喜縣是涑水道流經之地,西南經過鹽池通往蒲津、風陵兩大渡口,可西去關中,南至潼關,是貫穿運城盆地的水陸幹線必經之所,發揮連繫并州、平陽與河東地區交通往來的重要作用。此外,聞喜東南的

---

[166] 王仲犖:《北周地理志》,第798頁:「北齊東雍州在汾北正平郡城,周平齊後,始廢。周置絳州及正平郡,在聞喜縣東北龍頭城,不當云周改東雍州為絳州,《寰宇記》誤。」

第六章　政區演變：西魏與北周的河東行政管理

含口隘道，可以通往邵郡，逾齊子嶺而抵達河陽，也是河東腹地與中原連繫的一條道路，具有不可忽視的經濟、軍事價值。《讀史方輿紀要》卷41〈山西三·平陽府·聞喜縣〉：

含口，在縣東南，亦曰含山路。《水經注》：「洮水源出聞喜縣青野山，世以為青襄山，其水東徑大嶺下，西流出山，謂之含口。又西合於涑水」。唐大順初張浚攻河東，為李克用所敗，走保晉州，復自含口遁去，逾王屋，從河陽渡河還長安。天覆中朱全忠謀取河中，遣張存敬將兵自汜水渡河，出含山路，襲絳州，絳州出不意，遂降於全忠。

聞喜縣由於位置重要，境內歷代的城堡很多，列述如下：

(1) 柏壁城

在今山西新絳縣西南柏壁村，北魏太武帝曾於此處置鎮，並作為東雍州、正平郡的治所。西魏大統四年築玉壁城，放棄汾北的正平郡城之後，柏壁成為邊界上要塞。據《周書》卷19〈達奚武傳〉記載，該城在周明帝武成初年（559）重築，並留權嚴、薛羽生二將戍守。「武成初，轉大宗伯，進封鄭國公，邑萬戶。齊將斛律敦侵汾絳，武以萬騎禦之，敦退。武築柏壁城，留開府權嚴、薛羽生守之。」王仲犖《北周地理志》第799頁曰：「按斛律金字阿六敦，此斛律敦，即斛律金也。然據《北齊書》，北齊天保末，略地汾絳者，乃斛律金子斛律光，非斛律金也。」

北齊武平元年（570），斛律光領兵築華谷、龍門二城後，掠地汾北；又在次年（571）三月與段韶、高長恭圍攻北周柏谷（壁）城，獲勝而還。其事可見《北齊書》卷16〈段韶傳〉：「（武平二年）二月，周師來寇，遣韶與右丞相斛律光、太尉蘭陵王長恭同往捍禦。以三月暮行達西境。有柏谷城者，乃敵之絕險，石城千仞，諸將莫肯攻圍。韶曰：『汾北、河東，勢為國家之有，若不去柏谷，勢為痼疾。計彼援兵，會在南道，今

斷其要路,救不能來。且城勢雖高,其中甚狹,火弩射之,一旦可盡。』諸將稱善,遂鳴鼓而攻之,城潰,獲儀同薛敬禮,大斬獲首虜,仍城華谷,置戍而還。」《北齊書》卷17〈斛律光傳〉:「(天保十年)二月,率騎一萬討周開府曹回公,斬之;柏谷城主薛禹生棄城奔遁。」

上述史料所言之柏谷城,據王仲犖考證,即是柏壁城。見《北周地理志》第800頁:「按《讀史方輿紀要》謂:『此柏谷城亦在稷山縣境,非河南偃師之柏谷也。』唐長孺先生《周書·達奚武傳》校勘記謂此柏壁城,即《北齊書·斛律光傳》、〈段韶傳〉之柏谷城。柏谷、柏壁,當是一地,薛羽生、薛禹生,當是一人,其說甚是。蓋此柏壁城,自在汾水之南,不在汾水之北也。據元陳瓛《柏壁記》:『正平地多崇岡峻嶺,西南迤邐二十里,有巨坂,尤高峻,古柏壁關也。上有秦王堡,深溝高塹,絕崖陡險,南北斷壁,截然千仞。中有舊途,相去百餘步,下而覆上,其巔實古關門遺址,廣僅一軌,騎不可並,車不可施。』與《北齊書·段韶傳》石城千仞語正相合。」

後來周武帝又把它當作正平郡和絳州的治所,平齊之後,才將絳州治所遷移到玉壁。見《元和郡縣圖志》卷12〈河東道一·絳州正平縣〉:「柏壁,在縣西南二十里。後魏明帝元年,於此置柏壁鎮,太武帝廢鎮,置東雍州及正平郡。周武帝於此改置絳州,建德六年又自此移絳州於今稷山縣西南二十里玉壁。按柏壁高二丈五尺,周迴八里。」

(2) 王(官)城

在縣南,為春秋晉國城堡遺址。見《元和郡縣圖志》卷12〈河東道一·絳州聞喜縣〉:「王官故城,今名王城,在縣南十五里。《左傳》曰:『伐我王官。』」

第六章 政區演變：西魏與北周的河東行政管理

■（3）周陽城

在縣東，為西漢侯國城邑。見《讀史方輿紀要》卷41〈山西三·平陽府·聞喜縣〉：「周陽城，縣東二十九里，漢文帝元年封淮南王舅父趙兼為侯邑。又景帝三年，封田蚡弟勝為周陽侯，邑於此。……」

■（4）燕熙城

在縣北，為十六國時遺址。見《讀史方輿紀要》卷41〈山西三·平陽府·聞喜縣〉：「燕熙城，在縣北，晉太元十一年西燕慕容忠等引軍自臨晉而東，至聞喜，聞慕容垂已稱尊號，不敢進，築燕熙城居之，即此。」

3. 曲沃

治今山西曲沃縣東北。該地在春秋時為晉國國都新田，秦及西漢於此設縣，稱「絳」，東漢稱「絳邑」，均屬河東郡。魏晉屬平陽郡。北魏孝文帝太和十一年（487），在其東南十里絳山之北置曲沃縣，屬正平郡。西魏占領河東後，沿襲其制。北周明帝時，又將曲沃縣治移到樂昌堡（今曲沃縣南）。隋文帝開皇十年（590），又移於絳邑故城北，即今曲沃縣城。《元和郡縣圖志》卷12〈河東道一·絳州曲沃縣〉曰：

本晉舊都絳縣地也，漢以為絳縣，屬河東郡。後漢加「邑」字，屬郡不改。晉改屬平陽郡。後魏孝文帝於今縣東南十里置曲沃縣，屬正平郡。因晉曲沃為名。隋開皇三年罷正平郡，改屬絳州。……

漢絳縣，本春秋晉都新田也，在縣南二里。周勃為絳侯，即其地也，今號絳邑故城。

《太平寰宇記》卷47〈河東道八·絳州曲沃縣〉曰：

本晉舊都絳縣地，漢以為絳縣，屬河東郡。今縣南二裡絳邑故城是也。後漢加「邑」字，屬郡不改。晉改屬平陽郡。後魏孝文帝於今縣東南

五、正平郡（絳州）

十里絳山北置曲沃縣，屬正平郡。因晉曲沃為名。周明帝移樂昌城，今縣南七里樂昌堡。隋開皇三年罷正平郡，改屬絳州。十年又移於絳邑故城北，即今治也。……

絳邑故城，漢絳縣，本春秋晉都新田也，在縣南二里。《左傳》：「晉人謀去故絳，欲居郇、瑕之地。韓獻子曰：『土薄水淺，不如新田，有汾、澮以流其惡。』遂居新田。」漢以為縣，屬河東郡。周勃封為絳侯，即其地也。

《讀史方輿紀要》卷41〈山西三·平陽府·曲沃縣〉曰：

晉新田之地，漢為河東郡絳縣地，後漢為絳邑縣地。晉屬平陽郡。後魏太和十一年改置曲沃縣於此，屬正平郡。隋屬絳州，唐、宋因之。

絳城，縣西南二里，一名新田城。《左傳》成公六年：「晉人謀去故絳，徙居新田」是也。漢於南境置絳縣，此仍謂之絳城，俗又訛為王城。後魏為曲沃縣地。《志》云：魏初置縣於絳山北，後周移至樂昌堡，在今縣南七里，亦曰樂昌城。隋又移治絳邑故城北，即今縣也。

王仲犖《北周地理志》第801頁曰：「按舊曲沃縣，即隋縣絳邑故城。近年蒲太鐵路通車，曲沃縣移治於舊縣之南三十里侯馬鎮。」

據《元和郡縣圖志》卷12〈河東道一·絳州曲沃縣〉記載，該縣境內有絳山、汾水、澮水、絳水。另外，曲沃縣境還有下列軍事重地：

■（1）喬山

在縣西北，形勢險要，常有土寇盤踞。《讀史方輿紀要》卷41〈山西三·平陽府·曲沃縣〉：「喬山，縣西北四十五里，山高五里，長二十餘里，接襄陵縣界，形勢險峻，其西麓有夢感泉。齊主高緯圍平陽，恐周師猝至城下，於城南穿塹，自喬山屬於汾水。緯大出兵陳於塹北，即此也。」

第六章　政區演變：西魏與北周的河東行政管理

■（2）樂昌防、胡營防、新城防

西魏、北周政權曾在曲沃境內設定若干戍所，如《周書》卷19〈達奚武傳〉載魏廢帝二年（553）立樂昌防、胡營防、新城防。「以大將軍出鎮玉壁。（達奚）武乃量地形勝，立樂昌、胡營、新城三防。齊將高苟子以千騎攻新城，武邀擊之，悉虜其眾。」

王仲犖《北周地理志》第801頁，言正平郡曲沃縣，「舊置，有胡營防、新城防、樂昌防」。自注曰：「按樂昌防，蓋即舊曲沃縣城南七裡之樂昌城。」又云：「……北周曲沃縣樂昌城，在舊曲沃縣南七里，當在今新縣治侯馬鎮之東北也。」

■（3）高顯戍

在縣東北，為東魏、北齊所控制。《周書》卷12〈齊煬王憲傳〉曰：「……尋而高祖東轅，次於高顯，憲率所部，先向晉州。」《周書》卷13〈越野王盛傳〉曰：「（天和）五年，大軍又東討，盛率所領，拔齊高顯等數城。」

王仲犖《北周地理志》第801頁曰：「按胡三省《通鑑》注：『高顯蓋近涑川。』《讀史方輿紀要》：『高顯戍在夏縣北』，並誤。據《山西通志》，高顯鎮在曲沃縣東北二十里。今山西曲沃縣東北有高顯。近年蒲太鐵路通車，設立車站，即北齊之高顯戍矣。」

■（4）蒙坑

同在縣東北，亦為兵家要地。《讀史方輿紀要》卷41〈山西三·平陽府·曲沃縣〉曰：「蒙坑，在縣東北五十里。西與喬山相接。晉元興初魏主珪圍柴壁，安同曰：『汾東有蒙坑，東西三百餘里，蹊徑不通，姚興來必從汾水西直臨柴壁，如此便聲勢相接。不如為浮梁渡汾西築圍以拒之，興無所施其智力矣。』珪從之，大敗後秦主興於蒙坑之南。……周廣順元

年，北漢主引契丹兵圍晉州，周將王峻自絳州馳救。晉州南有蒙坑，最險要，峻憂北漢兵據之，聞前鋒已度，喜曰：『吾事濟矣。』北漢主聞峻至蒙坑，遁去。今喬山以北，自西而東，山蹊糾結，即蒙坑矣。」

建德五年（576）冬北周克齊重鎮晉州，北齊後主領大軍來戰，圍攻平陽城，周軍統帥宇文憲曾進兵蒙坑，以觀其變。《周書》卷12〈齊煬王憲傳〉曰：「高祖又令憲率兵六萬，還援晉州。憲遂進軍，營於涑水。齊主攻圍晉州，晝夜不息。間諜還者，或雲已陷。憲乃遣柱國越王盛、大將軍尉遲迥、開府宇文神舉等輕騎一萬夜至晉州。憲進軍據蒙坑，為其後援，知城未陷，乃歸涑川。」

六、高涼郡（勳州）

西魏、北周在河東地區西北部的統治區域以高涼郡——勳州為主，即今山西稷山、河津兩縣在汾河以南的轄境，另在汾河北岸的一些地點建立戍所，與東魏、北齊對峙，時有得喪。其歷史演變情況如下。

（一）北魏之高涼郡縣

1. 高涼縣、郡的建立

西魏、北周的高涼郡是從北魏繼承發展而來的，據光緒《山西通志》卷27〈府州廳縣考五〉記載，稷山縣曾是商周的冀國，「春秋屬晉，為郤氏食邑，南境為晉稷邑。漢為河東郡聞喜縣地，兼得皮氏縣地」。北魏孝文帝太和十一年（487）置高涼郡，下屬高涼、龍門二縣，郡治在高涼縣城，即今山西稷山縣東南三十里。後來周文帝又將縣治暨郡治移到玉壁

第六章　政區演變：西魏與北周的河東行政管理

城，在今稷山縣西南十二里。《魏書》卷 106 上〈地形志上〉載東雍州，「高涼郡，領縣二，戶四千四百四十五，口二萬一千八百五十三。高涼（本注：太和十一年分龍門置。有高涼城、闇閣、麗姬塚）、龍門（本注：故皮氏，二漢屬河東，晉屬平陽，真君七年改屬。有臨汾城」。《太平寰宇記》卷 47〈河東道八·絳州〉曰：「稷山縣，本漢聞喜縣地，屬河東郡。自漢迄晉不改。後魏孝文帝於今縣東南三十里置高涼縣，屬高涼郡。周文帝移高涼縣於玉壁，……在縣西南一十二里。隋開皇三年罷郡，以縣屬絳州。十八年改為稷山，因縣南稷山為名。」

《周書》卷 34〈楊㩜傳〉曰：「楊㩜字顯進，正平高涼人也。祖貴，父猛，並為縣令。」文中提到北魏高涼縣曾歸屬於正平郡。中華書局本《周書》校勘記云：「按《魏書》卷 106 上〈地形志上〉高涼縣屬高涼郡，不屬正平郡。《元和郡縣誌》卷 14〈絳州稷山縣條〉又以為北魏孝文帝置高涼縣屬龍門郡。這裡說『正平高涼』，不知何時改屬。」

王仲犖先生則認為，高涼縣始置時隸屬於正平郡，後來獨立為高涼郡。「蓋高涼（縣在）後魏未置高涼郡前，曾屬正平郡也。」[167]

2. 北魏高涼縣是否屬龍門郡

值得注意的是，唐代三種輿地書籍皆稱北魏置高涼縣屬龍門郡，而沒有提到高涼郡，與前引《魏書·地形志》和《太平寰宇記》的記載不合。《隋書》卷 30〈地理志中〉絳郡稷山縣注：「後魏曰高涼，開皇十八年改爲。有後魏龍門郡，開皇初廢。又有後周勳州，置總管，後改曰絳州，開皇初移。」《通典》卷 179〈州郡九〉稷山縣注：「漢聞喜縣地，後魏龍門郡。」《元和郡縣圖志》卷 12〈河東道一·絳州稷山縣〉：「稷山縣，本

---

[167]　王仲犖：《北周地理志》，第 786 頁。

漢聞喜縣地，屬河東郡。後魏孝文帝於今縣東南三十里置高涼縣，屬龍門郡。隋開皇三年罷郡，縣屬絳州。十八年改為稷山縣，因縣南稷山以為名也。」

清儒楊守敬已然發現了這個問題，指出《隋書》及《元和郡縣圖志》等記載有誤。他在《〈隋書·地理志〉考證》中說：「按龍門郡已見龍門縣西，此不當復。考〈地形志〉高涼縣屬高涼郡。今稷山縣有周保定元年大將軍延壽公碑陰，龍門、高涼二郡並載。又有隋開皇九年覺城寺碑陰，屢稱高涼郡。則《寰宇記》謂高涼郡罷於開皇三年至確。此龍門郡的為高涼郡之誤。」王仲犖先生則提出龍門郡的建立應在東、西魏分裂之後，雙方在沙苑戰後大致上劃汾水而對峙，原北魏龍門縣主要在汾水北岸，為高歡所控制，故設龍門郡而治。西魏、北周可能在高涼縣僑置過龍門郡，而不是由後魏（北魏）建立，前引《隋書》卷30〈地理志中〉所言是不準確的。見《北周地理志》第785頁：

> 按東西分立之際，東魏、北齊之龍門郡在汾北，即《隋志》龍門縣之龍門郡。西魏、北周或亦別立龍門郡在汾南，蓋即寄治於高涼郡之稷山縣界者也。以楊氏之說甚辯，故不取《隋志》之說也。

（二）西魏占領高涼郡與僑置南汾州

高涼郡高涼縣在大統三年（537）十月沙苑之戰前，為東魏所有。高歡率大軍西征關中時，曾由汾河河谷南下，至正平（今山西新絳）向西折行，過高涼至龍門後，再沿黃河東岸南下，抵蒲津後渡河進入關中。沙苑之戰失利後，高歡狼狽逃歸晉陽，西魏兵鋒直抵晉州（今山西臨汾市）城下，高涼郡地亦為宇文氏占領。如前所述，大統四年（538）八月河橋之戰失敗後，宇文泰被迫調整河東地區的防禦部署，接受了王思政的建議，放棄汾河以北的領土，在汾南的玉璧築城，作為南汾州（僑置）的治

第六章　政區演變：西魏與北周的河東行政管理

所，即當作河東西北部區域的軍事基地與防禦核心。《周書》卷18〈王思政傳〉曰：「（河橋戰後）仍鎮弘農。思政以玉壁地在險要，請築城。即自營度，移鎮之。遷并州刺史，仍鎮玉壁。（大統）八年，東魏來寇，思政守禦有備，敵人晝夜攻圍，卒不能克，乃收軍還。以全城功，受驃騎大將軍。」

西魏未得河東以前，曾於河西夏陽（今陝西韓城市東南）之楊氏壁僑置南汾州。沙苑戰後，西魏既獲得汾南諸郡，又進占汾北的定陽（今山西吉縣），遂將南汾州治遷移到那裡。至次年（538）二月，定陽被東魏攻陷，刺史韋子粲被俘，宇文泰只得將南汾州治僑置於汾南高涼縣的玉壁。王仲犖對此考證甚詳，見《北周地理志》第782～783頁，文字如下：

按《魏書・地形志》有南汾州，領北吐京等九郡。《隋志》謂南汾州治定陽，即今山西吉縣治。《寰宇記》慈州下云，東魏天平元年，以州南界，汾水所經，故置南汾州。今考〈地形志〉，南汾州九郡中，如北鄉郡領龍門、汾陰二縣，龍門郡領西太平、汾陽二縣，並在汾河下游，今山西河津、稷山二縣之界，故東魏於此置南汾州也。西魏大統初元，亦嘗僑置南汾州於河西夏陽縣東北之楊氏壁，事見《周書・薛端傳》。西魏大統三年六月，夏陽人王遊浪舉兵楊氏壁，宇文泰命于謹率兵討平之。自此之後，此僑置於河西之夏陽楊氏壁之南汾州，即已廢省。又據《周書・〈楊㯿傳〉》：㯿從宇文泰攻拔宏農之後，即遣諜人誘說東魏城堡，旬月之間，正平、河北、南汾、二絳、建州、大寧等城，並有請為內應者。

大軍因攻而拔之。此事在沙苑合戰前後。宇文泰取宏農，在大統三年七月，沙苑合戰在其年十月。至明年二月，而南汾復失，刺史韋子粲被虜，此南汾州者則即東魏治於定陽之南汾州也。蓋定陽之南汾州既失，而西魏乃又僑置南汾於玉壁也。

據史籍所載，西魏所任治玉壁之南汾州刺史者有：

① 段永：大統四年（538）八月河橋之戰後就任。見《周書》卷36〈段永傳〉：「河橋之役，永力戰先登，授南汾州刺史。」
② 韋孝寬：大統八年（542）後就任。見《周書》卷31〈韋孝寬傳〉：「（大統）八年，轉晉州刺史，尋移鎮玉壁，兼攝南汾州事。先是山胡負險，屢為劫盜，孝寬示以威信，州境肅然。進授大都督。」

此外，玉壁還作過并州刺史的僑置治所，見前引《周書》卷18〈王思政傳〉。

西魏名將達奚武曾在魏廢帝元年（554）以大將軍的職務鎮守過玉壁，而他擔任其他行政兼職的情況不詳。事見《周書》卷19〈達奚武傳〉：「（魏廢帝元年）以大將軍出鎮玉壁。武乃量地形勝，立樂昌、胡營、新城三防。齊將高苟子以千騎攻新城，武邀擊之，悉虜其眾。」

（三）西魏、北周的勳州及刺史、總管

西魏末年，政區的劃分又有變化。大統十二年冬（546），高歡引傾國之師圍攻玉壁，被韋孝寬所阻，損兵折將，敗歸晉陽。西魏乘機反攻，再次占領了汾北的定陽（詳述見後文），故在當地設定汾州刺史治所，而取消了僑置的南汾州。為紀念韋孝寬的殊勳，立勳州於玉壁，並設總管府，長官即勳州總管。因其設在玉壁，所以當世亦稱作玉壁總管，轄勳、絳、晉、建四州軍事，相當於河東地區邊防的最高軍事長官。王仲犖《北周地理志》第784頁考證過它的轄區：「勳州總管所管四州，絳州時移治於聞喜縣東北二十八里龍頭城，見《寰宇記》。晉州係西魏僑置於南絳縣之晉州，非北齊治於臨汾之晉州也。建州亦係西魏僑置於南絳縣車箱城之建州，非〈地形志〉治高都城之建州也。」

第六章　政區演變：西魏與北周的河東行政管理

1. 勳州建立的時間

關於勳州建立的時間，《周書》卷 31〈韋孝寬傳〉記載為北周武帝保定元年 (561)。「保定初，以孝寬立勳玉壁，遂於玉壁置勳州，仍授勳州刺史。」實際上，這段文字記載有誤，勳州的設定應在西魏廢帝三年 (553) 改置州郡之時，參見《周書》卷 2〈文帝紀下〉：「(魏廢帝三年正月) 又改置州郡及縣，……南汾改勳州，汾州為丹州。」

另外，《隋書》卷 54〈元亨傳〉記載：「大統末，襲爵馮翊王，邑千戶。……俄遷通直散騎常侍，歷武衛將軍、勳州刺史，改封平涼王。周閔帝受禪，例降為公。」也說明勳州的建立是在北周代魏之前。《山西通志》卷 27〈府州廳縣考五・稷山縣〉經過考證亦說明：「西魏以韋孝寬守玉壁功，置勳州總管。」

2. 西魏、北周任勳州刺史者

西魏、北周曾任勳州刺史的官員有：

① 韋孝寬：事蹟見《周書》卷 31〈韋孝寬傳〉。
② 元亨：其事見前引《隋書》卷 54〈元亨傳〉。
③ 郭賢：《周書》卷 28〈權景宣附郭賢傳〉：「世宗初，除匠師中大夫。尋出為勳州刺史，鎮玉壁。武成二年，遷安、應等十二州諸軍事、安州刺史。」
④ 于寔：《周書》卷 15〈于謹傳附子寔傳〉：「孝閔帝踐祚，授民部中大夫。……又進位大將軍，除勳州刺史，入為小司寇。天和二年，延州蒲川賊郝三郎等反，攻逼丹州。遣寔率眾討平之，斬三郎首，獲雜畜萬餘頭。乃除延州刺史。」

其事又見《金石錄》所著周保定二年勳州刺史延壽郡開國公萬紐於寔碑。

⑤ 長孫兕：《周書》卷 26〈長孫紹遠傳〉載兄子兕：「天和初，累遷驃騎大將軍、開府，遷絳州刺史。」而〈唐通事舍人長孫府君暨夫人陸氏墓誌銘〉追述其祖兕，曾任北周勳、熊、絳三州刺史。

3. 玉壁長史

出任過玉壁長史者，有裴俠，見《周書》卷 35〈裴俠傳〉：「王思政鎮玉壁，以俠為長史。未幾為齊神武所攻。……」

皇甫璠《周書》卷 39〈皇甫璠傳〉：「孝閔帝踐阼，……出為玉壁總管府長史。」

4. 勳州總管

西魏、北周任勳州總管者，初有韋孝寬，次有長孫澄。參見《周書》卷 26〈長孫紹遠附弟澄傳〉：「後從太祖援玉壁，又從戰邙山，進位驃騎大將軍、開府。孝閔踐阼，拜大將軍，封義門公，為玉壁總管。卒，自喪初至及葬，世宗三臨之。」《北史》卷 22〈長孫道生傳〉附玄孫澄：「周孝閔帝踐阼，拜大將軍，進爵義門郡公。出為玉壁總管，頗有威信。卒於鎮，贈柱國，諡曰簡。自喪初及葬，明帝三臨之。」

又有姬肇，見〈隋故持節金紫光祿大夫太子右衛率右備身將軍司農卿龍泉敦煌二郡太守汾源良公姬府君之墓誌銘〉：「公諱威。父肇，勳晉絳建四州諸軍事、勳州總管，神水郡開國公。」王仲犖《北周地理志》第 784 頁曰，「按姬肇《周書》無傳。……姬肇之為勳州總管，當在明帝初年，長孫澄卒而肇繼之也。肇去而韋孝寬始繼之。」

第六章　政區演變：西魏與北周的河東行政管理

在勳州的歷任軍事行政長官當中，韋孝寬以其傑出的才能曾經三鎮玉壁。王仲犖《北周地理志》第784頁對此考證道：「《周書·韋孝寬傳》：保定初，以孝寬立功勳於玉壁，遂於玉壁置勳州，仍授勳州刺史。按改南汾州為勳州，實在西魏廢帝三年，見《周書·文帝紀》。據〈韋孝寬傳〉，是年孝寬遷雍州刺史，恭帝元年，又與于謹伐江陵，三年，曾還鎮玉壁，孝閔帝踐阼，拜小司徒。明帝初，參麟趾殿考校圖籍，則又去玉壁矣。至保定初，復授勳州總管，蓋三鎮玉壁也。長孫澄、姬肇之為勳州總管，元亨、郭賢、於寔之為勳州刺史，蓋皆在孝寬遷雍州刺史之後，保定初年任玉壁總管以前。以保定初，孝寬重鎮玉壁，《周書》歲連言孝寬立勳玉壁，並追敘於玉壁置勳州事，非謂勳州之置在保定初也。又〈孝寬傳〉但言授孝寬刺史，不言為總管。據《周書·裴文舉傳》：『保定元年，遷絳州刺史，總管韋孝寬特相欽重』云云，則孝寬為勳州總管至確。自保定初，孝寬為勳州總管，至建德元年齊平，孝寬隨武帝遷京，即拜大司空，蓋在玉壁總管任者有十四、五年之久云。」

北周武帝建德六年（577）滅亡北齊，統一中原，河東地區的軍事形勢大為緩和，故廢除了玉壁總管府，又取消了勳州，將絳州的治所由柏壁城（今山西新絳縣西南）移到玉壁。《隋書》卷30〈地理志中〉絳郡：「稷山（縣），後魏曰高涼。又有後周勳州，置總管，後改為絳州。」《元和郡縣圖志》卷12〈河東道一·絳州正平縣〉曰：「柏壁，在縣西南二十里。後魏明帝元年，於此置柏壁鎮，太武帝廢鎮，置東雍州及正平郡。周武帝於此改置絳州，建德六年又自此移絳州於今稷山縣西南二十里（筆者注：應為『十二里』）玉壁。」同書同卷〈絳州稷山縣〉曰：「玉壁故城，在縣南十二里。……周初於此置玉壁總管，武帝建德六年廢總管。」

歷史上勳州的名稱和它作為軍事區域所發揮過的重要作用，至此也就全部結束了。

（四）高涼郡屬縣

　　北魏高涼郡有高涼、龍門二縣，而兩魏、周齊交戰時，雙方大致上隔汾水對峙，宇文氏的領土基本上是在汾南，故僅設高涼一縣。據前引《元和郡縣圖志》卷12所載，北魏高涼縣治在今稷山縣東南三十里。至清代還有高涼城的遺址，見《山西通志》卷54〈古蹟考五〉：「高涼城，在稷山南。」西魏大統四年（538），王思政請築玉壁城，以并州刺史往鎮之，隨後高涼縣治及郡治即移到玉壁，後該地又成為勳州刺史治所。

　　高涼縣背依稷山、介山，面臨汾河，是運城盆地的西北屏障。《山西通志》卷40〈山川考十·汾河〉引舊《通志》曰：「稷山縣南二里，汾河由絳州周村界入縣境王村，向西環流。河北經楊趙、管村、羊牧頭，又經南關、吳城。河南經武城、費村、苑曲、靳平、李村、玉壁。共袤七十二里，至西薛村入河津縣境。」

　　汾河流經該縣境內，其間多有津渡，玉壁即是其中最為著名的渡口，北魏時曾在此設關稽查。《讀史方輿紀要》卷41〈山西三·平陽府·稷山縣〉「汾水」條稱：「《志》云：今縣西南十二里有玉壁渡，元魏時於汾水北置關，後為渡。其南又有景村渡，後徙而西北為李村渡。夏秋以舟，冬為木橋以濟。」光緒《山西通志》卷49引《稷山縣志》亦曰：「玉壁渡，縣西南二十里，汾水之陰，元魏置關，後為渡。荊平渡，縣南三里。薛村渡，縣西南二十里；苑曲渡，縣東南五里。費村渡，縣東南十里。崔村渡，縣東南二十里。」

　　高涼縣治轉移到玉壁，是有其深刻原因的。玉壁古城遺址在今稷山縣城西南5公里處柳溝坡上白家莊西，雄踞於峨嵋臺地之上，其東、西、北三面皆為深溝巨塹，峭壁突兀，無法攀登，僅東南一隅有狹窄通道與峨嵋坡頂相連，利於守兵的防禦。古城地勢險要，腳下是汾河渡

第六章　政區演變：西魏與北周的河東行政管理

口，北岸即是由晉州（今臨汾市）、正平（今新絳）通往黃河龍門津渡的大道；城池東側又有道路向南穿越峨嵋坡、稷神山而進入運城盆地，因此屬於極為重要的交通樞紐。於此置鎮，便於阻擊晉陽之敵南犯河東。大統八年、十五年，高歡率領重兵兩次圍攻玉壁不克，西魏的河東及關中遂安然無恙。

隨著歲月的流逝和人為破壞，玉壁古城今已殘破不堪，城中土地多被耕種，或成為盜煉原油的坑池，當年「周迴八里」的堅城大都坍圮，僅在其北、西、南三面尚有殘垣斷壁。在南牆入口的西側有兩處地形高、牆基厚、平面呈凸形的地方，據當地群眾傳說，是昔日韋孝寬建造高樓、抵禦高歡築土山以攻之處。玉壁城內有一條南北大道，將城區分為東西兩部，至今被稱為「東城」、「西城」。古城的東北角，有一條羊腸小道，蜿蜒而下，可以到達汾河之畔，傳說為玉壁城的「飲馬道」，即守軍取水之途。城之西、北尚存碉堡、暗道遺跡，城東溝裡半坡地方，有一道地可直通玉壁城下，據說為高歡攻城時所鑿。城西溝沿處還發現一座埋有纍纍白骨的萬人塚，據《北齊書》卷1〈神武帝紀〉所載，高歡攻玉壁城時，「死者七萬人，聚為一塚」；故有可能是東魏軍隊埋葬死者屍骨的大坑。[168]

西魏任高涼縣令者，見於大統六年（540）七月十五日立〈巨始光造像記〉，有像主前平陽令高涼令青州安平縣開國侯巨始光、前高涼令安丘縣開國子楊清。

（五）兩魏、周齊對峙時的龍門郡縣

北魏高涼郡的西境是龍門縣，即秦漢河東郡之皮氏縣，縣治在今山西河津市西。公元534年，東西魏分裂，宇文泰護送魏孝武帝自洛陽入

---

[168]　《稷山縣志》，新華出版社1994年版，第499頁。

六、高涼郡（勳州）

關，高歡領兵追擊，「尋至弘農，遂西克潼關，執毛洪賓。進軍長城，龍門都督薛崇禮降」[169]。這一地區開始歸東魏統屬。大統三年（537）十月沙苑戰役之後，高歡敗歸晉陽，西魏占領了高涼郡全境以及龍門以北的定陽（今山西吉縣）。參見《北齊書》卷20〈薛修義傳〉：「（從弟嘉族）子震，字文雄。天平初，受旨鎮守龍門，陷於西魏。元象中，方得逃還。高祖嘉其至誠，除廣州刺史。」

次年二月，東魏遣莫多婁貸文等攻陷定陽，後又在河橋之戰中獲勝，迫使宇文泰領兵撤回關中。此後西魏改變河東地區的防禦部署，將兵力收縮至汾河以南，高涼郡的情況亦然。大統四年末，王思政築玉壁城後，西魏僅在高涼縣的汾南領土設官治民，而龍門縣的大部分轄區在汾北，基本上歸屬東魏、北齊統治。如北周保定三年（563），勳州總管韋孝寬調遣河西役徒在汾北築城，為了阻止北齊軍隊的破壞，採取了疑兵之計。「其夜，又令汾水以南，傍介山、稷山諸村，所在縱火。齊人謂是軍營，遂收兵自固。版築克就，卒如其言。」[170] 由此可見高涼郡縣的居民點散布在汾南。

從史書的記載來看，西魏、北周官員有封爵食邑在龍門郡縣者。例如：

① 薛善西魏時封龍門縣子。《周書》卷35〈薛善傳〉：「（太祖）時欲廣置屯田以供軍費，乃除司農少卿，領同州夏陽縣二十屯監。……追論屯田功，賜爵龍門縣子。」

② 司馬裔西魏時封龍門縣子。《周書》卷36〈司馬裔傳〉：「（魏廢帝二年）以功賜爵龍門縣子，行蒲州刺史。」

③ 郭彥西魏時封龍門縣子。《周書》卷37〈郭彥傳〉：「（大統十二年）以居郎官著稱，封龍門縣子，邑三百戶。」

---

[169] 《北齊書》卷2〈神武帝紀下〉永熙三年八月。
[170] 《周書》卷31〈韋孝寬傳〉。

第六章　政區演變：西魏與北周的河東行政管理

④　辛彥之北周時封龍門縣公。《隋書》卷 75〈儒林·辛彥之傳〉：「（武帝時）奉使迎突厥皇后還，賚馬二百匹，賜爵龍門縣公，邑千戶。」

⑤　王長述北周時封龍門郡公。《隋書》卷 54〈王長述傳〉：「修起居注，改封龍門郡公。」

但是古籍與碑刻中少見當時任龍門郡縣守令者。上述史料所反映的龍門郡縣，有可能只是在高涼縣僑置的，故有封邑而無實職。[171]

《魏書》卷 106 上〈地形志上〉載南汾州北鄉郡領縣二：龍門、汾陰。又南汾州龍門郡領縣二：西太平、汾陽；其龍門郡縣不在一處。王仲犖先生經過考證認為，東魏收復汾北之地後，曾重置龍門郡。而汾水南岸原泰州北鄉郡汾陰縣被西魏占領後，有部分居民徙逃至汾北，故東魏又僑置汾陰縣於龍門縣境，而將龍門縣隸屬於北鄉郡，因此在龍門郡轄區的剩餘部分設定了西太平和汾陽二縣。[172] 直到北齊文宣帝時，才將北鄉、龍門兩郡合併。「蓋至北齊天保之世，又廢北鄉郡及汾陰縣入龍門縣而以龍門縣改屬龍門郡也。其龍門郡所統之西太平、汾陽二縣，亦省入龍門縣矣。」[173]

---

[171]　王仲犖：《北周地理志》，第 789 頁：「北周任龍門郡守者見歐陽脩《集古錄·跋尾》：隋恒山郡九門縣令鉗耳君清德之頌：父康，周安陸、龍門二郡守。」而這個例子通常被認為是北周滅齊後設置的龍門郡。

[172]　王仲犖：《北周地理志》，第 789 頁，對此考證甚詳，文字如下：「《魏書·地形志》：『龍門，故皮氏，二漢屬河東。晉屬平陽。真君七年改龍門，屬高涼郡。按《地形志》龍門縣有二，一屬東雍州高涼郡，一屬南汾州北鄉郡。』《元和縣志》：『龍門縣，古耿國，晉獻公滅之，以賜趙夙。秦置以為皮氏縣。漢屬河東郡，後魏太武帝改皮氏為龍門縣，因龍門山為名，屬北鄉郡。』《寰宇記》並同《元和志》。竊以為《地形志》東雍州高涼郡之龍門縣，亦即《地形志》南汾州北鄉郡之龍門縣。《地形志》於高涼郡之龍門縣下云：『故皮氏，真君七年改龍門。』《元和志》於北鄉郡之龍門縣亦云：『後魏太武改皮氏為龍門縣。』兩龍門縣皆以漢皮氏縣改，顯即一縣復出兩處之證。蓋後魏孝文帝分龍門置高涼縣，後又置高涼郡，領高涼、龍門二縣。此高涼縣在汾水南岸，今山西稷山縣東南。大統四年，西魏略定汾絳，高涼郡高涼縣皆為西魏之境。而高涼郡之龍門縣，在汾水北岸，則在東魏界內。時泰州北鄉郡及汾陰縣，本在汾水南岸者，亦淪沒於西魏，而其民戶或有北渡汾水北岸者，東魏乃僑置北鄉郡汾陰縣於龍門縣界，而以龍門縣改隸北鄉郡。故知《地形志》高涼之龍門縣亦即北鄉之龍門縣，非周時有二龍門縣也。」

[173]　王仲犖：《北周地理志》，第 788～789 頁。

（六）西魏、北周在汾北舊龍門縣境的戍所

西魏在大統四年調整河東邊境兵力部署之後，於汾河北岸舊龍門縣境內還保留了一些軍事據點，如龍門城等。北齊後主在武平初年（570～571），遣名將斛律光、段韶等在汾北發動攻勢，拓地五百餘里，與北周宇文憲率領的援兵展開激戰，當地的城堡屢屢易手。現將西魏、北周（平齊前）在舊龍門縣境設置、占領過的戍所考述如下：

1. 龍門鎮

或曰龍門城，在今山西河津市西，北魏時曾置龍門鎮於此。見《北齊書》卷20〈薛修義傳〉：「（北魏正光時）拜修義龍門鎮將。」又見《讀史方輿紀要》卷41〈山西三·平陽府·河津縣〉龍門城條：「今縣治，戰國魏皮氏邑也。《志》云：皮氏城在今縣西一里。……後魏始改皮氏縣為龍門，蓋因山以名。陸澄曰：『河東龍門城西對夏陽之龍門山，後魏置龍門鎮於此。』孝昌三年以薛修義為龍門鎮將。永熙末高歡破潼關屯華陰，龍門都督薛崇禮以城降歡，即是城也。……」

在武平元年（570）斛律光發動汾北攻勢之前，龍門及附近數座城戍歸屬西魏、北周，後投降北齊。見《北史》卷55〈馮子琮傳〉：「斛律光將兵度玉壁，至龍門。周有移書，別須籌議。詔子琮乘傳赴軍，與周將韋孝寬面相要結。龍門等五城，因此內附。後主以為子琮之功，封昌黎郡公。」

次年三月，周武帝遣宇文憲渡河反攻，北齊軍隊東撤，又喪失了龍門城等戍。見《周書》卷5〈武帝紀上〉天和六年，「三月己酉，齊國公憲自龍門度河，斛律明月退保華谷」。又見《周書》卷12〈齊煬王憲傳〉：「（天和）六年，乃遣憲率眾二萬，出自龍門。齊將新蔡王王康德以憲兵

第六章　政區演變：西魏與北周的河東行政管理

至，潛軍宵遁。……」該年冬，斛律光領兵在玉壁對岸修築了兩座城堡，命名為「華谷」、「龍門」，和宇文憲所率周軍對峙；此「龍門城」與舊龍門城有別。見《北齊書》卷17〈斛律金附子光傳〉：「其冬，光又率步騎五萬於玉壁築華谷、龍門二城，與憲、顯敬等相持，憲等不敢動。光乃進圍定陽，仍築南汾城，置州以逼之，夷夏萬餘戶並來內附。」

2. 龍門關

在今河津市西北龍門山下，黃河禹門渡口處，為北周所置。參見《元和郡縣圖志》卷12〈河東道一・絳州・龍門縣〉：「龍門關，在縣西北二十二里。」又《讀史方輿紀要》卷41〈山西三・平陽府・河津縣〉亦載：「龍門關，在縣西北龍門山下。後周所置，唐因之。關下即禹門渡也。」

3. 萬春城

在今山西河津市東北，為北周與北齊交界最北端之戍所。見《讀史方輿紀要》卷41〈山西三・平陽府・河津縣〉：「萬春城，縣東北四十里，宇文周建德四年，韋孝寬陳伐齊之策，請於三鵶以北萬春以南廣事屯田，預為積貯。時蓋置鎮於此，自此南至河南魯山縣之三鵶鎮，皆與齊分界處也。」

另，《資治通鑑》卷172陳太建七年（575）二月胡三省注「三鵶以北、萬春以南」句曰：「萬春，地名。《新唐志》：武德五年，析龍門置萬春縣。蓋以舊地名縣也。三鵶以北、萬春以南，韋孝寬囊括周東、北之境，舉兩端而言。」

4. 伏龍、5. 張壁、6. 臨秦、7. 統戎、8. 威遠

　　斛律光進攻河東得勝後，曾在武平二年（571）於舊高涼、龍門縣境汾北區域「率眾築平隴、衛壁、統戎等鎮戍十有三所」[174]。後來宇文憲引兵渡河反攻時，曾挖掘溝渠，造成汾河北移改道，使原在汾河北岸的北齊伏龍、張壁、臨秦、統戎、威遠五城移位於南岸。周軍隨即南渡汾河，攻克了這五座城戍，而在華谷的北齊軍隊主力由於被汾河隔絕，未能及時趕來救援。此次戰役的經過可見《周書》卷5〈武帝紀上〉：「（天和六年）三月己酉，齊國公憲自龍門度河，斛律明月退保華谷，憲攻拔其新築五城。」《周書》卷12〈齊煬王憲傳〉：「（天和）六年，乃遣憲率眾二萬，出自龍門。齊將新蔡王王康德以憲兵至，潛軍宵遁。憲乃西歸，仍掘移汾水，水南堡壁，復入於齊。齊人謂略不及遠，遂弛邊備。憲乃渡河，攻其伏龍等四城，二日盡拔。又進攻張壁，克之，獲其軍實，夷其城壘。斛律明月時在華谷，弗能救也。」《隋書》卷74〈酷吏·趙仲卿傳〉：「仲卿性粗暴，有膂力，周齊王憲甚禮之。從擊齊，攻臨秦、統戎、威遠、伏龍、張壁五城，盡平之。」《周書》卷27〈辛威傳〉：「（天和）六年，從齊王憲東伐，拔伏龍等五城。」《周書》卷29〈劉雄傳〉：「齊人又於姚襄築伏龍等五城，以處戍卒。雄從齊公憲攻之，五城皆拔。」《周書》卷40〈尉遲運傳〉：「（天和六年），齊將斛律明月寇汾北，運從齊公憲禦之，攻拔其伏龍城。」《隋書》卷65〈權武傳〉：「從王謙破齊服龍等五城，增邑八百戶。」

　　據《山西通志》卷49〈關梁考六〉所載，伏龍城和張壁在今河津市，華谷城在今稷山縣西。又《元和郡縣圖志》卷12〈河東道一·絳州·龍門縣〉：「伏龍原，在縣西南十八里。」王仲犖先生據此認為，「齊伏龍城，

---

[174]　《北齊書》卷17〈斛律光傳〉。

第六章　政區演變：西魏與北周的河東行政管理

蓋置於伏龍原上」[175]。

又，前引《北齊書》卷17〈斛律光傳〉所言的「平隴城」，在今山西稷山縣西。見《山西通志》卷49〈關梁考六〉：「稷山縣平隴城，在縣西五里。斛律光築，今為平隴鎮。齊武平二年，斛律光率眾築平隴、衛壁、統戎等鎮戍十有三所。周柱國普屯威、韋孝寬等步騎萬餘來逼平隴，與光戰於汾水之北，光大破之。」

七、南汾州（汾州）

這是宇文氏在汾水以北、黃河東岸以定陽（今山西吉縣）為中心的一塊領土，初稱南汾州，後稱汾州。定陽西北為孟門山，是黃河流進龍門峽谷的入口；河水經壺口下淌，兩岸山嶺夾峙，浪峰激盪，南過禹門口（或稱龍門）後，即流出峽谷，平瀉千里。[176]《元和郡縣圖志》卷12〈河東道一·慈州·文城縣〉曰：「孟門山，俗名石槽，在縣西南三十六里。《淮南子》曰：『龍門未闢，呂梁未鑿，河出孟門之上，名曰洪水，大禹疏通，謂之孟門。』《水經注》曰：『風山西四十里河水南出孟門，與龍門相對，即龍之上口也，實為黃河之巨阨。』今按河中有山，鑿中如槽，束流懸注，七十餘尺。」《讀史方輿紀要》卷41〈山西三·平陽府·吉州〉曰：「壺口山，州西七十里。《禹貢》『既載壺口』是也。東魏初，高歡自壺口趨蒲津擊宇文泰。隋末李淵自龍門進軍壺口，河濱之民獻州者以百數，即此處也。壺口之北即孟門山。」、「孟門山在州西（北）七十

---

[175]　王仲犖：《北周地理志》，第791頁。
[176]　《讀史方輿紀要》卷41〈山西三·平陽府·吉州〉：「黃河，州西七十里，自隰州大寧縣流入境。《通釋》：河至文城縣孟門山是為入龍門，至汾陰縣合河之上是為出龍門，從古津要之所也。」

七、南汾州（汾州）

里。《山海經》：『孟門之山，上多金玉。』《淮南子》：『龍門未闢，呂梁未鑿，河出孟門之上。』大禹疏通，謂之孟門，故《穆天子傳》曰：『北登孟門九河之蹬。』孟門，即龍門之上口也。此為黃河巨阨，夾岸崇深，奔浪懸流，傾崖觸石，誠天設之險。又南至龍門山，謂之下口云。」

　　汾州附近居民多有少數民族，屬於胡漢雜居之地，不易統治。[177] 州內遍布丘陵、山谷，地形複雜，易守難攻。如果占領該地，向東能夠脅迫晉陽（今山西太原）通往晉州（今山西臨汾市）沿汾河而下的水陸幹道。其西瀕臨龍門峽谷，可以控扼黃河天險及南邊的龍門渡口，涉汾河而南則經汾陰道進入運城盆地。州西又有古渡採桑津，亦是出晉入陝的門戶之一。可見《讀史方輿紀要》卷41〈山西三・平陽府・吉州〉：「採桑津，在州西，大河津濟處也。《春秋》僖公八年：『晉裡克敗狄於採桑。』《史記》謂之齧桑。《晉世家》：『獻公二十五年晉伐翟，以重耳故，翟亦擊晉於齧桑。』《水經注》：『河水又南為採桑津，又南經北屈故城西。』」

　　綜上所述，汾州在軍事、交通上具有重要的位置，如顧祖禹所言，該地「控帶黃河，有龍門、孟門之險，為河東之巨防、關內之津要」[178]。因此歷來受到兵家的關注。兩魏周齊時期，雙方都了解到這一點，所以對它展開了激烈的爭奪。東魏初有南汾州，大統三年（537）八月西魏克弘農後又占領定陽，即設官以治之，後又改稱汾州。至北齊後期又被斛律光、段韶領兵攻克，數年後齊亡，再被北周收復。

[177] 《北齊書》卷17〈斛律光傳〉：「光乃進圍定陽城，仍築南汾城，置州以逼之，夷夏萬餘戶並來內附。」《周書》卷31〈韋孝寬傳〉：「汾州以北，離石以南，悉是生胡，抄掠居人，阻斷河路，孝寬深患之。」
[178] 《讀史方紀輿紀要》卷41〈山西三・平陽府・吉州〉。

第六章　政區演變：西魏與北周的河東行政管理

（一）南汾州的由來

　　西魏之南汾州（後稱汾州）治定陽（今山西吉縣城關），春秋時為晉國屈邑，秦漢於此置北屈縣，屬河東郡；魏晉改屬平陽郡。北魏孝文帝時於此設定陽縣，治舊北屈縣南，為定陽郡治所。其歷史沿革參見《元和郡縣圖志》卷 12〈河東道一·慈州〉：「《禹貢》冀州之域。春秋時晉之屈邑，獻公子夷吾所居也。」《左傳》曰：「驪姬賂外嬖梁五與東關嬖五，使言於公曰：『蒲與二屈，君之疆也，不可無主。』乃使重耳居蒲，夷吾居屈。注曰：『二屈，今平陽郡北屈縣』是也。《左傳》『屈產之乘』，亦此地。秦兼天下，縣屬河東郡。漢北屈縣，屬河東郡。後魏孝文帝於北屈縣南二十一里置定陽郡，即今州理是也。隋開皇元年改定陽郡為文城郡。貞觀八年改為慈州，州內有慈烏戍，因以為名。」、「吉昌縣，本漢北屈縣地也，屬河東郡。後魏孝文帝於今州置定陽郡，並置定陽縣，會有河西定陽胡人渡河居於此，因以為名。十八年，改定陽縣為吉昌縣。貞觀八年改置慈州，縣依舊屬焉。」《太平寰宇記》卷 48〈河東道九·慈州〉：「《禹貢》冀州之域。赤狄咎如之國。在春秋時晉之屈邑，獻公子夷吾所居，晉裡克敗狄於採桑是也。六國魏之封域。漢為北屈縣，屬河東郡。汲塚古文：『翟章救鄭，次於南屈。』應劭曰：『有南，故稱北也。』魏、晉屬平陽郡。東（筆者注：據《元和郡縣圖志》，『東』應為『北』）魏初置定陽郡，並置定陽縣。值河西定陽胡人渡河居於此，立為郡，因以名之。至天平元年以州南界汾水所經，故置南汾州。後周建德六年又改南汾州為西汾州。」

　　王仲犖《北周地理志》第 836 頁曰：「定陽郡，治定陽。舊置。《魏書·地形志》：『定陽郡，舊屬東雍州，延興四年，分屬汾州焉。』按延興四年初置定陽時，屬東雍州。及太和十二年置汾州，定陽郡又廢屬汾州。

永安中，分汾州置南汾州，定陽為南汾州治。……西魏得定陽城，仍置汾州定陽郡，周仍而不改，齊亦因之，即此定陽郡矣。」

該郡另有五（文）城縣，今山西吉縣西北。「五城」，史籍或作「斤城」、「伍城」、「仵城」，其詳說見後文。

南汾州在北魏孝文帝延興四年（474）建立，事見《讀史方輿紀要》卷41〈山西三·平陽府·吉州〉曰：「吉鄉廢縣，今州治。漢北屈縣地，後魏延興四年置定陽縣，為定陽郡治。」另外，《魏書》卷106上〈地形志上〉曰：「南汾州，領郡九，縣十八。」其中定陽郡僅領永寧一縣，有戶五十四，口一百九十。

王仲犖先生認為此處記載的是東魏的情況，「蓋武定之世，西魏已取定陽城，故《魏書·地形志》定陽郡無定陽縣也。」[179]

另外，《魏書·地形志》未載該州的建置年代。清儒錢大昕根據《魏書》卷7〈孝莊帝紀〉的史料判斷，南汾州可能始置於永安初年（528～529）。見《廿二史考異》卷29：「按南汾州，領北吐京、西五城、南吐京、西定陽、定陽、北鄉、五城、中陽、龍門九郡，《志》不言何時置，又不言治何城。考《隋志》：文城郡，東魏置南汾州，其首縣曰吉昌，後魏曰定陽縣，並置定陽郡，則南汾州當治定陽城矣。此志有定陽郡，而無定陽縣，所未詳也。《孝莊紀》：永安三年，以元顯恭都督晉、建、南汾三州諸軍事、晉州刺史，則南汾之置，當亦在永安初矣。」

《魏書》卷106上〈地形志上〉還記載定陽郡在北魏時期最初歸屬東雍州，後來劃歸汾州管轄。孝明帝孝昌年間（525～526）山胡劉蠡升叛亂，曾占據此地，被宗正珍孫領兵討平（事見《魏書》卷9〈肅宗紀〉）；後在孝莊帝永安初年（529）歸屬南汾州。

---

[179]　王仲犖：《北周地理志》，第836頁。

（二）兩魏周齊時期南汾州（汾州）的歸屬

1. 南汾州始歸東魏

公元 534 年，北魏政權分裂之際，定陽所屬的南汾州歸東魏統治。西魏將領薛崇禮曾領兵進攻該地，結果失敗被俘，事在《北齊書》卷 20〈堯雄傳〉：「（弟堯奮）從高祖平鄴，破爾朱兆等，進爵為伯。出為南汾州刺史，胡夷畏憚之。西魏行臺薛崇禮舉眾攻奮，與戰，大破之，崇禮兄弟乞降，送於相府。」

王仲犖《北周地理志》第 833 頁考證曰：「按薛崇禮降在永熙三年八月，見《北齊書・神武紀》，是年九月，東魏改元天平，是東西魏分立之初，南汾州固為東魏所有也。」

2. 西魏初占南汾州

西魏初年，曾僑置南汾州於河西夏陽（今陝西韓城市東南）之楊氏壁，事見《周書》卷 35〈薛端傳〉，刺史為蘇景恕。大統三年（537）八月，宇文泰克弘農後，南汾州歸降西魏。見《周書》卷 34〈楊㯹傳〉：「（宇文泰）於是遣諜人誘說東魏城堡，旬月之間，正平、河北、南汾、二絳、建州、大寧等城，並有請為內應者，大軍因攻而拔之。」

3. 東魏始復南汾州

當年九月，高歡自晉陽引兵南下，走汾水道至龍門，再經汾陰道抵蒲津渡河，進入關中。據《周書》卷 2〈文帝紀下〉記載，在這次軍事行

動中，東魏大軍曾到過定陽，「齊神武懼，率眾十萬出壺口，趨蒲坂，將自后土濟」。看來，南汾州應是被其收復了。

4. 西魏再占南汾州

是年十月，高歡在沙苑戰役中慘敗，狼狽北撤，逃回晉陽，南汾州再次丟失，為西魏所占領。

5. 東魏又復南汾州

次年（538）二月，高歡經過休養生息，遣將善無賀拔仁、莫多婁貸文等攻拔定陽，擒獲西魏所置刺史韋子粲。此後，南汾州復歸東魏所有。《魏書》卷12〈孝靜帝紀〉元象元年正月丁卯，「大都督賀拔仁攻寶炬南汾州，己卯，拔之，擒其刺史韋子粲」。《北齊書》卷27〈韋子粲傳〉曰：「孝武入關，以為南汾州刺史，神武命將出討，城陷，子弟俱破獲，送晉陽，蒙放免。……初，子粲兄弟十三人，子姪親屬，闔門百口悉在西魏。以子粲陷城不能死難，多致誅滅，歸國獲存，唯與弟道諧二人而已。」《資治通鑑》卷158梁武帝大同四年（538）二月，「東魏大都督善無賀拔仁攻魏南汾州，刺史韋子粲降之，丞相泰滅子粲之族」。

6. 西魏三奪南汾州

大統十二年（546）九至十一月，東魏出動傾國之師圍攻河東重鎮玉壁，結果損兵折將，失利而歸，高歡積鬱生疾而死。西魏軍隊乘勢第三次奪取了南汾州。王仲犖《北周地理志》第834頁對此考證曰：「按自大統三年冬，西魏取東魏南汾州，至大統四年正二月間，又失南汾州。《北

齊書》、《魏書》稱南汾州,而《周書》稱汾州者,蓋西魏初僑置南汾州於楊氏壁,後又僑置於玉壁,故稱東魏之南汾州為汾州也。……按東魏再失南汾,《魏書》、《北齊書》、《周書》、《北史》均不書年月,疑在東魏武定四年後,即西魏大統十二年後,是年高歡圍玉壁,六旬不能下,死者數萬人,明年,歡病死,西魏迨以此之際取定陽也。」

7. 西魏改南汾為汾州

《周書》卷2〈文帝紀下〉載魏廢帝三年(554)正月改置州郡及縣,「陽都為汾州,南汾為勳州,汾州為丹州」。王仲犖先生認為,此處的「陽都」,應是「定陽」,為史籍傳抄中的訛字。見《北周地理志》第834頁「西魏改曰汾州」條:

《周書·文帝紀》,魏廢帝三年春正月,改置州郡,改陽都(郡)為汾州。按陽都未詳,豈定陽之訛奪耶?……又《周書·韋孝寬傳》:「保定初,齊人遣使至玉壁,求通互市。時又有汾州胡抄得關東人,孝寬復放東還。」又云:「汾州以北,離石以南,悉是生胡,抄掠居人,阻斷河路,而地入於齊,無方誅焉。」是此汾州定陽城,在保定初確為周境矣。

8. 北齊又克汾州

武平元年(570)冬,北齊將領斛律光、段韶等人領兵在汾北地區展開攻勢,連連獲勝。次年(571)六月,段韶經過長期的圍城戰鬥,攻克了定陽與姚襄城,生擒周汾州刺史楊敷,該地又為高氏所統治,並恢復了南汾州的名稱,直到北周建德五年(576)冬,武帝發動平齊之役,派宇文招領兵馬拿下了定陽。事見《周書》卷5〈武帝紀下〉:「(建德五年冬十月東征)柱國、趙王招步騎一萬自華谷攻齊汾州諸城。」

（三）西魏、北周所置地方長官

宇文氏先設南汾州，後改汾州，據史籍所載，歷任州刺史者有下列官員：

① 蘇景恕　據《周書》卷 35〈薛端傳〉所載，沙苑之戰以前，東魏遣薛循義、乙干貴等率眾西渡黃河，據夏陽之楊氏壁，又命南汾州刺史薛崸達等守之。後薛崸達等撤回河東，「（薛）端收其器械，復還楊氏壁。太祖遣南汾州刺史蘇景恕鎮之」。

② 韋子粲　沙苑戰後初任治定陽之南汾州刺史，次年二月州城被東魏攻陷，韋子粲投降。其事蹟可見《北齊書》及《北史》本傳。

③ 段永　大統四年（538）八月河橋之戰後就任。見《周書》卷 36〈段永傳〉：「河橋之役，永力戰先登，授南汾州刺史。」當時僑治玉壁。

④ 韋孝寬　大統八年（542）後就任。見《周書》卷 31〈韋孝寬傳〉：「（大統）八年，轉晉州刺史，尋移鎮玉壁，兼攝南汾州事。」亦僑治玉壁。

⑤ 王雅周　明帝即位時（557）任汾州刺史，治定陽，保定元年（561）離職。見《周書》卷 29〈王雅傳〉：「世宗初，除汾州刺史。勵精為治，人庶悅而附之，自遠至者七百餘家。保定初，復為夏州刺史，卒於州。」

⑥ 裴寬　《周書》卷 34〈裴寬傳〉載：「保定元年，出為汾州刺史。」錢大昕認為應是「汈州刺史」之訛。見《廿二史考異》卷 32：「『汾』當作『汈』，《陳書・程靈洗傳》可證也。《周（文帝）本紀》改『江州為汈州』。《隋志》於汈陽郡下甑山縣云『西魏置江州』，而不及改汈州事，亦為疏漏。」

⑦ 韓褒　周武帝保定三年（563）就任。見《周書》卷 37〈韓褒傳〉：「（保

第六章　政區演變：西魏與北周的河東行政管理

定）三年，出為汾州刺史。州界北接太原，當千里徑。先是齊寇數入，民廢耕桑，前後刺史，莫能防捍。褒至，適會寇來，褒乃不下屬縣。人既不及設備，以故多被抄掠。齊人喜相謂曰：『汾州不覺吾至，先未集兵。今者之還，必莫能追躡我矣。』由是益懈，不為營壘。褒已先勒精銳，伏北山中，分據險阻，邀其歸路。乘其眾怠，縱伏擊之，盡獲其眾。故事，獲生口者，並囚送京師。褒因是奏曰：『所獲賊眾，不足為多。俘而辱之，但益其忿耳。請一切放還，以德報怨。』有詔許焉。自此抄兵頗息。」

⑧ 宇文丘　《周書》卷29〈宇文盛傳〉記述其弟宇文丘在周閔帝元年（557）之後曾任汾州刺史，具體年代不詳。後又出任延州刺史、涼州刺史，周武帝建德元年（572）逝世。故暫列於韓褒之後。

⑨ 楊敷　周武帝天和六年（571）就任，當年六月汾州被齊兵攻陷，被俘。參見《周書》卷34〈楊敷傳〉：「敷明習吏事，所在以勤察著名，每歲奏課居最，累獲優賞。」、「天和六年，出為汾州諸軍事、汾州刺史，……齊將段孝先率眾五萬來寇，梯衝道地，晝夜攻城。敷親當矢石，隨事捍禦，拒守累旬。孝先攻之愈急。時城中兵不滿二千，戰死者已十四五，糧儲又盡，公私窮蹙。齊公憲總兵赴救，憚孝先，不敢進軍。……敷殊死戰，矢盡，為孝先所擒。」《北齊書》卷8〈後主傳〉：「（武平二年）六月，段韶攻周汾州，克之，獲刺史楊敷。」又見《北齊書》卷16〈段榮附韶傳〉。

⑩ 怡峰　《周書》卷17〈怡峰傳〉：子光「……出為汾、涇、豳三州刺史。」在任年代不詳，故附於後。

⑪ 竇善　《周書》卷30〈竇熾傳〉：「熾兄善，以中軍大都督、南城公從魏孝武西遷。後仕至太僕、衛尉卿、汾、北華、瀛三州刺史、驃騎大將軍、開府儀同三司、永富縣公。」在任年代亦不詳，故附於後。

(四)定陽郡屬縣

《魏書》卷 106 上〈地形志上〉載北魏時期，南汾州有九郡，而西魏、北周統治南汾州（汾州）主要是在定陽一郡。該郡下屬定陽、文城兩縣。

1. 定陽縣

今山西吉縣城關，為定陽郡治及南汾州治所在。在秦漢時為北屈縣地，北魏太武帝時，因在當地擒獲夏國君主赫連昌，故在原北屈縣境立禽昌縣以示紀念。孝文帝時又分其縣南之地置定陽縣，隋朝改稱吉昌縣，唐朝更名吉鄉縣，為慈州治所。《隋書》卷 30〈地理志中〉文城郡屬吉昌縣：「後魏曰定陽縣，並置定陽郡。開皇初郡廢，十八年縣改名焉。」《太平寰宇記》卷 48〈河東道九・慈州〉：「吉鄉縣，漢北屈縣地，屬河東郡。左氏謂『屈產之乘』，即夷吾所居。古稱此邑有駿馬。今縣北二十一里古城，即漢邑理於此。後魏孝文帝移於今州置定陽郡，並置定陽縣。會有河西定陽胡人渡河居於此，因此為名。隋開皇三年廢定陽郡，置石州，其縣屬州；十八年，改定陽縣為吉昌縣。」

《讀史方輿紀要》卷 41〈山西三・平陽府・吉州〉：「州東北二十一里。春秋時晉屈邑，即公子夷吾所居。……魏收《志》：『神元年擒赫連昌，因於北屈置禽昌縣』。或曰後魏析置禽昌縣，北屈縣省入焉。孝文時又析置定陽縣。杜佑曰：『吉昌，漢北屈縣也。』」

2. 文城縣

北魏所置，在今山西吉縣西北文城鎮。《讀史方輿紀要》卷 41〈山西三・平陽府・吉州〉曰：「文城廢縣，在州西北五十里。本西魏所置，屬汾州。隋因之，唐屬慈州。」該縣在史籍中或作「斤城」、「五（伍）

第六章　政區演變：西魏與北周的河東行政管理

城」、「件城」，參見《元和郡縣圖志》卷 12〈河東道一‧慈州〉：「文城縣（注：東南至州六十五里），本漢北屈縣地，屬河東郡。後魏孝文帝於此置斤城縣，屬定陽郡。隋開皇十六年改斤城縣為文城縣。」《隋書》卷 30〈地理志中〉文城郡屬文城縣注：「後魏置。有石門山。」伍城縣注：「後魏置，曰刑（京）軍縣，後改為伍城，後又置伍城郡。開皇初郡廢，又廢後魏平昌縣入焉。」《舊唐書》卷 39〈地理志二〉河東道慈州：「文城，後魏曰斤城縣，隋改為文城。顯慶三年，移斤城縣東北文城村置。」

楊守敬發現了該縣名稱的混亂，他在《〈隋書‧地理志〉考證》中說：「按《魏書‧地形志》汾州定陽郡、南汾州定陽郡並無文城縣，亦無斤城縣，未知孰誤？」

王仲犖先生經過考證認為，《隋書‧地理志》中的文城縣實為伍城縣，「則即後魏未移治西河前之汾州五城郡五城縣。蓋孝昌中陷沒，北齊、北周世復置者，在今山西吉縣東北六十里是也」。該縣北魏時名為「五城」，西魏時改稱「文城」，並非是在隋代更名。而「斤城」、「件城」、「五（伍）城」，或是字形相近，或是音韻相近，故史書記載產生訛誤，實際上皆為一縣。在州南，東魏置南汾城於定陽，後周取之，改為汾州。高齊武平初，斛律光圍定陽，因築南汾城以逼之。見《北周地理志》第 839 頁：

> 按《舊唐書‧地理志》：「慈州文城縣，元魏曰件城縣，隋改為文城。」是《元和志》之斤城，蓋本作件城縣，由斤、件形似而訛。件城〈地形志〉多作五城，《隋志》多作伍城，新舊《唐志》、《元和志》多作件城。〈地形志〉五城縣有五：汾州五城郡有五城縣，寄治西河介休縣界者也。晉州定陽郡有西五城縣，寄治平陽縣界者也。義州五城郡有五城縣，寄治汲郡界者也。南汾州五城郡有五城縣，此南汾州之五城郡，即《隋志》蒲縣下之五城郡，周末廢省者也。南汾州西五城郡有西五城縣，即此改為

文城縣者也。在今山西吉縣西北六十里。《隋志》謂文城，後魏置。《元和志》、《舊唐志》謂隋改曰文城。然〈地形志〉南汾州無文城。則東魏武定世尚未改名。改五城為文城，當在武定之後。據《隋書·侯莫陳穎傳》：「周武帝時，從滕王追擊龍泉文城叛胡，破其三柵。」則周建德末，已有文城之稱矣。隋改文城之說，與《隋志》不合，故不取。除〈地形志〉此五城縣外，《隋志》文城郡有伍城縣，則即後魏未移治西河前之汾州五城郡之五城縣。蓋孝昌中陷沒，北齊、北周世復置者，在今山西吉縣東北六十里是也。

西魏、北周時確有文城縣，如《周書》卷 35〈薛端傳〉載其因沙苑之戰有功，「遷兵部郎中，改封文城縣伯」。後又進爵為侯、為公。死後，「贈本官，加大將軍，追封文城郡公」。另，《大周使持節少傅大將軍大都督恆夏靈銀長五州諸軍事恆州刺史普安壯公墓誌銘》亦載：「公諱歡，夫人文城縣君尉遲氏。」

（五）中陽郡及屬縣

《魏書》卷 106 上〈地形志上〉記載，北魏時曾在定陽郡南設有中陽郡，有昌寧、洛陵二縣，戶四百六十八，口一千六百三十七，治昌寧（今山西鄉寧縣西），亦屬於南汾州。另外，據《元和郡縣圖志》卷 12〈河東道一·慈州〉所言：「昌寧縣，本漢臨汾縣地，屬河東郡。後魏太武帝分臨汾縣置太平縣，孝文帝又分太平縣置昌寧縣，屬定陽郡。」孝文帝置昌寧縣的時間，《魏書》卷 106 上〈地形志上〉記載是延興四年（474）；改立中陽郡，可能是在孝昌年間宗正珍孫平定汾州胡劉蠡升叛亂後採取的措施。

又《隋書》卷 30〈地理志中〉文城郡昌寧縣注曰：「後魏置，並內陽郡。開皇初郡廢，有壺口山、崿山。」王仲犖先生在《北周地理志》第

第六章　政區演變：西魏與北周的河東行政管理

840 頁解釋道：「按隋為武元皇帝諱，故改為內陽郡也。」

西魏、北周占據南汾州（汾州）時，其定陽駐軍與關中或汾北保持連繫和供應的路線，必須要經過中陽和龍門郡境，因此該地應在其控制之下。但是史籍、碑刻中未見到宇文氏平齊之前在中陽設定郡縣、派遣官吏的記載，也許是因為當地人口寥落，故作為棄地而不立郡縣。姑且存疑。

北周天和五年（570），齊將斛律光發動了汾北攻勢，從正平向西推進到龍門，拓地五百里，占領了原中陽郡界，將北周汾州刺史楊敷及其守軍圍困在定陽，並隔斷了他們與河西、汾南的交通。天和六年（571）正月，武帝派遣宇文憲率眾二萬，自龍門東渡黃河來救援。《周書》卷 12〈齊煬王憲傳〉曰：「時汾州又見圍日久，糧援路絕。憲遣柱國宇文盛運粟以餽之。憲自入兩乳谷，襲克齊柏社城，進軍姚襄。」後未能擊敗齊軍主力，致使定陽陷落。

上述史料中提到的「兩乳谷」，即在原北魏中陽郡之昌寧縣西南（今山西鄉寧縣西南）。按《元和郡縣圖志》卷 12〈河東道一·慈州昌寧縣〉曰：「兩乳山，在縣西南七十里。山有兩岫，望如乳形，因以為名。」北齊之柏社城應在兩乳山峽谷之北。

（六）南汾州（汾州）城戍

兩魏周齊時期，南汾州（汾州）因為具有重要的軍事地位，境內雙方修築的城戍很多，據史籍所載分列如下。

1. 南汾城

在今吉縣南，北齊斛律光所築。《讀史方輿紀要》卷 41〈山西三·平陽府·吉州〉曰：「南汾城，在州南。東魏置南汾州於定陽，後周取之，

改為汾州。高齊武平初斛律光圍定陽，因築南汾城以逼之。《志》云：州西南十里有倚梯城，……或以此即斛律光所築南汾城云。」斛律光築城事可參見《北齊書》卷 17〈斛律光傳〉。

2. 慈烏戍

在今吉縣之西。《元和郡縣志》卷 12〈河東道一・慈州〉曰：「隋開皇元年改定陽郡為文城郡，貞觀八年改為慈州，州內有慈烏戍，因以為名。」

《讀史方輿紀要》卷 41〈山西三・平陽府・吉州〉「牛心寨」條下附曰：「慈烏戍，在州西，周、齊相爭時置戍於此。《舊唐書》：『武德八年改南汾州為慈州，以近慈烏戍故也』。」

3. 姚襄城、白亭城

在今山西吉縣西。《讀史方輿紀要》卷 41〈山西三・平陽府・吉州〉曰：「姚襄城，州西五十二里。襄為桓溫所敗，走平陽時所築，後人因名。城周五里，高二丈。」該城形勢險要，白亭城則在姚襄城附近，兩魏周齊時雙方多次圍繞二城爭戰。《元和郡縣圖志》卷 12〈河東道一・慈州・吉昌縣〉曰：「姚襄城，在縣西五十二里。本姚襄所築，其城西臨黃河，控帶龍門、孟門之險，周、齊交爭之地。齊後主武平二年，遣右丞相斛律明月、左丞相平原王段孝先破周兵於此城，遂立碑以表其功，其碑見存。齊氏又於此城置鎮，隋開皇廢。……城高二丈，周迴五里。」《周書》卷 29〈宇文盛傳〉：「（天和）六年，與柱國王傑從齊公憲東討。時汾州被圍日久，憲遣盛運粟以給之。仍赴姚襄城，受憲節度。齊將段孝先率兵大至，盛力戰拒之。孝先退，乃築大寧城而還。」

第六章　政區演變：西魏與北周的河東行政管理

《北齊書》卷16〈段榮附子韶傳〉：「（武平二年）五月，攻服秦城。周人於姚襄城南更起城鎮，東接定陽，又作深塹，斷絕行道。韶乃密抽壯士，從北襲之。又遣人潛渡河，告姚襄城中，令內外相應，渡者千有餘人，周人始覺。於是合戰，大破之，獲其儀同若干顯寶等。」《北齊書》卷17〈斛律金附子光傳〉：「（武平）二年，率眾築平隴、衛壁、統戎等鎮戍十有三所。周柱國枹罕公普屯威、柱國韋孝寬等，步騎萬餘，來逼平隴，與光戰於汾水之北，光大破之，俘斬千計。……軍還，詔復令率步騎五萬出平陽道，攻姚襄、白亭城戍，皆克之，獲其城主儀同、大都督等九人，捕虜數千人。」《北齊書》卷41〈皮景和傳〉曰：「又隨斛律光率眾西討，克姚襄、白亭二城，別封永寧郡開國公。……又從軍拔宜陽城，封開封郡開國公。」

4. 郭榮城

在今山西吉縣西北，位於定陽城與姚襄城之間，為北周將領郭榮倡議修築。其城西臨黃河，東、北、南三面憑依險阻，易守難攻。齊將段韶攻克定陽、姚襄城，卻未能占領郭榮所築新城。參見《隋書》卷50〈郭榮傳〉：「周大塚宰宇文護引為親信。護察榮謹厚，擢為中外府水曹參軍。時齊寇屢侵，護令榮於汾州觀賊形勢。時汾州與姚襄鎮相去懸遠，榮以為二城孤迥，勢不相救，請於州鎮之間更築一城，以相控攝，護從之。俄而齊將段孝先攻陷姚襄、汾州二城，唯榮所立者獨能自守。護作浮橋，出兵渡河，與孝先戰。孝先於上流縱大筏以擊浮橋，護令榮督便水者引取其筏。以功授大都督。」

又見《北齊書》卷16〈段榮附子韶傳〉：「（武平二年）五月，攻服秦城。周人於姚襄城南更起城鎮，東接定陽，又作深塹，斷絕行道。韶乃

密抽壯士,從北襲之。又遣人潛渡河,告姚襄城中,令內外相應,渡者千有餘人,周人始覺。於是合戰,大破之,獲其儀同若干顯寶等。諸將咸欲攻其新城。詔曰:『此城一面阻河,三面地險,不可攻,就令得之,一城地耳。不如更作一城壅其路,破服秦,併力以圖定陽,計之長者。』諸將咸以為然。」

5. 石殿城

在今吉縣之南,為北周天和六年(571)汾北戰役時周軍統帥宇文憲命柱國宇文會所築。其事可見《周書》卷12〈齊煬王憲傳〉:

(天和)六年,乃遣憲率眾二萬,出自龍門。齊將新蔡王王康德以憲兵至,潛軍宵遁。憲乃西歸,仍掘移汾水,水南堡壁,復入於齊。齊人謂略不及遠,遂弛邊備。憲乃渡河,攻其伏龍等四城,二日盡拔。又進攻張壁,克之,獲其軍實,夷其城壘。斛律明月時在華谷,弗能救也。北攻姚襄城,陷之。時汾州又見圍日久,糧援路絕。憲遣柱國宇文盛運粟以餽之。憲自入兩乳谷,襲克齊柏社城,進軍姚襄。齊人嬰城固守。憲使柱國、譚公會築石殿城,以為汾州之援。……

6. 倚梯城

在今吉縣西南,靠近龍門峽谷的上流入口,該城依山傍河,形勢險要。

《元和郡縣圖志》卷12〈河東道一‧慈州昌寧縣〉曰:「倚梯故城,在縣西南一百五十里。累石為之,東北兩面據嶺臨谷,西南兩面俯眺黃河,懸崖絕壁百餘尺,其西南角即龍門之上口也,以城在高嶺,非倚梯不得上,因以為名。……」

第六章　政區演變：西魏與北周的河東行政管理

　　關於倚梯城的記載又見《讀史方輿紀要》卷41〈山西三·平陽府·吉州〉「南汾城」條：「《志》云：州西南十里，有倚梯城，在龍門上口，壘石為之。東北高據峻嶺，西南俯視黃河，懸崖絕壁，百有餘丈，以其險絕，非梯莫上，因名。或以此即斛律光所築南汾城云。」

7. 服秦城

　　在今吉縣西，初為北周軍隊所築，後被齊軍攻陷，隨即改名為服秦。攻城之事見於《北齊書》卷16〈段榮附子韶傳〉：

（武平二年）五月，攻服秦城。周人於姚襄城南更起城鎮，東接定陽，又作深塹，斷絕行道。韶乃密抽壯士，從北襲之。又遣人潛渡河，告姚襄城中，令內外相應，渡者千有餘人，周人始覺。於是合戰，大破之，獲其儀同若干顯寶等。諸將咸欲攻其新城。韶曰：「此城一面阻河，三面地險，不可攻，就令得之，一城地耳。不如更作一城甕其路，破服秦，併力以圖定陽，計之長者。」諸將咸以為然。……

　　王仲犖《北周地理志》838頁曰：「按此城本北周所築，齊陷其城，始改名服秦也，不知北周本名此城為何城也？」又云：「按服秦城蓋在姚襄城之東，定陽城之西。」

8. 拓定城

　　在今山西吉縣西北，北周保定四年(564)建立。見《太平寰宇記》卷48〈河東道九·慈州文城縣〉：「拓定故城，在縣西一里。周保定四年置，以拓齊境，因以為名。周顯德三年廢。」

9. 姚岳城

　　北周時期，為了制止離石的胡人南下劫掠，宇文氏還在定陽以北、原北魏汾州治所蒲子城（今山西隰縣）東北修築了城戍，這是西魏、北周（平齊前）在汾北地區最遠的城堡。因督役的將領名為姚岳，後人稱其為姚岳城。參見光緒《山西通志》卷 49〈關梁考六〉：「姚岳城，在隰州東北。周保定初，勳州刺史韋孝寬以離石生胡數為寇抄，而居齊境，不可誅討，欲築城於險要以拒之，使別將姚岳董其役。曰：『計此稱十日可畢。此距晉州四百里，敵至，我之城辦矣。』果城之而還。後人因謂之姚岳城。」

第六章　政區演變：西魏與北周的河東行政管理

第七章
反攻與博弈：
沙苑戰後對河東地區的爭奪

一、大統四年春季、秋季的反攻

沙苑戰後，西魏奪取了河東與汾北地區。因為這一地域具有極高的策略價值，從西、南兩面對東魏的政治軍事重心——并州構成了直接威脅，使高歡無法容忍。在重新聚集兵力、糧草之後，他於大統四年（538）二月發動了反攻，計有以下幾個方向：南汾州，東雍州，北絳郡、南絳郡，邵郡與河北郡。

1. 南汾州

南汾州治定陽（山西吉縣），東魏初年，該地區為高歡所有[180]。

大統三年（537）十月沙苑戰後，高歡逃歸晉陽，宇文泰隨即派兵進占南汾州，並任命關中豪族韋子粲為南汾州刺史，其弟韋道諧為鎮城都督，在當地鎮守。次年二月，高歡遣大都督善無賀拔仁等率軍收復南汾，擒獲韋子粲兄弟。見《資治通鑑》卷158梁武帝大同四年（538）二月

---

[180] 王仲犖：《北周地理志》833頁，「《北齊書·堯雄傳》：『弟奮，從高祖破爾朱兆等，出為南汾州刺史，胡夷畏憚之。西魏行臺薛崇禮舉眾攻奮，與戰，大破之，崇禮兄弟乞降，送於相府。』按薛崇禮降在永熙三年八月，見《北齊書·神武紀》，是年九月，東魏改元天平，是東西魏分立之初，南汾州因為東魏所有也。……」

第七章　反攻與博弈：沙苑戰後對河東地區的爭奪

條，及《北史》卷 5〈魏文帝紀〉大統四年：「二月，東魏攻陷南汾、潁、豫、廣四州。」隨即委任薛修義為晉、南汾、東雍、陝四州行臺，負責并州以南與西魏交界地區的防務。見《北齊書》卷 20〈薛修義傳〉：「(退西魏攻晉州兵)高祖甚嘉之，就拜晉州刺史、南汾、東雍、陝四州行臺，賞帛千匹。」

而《魏書》則稱該戰役在當年正月，該書卷 12〈孝靜帝紀〉元象元年正月丁卯，「大都督賀拔仁攻寶炬南汾州，己卯，拔之，擒其刺史韋子粲。」

韋子粲兄弟被俘後投降東魏，接受了高歡任命的官職，「以粲為并州長史，累遷豫州刺史」[181]。宇文泰為了報復和警戒他人，將其在關中的家屬誅戮殆盡。「初，子粲兄弟十三人，子姪親屬，闔門百口悉在西魏。以子粲陷城不能死難，多致誅滅，歸國獲存，唯與弟道諧二人而已。」[182]

2. 東雍州（正平）

大統三年八月，西魏克弘農、陝縣後，又據東雍州治正平（今山西新絳），見《周書》卷 34〈楊㯹傳〉：「(大統三年克邵郡後)以功授大行臺左丞，率義徒更為經略。於是遣諜人誘說東魏城堡，旬月之間，正平、河北、南汾、二絳、建州、太寧等城，並有請為內應者，大軍因攻而拔之。以㯹行正平郡事，左丞如故。」

當年十二月丁丑，高歡自晉陽統大軍南征時，收復了正平，任命司馬恭為東雍州刺史。沙苑戰後，西魏軍鋒逼至晉州城下，正平再度失陷，宇文泰先後任命裴邃、段榮顯為正平郡守，金祚為晉州刺史，入據

---

[181]　《北齊書》卷 27〈韋子粲傳〉。
[182]　同上。

東雍州。《周書》卷34〈楊㒞傳〉曰:「齊神武敗於沙苑,其將韓軌、潘洛、可朱渾元為殿,㒞分兵要截,殺傷甚眾。東雍州刺史(司)馬恭懼㒞威聲,棄城遁走。遂移據東雍州。」《周書》卷37〈裴文舉傳〉:「大統三年,東魏來寇,(父)邃乃糾合鄉人,分據險要以自固。時東魏以正平為東雍州,遣其將司馬恭鎮之。每遣間人,煽動百姓。邃密遣都督韓僧明入城,喻其將士,即有五百餘人,詐為內應。期日未至,恭知之,乃棄城夜走。因是東雍遂內屬。及李弼略地東境,邃為之鄉導,多所降下。太祖嘉之,特賞衣物,……除正平郡守。尋卒官。」《北史》卷53〈金祚傳〉:「後隨魏孝武西入,周文帝以祚為兗州刺史。歷太僕、衛尉二卿。尋除東北道大都督、晉州刺史,入據東雍州。」

次年(538)二月,東魏收復南汾州後,又令平陽太守封子繪於千里徑東旁開新路,以利大軍通行。《北齊書》卷21〈封隆之附子繪傳〉載其事曰:

(孝靜帝初)赴晉陽,從高祖徵夏州。二年,除衛將軍、平陽太守,尋加散騎常侍。晉州北界霍太山,舊號千里徑者,山坂高峻,每大軍往來,士馬勞苦。子繪啟高祖,請於舊徑東谷別開一路。高祖從之,仍令子繪領汾、晉二州夫修治,旬日而就。高祖親總六軍,路經新道,嘉其省便,賜谷二百斛。後大軍討復東雍,平柴壁及喬山、紫谷絳蜀等,子繪恆以太守前驅慰勞,徵兵運糧,軍士無乏。

新道開通後,高歡以太保尉景、大將斛律金、莫多婁貸文、厙狄干等南下攻克正平,擒西魏所置太守段榮顯、晉州刺史金祚,委任薛榮祖為東雍州刺史。具體時間不詳,但在河橋之戰(八月)以前。《北史》卷53〈金祚傳〉:「……尋除東北道大都督、晉州刺史,入據東雍州。神武遣尉景攻降之。芒山之戰,以大都督從破西軍,除華州刺史。」《北史》卷69〈楊㒞傳〉曰:「東魏遣太保尉景攻陷正平,復遣行臺薛修義與斛律

第七章 反攻與博弈：沙苑戰後對河東地區的爭奪

俱相合，於是敵眾漸盛。……時東魏以正平為東雍州，遣薛榮祖鎮之（邙山戰前）。」《北齊書》卷 17〈斛律金傳〉：「天平初，遷鄴，以金以步騎三萬鎮風陵以備西寇，軍罷，還晉陽。從高祖戰於沙苑，不利班師，因此東雍諸城復為西軍所據，遣金與尉景、厙狄干等討復之。」《北齊書》卷 19〈莫多婁貸文傳〉：「後從太保尉景攻東雍、南汾二州，克之。」《北齊書》卷 20〈薛修義傳〉：「就拜晉州刺史，南汾、東雍、陝四州行臺，賞帛千匹。修義在州，擒西魏所署正平太守段榮顯。招降胡酋胡垂黎等部落數千口，表置五城郡以安處之。高仲密之叛也，以修義為西南道行臺，為掎角聲勢，不行。」

東魏占據正平後，從聞喜隘口南下，沿涑水進入運城盆地，企圖占領鹽池重地。但是遭到了守將辛慶之的抵抗，無功而返。《周書》卷 39〈辛慶之傳〉：「時初復河東，以本官兼鹽池都將。（大統）四年，東魏攻正平郡，陷之，遂欲經略鹽池，慶之守禦有備，乃引軍退。」

八月，河橋之戰後，西魏建州刺史楊檦又占正平。見《周書》卷 34〈楊檦傳〉：「（邙山戰後）時東魏以正平為東雍州，遣薛榮祖鎮之。檦將謀取之，乃先遣奇兵，急攻汾橋。榮祖果盡出城中戰士，於汾橋拒守。其後，檦率步騎二千，從他道濟，遂襲克之。進驃騎將軍。……轉正平郡守。」

當年十二月，王思政奏請築玉壁城，聚兵屯守，作為河東北境重鎮，遂放棄了汾北的正平。此後東雍州又為東魏所有，高歡委任大將潘樂為該州刺史，後來因為該地逼近敵境，難以維持，一度想要棄守，但在潘樂的勸阻下撤銷了。參見《北齊書》卷 15〈潘樂傳〉：「累以軍功拜東雍州刺史。神武嘗議欲廢州，樂以東雍地帶山河，境連胡、蜀，形勝之會，不可棄也。遂如故。」

3. 北絳郡、南絳郡

北魏——東魏的北絳郡治北絳縣，故址在今山西翼城縣東南；南絳郡治南絳縣，故址在今山西絳縣東北大交鎮。大統三年（537）八月，宇文泰克弘農後，渡河取邵郡，並奪走南北二絳，事見前引《周書》卷34〈楊㯹傳〉：「於是遣諜人誘說東魏城堡，旬月之間，正平、河北、南汾、二絳、建州、太寧等城，並有請為內應者，大軍因攻而拔之」。高歡反攻時大軍途經汾曲，正平、二絳等地被其收復。沙苑戰敗後倉皇退兵時，汾曲諸地又被放棄，因此西魏軍鋒逼至晉州城下，再次占領了二絳。

大統四年（538）東魏克復南汾州、正平。八月，宇文泰攻洛陽，高歡率主力前赴應敵，令大將斛律金領偏師南下，進攻河東，但是在晉州（今山西臨汾）一帶受阻，遂與晉州刺史薛修義合兵，對柴壁、喬山等地的土寇作戰，直至高歡的主力趕到後，才得以獲勝。隨即又南下反攻，奪回南絳等汾曲重地。

《北齊書》卷17〈斛律金傳〉：

從高祖戰於沙苑，不利班師，因此東雍諸城復為西軍所據，遣金與尉景、厙狄干等討復之。元象中，周文帝復大舉向河陽。高祖率眾討之，使金徑往太州，為掎角之勢。金到晉州，以軍退不行，仍與行臺薛修義共圍喬山之寇。俄而高祖至，仍共討平之，因從高祖攻下南絳、邵郡等數城。

《北齊書》卷21〈封隆之附子繪傳〉：

（天平）二年，除衛將軍、平陽太守，尋加散騎常侍。……後大軍討復東雍，平柴壁及喬山、紫谷絳蜀等，子繪恆以太守前驅慰勞，徵兵運糧，軍士無乏。

第七章　反攻與博弈：沙苑戰後對河東地區的爭奪

但是從史書記載來看，高歡主力撤退後，西魏曾收復過正平與南絳郡，見《周書》卷34〈楊㯹傳〉：「（河橋戰後）時東魏以正平為東雍州，遣薛榮祖鎮之。㯹將謀取之，乃先遣奇兵，急攻汾橋。榮祖果盡出城中戰士，於汾橋拒守。其後，㯹率步騎二千，從他道濟，遂襲克之。進驃騎將軍。……轉正平郡守，又擊破東魏南絳郡，虜其郡守屈僧珍。」而北絳郡的許多據點也在西魏軍隊手裡。到天保年間，才又被北齊名將斛律光攻占。《北齊書》卷17〈斛律金附子光傳〉曰：

（天保三年）除晉州刺史。東有周天柱、新安、牛頭三戍，招引亡叛，屢為寇竊。七年，光率步騎五千襲破之，又大破周儀同王敬俊等，獲口五百餘人，雜畜千餘頭而還。九年，又率眾取周絳川、白馬、濟交、翼城等四戍。

新安戍在北絳郡之新安縣，見《魏書》卷106上〈地形志上〉晉州北絳郡條。天柱戍、牛頭戍、翼城戍並屬北絳郡地。絳川、白馬、濟交三戍則在南絳郡界[183]。

4. 邵郡得失

邵郡治陽胡城，在今山西垣曲縣東南古城鎮，臨近黃河，對岸即崤函山區。該地原屬東魏，大統三年（537）八月，宇文泰克弘農後，又派楊㯹通知邵郡土豪，攻取該郡。見《周書》卷34〈楊㯹傳〉：「時弘農為東魏守，㯹從太祖攻拔之。然自河以北，猶附東魏。㯹父猛先為邵郡白水令，與其豪右相知，請微行詣邵郡，舉兵以應朝廷，太祖許之。㯹遂行，與土豪王覆憐等陰謀舉事，密相應會者三千人，內外俱發，遂拔邵郡。擒郡守程保及令四人，並斬之。眾議推㯹行郡事，㯹以因覆憐成事，遂表覆憐為邵郡守。以功授大行臺左丞，率義徒更為經略。」

---

[183]　王仲犖：《北周地理志》下冊，第805頁。

一、大統四年春季、秋季的反攻

沙苑戰後，楊㯹領兵東取建州（今山西晉城東北），大統四年（538）東魏反攻，連克南汾州、東雍州，楊㯹孤立無援，遂撤回邵郡。隨即又北上擊敗薛榮祖，奪取正平。河橋之戰後，宇文泰自洛陽撤回關中，又有降兵內亂，形勢一度很緊張。邵郡也發生了叛亂，被東魏軍隊所占領。由於形勢緊張，中條山麓以南西魏所委任的河北郡守與諸縣令聞風而逃，東魏軍隊甚至一度從東方攻入運城盆地，威脅鹽池，後被辛慶之擊退。《北齊書》卷17〈斛律金傳〉曰：

元象中，周文帝復大舉向河陽。高祖率眾討之，使金徑往太州，為掎角之勢。金到晉州，以軍退不行，仍與行臺薛修義共圍喬山之寇。俄而高祖至。仍共討平之，因從高祖攻下南絳、邵郡等數城。

《周書》卷39〈辛慶之傳〉：

時初復河東，以本官兼鹽池都將。四年，東魏攻正平郡，陷之，遂欲經略鹽池，慶之守禦有備，乃引軍退。河橋之役，大軍不利，河北守令棄城走，慶之獨因鹽池，抗拒強敵。時論稱其仁勇。

而事後楊㯹再次率眾南下，奪回了邵郡。《周書》卷34〈楊㯹傳〉曰：

……既而邵郡民以邵東叛，郡守郭武安脫身走免，㯹又率兵攻而復之。……（大統十二年）加晉、建二州軍事……復除建州、邵郡、河內、汲郡、黎陽諸軍事，領邵郡。十六年，大軍東討，授大行臺尚書……又於邵郡置邵州，以㯹為刺史，率所部兵鎮之。

此後，戰事趨於平穩，東魏於軹關附近築城拒守，西魏則固守邵郡，雙方隔齊子嶺相持，戰事往來互有勝負，直至建德五年（576）北周滅齊之役。《周書》卷34〈楊㯹傳〉：

及齊神武圍玉壁，別令侯景趣齊子嶺。㯹恐入寇邵郡，率騎禦之。景聞㯹至，斫木斷路者六十餘里，猶驚而不安，遂退還河陽，其見憚

第七章　反攻與博弈：沙苑戰後對河東地區的爭奪

如此。十二年，進授大都督，加晉、建二州諸軍事，又攻破蓼塢，獲東魏將李顯，進儀同三司。尋遷開府，復除建州邵郡河內汲郡黎陽等諸軍事，領邵郡。……又於邵郡置邵州，以攔為刺史，率所部兵鎮之。

保定四年，遷少師。其年，大軍圍洛陽，詔攔率義兵萬餘人出軹關。然攔自鎮東境二十餘年，數與齊人戰，每常克獲，以此遂有輕敵之心。時洛陽未下，而攔深入敵境，又不設備。齊人奮至，大破攔軍。攔以眾敗，遂降於齊。

《北齊書》卷 15〈潘樂傳〉：

周文東至崤、陝，遣其行臺侯莫陳崇自齊子嶺趣軹關，儀同楊攔從鼓鍾道出建州，陷孤公戍。詔樂總大眾禦之。樂晝夜兼行，至長子，遣儀同韓永興從建州而趣崇，崇遂遁。

《北齊書》卷 15〈潘樂傳〉：

文宣嗣事，鎮河陽，破西將楊攔等。時帝以懷州刺史平鑑等所築城深入敵境，欲棄之。樂以軹關要害，必須防固，乃更修理，增置兵將，而還鎮河陽。

《北齊書》卷 17〈斛律光傳〉：

河清二年四月，光率步騎二萬築勳掌城於軹關西，修築長城二百里，置十三戍。

《北齊書》卷 26〈平鑑傳〉：

（任懷州刺史）鑑奏請於州西故軹道築城以防遏西寇，朝廷從之。尋而西魏來攻，是時新築之城，糧仗未集，舊來乏水，眾情大懼。南門內有一井，隨汲即竭。鑑乃具衣冠俯井而祝，至旦有井泉湧溢，合城取之。魏師敗還，以功進位開府儀同三司。

《周書》卷29〈劉雄傳〉：

(建德)四年，從柱國李穆出軹關，攻邵州等城，拔之。以功獲賞。

《周書》卷29〈伊婁穆傳〉：

從柱國李穆平軹關等城，賞布帛三百匹，粟三百石，田三十頃。

《隋書》卷56〈盧愷傳〉：

(建德)四年秋，李穆攻拔軹關、柏崖二鎮，命愷作露布，帝讀之大悅。

《周書》卷6〈武帝紀下〉建德五年十月乙酉東伐，「大將軍韓明步騎五千守齊子嶺」。

二、大統八年高歡初攻玉壁

西魏在河橋之戰失利後，接受了王思政的建議，調整河東軍事部署，在玉壁（今山西稷山縣西南）築城，作為北境的防禦重心[184]。至大統七年（541），東魏連獲豐收，經濟形勢逐漸好轉。《資治通鑑》卷158梁武帝大同七年曰：

魏自喪亂以來，農商失業，六鎮之民相帥內徙，就食齊、晉，（高）歡因之以成霸業。東西分裂，連年戰爭，河南州郡鞠為茂草，公私困竭，民多餓死。歡命諸州濱河及津、梁皆置倉積穀以相轉漕，供軍旅，備飢饉，又於幽、瀛、滄、青四州傍海煮鹽，軍國之費，粗得周贍。至是，東方連歲大稔，穀斛至九錢，山東之民稍復甦息矣。

---

[184] 《資治通鑑》卷158梁武帝大同四年（538），「(西魏)東道行臺王思政以玉壁險要，請築城自恒農徙鎮之，詔加都督汾、晉、并州諸軍事、并州刺史，行臺如故」。胡三省注：「東、西魏蓋於汾州據險為界，晉、并皆入於東魏。」

第七章　反攻與博弈：沙苑戰後對河東地區的爭奪

次年，高歡又任命大將侯景為兼尚書僕射、河南道大行臺，總管黃河以南對梁朝和西魏的防務[185]。胡三省注《資治通鑑》卷 158 曰：「既委景以備梁、魏，又使討叛貳，隨機則便宜從事，其任重矣。」這樣高歡得以全力以赴，專統重兵自晉陽南下，來奪取河東這塊策略要地。

大統八年（542）八月，高歡率大軍進攻河東，具體兵力數目不詳，但據《資治通鑑》卷 158 記載，其規模巨大，「入自汾、絳，連營四十里」。可能與前次出征沙苑的兵力相近，在 20 萬左右。宇文泰「使王思政守玉壁以斷其道」。高歡先以書招降，被嚴詞拒絕[186]，隨即開始圍攻該城，戰事進行得相當激烈，最終以高歡的失敗撤退而告終。其原因大致有三：

第一，城險備嚴。玉壁地勢險要，「城周迴八十（『十』字衍）里，四面並臨深谷」[187]。從今天對玉壁城遺址的考察來看，它處於峨嵋坡的斷裂高原之上，周圍多是百丈懸崖，難以攀攻。僅在南面有通道與原上相接，較為平坦；但是相當狹窄，進攻一方的優勢兵力無法展開，易於守備。此外，王思政所布置的各項防禦設施又很周密，致使東魏損兵折將，不能攻克，只好撤圍退兵。見《周書》卷 18〈王思政傳〉：「（河橋戰後）思政以玉壁地在險要，請築城。即自營度，移鎮之。遷并州刺史，仍鎮玉壁。八年，東魏來寇，思政守禦有備，敵人晝夜攻圍，卒不能克，乃收軍還。」

第二，天時不利。高歡此番攻城，恰好遇到惡劣的降雪天氣，阻礙了軍隊的行動；另外，軍糧供應不足也造成了部隊的嚴重減員，迫使他停止進攻。見《資治通鑑》卷 158 梁武帝大同八年，「冬，十月，己亥，

---

[185] 《資治通鑑》卷 158 梁武帝大同八年（542）「八月，庚戌，東魏以開府儀同三司、吏部尚書侯景為兼尚書僕射、河南道大行臺，隨機防討」。
[186] 《周書》卷 35〈裴俠傳〉：「神武以書招思政，思政令俠草報，辭甚壯烈。」
[187] 《元和郡縣圖志》卷 12〈河東道一‧河中府‧絳州稷山縣〉玉壁古城條。

(高)歡圍玉壁，凡九日，遇大雪，士卒飢凍，多死者，遂解圍去」。《北齊書》卷 2〈神武紀下〉興和四年：「十月己亥，圍西魏儀同三司王思政於玉壁城，……十一月癸未，神武以大雪，士卒多死，乃班師。」

第三，西魏救援及時。針對高歡對玉壁的圍攻，西魏先遣太子元欽領兵鎮守蒲坂渡口，使這座連繫關中與河東交通往來的津要平安無虞[188]；隨即由宇文泰親率大軍前去援救。從《周書》的記載來看，宇文泰帳下的許多名將都隨同參加了這次行動。《周書》卷 14〈賀拔勝傳〉：

及齊神武悉眾攻玉壁，勝以前軍大都督從太祖追之於汾北。又從戰邙山。

《周書》卷 16〈趙貴傳〉：

從戰河橋，貴與怡峰為左軍，戰不利，先還。又從援玉壁，齊神武遁去。高仲密以北豫州降，大祖率師迎之，與東魏人戰於邙山。貴為左軍，失律，諸軍因此並潰。

《周書》卷 17〈怡峰傳〉：

後與于謹討劉平伏，從解玉壁圍，平柏谷塢，並有功。

《周書》卷 19〈楊忠傳〉：

又與李遠破黑水稽胡，並與怡峰解玉壁圍，轉洛州刺史。邙山之戰，先登陷陣。

《周書》卷 20〈尉遲綱傳〉：

（大統）八年，加通直散騎常侍、太子武衛率、前將軍，轉帥都督。東魏圍玉壁，綱從太祖救之。

---

[188] 《資治通鑑》卷 158 梁武帝大同八年（542）十月條。

第七章　反攻與博弈：沙苑戰後對河東地區的爭奪

《周書》卷 36〈鄭偉傳〉：

從戰河橋及解玉壁圍，偉常先鋒陷陣。

《周書》卷 36〈裴果傳〉：

從戰河橋，解玉壁圍，並摧鋒奮擊，所向披靡。

《周書》卷 44〈陽雄傳〉：

後入洛陽，戰河橋，解玉壁圍，迎高仲密，援侯景，並預有戰功。

說明西魏對此非常重視，援兵的規模亦相當可觀，行至中途，高歡聞訊後判斷形勢對自己不利，便迅速撤退。宇文泰縱兵追擊，渡過汾河，但未能趕上。見《資治通鑑》卷 158 梁武帝大同八年（542）十月，「魏遣太子欽鎮蒲坂。丞相泰出軍蒲坂，至皂莢，聞歡退渡汾，追之，不及」。至此，高歡對玉壁的初次進攻便以失敗告終。

三、大統十二年高歡再攻玉壁

大統九年（543）高歡在邙山之戰中大勝西魏軍隊，「拓地至弘農而還」。次年（544）他出征討平并州之西的山胡，再一年（545）又親臨北邊，營築城壘，完成對奚、柔然的防禦部署[189]。在鞏固後方的統治之後，高歡於大統十二年（546）調集全國兵馬，再度出征河東，兵力有 20 餘萬[190]，帳下名將萃集（如斛律金、韓軌、劉豐、慕容儼等，各見《北

---

[189]　《北齊書》卷 2〈神武紀下〉武定三年，「十月丁卯，神武上言，幽、安、定三州北接奚、蠕蠕，請於險要修立城戍以防之，躬自臨履，莫不嚴固」。

[190]　史籍中沒有高歡第二次出征玉壁的軍隊總數，但據《北齊書》卷 2〈神武帝紀〉武定四年八月、《隋書》卷 23〈五行志下〉及《資治通鑑》卷 159 記載，東魏攻城死者為七萬人。而《周書》卷 2〈文帝紀〉大統十二年九月曰：「齊神武圍玉壁，大都督韋孝寬力戰拒守，齊神武攻圍六旬不能下，其士卒死者什二三。」《周書》卷 31〈韋孝寬傳〉載：「神武苦戰六旬，傷及病死者十四五」。死亡人數所占全軍的比率說法不一。從通常情況來看，《韋孝寬傳》所說攻

230

齊書》本傳)。並讓河南大行臺侯景領兵自齊子嶺攻擊邵郡，以分散河東的防禦兵力[191]。東魏此番進攻準備充分，志在必得，圍攻玉壁的目的還在於吸引西魏主力前來救援，以便反客為主，發揮其兵力上的優勢，戰而勝之。但是這一計畫被宇文泰識破，只以玉壁孤城抗擊敵軍，並不派遣人馬前來增援。見《資治通鑑》卷159梁武帝中大同元年(546)八月，「東魏丞相歡悉舉山東之眾，將伐魏；癸巳，自鄴會兵於晉陽；九月，至玉壁，圍之。以挑西師，西師不出」。

玉壁守將韋孝寬，是關中著名大姓，自投靠西魏政權後經歷了潼關、弘農、潁川、河橋等戰役，多有戰功。大統八年(542)高歡初攻玉壁失利後，宇文泰調王思政鎮弘農，「太祖命舉代己者，思政乃進所部都督韋孝寬。其後東魏來寇，孝寬卒能全城。時論稱其知人」[192]。高歡的軍隊「連營數十里，至於城下」[193]，占據了絕對優勢。他此番圍攻孤城玉壁，歷時近兩月，時間超過上一次數倍。在攻城手段上採取了多種戰術，「晝夜不息，魏韋孝寬隨機拒之」[194]，每次都使攻擊遭到挫敗。

1. 起土山

高歡初在城南原上地勢較高處堆築土山，以臨壁壘。韋孝寬則在城上起樓，居高臨下防禦。《周書》卷31〈韋孝寬傳〉載：「當其山處，城上先有兩高樓。孝寬更縛木接之，命極高峻，多積戰具以禦之。」[195] 後

城傷亡比率過高，應從前說，即死者7萬人約合攻城軍隊的20%～30%，總數為20餘萬人。
[191] 《周書》卷34〈楊㯹傳〉：「及齊神武圍玉壁，別令侯景趣齊子嶺。恐入寇邵郡，率騎禦之。景聞至，斫木斷路者六十餘里，猶驚而不安，遂退還河陽，其見憚如此。」
[192] 《周書》卷18〈王思政傳〉。
[193] 《周書》卷31〈韋孝寬傳〉。
[194] 《資治通鑑》卷159梁武帝中大同元年十月。
[195] 參見《稷山縣志》，第499頁：「歲月流逝，滄桑巨變，玉壁古城面貌全非，淪為荒丘廢壘，成為一處著名文化遺址。當年的城郭大都無存，只有西、南兩面尚有夯土殘垣斷壁。在南牆入口的西側有兩處地形高、牆基厚，平面呈凸形的地方，群眾說：『此二處當時均建高

第七章　反攻與博弈：沙苑戰後對河東地區的爭奪

因城南進攻不利，高歡又聽信了術士的胡言，改由形勢險峻的城北起土山進攻。「用李業興孤虛術，萃其北。北，天險也。乃起土山，鑿十道，又於東面鑿二十一道以攻之。」[196] 由於地形非常險要，進攻未能奏效。「其處天險千餘尺，功竟不就」[197]，城北的土山又被韋孝寬出擊奪走，白白損失了不少兵力。

2. 穿道地

高歡看到對方在城上起高樓禦敵，便改用穿鑿道地的戰術攻城，但是守軍採取挖掘長壕阻擊和火攻的辦法來破壞，取得成效。「齊神武使謂城中曰：『縱爾縛樓至天，我會穿城取爾。』遂於城南鑿道地。……孝寬復掘長塹，要其道地，仍飭戰士屯塹。城外每穿至塹。戰士即擒殺之。又於塹外積柴貯火，敵人有伏道地內者，便下柴火，以皮吹之。吹氣一衝，咸即灼爛。」攻方又將道地挖至城牆下，使其坍塌，亦被城內用木柵阻擋，仍無法入城。「外又於城四面穿地，作二十一道，分為四路，於其中各施梁柱，作訖，以油灌柱，放火燒之，柱折，城並崩壞。孝寬又隨崩處豎木柵以捍之，敵不得入。」[198]

3. 攻車、火焚

東魏軍隊使用攻車衝擊破壞城牆，韋孝寬又張設布縵以減緩衝力。攻方欲用火炬長竿焚燒布縵和城上的高樓，皆被韋孝寬用長鉤割斷，無能為害。見《周書》卷31〈韋孝寬傳〉：

樓，韋孝寬縛木連接，以禦高歡築土山欲乘之以入』即此。」新華出版社1994年版。
[196]　《北齊書》卷2〈神武帝紀〉武定四年九月。
[197]　《隋書》卷23〈五行志下〉。
[198]　《周書》卷31〈韋孝寬傳〉。

232

城外又造攻車，車之所及，莫不摧毀。雖有排楯，莫之能抗。孝寬乃縫布為縵，隨其所向則張設之。布既懸於空中，其車竟不能壞。城外又縛松於竿，灌油加火，規以燒布，並欲焚樓。孝寬復長作鐵鉤，利其鋒刃，火竿來，以鉤遙割之，松麻俱落。

4. 斷水源

玉壁城在峨嵋原上，城內並無泉飲，需要下山到北面的汾河取水。據今日遺址考察，「城東北角，有一條羊腸小道，蜿蜒而下，可達汾水，傳為玉壁城的『飲馬道』」[199]。高歡為了置敵於死，下令動員人力將汾水改道，斷絕了守軍的水源。《資治通鑑》卷 159 載：「城中無水，汲於汾，（高）歡使移汾，一夕而畢。」胡三省注：「於汾水上流決而移之，不使近城。」

東魏方面使用了各種攻城手段，都被守軍破解，「城外盡其攻擊之術，孝寬咸拒破之」[200]。結果使敵軍傷亡慘重，士氣衰落。《北齊書》卷 2〈神武紀下〉載：「頓軍五旬，城不拔，死者七萬人，聚為一塚。有星墜於神武營，眾驢並鳴，士皆讋懼。」高歡無計可施，「智力俱困，因而發疾」[201]。被迫在十一月庚子日班師，燒營而退。他回到晉陽後，病情加劇而死。東魏勞師喪眾，元氣大傷；直至後來北齊禪代，二十餘年之內未向西魏及北周發動大規模進攻，只是乘南朝在侯景之亂中國勢衰弱，攻取了淮南之地。

四、東魏末年、北齊前期的零星攻勢

[199]　《稷山縣志》，第 499 頁。
[200]　《周書》卷 31〈韋孝寬傳〉。
[201]　《周書》卷 31〈韋孝寬傳〉。

第七章　反攻與博弈：沙苑戰後對河東地區的爭奪

玉壁戰役失敗後，高氏統治集團在遭受重創之餘，先是應付侯景在河南的反叛，後又忙於禪代魏室，無力也無暇向關中的宇文氏發動大舉進攻。相反，西魏及後來的北周卻乘機頻頻東征，並聯合突厥對其實行夾擊。北齊在東西對抗的形勢中基本上處於被動地位，但是在此期間也曾向河東、汾北地區發動了一些小規模的攻勢。

1. 東魏武定六至七年（548～549）

《北史》卷55〈房謨傳〉載其就任晉州刺史、攝南汾州事時，曾經拉攏附近的胡漢人士，攻克西魏在龍門以北的許多城戍。「先時境接西魏，士人多受其官，為之防守。至是，酋長、鎮將及都督、守、令前後降附者三百餘人，謨撫接殷勤，人樂為用。爰及深險胡夷，咸來歸服。謨常以己祿物，充其饗賚，文襄嘉之，聽用公物。西魏懼，乃增置城戍。慕義者，自相糾合，擊破之。自是龍門已北，西魏戍皆平。文襄特賜粟千石，絹二百匹，班示天下。」

2. 西魏大統十八年（552）

《周書》卷19〈達奚武傳〉載是年達奚武以大將軍出鎮玉壁，量地形勝，建立樂昌、胡營、新城三防。「齊將高苟子以千騎攻新城，武邀擊之，悉虜其眾」，全殲了北齊來犯的軍隊。

3. 北齊天保七年（556）

齊將斛律光攻破周北絳郡天柱等三戍。

4. 北齊天保九年（558）

斛律光又取周南絳郡絳川等四戍。

以上兩事參見《北齊書》卷17〈斛律金附子光傳〉：「（天保三年）除晉州刺史。東有周天柱、新安、牛頭三戍，招引亡叛，屢為寇竊。七年，光率步騎五千襲破之，又大破周儀同王敬俊等，獲口五百餘人，雜畜千餘頭而還。九年，又率眾取周絳川、白馬、澮交、翼城等四戍。除朔州刺史。」上述諸戍的地點考證見第六章內容。

5. 北齊天保十年（559）

斛律光取周柏谷（壁）、文侯鎮。《北齊書》卷17〈斛律金附子光傳〉曰：「（天保）十年，除特進、開府儀同三司。二月，率騎一萬討周開府曹回公，斬之。柏谷城主薛禹生棄城奔遁，遂取文侯鎮，立戍置柵而還。」該事又見《資治通鑑》卷167陳武帝永定三年二月，「齊斛律光將騎一萬，擊周開府儀同三司曹回公，斬之，柏谷城主薛禹生棄城走，遂取文侯鎮，立戍置柵而還」。此處之「柏谷」即其他史籍中所稱之「柏壁」，北周鎮守玉壁的大將達奚武所築，見《周書》卷19〈達奚武傳〉：「武成初，……齊將斛律敦侵汾、絳，武以萬騎禦之，敦退。武築柏壁城，留開府權嚴、薛羽生守之。」此處之薛羽生即前引《北齊書》、《資治通鑑》所載「薛禹生」。

柏壁城在今山西新絳縣西南二十里，西魏大統四年築玉壁城，放棄汾北的正平之後，亦把柏壁當作正平郡、聞喜縣治所。文侯鎮又稱文侯城，在汾水之南，柏壁城附近。兩地位置的考證見第六章內容。

第七章　反攻與博弈：沙苑戰後對河東地區的爭奪

6. 北齊皇建元年（560）盧叔虎獻平西策

　　北齊建國以後，內部逐漸安定，國力得到恢復發展。《資治通鑑》卷168陳文帝天嘉元年（560）十二月載：「初，齊顯祖之末，穀糴踴貴。濟南王即位，尚書左丞蘇珍芝建議，修石鱉等屯，自是淮南軍防足食。肅宗即位，平州刺史嵇曄建議，開督亢陂，置屯田，歲收稻粟數十萬石。北境周贍。又於河內建懷義等屯，以給河南之費。由是稍止轉輸之勞。」在此情況下，皇帝和一些大臣都產生了西徵關隴、統一北方的想法。

　　公元560年，孝昭帝高演即位，《北齊書》卷6〈孝昭帝紀〉載其：「雄斷有謀，於時國富兵強，將雪神武遺恨，意在頓駕平陽，為進取之策。」大臣盧叔虎乘機向朝廷建議征討宇文氏，認為北齊的國力遠超過北周，但是在策略的運用上卻沒有發揮這一優勢。「人眾敵者當任智謀，智謀鈞者當任勢力，故強者所以制弱，富者所以兼貧。今大齊之比關西，強弱不同，貧富有異，而戎馬不息，未能吞併，此失於不用強富也。」他提出不以勝負難料的野戰為主要手段，而是在平陽（今山西臨汾）建立重鎮，「深溝高壘，運糧積甲，築城戍以屬之」。乘隙蠶食河東之地，「彼若閉關不出，則取其黃河以東，長安窮蹙，自然困死。如彼出兵，非十萬以上，不為我敵，所供糧食，皆出關內。我兵士相代，年別一番，穀食豐饒，運送不絕。彼來求戰，我不應之。彼若退軍，即乘其弊。自長安以西，民疏城遠，敵兵來往，實有艱難，與我相持，農作且廢，不過三年，彼自破矣」。並自願前往平陽，籌備落實這一計畫。盧叔虎的作戰方案得到了高演的讚許，他命令元文遙和盧叔武討論制定了〈平西策〉，準備執行。不料「未幾帝崩，事遂寢」。事見《北齊書》卷42〈盧叔武傳〉。

7. 北齊河清二年（563）

大將斛律光率領步騎二萬在軹關以西修築勳掌城及長城二百里，安置了十三處戍所，以加強對河東邵郡方向的防禦。此外，北齊的邊境部隊還襲擊了汾州（今山西吉縣），抄掠人口財物，被北周汾州刺史韓褒設伏擊敗，盡獲其眾。事見《北齊書》卷17〈斛律光傳〉、《周書》卷37〈韓褒傳〉。

在上述河東及汾北地區小規模的交戰當中，北齊雖然勝多負少，但是未能改變雙方對峙的基本策略情勢。

五　武平元年至二年斛律光、段韶再奪汾北

白河清二年（563）起，周齊兩國矛盾激化，宇文氏開始發動大規模進攻，企圖滅亡高齊政權。十月，北周聯合突厥對晉陽南北夾攻，雖未獲得預期戰果，但已使并州地區損失慘重。次年（564），宇文護又統兵二十餘萬，東征洛陽，在邙山戰敗；突厥亦在幽州地區侵略騷擾。天統四年（568），北周又遣使迎皇后於突厥，鞏固兩國的友好關係。北齊面臨的威脅加劇，迫使它考慮採取更為積極的軍事行動來保護自己的安全。故自天統五年（569），周齊雙方開始在崤山南道的衝要（宜陽）激烈地爭奪戰鬥。《周書》卷12〈齊煬王憲傳〉：「（天和）四年，齊將獨孤永業來寇，盜殺孔城防主能奔達，以城應之。詔憲與柱國李穆將兵出宜陽，築崇德等五城，絕其糧道。齊將斛律明月率眾四萬，築壘洛南。五年，憲涉洛邀之，明月遁走。憲追之，及於安業，屢戰而還。」《資

第七章 反攻與博弈：沙苑戰後對河東地區的爭奪

治通鑑》卷170陳宣帝太建元年（569），「八月庚辰，盜殺周孔城防主，以其地入齊。九月辛卯，周遣齊公憲與柱國李穆將兵趣宜陽，築崇德等五城。」、「十二月，……周齊公憲等圍齊宜陽，絕其糧道。」太建二年（570）正月，「齊太傅斛律光將步騎三萬救宜陽，屢破周軍，築統關、豐化二城而還。周軍追之，光縱擊，又破之，獲其開府儀同三司宇文英、梁景興。」

但因宜陽地形險要複雜，兵力不易展開，兩國交戰各有得失，戰事處於膠著狀態。雙方的有識之士都考慮到應該把爭奪的重點轉移到更具策略價值的河東外圍地帶——汾北。《資治通鑑》卷170載：「周、齊爭宜陽，久而不決。勳州刺史韋孝寬謂其下曰：『宜陽一城之地，不足損益。兩國爭之，勞師彌年。彼豈無智謀之士，若棄崤東，來圖汾北，我必失地。今宜速於華谷及長秋築城以杜其意。脫其先我，圖之實難。』乃畫地形，具陳其狀。」而執政的宇文護卻認為難以派遣守將，拒絕了韋孝寬的建議。宇文護謂使者曰：「韋公子孫雖多，數不滿百。汾北築城，遣誰守之！」事遂不行。

由於北周執政者的失策，被對方搶得先手，武平元年（570）冬，北齊將領斛律光、段韶等人領兵在汾北地區展開攻勢，連連獲勝。《北齊書》卷17〈斛律金附子光傳〉載：

（武平元年）其冬。光又率步騎五萬於玉壁築華谷、龍門二城，與憲、顯敬等相持，憲等不敢動。光乃進圍定陽，仍築南汾城，置州以逼之，夷夏萬餘戶並來內附。

二年，率眾築平隴、衛壁、統戎等鎮戍十有三所。周柱國枹罕公普屯威、柱國韋孝寬等，步騎萬餘，來逼平隴，與光戰於汾水之北，光大破之，俘斬千計。

五　武平元年至二年斛律光、段韶再奪汾北

《周書》卷31〈韋孝寬傳〉載：

是歲，齊人果解宜陽之圍，經略汾北，遂築城守之。其丞相斛律明月至汾東，請與韋孝寬相見。明月曰：「宜陽小城，久勞戰爭。今既入彼，欲於汾北取償，幸勿怪也。」

斛律光的出擊大獲成功，使北齊取得了交戰的主動權，迫使「周人釋宜陽之圍以救汾北」[202]。武平二年（571）正月，北周大將宇文憲領兵赴救。三月，「周齊公憲自龍門渡河，斛律光退保華谷，憲攻拔其新築五城。齊太宰段韶、蘭陵王長恭將兵禦周師，攻柏谷（壁）城，拔之而還」[203]。柏谷即柏壁，為北周邊境要塞，地勢險要。北齊天保十年（559）斛律光曾攻克該城，後來周人又在此地恢復駐軍。這次戰役當中，北齊諸將多畏其險，不願實施強攻。段韶力排眾議，採用了火攻的適當戰術，結果大獲成功。其經過見《北齊書》卷16〈段榮附子韶傳〉：

（武平二年）二月，周師來寇，遣韶與右丞相斛律光、太尉蘭陵王長恭同往捍禦。以三月暮行達西境。有柏谷城者，乃敵之絕險，石城千仞，諸將莫肯攻圍。韶曰：「汾北、河東，勢為國家之有，若不去柏谷，勢為痼疾。計彼援兵，會在南道，今斷其要路，救不能來。且城勢雖高，其中甚狹，火弩射之，一旦可盡。」諸將稱善，遂鳴鼓而攻之，城潰，獲儀同薛敬禮，大斬獲首虜，仍城華谷，置戍而還。

四月，北周又在崤函南道發動攻勢，「陳國公純、雁門公田弘率師取齊宜陽等九城」[204]。北齊方面留段韶在汾北繼續作戰，遣斛律光統兵前往救援，攻陷了四座城戍後回師。見《北齊書》卷17〈斛律金附子光傳〉載：「是月，周遣其柱國紇干廣略圍宜陽，光率步騎五萬赴之，大戰於城下，乃取周建安等四戍，捕虜千餘人而還。」

---

[202]　《資治通鑑》卷170 陳宣帝太建二年（570）十二月。
[203]　《資治通鑑》卷170 陳宣帝太建三年（571）三月。
[204]　《周書》卷5〈武帝紀上〉天和六年四月庚子條。

第七章　反攻與博弈：沙苑戰後對河東地區的爭奪

五月至七月，段韶在汾北連連告捷，攻克了定陽與姚襄城，生擒周汾州刺史楊敷，後來由於他病情嚴重而停止了攻勢，收兵還朝。《資治通鑑》則載此役在六月結束[205]。戰役經過見《北齊書》卷16〈段榮附子韶傳〉：

是月（武平二年四月），周又遣將寇邊。右丞相斛律光先率師出討，韶亦請行。五月，攻服秦城。周人於姚襄城南更起城鎮，東接定陽，又作深塹，斷絕行道。韶乃密抽壯士，從北襲之。又遣人潛渡河，告姚襄城中，令內外相應，渡者千有餘人，周人始覺。於是合戰，大破之，獲其儀同若干顯寶等。諸將咸欲攻其新城。韶曰：「此城一面阻河，三面地險，不可攻，就令得之，一城地耳。不如更作一城壅其路，破服秦，並力以圖定陽，計之長者。」將士咸以為然。六月，徙圍定陽，其城主開府儀同楊範（敷）固守不下。韶登山望城勢，乃縱兵急攻之。七月，屠其外城，大斬獲首級。時韶病在軍中，以子城未克，謂蘭陵王長恭曰：「此城三面重澗險阻，並無走路；唯恐東南一處耳。賊若突圍，必從此出，但簡精兵專守，自是成擒。」長恭乃令壯士千餘人設伏於東南澗口。其夜果如所策，賊遂出城，伏兵擊之，大潰，範等面縛，盡獲其眾。韶疾甚，先軍還，以功別封樂陵郡公。竟以疾薨。

這次會戰中，北周丟失了重鎮定陽，宇文憲僅占領了龍門附近的幾座城壘，戰果有限，未能收復大部分失地，將齊兵驅逐出去。這一戰役前後歷時一年半，北齊方面在汾北「拓地五百里」[206]，獲得了較為重大的勝利，使南部前線重鎮平陽側翼的安全得到保障，同時也改善了自己在河東戰場的處境。但是當年（571）九月，段韶病逝；次年六月，齊後

---

[205] 參見《資治通鑑》卷170陳宣帝太建三年（571）五月，「……周晉公護使中外府參軍郭榮城於姚襄城南、定陽城西，齊段韶引兵襲汾周，破之。六月，韶圍定陽，周汾州刺史楊敷固守不下。韶急攻之，屠其外城。時韶臥病，謂蘭陵王長恭曰：『此城三面重澗，皆無走路；唯慮東南一道耳，賊必從此出。宜簡精兵專守之，此必成擒。』長恭乃令壯士千餘人伏於東南澗口。城中糧盡，齊公憲總兵救之，憚韶，不敢進。敷帥見兵突圍夜走，伏兵擊擒之，盡俘其眾。乙巳，齊取周汾州及姚襄城，唯郭榮所築城獨存」。

[206] 《資治通鑑》卷170陳宣帝太建三年（571）正月。

主聽信讒言，誅殺斛律光。這兩位名將的去世，使北齊再也沒有能夠擔當重任的軍事統帥；高氏統治集團政治腐敗，內部矛盾激化，此後便無力再對北周發動大規模的進攻了。

第七章　反攻與博弈：沙苑戰後對河東地區的爭奪

第八章
東征謀略：
平齊之役前的戰略布局特徵

　　沙苑之戰以後，西魏攻占了河東、崤函兩處要地，在地理形勢上占據了較為有利的地位，使其逐漸掌握了戰場上的主動權。第一，它的關中根據地擺脫了頻受威脅的狀態，再未受到敵人直接的進攻。高氏的數次西征均被守方依託汾水、峨嵋臺地、王屋山或崤函山區有利的地形、水文條件阻擋住了。第二，從此後兩國交鋒的情況來看，宇文氏的主動進攻的次數明顯要高於對手。如果統計出動舉國之兵進攻的次數，沙苑戰後高氏僅有圍攻玉壁的兩次大規模行動，而宇文氏則有 5 至 6 次之多。若是從地域角度分析建德五年以前西魏北周的進攻策略，可以看出以下特點：

一、以崤函──河陽為主攻方向

　　從宇文氏對東魏、北齊的進軍路線和主攻方向來看，在建德五年（576）發動滅齊之役以前，大舉東征的路線基本上都是選擇了崤函山區的豫西通道，主攻目標是號稱「天下之中」的洛陽，企圖占領河洛地區、尤其是交通樞紐──河陽三城，這樣就能控制位於東亞大陸核心地帶的十字路口和水陸衝要，北入上黨，攻擊晉陽；東出河北平原，直逼山東的

第八章　東征謀略：平齊之役前的戰略布局特徵

經濟、政治中心鄴城；東南順汴渠而下，到達江淮流域；南面可進兵南陽盆地，經過襄樊而抵江漢平原。西魏、北周在這一方向發動的大規模進攻戰役共有五次。

1. 河橋之戰

大統四年（538）八月，宇文泰與西魏文帝率大軍救援被圍的洛陽金墉城守兵，與侯景指揮的東魏軍隊戰於河橋。西魏先勝後敗，殺東魏大將高敖曹、西兗州刺史宋顯，「虜甲士萬五千人，赴河死者以萬數」[207]。但是，「魏獨孤信、李遠居右，趙貴、怡峰居左，戰並不利；又未知魏主及丞相泰所在，皆棄其卒先歸。開府儀同三司李虎、念賢為後軍，見信等退，即與俱去。泰由是燒營而歸，留儀同三司長孫子彥守金墉」[208]。

高歡自晉陽率七千精騎至孟津（今河南孟津東），聞西魏軍隊已敗退，「遂濟河，遣別將追魏師至崤，不及而還」[209]，自己領兵圍攻金墉城。守將長孫子彥抵擋不住，「棄城走，焚城中室屋俱盡，（高）歡毀金墉而還」。

西魏軍隊退至恆（弘）農（今河南三門峽市）時，「守將已棄城走，所虜降卒在恆農者相與閉門拒守」[210]。宇文泰透過強攻才拿下該城，並誅殺叛軍魁首數百人。河橋之役的失利，使宇文泰驚懼不安，直至見到勇將蔡祐才放下心來。《周書》卷27〈蔡祐傳〉載：「祐至弘農，夜中與太祖相會。太祖見祐至，字之曰：『承先，爾來，吾無憂矣。』太祖心驚，不得寢，枕祐股上，乃安。」

這次戰役慘敗之後，西魏喪失了在河洛地區的全部據點，被迫退守崤

---

[207]　《資治通鑑》卷158 梁武帝大同四年。
[208]　同上。
[209]　同上。
[210]　同上。

陝。十月，宇文泰為了緩和與東魏的關係，派遣散騎常侍劉孝儀等到鄴城聘問，並歸還東魏大將高昂、竇泰、莫多婁貸文的首級。「十二月。（西）魏是云寶襲洛陽，東魏洛州刺史王元軌棄城走。都督趙剛襲廣州，拔之。於是自襄、廣以西城鎮復為（西）魏。」[211] 東魏將段琛等據宜陽，招誘西魏邊民，被南兗州刺史韋孝寬用計襲擒，肅清了崤山、澠池一帶的敵患。

2. 首次邙山之戰

大統九年（543）二月，東魏北豫州刺史高慎（字仲密）據要鎮虎牢（今河南滎陽縣成皋鎮）叛降西魏，被高歡大軍圍困。三月，宇文泰領主力來援，「以太子少傅李遠為前驅，至洛陽，遣開府儀同三司于謹攻柏谷，拔之」[212]。並包圍了河陽南城。

高歡聞訊後率大軍十萬來救，至黃河北岸。宇文泰為阻止敵兵渡河，「縱火船於上流以燒河橋；斛律金使行臺郎中張亮以小艇百餘載長鎖，伺火船將至，以釘釘之，引鎖向岸，橋遂獲全」[213]。保障了這條交通要道。

東魏援兵渡河後據邙山為陣，三月戊申，雙方展開交鋒，東魏勇將彭樂領精騎數千衝擊敵陣北陲，所向披靡，遂入西魏大營，「虜魏侍中、開府儀同三司、大都督臨洮王東、蜀郡王榮宗、江夏王升、鉅鹿王闡、譙郡王亮、詹事趙善及督將僚佐四十八人」[214]。東魏諸將乘勝進攻，大破敵軍，斬首三萬餘級。

明日又戰，西魏獲得大勝。「（宇文）泰為中軍，中山公趙貴為左軍，領軍若干惠等為右軍。中軍、右軍合擊東魏，大破之，悉虜其步

---

[211]　同上。
[212]　《資治通鑑》卷158 梁武帝大同九年三月。
[213]　同上。
[214]　同上。

第八章　東征謀略：平齊之役前的戰略布局特徵

卒。」[215] 高歡乘馬逃走，從者僅步騎七人，險些被西魏追兵擒獲。但與此同時，西魏「左軍趙貴等五將戰不利，東魏兵復振，（宇文）泰與戰，又不利。會日暮，（西）魏兵遂遁」[216]。高歡的追兵在夜晚怕中埋伏，便停止了追擊。

宇文泰收攏敗軍，撤退入關，屯駐渭水之上。高歡進至陝城（今河南三門峽市），受到西魏大將達奚武的阻擊。高歡召集諸將商議進退之策，封子繪主張全力進攻，乘勝攻打關中。他說：「賊帥才非人雄，偷竊名號，遂敢驅率亡叛，送死伊瀍。天道禍淫，一朝瓦解。雖僅以身免，而魂膽俱喪。混一車書，正在今日，天與不取，反得其咎。時難遇而易失，昔魏祖之平漢中，不乘勝而取巴蜀，失在遲疑，悔無及已。伏願大王不以為疑。」[217] 陳元康亦曰：「兩雄交戰，歲月已久，今得大捷，便是天授，時不可失，必須乘勝追之。」[218] 但是諸將多表示反對，「咸以為野無青草，人馬疲瘦，不可遠追」[219]。高歡又考慮到「時既盛暑」，不宜持久作戰，於是放棄了大軍追擊的行動，「使劉豐追奔，拓地至弘農而還」[220]。自己率領主力撤退。

這次戰役，西魏先敗復勝，後又敗，被迫退回關中。高歡獲得大勝，「擒西魏督將已下四百餘人，俘斬六萬計」[221]。可是也付出了慘重的犧牲，所以不敢驅師直入。正如胡三省注《資治通鑑》卷158所言：「余謂邙山之戰，蓋俱傷而兩敗，宇文泰力屈而遁，高歡之氣亦衰矣，安敢復深入乎！」

---

[215]　同上。
[216]　同上。
[217]　《北齊書》卷21〈封隆之附子繪傳〉。
[218]　《北齊書》卷24〈陳元康傳〉。
[219]　同上。
[220]　《北齊書》卷2〈神武紀下〉武定元年三月。
[221]　同上。

3. 弘農北濟之役

　　大統十六年（550）九月，宇文泰乘魏齊禪代、政局不穩之際，率大兵東出潼關，至弘農北濟至建州（今山西晉城東北）。因高齊方面有所準備，又遇到惡劣氣候，只得撤回關中。見《資治通鑑》卷163梁簡文帝大寶元年（550）七月，「魏丞相泰以齊主稱帝，率諸軍討之。以齊王廓鎮隴右，徵秦州刺史宇文導為大將軍、都督二十三州諸軍事，屯咸陽，鎮關中」。

　　「九月丁巳，魏軍發長安。」

　　「（十一月）魏丞相泰自弘農為橋，濟河，至建州。丙寅，齊主自將出頓東城（胡三省注：即晉陽之東城也）。泰聞其軍容嚴盛，嘆曰：『高歡不死矣。』會久雨，自秋及冬，魏軍畜產多死，乃自蒲坂還。於是河南自洛陽、河北自平陽已東，皆入於齊。」

　　公元550～562年，十二年間休戰，無大衝突。

4. 二次邙山之戰

　　周武帝即位後，與突厥聯合出兵攻打北齊，實行南北夾擊的策略。保定三年（563）末至四年（564）初，北周遣楊忠領兵與突厥破齊長城，進攻晉陽；達奚武率河東之師北上平陽，兩路人馬均未獲勝，只得退回。雙方約定當年秋冬時節再次攻齊。九月，北齊為了與周緩和關係，將被拘的北周執政大臣宇文護之母閻氏送回，周武帝為此下詔大赦天下。但突厥按時發兵後，宇文護顧忌違約生變，不得不向武帝請求出征。《周書》卷11〈晉蕩公護傳〉載：「是年也，突厥復率眾赴期。護以齊氏初送國親，未欲即事征討，復慮失信蕃夷，更生邊患，不得已，遂請東征。」

第八章　東征謀略：平齊之役前的戰略布局特徵

　　北周此番出兵，幾乎動用了傾國之師。「於是徵二十四軍及左右廂散隸、及秦隴巴蜀之兵、諸蕃國之眾二十萬人。」[222] 並採取了兵分三路、配合作戰的策略。《資治通鑑》卷169陳文帝天嘉五年（564）十月，「（宇文）護軍至潼關，遣柱國尉遲迥率精兵十萬為前鋒，趣洛陽，大將軍權景宣率山南之兵趣懸瓠，少師楊檦出軹關。……」十一月，尉遲迥所率中路主力進圍洛陽，大將宇文憲、達奚武、王雄屯兵於邙山，宇文護駐紮在弘農，但戰事進展並不順利。「周人為土山、道地以攻洛陽，三旬不克。晉公護命諸將塹斷河陽路，遏齊救兵，同攻洛陽；諸將以為齊兵必不敢出，唯張斥候而已。」[223]

　　北齊方面派遣蘭陵王高長恭、大將軍斛律光領兵援救洛陽，但二人畏周師之強，不敢進軍交戰。齊武成帝又懼怕突厥進犯，「召并州刺史段韶，謂曰：『洛陽危急，今欲遣王救之。突厥在北，復須鎮禦，如何？』對曰：『北虜侵邊，事等疥癬。今西鄰窺逼，乃腹心之病，請奉詔南行。』齊主曰：『朕意亦爾。』乃令韶督精騎一千發晉陽」[224]。齊武成帝亦隨後從晉陽奔赴洛陽前線。

　　十二月壬戌，段韶指揮齊軍在邙山會戰中大敗周師。《北齊書》卷16〈段榮附子韶傳〉載：「短兵始交，周人大潰。其中軍所當者，亦一時瓦解，投墜溪谷而死者甚眾。洛城之圍，亦即奔遁，委棄營幕，從邙山至谷水三十里中，軍資器物彌滿川澤。」宇文憲等收拾敗兵待次日再戰，達奚武勸阻說：「洛陽軍散，人情駭動。若不因夜速還，明日欲歸不得。武在軍旅久矣，備見形勢。大王年少未經事，豈可將數營士眾，一旦棄之乎。」[225] 結果宇文憲聽從了他的意見，率軍返回關中。南路的權景宣

---

[222]　《周書》卷11〈晉蕩公護傳〉。
[223]　《資治通鑑》卷169陳文帝天嘉五年（564）十二月。
[224]　同上。
[225]　《周書》卷19〈達奚武傳〉。

起初進展順利,占領了豫州(治懸瓠,今河南),後聞大軍邙山戰敗,也棄城而退。北路的楊㯹出軹關後,因為輕敵而遭受敵人突襲,全軍覆沒,楊㯹亦投降北齊。

北周的這次大敗,宇文護指揮不力,負有重要責任。《周書》卷11〈晉蕩公傳〉曰:「護性無戎略,且此行也,又非其本心。故師出雖久,無所克獲。」整個戰役的傷亡人數超過了二十萬大軍的半數以上,損失慘重。《周書》卷35〈崔猷傳〉:「天和二年,陳將華皎來附,晉公(宇文)護欲南伐,公卿莫敢正言。猷獨進曰:『前歲東征,死傷過半,比雖加撫循,而瘡痍未復。……』」

5. 周武帝東征河陽

天和七年(572),周武帝用計殺掉權臣宇文護,除其黨羽,親執朝政,並採取了一系列富國強兵的措施。如建德三年(574)五月丙子,「初斷佛、道二教,經像悉毀,罷沙門、道士,並令還民」[226]。將寺院所占的大量良田收歸國有,還俗僧尼與放免的奴婢成為國家的編戶,顯著增加了政府徵收的賦稅徭役,減輕了百姓的負擔,使北周的經濟基礎得到鞏固與擴充。事後周武帝回顧說:「自廢(佛道)以來,民役稍希,租調年增,兵師日盛,東平齊國,西伐妖戎,國安國樂,豈非有益!」[227]

建德三年十二月,周武帝又對兵制實行變革,「改諸軍軍士併為侍官」[228]。

使府兵直屬於君主,以加強中央集權。他還廢除了原先只以六鎮鮮卑和關隴豪右子弟擔任府兵的做法,「募百姓充之,除其縣籍」[229],使

---

[226] 《周書》卷6〈武帝紀下〉。
[227] 《廣弘明集》卷10〈敘任道林辨周武帝除佛法詔〉。
[228] 《周書》卷5〈武帝紀上〉。
[229] 《隋書》卷24〈食貨志〉。

第八章 東征謀略：平齊之役前的戰略布局特徵

他們的戶口不屬州縣，得以免除賦役。這次改制擴大了府兵的來源，「是後夏人半為兵矣」[230]。

此外，周武帝還實施了釋放奴婢、精兵簡政、去奢從簡和大力發展經濟等政策，都達到很好的效果。在做好準備之後，建德四年（575）七月，北周出動大軍18萬伐齊，《資治通鑑》卷172陳宣帝太建七年七月，「丁丑，下詔伐齊。以柱國陳王純、滎陽公司馬消難、鄭公達奚震為前三軍總管，越王盛、周昌公侯莫陳崇、趙王招為後三軍總管。齊王憲率眾二萬趨黎陽，隨公楊堅、廣寧公薛迥將舟師三萬自渭入河，梁公侯莫陳芮率眾二萬守太行道，申公李穆率眾三萬守河陽道，常山公於翼率眾二萬出陳、汝。……壬午，周主率眾六萬，直指河陰。」

這次東征，北周軍隊亦以洛陽地區為主攻目標，沿黃河兩岸水陸數道並進。《周書》卷6〈武帝紀下〉載，「八月癸卯，入於齊境。……丁未，上親率諸軍攻河陰大城，拔之。進攻子城，未克」。河陰大城即河陽南城，在今河南孟津東。齊王宇文憲「攻拔武濟，進圍洛口，收其東西二城」[231]，並縱火燒斷河陽浮橋[232]。但是北齊永橋大都督傅伏及時馳援，夜入中潬城。周軍圍攻河陽中潬達二十餘日亦未得手。「洛州刺史獨孤永業守金墉，周主自攻之，不克。永業通夜辦馬槽二千，周人聞之，以為大軍且至而憚之。」[233] 北齊右丞相高阿那肱統救兵來援，武帝又突發重症，只好放棄已得諸城，燒掉舟艦，退軍回境。事見《周書》卷5〈武帝紀下〉建德四年，「……上有疾。九月辛酉夜，班師，水軍焚舟而退。齊王憲及於翼、李穆等所在克捷，降拔三十餘城，皆棄而不守。唯以王

---

[230] 同上。
[231] 《周書》卷12〈齊煬王憲傳〉。
[232] 《北齊書》卷8〈後主紀〉武平六年八月，「是月，周師入洛川，屯芒山，攻逼洛城，縱火船焚浮橋，河橋絕」。
[233] 《資治通鑑》卷172陳宣帝太建七年八月。

藥城要害，令儀同三司韓正守之。正尋以城降齊。」《北齊書》卷8〈後主紀〉武平六年「閏月己丑，遣右丞相高阿那肱自晉陽禦之，師次河陽，周師夜遁。」

以上五次戰役，西魏、北周所獲得的戰果不同，但是最終都沒有達到占領河洛地區、進而消滅對手主力的預期目的。

二、與突厥結盟、合兵南攻晉陽

1. 周齊兩國對突厥的拉攏

突厥是生活在中國漠北地區的游牧民族，6世紀中葉前後強大起來，並對中原的周齊兩國形成威脅。《北史》卷99〈突厥傳〉載其俟斤可汗，「西破嚈噠，東走契丹，北並契骨，威服塞外諸國。其地，東自遼海以西，至西海，萬里；南自沙漠以北，至北海，五六千里；皆屬焉。抗衡中國……」由於突厥勢力強盛，當時在北方對峙的周、齊都想連結它以為外援，來打擊和消滅對手。如《周書》卷50〈突厥傳〉所載：

自俟斤以來，其國富強，有凌轢中夏志。朝廷既與和親，歲給繒絮錦彩十萬段。突厥在京師者，又待以優禮，衣錦食肉者，常以千數。齊人懼其寇掠，亦傾府藏以給之。他缽彌復驕傲，至乃率其徒屬曰：「但使我在南兩個兒孝順，何憂無物邪！」

宇文泰在世時即有此謀，因早死而止。周武帝即位後，有消滅北齊、統一中原的宏圖大略，但是考慮到河洛地區敵人的防禦部署非常堅固，宇文泰在世時幾次兵出崤函均無功而返，因此改變了策略，企圖聯合突厥，依靠它強大的騎兵力量，從北方進攻高氏的軍政要地霸府晉

第八章 東征謀略：平齊之役前的戰略布局特徵

陽，自己只用少數兵力從河東北上，對晉陽形成夾攻之勢。為達此目的，北周頻頻派遣大臣出使突厥，請求和親。經過與北齊的一番外交鬥爭，在保定三年（563）突厥終於許周和親，並答應出動大軍，配合周師攻齊。《周書》卷50〈突厥傳〉曰：

> 時與齊人交爭，戎車歲動，故每連結之，以為外援。初，魏恭帝世，俟斤許進女於太祖，契未定而太祖崩。尋而俟斤又以他女許高祖，未及結納，齊人亦遣求婚；俟斤貪其幣厚，將悔之。至是，詔遣涼州刺史楊薦、武伯王慶等往結之。慶等至，諭以信義。俟斤遂絕齊使而定婚焉。仍請舉國東伐。語在薦等傳。

《周書》卷9〈皇后傳〉：

> 武帝阿史那皇后，突厥木桿可汗俟斤之女。突厥滅茹茹之後，盡有塞表之地，控弦數十萬，志陵中夏。太祖方與齊人爭衡，結以為援。俟斤初欲以女配帝，既而悔之。高祖即位，前後累遣使要結，乃許歸後於我。

《周書》卷19〈楊忠傳〉：

> （保定二年）時朝議將與突厥伐齊，公卿咸曰：「齊地半天下，國富兵強。若從漠北入并州，極為險阻，且大將斛律明月未易可當。今欲探其巢窟，非十萬不可。」忠獨曰：「師克在和不在眾，萬騎足矣。明月豎子，亦何能為。」

《周書》卷11〈晉蕩公護傳〉：

> （保定三年）初，太祖創業，即與突厥和親，謀為掎角，共圖高氏。是年，乃遣柱國楊忠與突厥東伐。破齊長城，至并州而還。其後年更舉，南北相應，齊主大懼。……

2. 保定三年、四年北周與突厥合兵伐齊之役

據《周書》卷5〈武帝紀上〉所載，保定三年（563）九月戊子，「詔柱國楊忠率騎一萬與突厥伐齊」。十二月辛卯，「遣太保、鄭國公達奚武率騎三萬出平陽以應楊忠」。楊忠在攻破陘嶺隘口之後，「突厥木杆、地頭、步離三可汗以十萬騎會之」[234]，雙方合兵進入長城，南下并州。北齊朝廷聞訊後，武成帝自鄴城趕奔并州，親率齊軍主力抵抗突厥。「齊主自鄴倍道赴之，戊午，至晉陽。斛律光將步兵三萬屯平陽。」[235]

次年（564）正月，雙方在晉陽郊外會戰，由於突厥臨陣退卻，楊忠率領的周師孤軍奮戰，遭到了慘敗，被迫撤出了長城。《北齊書》卷7〈武成帝紀〉河清三年正月載是役，「周軍及突厥大敗，人畜死者相枕，數百里不絕。詔平原王段韶追出塞而還」。《資治通鑑》卷169亦曰：「突厥還至陘嶺，凍滑，乃鋪氈以度，胡馬寒瘦，膝已下皆無毛；比至長城，馬死且盡，截稍杖之以歸。」

師出河東的周將達奚武因畏懼而頓兵於平陽，後聞突厥與楊忠軍隊戰敗，隨即退兵回境。這兩路人馬均未能取得預期戰果。

當年八月，「突厥寇幽州，眾十餘萬，入長城，大掠而還」[236]。亦未與齊軍正面作戰。

透過這兩次戰役，北周方面了解到以下幾點：第一，突厥不願和北齊的精銳部隊交鋒。木杆可汗起初受到周使的矇蔽，誤認為齊國內亂，兵馬衰弱，不堪一擊，企圖乘虛而入，撈取好處。但發現對方仍有較強的戰鬥力之後，即採取了避戰的做法，以免消耗自己的實力。如《北史》卷51〈齊趙郡王叡傳〉即載：「（齊武成）帝與宮人被緋甲，登故北城以

---

[234]　《資治通鑑》卷169陳文帝天嘉四年十二月。
[235]　《資治通鑑》卷169陳文帝天嘉四年十二月。
[236]　《資治通鑑》卷169陳文帝天嘉五年九月。

第八章　東征謀略：平齊之役前的戰略布局特徵

望，軍營甚整。突厥咎周人曰：『爾言齊亂，故來伐之；今齊人眼中亦有鐵，何可當邪！』」

晉陽郊外的會戰，也是因為「齊悉其銳師鼓譟而出。突厥震駭，引上西山，不肯戰」[237]，致使周師大敗而還。當年八月，突厥與北周相約攻齊，又選擇了對方防禦較弱的幽州出擊，目的僅限於劫掠人畜財物，並不想損傷兵馬。這和北周依賴突厥去消滅齊軍主力的策略意圖相去甚遠。

第二，突厥軍隊的組織、戰鬥能力很低。在這次聯合作戰當中，北周的將領發現突厥軍隊的武器裝備很差，缺乏嚴密的組織和法制號令，並非像原先設想的那樣強大。如楊忠歸國後對武帝說：「突厥甲兵惡，爵賞輕，首領多而無法令，何謂難制馭。正由比者使人妄道其強盛，欲令國家厚其使者，身往重取其報。朝廷受其虛言，將士望風畏懾。但虜態詐健，而實易與耳。今以臣觀之，前後使人皆可斬也。」[238]

北齊方面經過這次防禦戰鬥，也得出了同樣的見解，即突厥入侵造成的危險遠不如北周嚴重，後者的威脅往往是致命的。例如保定四年（564）八月，周師東進洛陽，突厥襲擾幽州。齊主高湛召見大將段韶商議說：「『今欲遣王赴洛陽之圍，但突厥在此，復須鎮禦，王謂如何？』韶曰：『北虜侵邊，事等疥癬，今西羌窺逼，便是膏肓之病，請奉詔南行。』世祖曰：『朕意亦爾。』乃令韶督精騎一千，發自晉陽，五日便濟河。」[239]

鑒於以上原因，周武帝放棄了藉助和倚賴突厥兵力來滅亡北齊的打算，只得依靠自己的力量來統一北方了。

---

[237]　《資治通鑑》卷169 陳文帝天嘉五年正月。
[238]　《周書》卷50〈異域下·突厥傳〉。
[239]　《北齊書》卷16〈段榮附子韶傳〉。

三、通報陳朝、夾攻北齊

為了削弱和牽制北齊的力量，集中兵力打擊主要敵手，西魏和北周的統治者對江南的陳朝採取了和好的態度，並屢次遣使通知。周武帝即位之初，便釋放了被俘的陳文帝之弟安成王頊，以求改善關係，雙方還劃定了國界。事見《周書》卷39〈杜杲傳〉：

初，陳文帝弟安成王頊為質於梁，及江陵平，頊隨例遷長安。陳人請之，太祖許而未遣。至是，帝欲歸之，命杲使焉。陳文帝大悅，即遣使報聘，並賂黔中數州之地。仍請劃野分疆，永敦鄰好。以杲奉使稱旨，進授都督，治小禦伯，更往分界焉。陳人於是以魯山歸我。帝乃拜頊柱國大將軍，詔杲送之還國。

後來陳朝湘州刺史華皎反叛，投靠北周，遣使至長安求救，執政大臣宇文護違盟發兵援助，兩國因此交惡，戰事不絕。周武帝親政後，為了統一中原的大業，再次派杜杲出使陳朝，緩和關係，商定共同出兵，分別由西、南兩面伐齊。事見《隋書》卷66〈鮑宏傳〉：「累遷遂伯下大夫，與杜子暉聘於陳，謀伐齊也，陳遂出兵江北以侵齊。」《周書》卷39〈杜杲傳〉亦載：

自是，連兵不息，東南騷動。高祖患之，乃授杲御正中大夫，使於陳，論保境安民之意。……杲因謂之曰：「今三方鼎立，各圖進取，苟有釁隙，實啟敵心。本朝與陳，日敦鄰睦，輶軒往返，積有歲年。比為疆埸之事，遂為仇敵，構怨連兵，略無寧歲，鷸蚌狗兔，勢不俱全。若使齊寇乘之，則彼此危矣。孰與心忿悔禍，遷慮改圖，陳國息爭桑之心，本朝弘灌瓜之義，張旃拭玉，修好如初，共為掎角，以取齊氏。非唯兩主之慶，實亦兆庶賴之。」陵具以聞，陳宣帝許之，遂遣使來聘。

武帝建德初，為司城中大夫，使於陳。……杲還至石頭，（陳宣帝）

第八章　東征謀略：平齊之役前的戰略布局特徵

又遣謂之曰：「若欲合從，共圖齊氏，能以樊、鄧見與，方可表信。」杲答曰：「合從圖齊，豈唯弊邑之利。必須城鎮，宜待之於齊。先索漢南，使者不敢聞命。」還，除司倉中大夫。

周武帝的這一策略達到了很好的成效。建德二年（573）三月，陳宣帝下令，「分命眾軍，以（吳）明徹都督征討諸軍事，（裴）忌監軍事，統眾十萬伐齊」[240]。陳師連戰連捷，十月攻占淮南重鎮壽陽（今安徽淮南市）；十一月，陳師又克淮陰、朐山、濟陰、南徐州，「齊北徐州民多起兵以應陳，逼其州城」[241]。對北齊南境造成威脅，引起其君臣的恐慌，調遣了部分兵力南下增援。佞臣穆提婆等甚至建議後主放棄黃河以南的領土，守黎陽以拒陳兵。[242]

陳朝在淮南的擴張與勝利削弱了北齊的軍事力量，造成了有利於北周東徵的策略情勢，這是周武帝外交鬥爭上的一大成功。

四、河東方向少有攻勢

在這一階段，河東方向則被西魏、北周當作防禦的重點，未被作為主要進攻方向。這段時間內，宇文氏在河東地區發動的進攻僅有幾次中等規模的戰役。

---

[240]　《資治通鑑》卷171 陳宣帝太建五年三月。
[241]　《資治通鑑》卷171 陳宣帝太建五年十一月。
[242]　《資治通鑑》卷171 陳宣帝太建五年十月，「齊穆提婆、韓長鸞聞壽陽陷，握槊不輟，曰：『本是彼物，從其取去。』齊主聞之，頗以為憂，提婆等曰：『假使國家盡失黃河以南，猶可作一龜茲國。更可憐人生如寄，唯當行樂，何用愁為！』左右嬖臣因共贊和之，帝即大喜，酣飲鼓舞，仍使於黎陽臨河築城戍」。

四、河東方向少有攻勢

1. 達奚武攻平陽

《資治通鑑》卷169陳文帝天嘉四年，保定三年（563）十月，周武帝「遣（楊）忠將步騎一萬，與突厥大軍自北道伐齊，又遣大將軍達奚武率步騎三萬，自南道出平陽，期會於晉陽」。達奚武至平陽城下，畏其守將斛律光，停留不進。突厥在晉陽進攻不利，退回塞北；達奚武聞訊後亦撤回。《周書》卷19〈達奚武傳〉：「（鎮玉壁）保定三年，遷太保。其年大軍東伐。隨公楊忠引突厥自北道，武以三萬騎自東道，期會晉陽。武至平陽，後期不進，而忠已還，武尚未知。齊將斛律光遺武書曰：『鴻鶴已翔於寥廓，羅者猶視於沮澤也。』武覽書，乃班師。」

2. 楊㯹攻軹關

保定四年（564）八月，宇文護東征洛陽，楊㯹領萬餘人自邵州進攻軹關。周師主力在邙山戰敗，楊㯹偏師因為輕敵亦被消滅。見《周書》卷34〈楊㯹傳〉：「保定四年。遷少師。其年，大軍圍洛陽，詔㯹率義兵萬餘人出軹關。然㯹自鎮東境二十餘年，數與齊人戰，每常克獲，以此遂有輕敵之心。時洛陽未下，而㯹深入敵境，又不設備。齊人奄至，大破㯹軍。㯹以眾敗，遂降於齊。」

3. 宇文憲戰龍門

天和五年至六年（570～571），斛律光侵占汾北，周齊國公宇文憲率兵反擊，師渡龍門，在當地與齊軍展開激戰。因為兵力有限（約有數萬人），只收復了部分失地，未能保住汾州等重鎮。

第八章 東征謀略：平齊之役前的戰略布局特徵

4. 李穆出軹關

建德四年 (575) 周武帝率主力進攻洛陽時，曾派遣李穆領偏師三萬人由王屋道東出軹關，企圖「守河陽道」，即占領河內，在黃河北岸策應。李穆的進軍相當順利。《北史》卷59〈李賢附穆傳〉曰：「(建德) 四年，武帝東征，令穆別攻軹關及河北諸縣，並破之。」《隋書》卷56〈盧愷傳〉：「(建德) 四年秋，李穆攻拔軹關、柏崖二鎮，命愷作露布，帝讀之大悅。」《周書》卷29〈劉雄傳〉：「(建德) 四年，從柱國李穆出軹關，攻邵州等城，拔之。以功獲賞。」

後來武帝攻河陽中潬不下，又患病撤兵，李穆也被迫班師回國。總結這一時期西魏、北周的攻齊策略，有許多成功之處，但是在主攻方向和進軍路線的選擇上犯有嚴重失誤。尤其是建德四年 (575) 伐齊之役，當時北齊政局混亂，奸佞當朝，庫藏空虛，民不聊生。[243] 大將斛律光、高長恭先後被害，軍事力量被嚴重削弱。在如此有利的形勢下，周武帝判斷已經到了出兵滅齊的時機，他說：「自親覽萬機，便圖東討。惡衣菲食，繕甲治兵，數年已來，戰備稍足。而偽主昏虐，恣行無道，伐暴除亂，斯實其時。」[244] 這場戰役本來可能一舉成功，但是武帝仍然沿襲過去的進攻策略，兵出崤函，直指洛陽，「今欲數道出兵，水陸兼進，北拒太行之路，東扼黎陽之險」[245]。認為占領河洛平原後，豫東、魯西南等地必然會聞風而降，北周軍隊可以在洛陽地區休整，以逸待勞，反客為主，誘使齊師前來決戰，以便勝之。「若攻拔河陰，兗、豫則馳檄可定。

---

[243] 《資治通鑑》卷172陳宣帝太建七年 (575) 二月載後主「寵任陸令萱、穆提婆、高阿那肱、韓長鸞等宰制朝政，宦官鄧長顒、陳德信、胡兒何洪珍等併參預機權，各引親黨，超居顯位。官由財進，獄以賄成，竟為奸諂，蠹政害民。……諸嬖幸朝夕娛侍左右，一戲之費，動逾巨萬。既而府藏空竭，乃賜二三郡或六七縣，使之賣官取直。由是為守令者，率皆富商大賈，竟為貪縱，民不聊生」。
[244] 《周書》卷6〈武帝紀下〉建德四年七月丙子條。
[245] 同上。

四、河東方向少有攻勢

養銳享士，以待其至。但得一戰，則破之必矣。」[246]

這一作戰方案在廷議時遭到了許多大臣的反對，見《資治通鑑》卷172陳宣帝太建七年（575）七月條。他們指出：

① 以往宇文氏東征，曾經多次選擇這條路線，致使敵人有所準備，已經在河陽等地聚集了數萬精兵，進攻恐怕難以得手。如宇文敳說：「齊氏建國，於今累世；雖曰無道，藩鎮之任，尚有其人。今之出師，要須擇地。河陽衝要，精兵所聚，盡力攻圍，恐難得志。」鮑宏說：「我強齊弱，我治齊亂，何憂不克！但先帝往日屢出洛陽，彼既有備，每有不捷。」

② 再者，河洛平原是四戰之地，敵軍前來增援比較容易，而周軍即使占領了該地也難以據守。趙煚說「河南、洛陽，四面受敵，縱得之，不可以守。」[247]

③ 河東地區面對的敵人守備較弱，又沒有準備迎擊周軍主力的攻擊，當地的地形便於活動兵力，宇文敳說「出於汾曲（胡三省注：汾曲，汾水之曲也），戍小山平，攻之易拔。用武之地，莫過於此」。距離其政治軍事中心地區晉陽又較近，具有諸多便利條件，應該從此處發動主攻，趙煚說「請從河北直指太原，傾其巢穴，可一舉而定」。鮑宏說「進兵汾、潞，直掩晉陽，出其不虞，似為上策」。在消滅并州的敵軍主力後，東出太行，直搗鄴城所在的河北平原。

但是周武帝固執己見，仍然親統大軍東出河洛，結果受到了挫折，未能攻占防禦堅固的河陽中潬與北城。敵人援兵到來時，武帝又突患急症，只得收兵回國。周師在黃河南北占領的大片土地也被迫放棄。如《資治通鑑》卷172所載：「齊王憲、於翼、李穆，所向克捷，降拔三十

---

[246] 同上。
[247] 《資治通鑑》卷172陳宣帝太建七年（575）七月條。

第八章　東征謀略：平齊之役前的戰略布局特徵

餘城，皆棄而不守。唯以王藥城要害，令儀同三司韓正守之，正尋以城降齊。」

附韋孝寬的「平齊三策」

周武帝發動統一北方的滅齊戰爭之前，鎮守河東邊境的玉壁總管韋孝寬曾經上奏朝廷，提出著名的「平齊三策」。據《資治通鑑》卷172記載，其事在陳宣帝太建七年，即周武帝建德五年（575）二月。其文字內容可見《周書》卷31〈韋孝寬傳〉：

建德之後，武帝志在平齊。孝寬乃上疏陳三策。其第一策曰：

「臣在邊積年，頗見間隙，不因際會，難以成功。是以往歲出軍，徒有勞費，功績不立，由失機會。何者？長淮之南，舊為沃土，陳氏以破亡餘燼，猶能一舉平之。齊人歷年赴救，喪敗而反，內離外叛，計盡力窮。《傳》不云乎：『雠有釁焉，不可失也。』今大軍若出軹關，方軌而進，兼與陳氏共為掎角；並令廣州義旅，出自三鵶；又募山南驍銳，沿河而下；復遣北山稽胡，絕其并、晉之路。凡此諸軍，仍令各募關、河之外勁勇之士，厚其爵賞，使為前驅。嶽動川移，雷駭電激，百道俱進，並趨虜庭。必當望旗奔潰，所向摧殄。一戎大定，實在此機。」

其第二策曰：「若國家更為後圖，未即大舉，宜與陳人分其兵勢。三鵶以北，萬春以南，廣事屯田，預為貯積。募其驍悍，立為部伍。彼既東南有敵，戎馬相持，我出奇兵，破其疆場。彼若興師赴援，我則堅壁清野，待其去遠，還復出師。常以邊外之軍，引其腹心之眾。我無宿舂之費，彼有奔命之勞。一二年中，必自離叛。且齊氏昏暴，政出多門，鬻獄賣官，唯利是視，荒淫酒色，忌害忠良。閫境熬然，不勝其弊。以此而觀，覆亡可待。乘間電掃，事等摧枯。」

其第三策曰：「竊以大周土宇，跨據關、河，蓄席捲之威，持建瓴之勢。太祖受天明命，與物更新，是以二紀之中，大功克舉。南清江、

漢,西禽巴、蜀,塞表無虞,河右底定。唯彼趙、魏,獨為榛梗者,正以有事三方,未遑東略。遂使漳、滏遊魂,更存餘晷。昔勾踐亡吳,尚期十載;武王取亂,猶煩再舉。今若更存遵養,且復相時,臣謂宜還崇鄰好,申其盟約。安人和眾,通商惠工,蓄銳養威,觀釁而動。斯則長策遠馭,坐自兼併也。」

據《周書》卷31〈韋孝寬傳〉和《資治通鑑》卷172陳宣帝太建七年(575)二月記載,周武帝觀看了這份奏疏之後,隨即召見大臣伊婁謙,商議伐齊之事,並在三月派遣伊婁謙與元偉出聘北齊,刺探虛實,送禮交好以麻痺敵人。但是由於部下高遵的叛變洩露了圖謀,伊婁謙等人被拘留到當年十二月,周師攻克晉陽後才將他解放出來[248]。從韋孝寬的這篇奏疏來看,他向周武帝提出了對北齊作戰的三種方案。第一策主張立即伐齊,內容主要有三點:一是向周武帝強調時機成熟,應當乘陳國軍隊占領淮南、威脅北齊南境之際,馬上出兵東征。二是主力走黃河北岸的王屋道。建議大軍不由傳統的主攻方向——黃河南岸的潼關、崤函、洛陽進軍,改從蒲津渡河入河東,經邵州(今山西垣曲古城)穿行齊子嶺,過軹關(今河南濟源市西),從背後攻占北齊的策略樞紐重鎮河陽。

三是分兵多路進擊。伐齊之役除了使用北周的關中府兵主力之外,還應該動員幾路偏師,即地方武裝和少數民族軍隊,如「廣州義旅」、「山南驍銳」、「北山稽胡」,從幾個方向發動進攻,牽制和消耗北齊的兵力,以利於大軍的主攻。

第二策是緩兵之計,認為如果武帝不想馬上進攻,可以在邊境地帶

---

[248] 其事的詳細經過可見《隋書》卷54〈伊婁謙傳〉:「武帝將伐齊,引入內殿,從容問曰:『朕將有事戎馬,何者為先?』謙對曰:『愚臣誠不足以知大事,但偽齊僭擅,跋扈不恭,沉溺倡優,耽昏曲蘗。其折衝之將斛律明月已斃讒人之口,上下離心,道路仄目。若命六師,臣之願也。』帝大笑,因使謙與小司寇拓拔偉聘齊觀釁。帝尋發兵。齊主知之,令其僕射陽休之責謙曰:『貴朝盛夏徵兵,馬首何向?』謙答曰:『僕憑式之始,未聞興師,設復西增白帝之城,東益巴丘之戍,人情恒理,豈足怪哉!』謙參軍高遵以情輸於齊,遂拘留謙不遣。帝克並州,召謙勞之……」

第八章　東征謀略：平齊之役前的戰略布局特徵

大興屯田，等待北齊與陳朝在東南方向發生激戰時，乘虛出奇兵攻占其領土。敵軍主力來援救時，堅壁清野，避而不戰。待其退兵後再度出擊，使敵人疲於奔命，力量消耗殆盡。再者，北齊政治腐敗，民不聊生，統治集團內部矛盾鬥爭激烈，危機爆發是必然的。等到它發生嚴重的內亂，國家垂亡之時，再出兵掃蕩，會勢如破竹地取得勝利。

第三策則是和平休戰，與北齊結盟修好，通商惠工，發展壯大經濟實力，養精蓄銳，等到將來國勢強大，占據壓倒優勢時再進行兼併。

這三種作戰方案當中，第二、三策與第一策的建議在內容上相差甚遠，甚至是矛盾的。看起來，韋孝寬為周武帝提出了幾種統一北方的策略計畫，供他審視選擇。但在實際上，韋孝寬希望武帝採用的是第一策，即立即出兵伐齊，故把它放在首位，要引起武帝的注意，他的企圖是顯而易見的。據《資治通鑑》卷172記載，當時周武帝已經準備伐齊，並採取了一些措施，引起了對方的注意，事在陳宣帝太建七年二月韋孝寬上書之前。

周高祖謀伐齊，命邊鎮益儲偫，加戍卒；齊人聞之，亦增修守禦。柱國於翼諫曰：「疆場相侵，互有勝負，徒損兵儲，無益大計。不如解嚴繼好，使彼懈而無備，乘間，出其不意，一舉可取也。」周主從之。

北齊政治軍事的混亂衰敗以及周武帝準備東征的意圖，並不是祕密，韋孝寬應該是了解的。但他畢竟是邊將，不在朝內，皇帝態度的變化又難以揣測，萬一周武帝改變了主意，立即伐齊的主張不合聖意，可能就會引起天子的反感，這是韋孝寬所不願看到的。所以他開列了進兵、緩兵、休兵三策，請人主自擇，替自己留有迴旋的餘地。這是封建時代老官僚對待朝廷的一種圓滑手法。例如《史記》卷112〈平津侯主父列傳〉言公孫弘：「每朝會議，開陳其端，令人主自擇，不肯面折庭爭。」關於「平齊三策」，主要是第一策，在北周滅齊之役中的作用，過去史家

四、河東方向少有攻勢

評價甚高。《周書》卷 31〈韋孝寬傳〉:「書奏,武帝遣小司寇淮南西元偉、開府伊婁謙等重幣聘齊。爾後遂大舉,再駕而定山東,卒如孝寬之策。」但是筆者認為,韋孝寬的建議實際上對後來周武帝伐齊的策略決策影響不大,之所以這樣看,是因為「平齊三策」中第一策的幾項具體建議並沒有得到周武帝的首肯和實施。我們下面分析奏疏第一策內容中的三個要點:

首先,立即出兵伐齊。這條建議本身固然說得很對,不過當時齊後主荒淫無道,天怒人怨,內外交困;又枉殺大將斛律光,國無干城。北齊亡徵已顯,世人有目共睹;北周朝野盡知目前伐齊非常有利,武帝本來就有東征的企圖,如前所述,已經採取了若干措施。韋孝寬立即伐齊的進奏不過是迎合了武帝的原有想法,至多是有所促進,但是不能說發揮了關鍵的作用。

其次,以黃河北岸的王屋道為主力進軍路線。這一方案和西魏、北周傳統的主攻方向——經崤函道至洛陽有所不同,似有新意。可是這條路線的交通狀況很不理想,通常要渡過蒲津,走涑水道向東北穿越運城盆地,至聞喜含口折向東南,改走鼓鍾道抵邵州,再過齊子嶺進攻軹關。沿途林木茂密,道路曲折,崎嶇難行,在這種地理環境下,北周的優勢兵力難以展開,敵人容易利用複雜的地形進行阻擊,所以絕不是一個很好的方案。基於上述困難因素,周武帝後來並沒有採納韋孝寬走王屋道的建議。

再次,動員各地豪強、胡人多路攻齊,「百道俱進,並趨虜廷」。周武帝也未實行這項主張,因為地方武裝和少數民族軍隊的戰鬥力不強,用於守衛鄉土,騷擾邊境,能夠發揮一些作用。若是依靠他們離鄉遠征作戰,這些人考慮保留自己的實力,未必能夠答應;即使用重金收買,勉強出兵,也不會為北周政權捨命廝殺,就像此前突厥與北周合兵攻齊

第八章 東征謀略：平齊之役前的戰略布局特徵

那樣臨戰觀望，其結果與初衷會相差甚遠。

綜上所言，韋孝寬的「平齊三策」只是更加堅定了武帝東征的決心，但是所建議的幾項策略措施不切實際，沒有為東征提供什麼具體有效的辦法，因此對於伐齊戰爭的勝利沒有做出很大貢獻，舊史家的稱讚有些溢美。當時韋孝寬已經 66 歲，年事已高，疾病纏身，多次申請退休還鄉，武帝考慮他的經驗和聲望，沒有準許。《周書》卷 31 載：「孝寬每以年迫懸車，屢請致仕。帝以海內未平，優詔弗許。於是複稱疾乞骸骨。帝曰：『往已面申本懷，何煩重請也。』」

從史籍所載來看，朝廷認為韋孝寬年邁體衰，難以擔負重任，繼續守邊或作為助手輔助主將作戰還勉強可以，統領大軍獨當一面則很難勝任。基於這種了解，周武帝在平齊之役當中主要依賴的是中青年將領，並未讓韋孝寬這樣的老將擔當各路兵馬的統帥，去衝鋒陷陣。《周書》卷 31〈韋孝寬傳〉載：

> 孝寬自以習練齊人虛實，請為先驅。帝以玉壁要衝，非孝寬無以鎮之，乃不許。及趙王招率兵出稽胡，與大軍掎角，乃敕孝寬為行軍總管，圍守華谷以應接之。

周武帝的這一態度在勝利之後對韋孝寬的談話中明顯地流露出來。前引《周書》卷 31〈韋孝寬傳〉又載：「及帝凱旋，復幸玉壁。從容謂孝寬曰：『世稱老人多智，善為軍謀。然朕唯共少年，一舉平賊，公以為何如？』孝寬對曰：『臣今衰耄，唯有誠心而已。然昔在少壯，亦曾輸力先朝，以定關右。』帝大笑曰：『實如公言。』」

當然，後來的淮南戰役與平定尉遲迥的叛亂，表明韋孝寬這位老將還有餘勇可賈。但在平齊之役的謀畫和戰鬥中，如上所述，他沒有發揮重要的作用。

第九章
平齊之役：北周出師河東的決戰

一、周武帝東征策略的改變

建德五年（576）初，北周武帝自去歲患病痊癒後，又積極籌劃統一北方的軍事行動。從史書記載來看，他總結了以往兵出河陽的失敗教訓，準備改變主攻方向和路線，將要進軍河東。當年正月，他巡幸同州（今陝西大荔），隨即又東渡黃河，來到河東的涑水流域，並集合關中、河東的駐軍進行了大規模的狩獵活動，實際上是一次軍事演習。《周書》卷6〈武帝紀下〉曰：「（建德）五年春正月癸未，行幸同州。辛卯，行幸河東涑川，集關中、河東諸軍校獵。甲午，還同州。」《資治通鑑》卷172陳宣帝太建八年：「春，正月，癸未，周主如同州；辛卯，如河東涑川。」胡三省注：「杜預曰：涑水出河東聞喜縣，西南於蒲坂入河。」

值得注意的是，武帝僅在建德三年十月到過蒲州，未曾深入河東腹地，這是首次在臨近晉州的邊境舉行演習，應該引起北齊的警惕。

二月，為了安定後方，武帝又命令太子宇文贇與大臣王軌、宇文孝伯等領兵西征吐谷渾，至八月才結束返回。《周書》卷6〈武帝紀下〉：「二月辛酉，遣皇太子贇巡撫西土，仍討吐谷渾，戎事節度，並宜隨機專決。……八月戊申，皇太子伐吐谷渾，至伏俟城而還。」《資治通鑑》卷172陳宣帝太建八年：「二月，辛酉，周主命太子巡撫西土，因伐吐

第九章　平齊之役：北周出師河東的決戰

谷渾，上開府儀同大將軍王軌、宮正宇文孝伯從行。軍中節度，皆委二人，太子仰成而已。」四月，周武帝再次巡幸同州，派清河公宇文神舉出擊北齊的南境，「攻拔齊陸渾等五城」。[249] 陸渾在今河南嵩縣東北。九月，武帝在長安正武殿舉行「大醮」，為即將舉行的滅齊戰役祈禱勝利並召集群臣再次商議東征的計畫。[250] 他在會上分析敵國政治腐敗、軍心渙散、民怨沸騰的有利形勢，在主攻方向和進軍路線上接受了原本宇文敦、鮑宏等人的建議，提議師出河東，圍攻晉州（今山西臨汾），吸引晉陽的齊軍主力來援，反客為主，以逸待勞，在晉州城下與其決戰。獲勝後乘勢進兵，滅亡北齊政權，統一中原。

《周書》卷6〈武帝紀下〉記載他對群臣說：「朕去歲屬有疹疾，遂不得克平逋寇。前入賊境，備見其情，觀彼行師，殆同兒戲。又聞其朝政昏亂，政由群小，百姓嗷然，朝不謀夕。天與不取，恐貽後悔。」

由於去年伐齊勞師動眾，傾注了舉國之力而未獲成功，北周的將領擔心這次行動會重蹈覆轍，所以多數不願出征。周武帝認為當前有利的形勢不能錯過，堅持自己立即發兵的主張，並當眾宣布：「若有沮吾軍者，朕當以軍法裁之！」從而確定了平齊之役的策略大計。

周武帝師出河東、圍攻晉州的作戰意圖如下：

第一，北周建德五年（576）東伐之前，北齊的疆域大致北到長城，西至晉陝邊界黃河，東南在黃、淮之間與陳朝相持，跨有今太行山兩側的山西高原和華北平原、山東半島。從它的自然環境來看，環繞國界西、南的黃河是其天然防線，可以憑藉其滔滔流水，阻礙敵軍入境。《北

---

[249]　《周書》卷6〈武帝紀下〉夏四月乙卯條。
[250]　此次廷議和出征的時間，史籍所載不同。《周書》卷6〈武帝紀下〉記錄為「九月丁丑，大醮於正武殿，以祈東伐」。冬十月，武帝召集群臣商議伐齊之事；「己酉，帝總戎東伐」。而《資治通鑑》卷172載九月周主與諸將會議，「冬，十月，己酉，周主自將伐齊」。認為廷議時間應在九月丁丑大醮前後。筆者採用《資治通鑑》的說法。

史》卷 54〈斛律光傳〉即載每歲冬季齊軍在西線沿黃河鑿冰,以防周師來侵。《資治通鑑》卷 171 載太建五年(573)陳將吳明徹攻占淮南,進軍淮北,齊後主聞訊大驚,穆提婆等勸解道:「假使國家盡失黃河以南,猶可作一龜茲國。」認為只要守住黃河沿岸就可以高枕無憂,「仍使於黎陽臨河築城戍」。胡三省注曰:「懼陳兵之來,真欲畫河自保。」而北周占領的河東地區,恰恰是在這道天然水利防線當中打進了一個楔子,由於控制了黃河兩岸,所以能夠在不受敵方干擾的情況下於蒲津、龍門來往涉渡,組織人員、裝備、糧草的運輸。因此,兵出河東伐齊,確實是一條非常有利的進軍路線。

第二,以北齊的防禦部署來看,其軍事、政治重心是在山西高原中部的陪都晉陽(今山西太原),軍隊的主力、馬匹、裝備多屯於此,北齊皇帝平時也駐蹕在那裡。選擇并州地區屯集重兵,可以北防突厥,南禦周師。首都鄴城的兵力配置反而較弱,如齊武成帝所言:「鄴城兵馬抗并州,幾許無智。」[251] 如果河北平原一旦有事,晉陽的齊軍主力可以透過滏口[252]、土門[253],穿越太行山脈迅速增援。對於主要對手北周的進攻路線,考慮到以往敵人多是沿黃河南岸而下,走崤函道攻擊號稱「天下之中」的洛陽地區,所以把控禦黃河南北幾條要道的重鎮河陽當作防禦的重點,派遣名將獨孤永業率領甲士三萬屯駐在當地。遇到強敵來襲,可以依靠天險黃河和堅固的河陽三城進行死守,堅持到晉陽的主力援兵到來。從高歡到齊後主高緯在位時期,東魏、北齊統治者奉行的都是這條策略方針,屢次挫敗了宇文氏的東征。

關中的周軍主力若是經過河東進攻北齊,其最終的策略目標一是陪

---

[251] 《北齊書》卷 14〈上洛王思宗附子元海傳〉。
[252] 滏口為著名古隘道,為太行八陘之一,在今河北磁山西北石鼓山。滏水(今滏陽河)源出於此。該地山嶺高深,形勢險峻,是古代由鄴城西出之要道。
[253] 土門即今之井陘口,在今河北井陘市北井陘山,是太行山區進入華北平原的著名隘口。

第九章　平齊之役：北周出師河東的決戰

都晉陽，二是首都鄴城。如果從河東北攻晉陽，受山西高原特殊地形的侷限限，大軍只能在呂梁、太嶽山脈之間，沿汾水河谷北上。選擇這條行軍路線，晉州是其必經之地。由河東向東攻取鄴城，則有兩條途徑：或由王屋道，即從邵州（今山西垣曲古城鎮）東出齊子嶺（今河南濟源市西），過軹關至河陽，沿途崇山峻嶺，道路險阻，易受敵人阻擊，多有不便，通達性不如以往常走的黃河南岸的崤函道。或北出運城盆地，至晉州向東，進入晉東南的長治盆地，穿越太行山脈諸陘，到達河北平原。這條道路較為近捷，戰國時秦滅趙、燕，楚漢相爭時韓信滅趙、燕，都是走的這條道路。由此可見，晉州的地理位置十分重要。如《讀史方輿紀要》卷41所稱：「府東連上黨，西略黃河，南通汴、洛，北阻晉陽。宰孔所云：景霍以為城，汾、河、涑、澮以為淵；而子犯所謂『表裡山河』者也。」晉州平陽是兵家必爭的樞紐衝要，自古以來備受矚目。「秦、漢以降，河東多事，平陽嘗為戰地。曹魏置郡於此，襟帶河、汾，翼蔽關、洛，推為雄勝。杜畿云：『平陽披山帶河，天下要地』是也。晉室之亂，劉淵竊據其地，縱橫肆掠，毒被中原。迄於五部迭興，索頭繼起，平陽居必爭之會，未有免於鋒鏑者也。及周、齊相爭，平陽如射的然。」[254]

東魏初年，高歡曾想在晉州修築大城，加強該地的防務，作為并州以南的防禦重鎮。這一意圖被部下勸阻，事後他頗為後悔。[255] 北齊有識之士盧叔虎也曾向肅宗提出在晉州建立前方軍事基地，以此遏制宇文氏

---

[254] 《讀史方輿紀要》卷41〈山西三·平陽府〉。
[255] 《北史》卷53〈薛修義傳〉：「初，神武欲大城晉（州），中外府司馬房毓曰：『若使賊到此處，雖城何益？』乃止。及沙苑之敗，徙秦、南汾、東雍三州人於并州，又欲棄晉（州），以遣家屬向英雄城。修義諫曰：『若晉州敗，定（筆者注：『定』應為『并』）州亦不可保。』神武怒曰：『爾輩皆負我，前不聽我城并（筆者注：『并』應為『晉』）州城，使我無所趣。』修義曰：『若失守，則請誅。』斛律金曰：『還仰漢小兒守，收家口為質，勿與兵馬。』神武從之。以修義行晉州事。及西魏儀同長孫子彥圍逼城下，修義開門伏甲待之，子彥不測虛實，於是遁去。神武嘉之，就拜晉州刺史。」

一、周武帝東征策略的改變

的擴張，並伺機蠶食敵境。「宜立重鎮於平陽，與彼蒲州相對，深溝高壘，運糧積甲，築城戍以守之。彼若閉關不出，則取其黃河以東，長安窮蹙，自然困死。如彼出兵，非十萬以上，不為我敵，所供糧食，皆出關內。……自長安以西，民疏城遠，敵兵來往，實有艱難，與我相持，農作且廢，不過三年，彼自破矣。」這項建議受到了肅宗的讚賞，「帝深納之。又願自居平陽，成此謀略。……未幾帝崩，事遂寢」[256]。

有鑒於此，周武帝充分了解到晉州的策略價值，認為它是東征之役的首要進攻目標。他對群臣說：「出軍河外，直為拊背，未扼其喉。然晉州本高歡所起之地，鎮攝要重，今往攻之，彼必來援；吾嚴軍以待，擊之必克，乘破竹之勢，鼓行而東，足以窮其窟穴，混同文軌。」[257] 所以北周兵出河東、圍攻晉州的作戰計畫，是符合當時的軍事、政治地理形勢的。

第三，從北齊方面的防禦策略和兵力部署來看，存在著很大的漏洞。首先，名帥段韶病逝，齊後主高緯又聽信讒言，殺害了能征善戰的大將斛律光，朝內缺少具有遠見卓識的軍事統帥，無人意識到晉州的特殊重要性。儘管周武帝在當年駕臨河東，舉行軍事演習，擺出了兵臨晉州的進攻情勢，但是仍未引起北齊君臣的高度警惕。他們還是判斷周軍主力會東趨河陽，和往常的主攻方向一樣。而晉州距離重兵屯集的晉陽並不太遠，一旦有急可以及時馳援，因此沒有給予足夠的重視。在兵力的部署上，晉州的人馬比起河陽要少得多，據記載，北齊在河陽有甲士三萬。而晉州的守軍只有八千人，[258] 在戰鬥力和人數上都明顯不足，難以抵擋周軍主力的圍攻。另外，晉州所處臨汾盆地的地形較為平坦開闊，也利於大軍的攻城行動，如宇文弼所言：「河陽衝要，精兵所聚，盡

[256]　《北齊書》卷42〈盧叔武傳〉。
[257]　《周書》卷6〈武帝紀下〉。
[258]　《北齊書》卷41〈獨孤永業傳〉；《周書》卷6〈武帝紀下〉建德五年十月。

力圍攻，恐難得志。如臣所見，彼汾之曲，戍小山平，攻之易拔，用武之地，莫過於此。」[259]

再者，晉州原本的軍政長官張延雋精明幹練，很注意邊防和民政，使當地的軍備充足，社會局勢亦比較穩定。但是由於和朝內的倖臣關係不好，被撤職調走，而新派遣的守將尉相貴才能平庸，使平陽一帶的形勢出現了動盪。《資治通鑑》卷172太建八年十月丙辰條載：

先是，晉州行臺左丞張延雋公直勤敏，儲偫有備，百姓安業，疆埸無虞。諸嬖倖惡而代之，由是公私煩擾。

周武帝於此時進軍晉州，正是抓住了當地兵力薄弱、守將庸碌無能、社會局面不夠安定的有利時機，確實是值得稱道的一步妙棋。

二、北周進軍河東的作戰序列

（一）周師開赴晉州途中的兵力部署

建德五年（576）十月己酉（初四），周武帝親自統帥大軍出征河東。據《周書》卷6〈武帝紀下〉記載，其行軍途中兵力部署情況如下：前軍由齊王宇文憲、陳王宇文純率領。

右軍以越王宇文盛為右一軍總管，杞國公宇文亮為右二軍總管，隨國公楊堅為右三軍總管。

左軍譙王宇文儉為左一軍總管，大將軍竇恭為左二軍總管，廣化公丘崇為左三軍總管。

---

[259]　《隋書》卷56〈宇文弢傳〉。

此外,周武帝麾下的精銳部隊——六軍應為中軍,史籍未言統帥為誰。從事後的情況來看,周武帝在兵至晉州前線之時,才任命王誼監六軍攻平陽城。很可能六軍在行進途中指揮權歸屬天子,尚未任命統帥。

(二)周師的行軍路線

北周軍隊由河東開赴晉州前線,是從蒲津渡河,有兩條路線可以選擇。一是走桐鄉路即涑水道,由蒲坂溯涑水北上,穿越運城盆地,走聞喜縣北、今禮元一帶的隘道穿過峨嵋臺地,到達汾曲,再過正平郡界向北,溯汾水而行到達晉州。另一條路線是走汾陰路、汾水道,即由蒲坂沿黃河東岸北上,經汾陰到達龍門,至汾水入河之處,再沿汾河南岸東行,到達重鎮玉壁渡口,涉過汾水,沿北岸的大道東行至正平,再溯汾水北上到晉州。

從史籍所載來看,周師主力走的顯然是第二條道路,因為武帝在赴晉州途中曾經路過玉壁。據《周書》卷31〈韋孝寬傳〉載:「(建德)五年,帝東伐,過幸玉壁。觀禦敵之所,深嘆羨之,移時乃去。孝寬自以習練齊人虛實,請為先驅。帝以玉壁要衝,非孝寬無以鎮之,乃不許。」若是走涑水道,則不會經過那裡。

另外,周師主力在攻克晉州後退兵避戰時,也是走的這條路線,可以作為一個旁證。《周書》卷12〈齊煬王憲傳〉:「時高祖已去晉州,留憲為後拒。齊主自率眾來追,至於高梁橋。憲以精騎二千,阻水為陣。……憲渡汾而及高祖於玉壁。」

選擇這條行軍路線,可能是由於以下原因:由蒲津走涑水道至晉州雖然路程近捷,但是需要從聞喜隘口穿越峨嵋臺地,沿途道路崎嶇狹窄,易受敵人阻擊,也不利於大軍的兵力展開和給養輸送。而汾陰路、

第九章　平齊之役：北周出師河東的決戰

汾水道儘管稍為繞遠，可是路途較為開闊，又在己方的控制之下，相對要安全得多。另外，因為龍門渡口在北周手中，從這條道路退兵也可以有兩種選擇，或由汾陰路南下蒲津渡河回關中，或由龍門西渡黃河南下返長安，通達性亦比較好。

（三）不攻正平，直取晉州

值得注意的是，大軍途經正平郡城臨汾（今山西新絳縣東北）時，並沒有進行圍攻，而是只留下了監守的部隊，主力則繞過它由汾水東岸繼續向晉州開拔。為什麼這樣做？可能是為了迅速趕到晉州，完成預期的策略部署。

正平的守將是新從河陽調來的傅伏，此人忠勇慣戰，曾任北齊永橋大都督，去年在河陽防禦戰中迅速赴援中潬城，拚死堅守二旬，直到晉陽援兵到來，迫使周師退兵解圍。齊後主為此對他加以褒獎，授特進、永昌郡公，把他調到河東前線，任東雍州刺史，後又升為晉州行臺右僕射。傅伏既以善守著稱，正平的城防應該相當堅固，周師圍攻很難速勝。若戰事拖延時日，即使占領該城，也會貽誤戰機，難以及時趕到晉州並攻克這一策略要地。若平陽不下，晉陽的齊軍主力又南下赴救，周師會受到城內、城外敵人的夾擊，形勢將會非常被動。

由於未在正平耽誤時間，北周主力軍隊在十月癸亥（十八日）即到達平陽城下；從長安出發到晉州前線，前後只用了 14 天。周師沿途僅在平陽以南的高顯（今山西曲沃縣東北）[260] 等地進行了攻城戰鬥，很快就由

---

[260] 高顯在今山西曲沃縣西高顯鎮，位於汾水之東，縣城西北約 10 公里。王仲犖《北周地理志》，第 801 頁，對高顯地望考證道：「按胡三省《通鑑》注：高顯蓋近涑川。《讀史方輿紀要》：高顯戍在夏縣北。並誤。據《山西通志》，高顯鎮在曲沃縣東北二十里。今山西曲沃縣東北有高顯。近年蒲太鐵路通車，設立車站，即北齊之高顯戍矣。」嚴耕望《唐代交通圖考》第一卷，第 112 頁，亦考證云：「檢《民國地圖集·山西河北人文圖》，絳縣東北，汾水南流折西處有高顯地名，在汾水東岸。《元和志》一二，絳州東北至晉州一百四十里，度此高顯北

越王宇文盛的右一軍占領了這幾個據點。《周書》卷13〈越野王盛傳〉載：「（建德）五年，大軍又東討，盛率所領，拔齊高顯等數城。」

（四）派遣偏師、牽制河陽齊軍

考慮到北齊獨孤永業統領的河陽守軍有數萬之眾，且距離周境較近；一旦晉州戰事吃緊，河陽的敵軍若趕赴當地增援，或是採取圍魏救趙的辦法，攻擊崤函、潼關一帶，威脅北周的關中後方，這些情況都是周軍統帥所不願看到的。為了預防河陽齊軍的行動，周武帝在主力進兵河東的同時，還派遣了於翼率領一支偏師，進攻洛陽地區，牽制住當地的敵人，使之不得脫身。《周書》卷30〈於翼傳〉：「其年，大軍復東討，翼自陝入九曲，攻拔造㵎等諸城，徑到洛陽。」

後來北齊兵敗晉州、并州後，廣寧王高孝珩曾建議：「……獨孤永業領洛州兵趣潼關，揚聲趣長安」，[261] 但未被後主採納。獨孤永業在河陽，「初聞晉州敗，請出兵北討，奏寢不報，永業慨憤。又聞并州亦陷，為周將常山公（於翼）所逼，乃使其子須達告降於周」[262]。

因為北周事先猜想到河陽地區的齊軍可能會有所行動，採取了預防措施，結果使獨孤永業的這支勁旅在北齊的防禦作戰中沒有發揮重要的作用。

去晉州不及百里，蓋真其地矣。」
[261] 《北齊書》卷11〈廣寧王孝珩傳〉。
[262] 《北齊書》卷41〈獨孤永業傳〉。

第九章　平齊之役：北周出師河東的決戰

三、從地理角度分析北周圍攻晉州的兵力部署

周武帝到達晉州前線後，在攻城戰鬥之前，對各個作戰方向進行了兵力配置。大致有中路的圍城部隊和北路、東北路、西路、東路、東南路、後路的掩護部隊七支。

（一）中路 —— 晉州

圍攻晉州的部隊是北周的精銳 —— 天子麾下的六軍，前敵指揮將領為內史王誼，《周書》卷 6〈武帝紀下〉建德五年十月：「遣內史王誼監六軍，攻晉州城。」此人為西魏開國元勳王盟之從孫，早年即為武帝親信，《北史》卷 61〈王盟附從孫誼傳〉曰：「時大塚宰宇文護執政，帝拱默無所關預。有朝士於帝側微不恭，誼勃然而進，將擊之，其人惶懼請罪，乃止。自是朝臣無敢不肅。」

武帝即位後，王誼遷為內史大夫、封楊國公，深受寵信。「汾州稽胡亂，誼擊之。帝弟越王盛、譙王儉雖為總管，並受誼節度」[263]。周武帝東征之前，為了保守機密，只和朝內外極少數大臣商議制定作戰計畫，王誼就是其中一個重要人物。「先是周主獨與齊王憲及內史王誼謀伐齊，又遣納言盧韜乘馹三詣安州總管於翼問策，餘人皆莫之知。」[264]

北周六軍的人數不詳，平陽城內的北齊守軍有甲士八千，若加上輔助人員，參加防禦的將士應有一萬餘人。按照古代軍事學的慣例，「夫守戰之力，力役參倍」，[265] 那麼，北周攻城的部隊至少應該有四五萬人。

---

[263]　《北史》卷 61〈王盟附從孫誼傳〉。
[264]　《資治通鑑》卷 172 陳宣帝太建七年七月。
[265]　《三國志》卷 14〈魏書・劉放傳〉注引《孫資別傳》。

三、從地理角度分析北周圍攻晉州的兵力部署

而去年河陽之役周武帝直接指揮的中軍有六萬人，這個數字可能和此次圍攻平陽的六軍人數比較接近。

（二）北路 —— 雀鼠谷、千里徑

為了監視和阻滯晉陽的敵軍主力南下，保證晉州的攻城作戰不受干擾和破壞，周武帝「遣齊王憲率精騎二萬守雀鼠谷，陳王純步騎二萬守千里徑，……柱國宇文盛步騎一萬守汾水關」。[266]

宇文憲和宇文純的部隊本來是前軍。宇文盛統領的是右一軍，這兩支部隊先期到達汾曲，待武帝所領的中軍主力抵達晉州後，繼續向北開進，企圖控制齊軍主力自晉陽南下的兩條必經之路 —— 雀鼠谷和千里徑。

山西高原地勢高峻，有華北屋脊之稱。高原的中部有汾河等河流穿過，經雨水的長期侵蝕，汾河的沖積，以及地層的褶曲和斷層等作用的演進，形成了一個縱長的地溝 —— 斷陷帶，其間自北而南分布著大同、忻定、太原、臨汾、運城五大盆地。太原盆地通往臨汾盆地的主要道路，是沿汾水河谷而下，可以水陸並進，通道兩側為呂梁山脈和太嶽山脈所夾持。汾水發源於晉北寧武的管涔山，經過太原盆地蜿蜒南流，過介休到義棠鎮（今山西介休西南）後河道變窄，即進入靈石峽谷，古代稱為雀鼠谷，或稱冠爵津。[267] 其北口在今靈石縣北約 20 公里的冷泉關，南口在汾水關，即今靈石縣南之南關鎮，又名陰地關，峽谷全長約為 110 里。[268] 因河谷陡峭屈曲，每有急流險灘，通船不便，歷代多築陸路，北

---

[266] 《周書》卷 6〈武帝紀下〉。
[267] 《水經·汾水》：「又南過冠爵津」，酈道元注：「汾津名也，在界休縣之西南，俗謂之雀鼠谷。數十里間道險隘，水左右悉結偏梁閣道，累石就路……」
[268] 《元和郡縣圖志》卷 13〈河東道二·汾州介休縣〉：「雀鼠谷，在縣西十二里。」《太平寰宇記》卷 41〈河東道二·汾州孝義縣〉：「雀鼠谷，《冀州圖》云『在縣南二十里，長一百一十里，南至臨汾郡霍邑縣界。汾水出於谷內，南流入河，即《周書》謂鑑谷。』」《山西通志》卷 49〈關梁考六〉：「冷泉關，雀鼠谷之北口也，亦曰靈石口，在靈石縣北四十五里。……舊《通志》：冷泉關，古川口也。關外迤北，皆平原曠野，而入關則左山右河，中通一線，實南北

第九章　平齊之役：北周出師河東的決戰

魏時曾沿河修築棧道，架橋汾上。[269]嚴耕望先生曾考證云：「中古時代有所謂冠爵津即俗名雀鼠谷者，即冷泉關以南之隘道，亦即汾水河谷隘道，北口在冷泉驛關之東近十里，南口在賈胡堡、汾水關地區，接霍邑北界，全長一百一十里，最險峻處亦數十里。兩山夾峙，汾水中流，道出其中。『上戴山阜，下臨絕澗』，或於崖側『壘石為路』，或於高出水面一丈或五六尺處，鑿山植木為閣道，縈繞崖側如帶，俗稱為魯班橋。度其結構，有如秦嶺、巴山之棧道，殆為北方陸程罕見之險隘也。」[270]

汾水入雀鼠谷後，過兩渡、索洲，南流至今靈石縣城關之南，被太嶽山脈的高壁嶺阻擋，折而向西，過夏門鎮後往南行，過魯班橋、富家灘，至汾水關出谷。這條路線曲折繞行多有不便，為了節省時日，古代人們開闢了另一條近捷的陸路——千里徑，是由靈石縣城關直接南下，穿越高壁嶺，過高壁鎮，至今仁義河分為兩路：主道是渡河經逍遙驛而南行至永安（今山西霍州）；另一路則沿仁義河西南行至汾水關與雀鼠穀道匯合，再南下永安、洪洞，到達臨汾盆地。《讀史方輿紀要》卷41〈山西三·平陽府·霍州〉曰：「千里徑，州東十里。後魏平陽太守封子繪所開之徑也，為北出汾州徑指太原之道。」《山西通志》卷32〈山川考二〉亦曰：「千里徑在彘水北，西距霍州二十里。其北為雞棲原，有回牛嶺、鳳棲嶺，皆古扼隘。」千里徑舊有路途，險峻難行。東魏孝靜帝二年（535），平陽太守封子繪於舊徑東側山谷開鑿新路，方便交通。見《北齊書》卷21〈封隆之附子繪傳〉：

咽喉要地。自介休義棠鎮，南至靈石陰地關、賈胡堡，皆古雀鼠谷。《水經注》所謂數十里道隘者也。」王仲犖：《北周地理志》，第830頁，「汾水關即今靈石縣西南之南關也，此關亦稱陰地關。《讀史方輿紀要》卷41〈山西三·平陽府·霍州靈石縣〉：「汾水關，在縣西南。《括地志》：靈石縣有汾水關。』後周主邕攻晉州，分遣宇文盛守汾水關。既克平陽，齊主緯自晉陽馳救，分軍出千里徑及汾水關，盛拒卻之。既而周主自平陽進向晉陽，至汾水關是也。」

[269]　《山西省歷史地圖集》，中國地圖出版社2000年版，第390頁。
[270]　《唐代交通圖考》第一卷，第122頁。

276

三、從地理角度分析北周圍攻晉州的兵力部署

晉州北界霍太山，舊號千里徑者，山坂高峻，每大軍往來，士馬勞苦。子繪啟高祖，請於舊徑東谷別開一路。高祖從之，仍令子繪領汾、晉二州夫修治，旬日而就。高祖親總六軍，路經新道，嘉其省便，賜谷二百斛。後大軍討復東雍，平柴壁及喬山、紫谷絳蜀等，子繪恆以太守前驅慰勞，徵兵運糧，軍士無乏。

周武帝派遣齊王宇文憲率戰鬥力最強的精騎二萬守雀鼠谷，是因為這條路線是晉陽齊軍南下的主要通道。為了堵絕北齊援軍的另一條來路，武帝又命令陳王宇文純領步騎二萬守千里徑，副將是郭衍，參見《隋書》卷61〈郭衍傳〉：「（周）武帝圍晉州，慮齊兵來救，令衍從陳王守千里徑。」而宇文盛帶領兵馬一萬駐紮在千里徑支線與雀鼠穀道交會的汾水關，是作為隨時準備支援的預備隊來部署的。

北路周軍因肩負阻擊晉陽齊軍主力援兵的任務，關係重大，幾支人馬的總指揮是武帝親弟齊王宇文憲。他領兵北上，進占洪洞、永安二城，被齊軍燒斷汾橋，阻於該地。[271]《周書》卷6〈武帝紀下〉曰：「齊王憲攻洪洞、永安二城，並拔之。」《周書》卷12〈齊煬王憲傳〉：「（建德）五年，大軍東討，憲率精騎二萬，復為前鋒，守雀鼠谷。高祖親圍晉州，憲進兵克洪同、永安二城，更圖進取。齊人焚橋守險，軍不得進，遂屯於永安。」《周書》卷29〈劉雄傳〉載：「其年，大軍東討，雄從齊王拔洪洞，下永安，軍還，仍與憲回援晉州。」

後來宇文憲又領兵北進，將部隊分為三路，屯駐在千里徑、雞棲原

---

[271] 北齊洪洞戍在今山西洪洞縣北。《通典》卷179〈州郡九·古冀州下·晉州·洪洞縣〉：「故洪洞城在今縣北，東魏、北齊鎮也，四顧重複，控處要險。」《資治通鑑》卷172胡三省注：「洪洞城在楊縣，取城北洪洞嶺名之。」《太平寰宇記》卷43〈河東道四·晉州〉：「洪洞縣，本漢楊縣，即春秋楊侯國也。……《晉地道記》云：『楊，故楊侯國，晉滅之以賜大夫羊舌肸。漢以為縣，屬河東郡。後漢同。魏置平陽郡，楊縣屬焉。』後魏改屬永安郡。」北齊永安戍，在今山西霍州城關。《讀史方輿紀要》卷41〈山西三·平陽府·霍州霍邑廢縣〉：「後漢陽嘉三年改為永安縣。……東、西魏相持，東魏置永安戍於此。」

第九章　平齊之役：北周出師河東的決戰

（今山西霍州市北）[272]和汾水關，完成了抗擊南下齊軍主力的準備。可見《周書》卷12〈齊煬王憲傳〉：「齊主聞晉州見圍，乃將兵十萬，自來援之。時柱國、陳王純頓軍千里徑，大將軍、永昌公椿屯雞棲原，大將軍宇文盛守汾水關，並受憲節度。」

（三）西路 —— 華谷、汾州

武平二年（571）段韶克汾州後，齊人的勢力由東雍州向西擴展了五百餘里，完全控制了汾水以北和黃河以東的今呂梁地區。當地的漢族居民不多，主要是稽胡等少數民族，北齊控制的城塞據點，自正平沿汾水北岸向西分布，歷華谷、龍門，向北延伸至汾州。其兵力部署主要有三個重點：

一是正平。郡治臨汾城，在今山西新絳縣東北，為東雍州的治所，主將為刺史傅伏。

二是華谷。在今山西稷山縣西北化峪村，這座城戍在北周重鎮玉壁的對岸，守軍的主要任務是監視、阻撓周軍從這個渡口涉越汾水。

三是汾州。治定陽，今山西吉縣，任務是鎮守壺口天險，防止周軍由龍門渡河後北進。

周武帝除了留下一支部隊監視正平的傅伏以外，還分出一支偏師由趙王宇文招和總管韋孝寬率領在汾北作戰。這支人馬從玉壁北渡汾水至華谷後，又分為兩部，「柱國、趙王招步騎一萬自華谷攻齊汾州諸城」，[273]使其無法向東救援晉州。韋孝寬率本部軍隊圍攻華谷附近的北齊城戍。兩部人馬頻頻告捷，除了臨汾孤城之外，齊人在汾水北岸的勢力基本上得以掃除，不會對北周向晉州前線運送給養的交通路線構成嚴

---

[272]　《讀史方輿紀要》卷41〈山西三・平陽府・霍州〉：「雞棲原，州東北三十里，霍山高平處也。」
[273]　《周書》卷6〈武帝紀下〉建德五年十月。

重威脅。見《周書》卷31〈韋孝寬傳〉:「及趙王招率兵出稽胡,與大軍掎角,乃敕孝寬為行軍總管,圍守華谷以應接之。孝寬克其四城。武帝平晉州,復令孝寬還舊鎮。」

(四)東北路 —— 統軍川

北周在晉州的東北方向部署了另一支部隊,「鄭國公達奚震步騎一萬守統軍川」。[274] 這路兵馬所駐紮的統軍川古名澗水,又名通軍水、赤壁水,今稱石壁河;在北周安澤縣,即今山西古縣城關之南,屬於洪安澗河的支流。其地望可參見《水經注》卷6〈汾水〉:

> 澗水東出谷遠縣西山,西南逕霍山南,又西逕楊縣故城北,晉大夫僚安之邑也。應劭曰:「故楊侯國。」……其水西流入於汾水。

王仲犖《北周地理志》第816頁曰:

> (安澤縣)有統軍川,即水經注之澗水也。

《太平寰宇記》卷43〈河東道四・平陽府晉州岳陽縣〉:

> 赤壁水,在縣南,西北流,合澗水,其澗水,一名通軍水。

《讀史方輿紀要》卷41〈山西三・平陽府・岳陽縣〉大澗水條:

> 在縣北。《志》云:澗水有二源,一出縣北安吉嶺,一出縣西北金堆裡,俱西南流入洪洞縣界注於汾水。又縣南有赤壁水,西北流合於澗水,一名通軍水。《志》云,赤壁水出趙城縣霍山南,西南流二十里至縣西漏崖入地中,過南三十里復出而合澗水。

《山西通志》卷32〈山川考二〉引《平陽府志》:

> 「澗河,即岳陽縣城東水,一出縣北安吉嶺,一出西北金堆裡千佛

---

[274] 同上。

第九章　平齊之役：北周出師河東的決戰

溝。至古岳陽村合流，經城東門外，西南至澗上村，入洪洞縣境。隸境三十里，西入於汾。」、「案：即《水經》(汾水注)之澗水，《金志》之通軍水也。《注》云經霍山南，霍山在岳陽西北九十里，蓋澗北諸山悉其支峰。《魏書·地形志》：『楊縣有岳陽山』是也，遂以名縣。」

《山西通志》卷40〈山川考十·汾水〉：

「又南逕洪洞縣城西，澗河東注之。」又引《洪洞縣志》曰：「澗水，在縣南門外數里，源二：一出岳陽縣北安吉嶺，一出岳陽西北金堆裡，合而西南流出峽，屈曲之縣東境。西流，逕縣治南，又西流入汾。（案：即通軍水也，詳霍山下。）」

統軍川以北，沿洪安澗河上游北上，有一條陸路通往沁源、沁縣；溯統軍川水東行，另有一條道路可至屯留。達奚震領兵據守於此，可以防備東、北兩個方向的來敵。從史籍的記載來看，這支部隊在晉州戰役結束後向東進攻，連克北齊兩處要戍義寧、烏蘇。見《周書》卷19〈達奚武附子震傳〉：「(建德)五年，又從東伐，率步騎一萬守統軍川，攻克義寧、烏蘇二鎮，破并州。進位上柱國。」

王仲犖《北周地理志》第817頁曰：「按義寧鎮，即今安澤縣北和川鎮。烏蘇鎮，即今沁縣西南二十里烏蘇村。此為北齊二重鎮，置立軍府，填以六州鮮卑者也。故先攻取焉。由統軍川東向攻取此二鎮，會師并州。」義寧地望的演變可見《讀史方輿紀要》卷41〈山西三·平陽府·岳陽縣〉：

和川城，縣東九十里，後魏建義初分禽昌地置義寧縣，屬義寧郡。隋初郡廢，縣改曰和川，屬沁州。大業初廢，義寧初復分沁源縣屬沁州，唐因之。宋改屬晉州，熙寧五年省入冀氏縣，元祐初復置。金因之，元省入岳陽。今名和川裡。

三、從地理角度分析北周圍攻晉州的兵力部署

《元和郡縣圖志》卷 13〈河東道二・沁州〉：

和川縣，本漢谷遠縣地，後魏莊帝於今縣南九里置義寧縣，屬義寧郡。隋開皇三年罷郡，改屬晉州。十六年置沁州，縣屬焉。十八年改為和川縣。大業三年省，武德元年重置。

烏蘇鎮古稱閼與，亦是著名關險，戰國時名將趙奢曾在此地大破秦軍。

《元和郡縣圖志》卷 15〈河東道四・潞州銅鞮縣〉：

閼與城，在縣西北二十里。《史記》曰：秦昭襄王攻趙閼與，趙奢曰：「其道遠險狹，譬如兩鼠鬥於穴中，將勇者勝。」遂破秦軍，解閼與之圍。

《太平寰宇記》卷 50〈河東道十一・威勝軍・銅鞮縣〉：

閼與城，今名烏蘇城，在縣西北二十里。《史記》：秦昭襄王三十八年，秦伐韓，軍於閼與。……《漢高紀》曰：「韓信破代，擒代相夏說於閼與」。孟康注：「邑名，在上黨涅縣也。」

《讀史方輿紀要》卷 43〈山西五・沁州〉：

閼與城，州西北二十里，孟康曰：「閼與讀曰焉與」。戰國時趙將趙奢大破秦軍，解閼與之圍，其地在河南武安縣。秦始皇十一年，王翦攻閼與及橑陽。又漢二年韓信破代，擒代相夏說於閼與，即此處也。《後漢志》：鄴縣有閼與聚。《冀州圖》謂之鳴（烏）蘇城，俗曰烏蘇村。

《山西通志》卷 25〈府州廳縣考三・遼州和順縣〉：

春秋時晉大夫梁餘子養邑。戰國屬趙，為閼與地。漢上黨郡沾縣、涅氏二縣地。後漢為涅縣之閼與聚。……謹案：……「烏」、「閼」同聲，而經典皆讀「閼」為、「遏」……其烏蘇城，《冀州圖》云在銅鞮縣西北二十里。注曰：「《元和志》、《太平記》並同。今沁州西南二十裡有烏蘇村。」

（五）東南路 —— 齊子嶺

「大將軍韓明步騎五千守齊子嶺。」[275] 前文已述，齊子嶺在今山西垣曲縣之東、河南濟源市西，屬於王屋山脈。《讀史方輿紀要》卷49〈河南四·懷慶府濟源縣〉曰：「齊子嶺，縣西六十里。杜佑曰：『在王屋縣東二十里，周齊分界處也。』西魏大統十二年高歡圍玉壁，別使侯景將兵趣齊子嶺。又周建德五年周主攻齊晉州，分遣韓明守齊子嶺是也。」

齊子嶺西通邵州，可由此進入河東腹地。東入軹關後行抵河陽。因為該地山路崎嶇，林木茂密，難以通行，是周、齊兩國均無人駐守的邊境棄地。武定四年（546）高歡進攻河東玉壁時，曾令河陽守將侯景逾齊子嶺攻西魏邵郡以作牽制。但侯景聞敵人率援兵將至，「斫木斷路者六十餘里，猶驚而不安，遂退還河陽」。[276] 故北周在此路布置的人馬雖然不多，但是可以憑險據守，擋住河陽方向的來敵。

（六）東路 —— 鼓鍾鎮

「烏氏公尹升步騎五千守鼓鍾鎮。」[277] 鼓鍾鎮在今山西垣曲縣古城北之鼓鍾山，《讀史方輿紀要》卷41〈山西三·平陽府·垣曲縣〉曰：「鼓鍾鎮，縣北六十里。亦曰鼓鍾城。《水經注》：『教水……飛流注壑，夾岸深高，南流注鼓鍾川。川西南有冶宮，世謂之鼓鍾城。』後周建德五年攻晉州，分遣尹升守鼓鍾鎮，即是處矣。鼓鍾川水至馬頭山東伏流，重出南入於河。」該地形勢險峻，是北周邵州通往西北方向的交通幹線 —— 鼓鍾道上之要隘。

北齊的河陽駐軍若出軹關來襲，假設守齊子嶺的周將韓明阻擋不

---

[275]　《周書》卷6〈武帝紀下〉。
[276]　《周書》卷34〈楊㯹傳〉。
[277]　《周書》卷6〈武帝紀下〉。

住,那麼齊軍可經白水(今山西垣曲縣古城鎮)沿鼓鍾道西北行,越王屋山麓,過橫嶺關、含口(今山西絳縣冷口),到達涑水上游,即能分兵兩路,一路順涑水而下,進入運城盆地。一路向北出聞喜隘口,抵達汾曲,躡周軍主力之後。這條道路萬一失守,對圍攻晉州的周軍主力威脅很大,故周武帝留下一支部隊以作策應。

(七) 後路 —— 蒲津關

「涼城公辛韶步騎五千守蒲津關。」[278] 蒲津渡口是河東連繫關中後方根據地的交通孔道。為了防止敵人偷襲渡橋,破壞大軍的給養運送,特派遣辛韶領兵鎮守這一要地。

從北周圍攻晉州諸軍的部署情況來看,以周武帝為首的指揮集團制定的作戰計畫非常周密。為了保證攻城戰鬥的順利進行,不僅留下最為精銳的六軍來擔負此項任務,還派遣了以善戰著稱的宇文憲率領五萬大軍在北路設防,扼守住晉陽敵兵南下增援的兩條必經之路 —— 雀鼠谷和千里徑。宇文憲的軍隊雖然人數少於齊軍主力,但是能夠利用險要的地形來遲滯阻擊,在有利陣地上布防的五萬兵馬是很難被迅速消滅的,這樣可以拖延時日,使己方的大軍有足夠的時間來攻克晉州。此外,北周對平陽附近的各條道路都部署了防禦兵力,可謂萬無一失。

四、周師對晉州的圍城戰鬥

北周軍隊在十月己酉(四日)出征,癸亥(十八日)至晉州,周武帝隨即布置人馬,開始圍攻。「遣內史王誼監六軍,攻晉州城。帝屯於汾

---

[278] 《周書》卷6〈武帝紀下〉。

第九章　平齊之役：北周出師河東的決戰

曲。……帝每日自汾曲赴城下，親督戰，城中惶窘。」[279]

在北周攻城部隊的沉重打擊下，平陽守軍人心動搖，幾位北齊將領見城池難保，密謀投降，並先後通知周營。「（十月）庚午，齊行臺左丞侯子欽出降。壬申，齊晉州刺史崔景嵩守城北面，夜密遣使送款。」[280] 周武帝立即命令大將王軌領兵前去接應。「未明，士皆登城鼓譟。齊人駭懼，因即退走。遂克晉州，擒其城主特進、海昌王尉相貴，俘甲士八千人。」[281]

周師占領平陽城後，為擴大戰果，鞏固防禦，採取了三項措施：

1. 將被俘兵員押送後方

《周書》卷6〈武帝紀下〉載王軌領兵入城後，「齊眾潰，遂克晉州，擒其城主特進、開府、海昌王尉相貴，俘甲士八千人，送關中」。把大量戰俘遣送到距離前線較遠的根據地，能夠防止他們在邊境作亂，逃回本土；還減少了後方長途運輸來的給養供應，既安全又經濟，可謂一舉兩得。

2. 任命得力守將

十月甲戌（二十九日），周武帝「以上開府梁士彥為晉州刺史，加授大將軍，留精兵一萬以鎮之」。[282] 梁士彥是武帝最近提拔的一員猛將，又很有謀略。

《周書》卷31〈梁士彥傳〉載其「少任俠，好讀兵書，頗涉經史。周武

---

[279]　《周書》卷6〈武帝紀下〉。
[280]　同上。
[281]　《周書》卷40〈王軌傳〉。
[282]　《周書》卷6〈武帝紀下〉。

帝將平東夏，聞其勇決，自扶風郡守除為九曲鎮將，進位上開府，封建威縣公。齊人甚憚之」。後來的戰事進展表明，這一人選是非常稱職的。北齊十萬大兵到達後，猛攻平陽多日，梁士彥率孤軍浴血奮戰，力保城池不失，堅持到周師主力開來後解圍，說明周武帝用人是很有眼力的。

3. 進攻附近城鎮

武帝在占領晉州後，立即分派將領各率兵馬向附近的據點發動進攻。「又遣諸軍徇齊城鎮，並相次降款。」[283]懾於北周軍隊的強大力量，周圍齊人的縣戍紛紛歸降。

由於計畫周密，準備充分，北周的晉州攻城作戰進行得相當順利，趕在北齊的晉陽援軍到來前結束了戰鬥，並透過幾項有效的措施鞏固、擴大了戰果，為下一步晉州會戰獲得決定性的勝利奠定了堅實的基礎。

五、北齊援軍的南下反攻

（一）北齊援救晉州的延誤

周師所以能夠順利攻克晉州，除了自身謀劃實施的成功因素之外，北齊軍事領導集團反應遲緩也是一個重要原因。北周軍隊十月己酉（初四）自關中出發開赴河東之後，齊國君臣並沒有及時採取必要的應對措施。據《北齊書》卷8〈後主紀〉所載，十月丙辰（十一日），齊後主居然帶領群臣、後宮嬪妃到天池（在今山西寧武縣界）狩獵，[284]流連忘返，至

---

[283] 同上。
[284] 《元和郡縣圖志》卷14〈河東道三・嵐州靜樂縣〉曰：「天池，在縣北燕京山上。周迴八里，陽旱不耗，陰霖不溢。……」天池又稱祁連池，《北齊書》卷8〈後主紀〉載武平七年，「冬

第九章 平齊之役：北周出師河東的決戰

癸亥（十八日）返回晉陽，是時周軍已經開始圍攻晉州。十月甲子（十九日），北齊在晉陽南郊的晉祠集合部隊，向南出發。遲至庚午（二十五日），齊後主才離開晉陽，隨軍前往。

據史籍所載，後主君臣狩獵時已經頻繁接到邊境的報警文書，但是這些人昏庸腐慣，醉生夢死，報警文書並沒有引起他們的重視，又盤桓玩樂後才回到晉陽。《北齊書》卷50〈恩倖‧高阿那肱傳〉曰：「周師逼平陽，後主於天池校獵，晉州頻遣馳奏，從旦至午，驛馬三至。肱曰：『大家正作樂，何急奏聞。』至暮，使更至，云：『平陽城已陷，賊方至。』乃奏知。明早，即欲引軍，淑妃又請更合一圍。」[285]《北史》卷14〈齊後主馮淑妃傳〉亦云：「周師之取平陽，帝獵於三堆，晉州亟告急，帝將還，淑妃請更殺一圍，帝從其言。」

由於北齊軍隊南下救援行動的遲緩，還未趕到前線，晉州就已經陷落了。這樣，北周可以只留下少數兵力駐守平陽，攻城的主力部隊得以抽出身來從容應對，不至於陷入腹背受敵的局面，從而獲得了主動權。

（二）周師對北齊援軍的阻滯行動

齊後主自晉陽發兵入雀鼠谷至靈石後，分一支萬人的偏師穿越高壁嶺，通過千里徑南下；自領大軍沿雀鼠谷大道前進，出汾水關[286]。前文已述，北周在北路阻擊齊援軍的部隊由齊王宇文憲統率，其部署情況

十月丙辰，帝大狩於祁連池。」《資治通鑑》卷172陳太建八年十月胡三省注曰：「竊謂獵祁連池與獵天池，共是一事，北人謂天為祁連，故天池亦謂之祁連池。」另《北史》卷14〈馮淑妃傳〉載齊後主等「獵於三堆」，胡三省注《資治通鑑》卷172又曰：「余按宋白《續通典》，嵐州靜樂縣，本三堆也；天池亦在縣界。」

[285] 《北齊書》卷50，這段記載有些問題。按照該書卷8〈後主紀〉所言，齊後主在十月庚午日離開晉陽，當時晉州尚未陷落；因此北齊君臣在天池狩獵時不可能接到平陽失守的邊報。見《資治通鑑》卷172太建八年十月「齊主方與馮淑妃獵於天池」條胡三省注。

[286] 《周書》卷12〈齊煬王憲傳〉：「時齊主分軍萬人向千里徑，又令其眾出汾水關，自率大兵與椿對陣。」

五、北齊援軍的南下反攻

為:「時柱國、陳王純頓軍千里徑,大將軍、永昌公椿屯雞棲原,大將軍宇文盛守汾水關,並受憲節度。」[287] 這一部署與北周最初的北路防禦計畫略有差別,按照《周書》卷6〈武帝紀下〉所言,原先準備實施的兵力配置是:「遣齊王憲率精騎二萬守雀鼠谷,陳王純步騎二萬守千里徑,⋯⋯柱國宇文盛步騎一萬守汾水關。」將北路兵馬分為三處,宇文憲和宇文純各領二萬軍隊在前,分守雀鼠谷和千里徑;宇文盛率萬人居後,屯汾水關以作策應。但是由於齊軍的阻擊,北周兵將僅占領了雀鼠谷的南口——汾水關,而未能進入並控制整條河谷。如果周軍在雀鼠谷的北口——冷泉關進行阻擊,可以憑藉靈石峽谷的曲折險峻且戰且退,步步為營,北齊援兵要想迅速通過相當困難。看來,齊軍也了解到這一點,所以焚橋守險,拚死阻擋敵人入谷。結果迫使周軍調整了原本的防禦計畫,將宇文盛和宇文純所部居前,分別在汾水關與千里徑阻擊南下的兩路來敵。宇文椿領兵屯駐在雞棲原,該地在永安(今山西霍州市)北,參見《資治通鑑》卷172太建八年十月條:「周齊王憲攻拔洪洞、永安二城,更圖進取。齊人焚橋守險,軍不得進,乃屯永安,使永昌公椿屯雞棲原。」胡三省注:「雞棲原在永安北。」

嚴耕望先生認為,「(周師)及既下晉州進屯雞棲原,又分軍屯汾水關與千里徑。齊主來救,亦分軍一出千里徑,一出汾水關,自帥大軍上雞棲原。汾水關在雞棲之西,則千里徑誠可能在雞棲之東」。[288] 根據當代學者對北朝歷史地理的研究,以及對當時山西軍事交通路線圖的繪製來看,可以認為晉陽至晉州之間南北用兵的主要道路只有兩條,即雀鼠谷和千里徑。[289] 前文已述,沿千里徑南下至仁義河可以分為兩道,或順河西南行至汾水關,或渡河南行至永安。按照前引諸家地誌所言,筆者

---

[287] 《周書》卷12〈齊煬王憲傳〉。
[288] 《唐代交通圖考》第一卷,第119頁。
[289] 《山西省歷史地圖集》,第390頁。

第九章　平齊之役：北周出師河東的決戰

認為雞棲原可能是今霍州以北 15 公里的楓棲村，該地在汾水關的東南、千里徑涉仁義河渡口處的西南，距離這兩個地點均為 5 公里左右。宇文椿所部屯駐雞棲原，應是作為預備隊部署在後，準備向雀鼠谷和千里徑兩個作戰方向提供支援。[290]

北路的周軍統帥宇文憲雖然年輕，但已征戰日久，富有經驗。為了迷惑敵軍，他命令當敵主力的宇文椿砍伐柏樹作簡易棚屋，而不要搭帳幕宿營。「憲密謂椿曰：『兵者詭道，去留不定，見機而作，不得遵常。汝今為營，不須張幕，可伐柏為庵，示有形勢，令兵去之後，賊猶致疑也。』」[291] 撤兵時可以保留柏庵，這樣會使敵人誤認為還有軍隊駐紮。採用此等疑兵之計，如果拋棄營帳，則在物資上損失太大。

駐守汾水關的宇文盛見敵人逼近，即向宇文憲告急。宇文憲派出千騎前來援救，齊軍望見山谷中煙塵突起，知道是援兵到來，紛紛撤退。「盛與柱國侯莫陳芮涉汾水逐之，多有斬獲。」[292] 十月癸酉（二十八日），齊後主所在的主力逼近雞棲原，與宇文椿對陣，雙方相持整日，未能交鋒。[293] 為了保全兵力，避其銳氣，周武帝命令宇文憲等撤退。北周軍隊乘夜南還，而齊軍果然中計，認為空虛的柏庵是周師駐紮的營帳，未曾追擊，直到第二天才發現是空營。[294]

---

[290]　《山西通志》卷 32〈山川考二〉曰：「千里徑在彘水北，西距霍州二十里。其北為雞棲原，有回牛嶺、鳳栖嶺，皆古扼隘。」這條史料所言雞棲原在千里徑以北，其實是指該地在千里徑的南口之北。

[291]　《周書》卷 12〈齊煬王憲傳〉。

[292]　同上。

[293]　《北齊書》卷 8〈後主紀〉武平七年十月，「癸酉，帝列陣而行，上雞棲原，與周齊王憲相對，至夜不戰，周師斂陣而退」。

[294]　《周書》卷 12〈齊煬王憲傳〉：「俄而椿告齊眾稍逼，憲又回軍赴之。會椿被敕追還，率兵夜返。齊人果謂柏庵為帳幕也，不疑軍退，翌日始悟。」

（三）周武帝退兵避戰的策略

十一月己卯（初四），北齊後主統大軍逼近平陽。由於齊兵是精銳部隊，求戰而來，士氣旺盛；而北周人馬征伐多日，比較疲勞，需要休整，所以周營將帥心存顧慮，多有怯戰之心。《北史》卷60〈宇文貴附子忻傳〉：「齊後主親總兵，六軍憚之，欲旋。」周武帝考慮再三，認為目前和敵人進行決戰沒有必勝的把握，因此做出了暫時將主力向西撤退，避其鋒芒的決定。雖然大臣宇文忻、王紘等人勸阻武帝不要退兵，宇文邕還是堅持了自己的決策。《資治通鑑》卷172載：

> 十一月，己卯，齊主至平陽。周主以齊兵新集，聲勢甚盛，且欲西還以避其鋒。開府儀同大將軍宇文忻諫曰：「以陛下之聖武，乘敵人之荒縱，何患不克！若使齊得令主，君臣協力，雖湯、武之勢，未易平也。今主暗臣愚，士無鬥志，雖有百萬之眾，實為陛下奉耳。」軍正京兆王紘曰：「齊失紀綱，於茲累世。天獎周室，一戰而扼其喉。取亂侮亡，正在今日。釋之而去，臣未所諭。」周主雖善其言，竟引軍還。

周武帝採取的退兵策略有以下幾點：第一，主力西撤到河東。北周大軍撤離晉州，留齊王宇文憲斷後阻擊，武帝回到長安，營造罷兵休戰的假象來迷惑敵人。諸軍向西退到玉壁觀戰待命，放敵人至平陽城下。《周書》卷6〈武帝紀下〉曰：「（武帝）乃詔諸軍班師，遣齊王憲為後拒。是日，齊主至晉州，憲不與戰，引軍度汾。齊主遂圍晉州，晝夜攻之。」

據《隋書》所載，宇文憲所率的北周殿後之師從雞棲原撤退時遭到敵軍的猛烈追擊，形勢相當危急，全靠楊素、宇文慶、李徹等部將奮勇殺敵，宇文憲才勉強得以脫身。《隋書》卷48〈素傳〉曰：

> 復從憲拔晉州。憲屯兵雞棲原，齊主以大軍至，憲懼而宵遁，為齊兵所躡，眾多敗散。素與驍將十餘人盡力苦戰，憲僅而獲免。

第九章　平齊之役：北周出師河東的決戰

《隋書》卷50〈宇文慶傳〉：

復從武帝拔晉州。其後齊師大至，慶與宇文憲輕騎而覘，卒與賊相遇，為賊所窘。憲挺身而遁，慶退據汾橋，眾賊爭進，慶引弓射之，所中人馬必倒，賊乃稍卻。

《隋書》卷54〈李徹傳〉：

後從帝拔晉州。及帝班師，徹與齊王憲屯雞棲原，齊主高緯以大軍至，憲引兵西上，以避其鋒。緯遣其驍將賀蘭豹子率勁騎躡憲，戰於晉州城北，憲師敗。徹與楊素、宇文慶等力戰，憲軍賴以獲全。

周軍主力由晉州西撤後，北齊又派遣了精兵猛將追趕，與宇文憲率領的斷後部隊再度發生了激戰。《周書》卷12〈齊煬王憲傳〉記載了交鋒的情況：

時高祖已去晉州，留憲為後拒。齊主自率眾來追，至於高梁橋。憲以精騎二千，阻水為陣。齊領軍段暢直進至橋。……憲即命旋軍，而齊人遽追之，戈甲甚銳。憲與開府宇文忻各統精卒百騎為殿以拒之，斬其驍將賀蘭豹子、山褥瓌等百餘人，齊眾乃退。憲渡汾而及高祖於玉壁。

第二，留平陽孤城以誘敵。前文已述，周武帝派大將梁士彥領精兵一萬鎮守平陽，準備先利用守城戰鬥來消耗敵人兵力，挫折其鋒芒銳氣。

第三，派遣支援部隊屯駐涑川。周武帝到達玉壁後，齊軍已然開始圍攻平陽的作戰行動。為了防止晉州抵擋不住齊軍主力的強攻而陷落，周武帝又令宇文憲率領六萬人馬前往涑水，觀察攻城戰鬥的情況，伺機救援，並增強守城部隊的信心。《周書》卷6〈武帝紀下〉：「齊主遂圍晉州，晝夜攻之。齊王憲屯諸軍於涑水，為晉州聲援。」《周書》卷12〈齊煬王憲傳〉：「高祖又令憲率兵六萬，還援晉州。憲遂進軍，營於涑水。」

五、北齊援軍的南下反攻

齊主攻圍晉州，晝夜不息。間諜還者，或云已陷。憲乃遣柱國越王盛、大將軍尉遲迥、開府宇文神舉等輕騎一萬夜至晉州。憲進軍據蒙坑，為其後援，知城未陷，乃歸涷川。」

宇文憲所部屯駐的涷水，應是這條河流的上游，在今山西聞喜縣、絳縣一帶，位於峨嵋坡以南，透過禮元隘口出入，可以憑藉汾水、澮水以及黃土臺地的有利地形進行防禦，阻擋北來的齊軍。不過，從後來的情況看，北齊幾乎把全部軍隊都集中在平陽周圍，並未向南面的汾曲活動。所以宇文憲可以自由地派遣兵馬北進到晉州和蒙坑。[295]

從前引史料來看，宇文憲率領的六萬部隊人數是較多的，應該是戰鬥力較強的精銳之師。因為後來參加晉州決戰的北周主力也不過只有八萬人，如果平陽城被攻陷，他的軍隊要開赴當地，準備和力量被削弱的敵人決戰。若是城池沒有失守，則要在原本的駐地等待命令。

（四）北齊援軍對晉州的圍攻

北齊南下的援軍由丞相高阿那肱任總指揮，並統率前鋒部隊先行。周武帝退兵玉壁之後，高阿那肱率領前軍包圍了晉州城。十一月己卯（初四），齊後主親臨平陽城下，[296] 開始晝夜猛攻，「城中危急，樓堞皆盡，所存之城，尋仞而已。或短兵相接，或交馬出入，外援不至，眾皆震懼」[297]。梁士彥身先士卒，激勵兵眾舍死抵抗，終於擊退齊軍，保住城池。《周書》卷31〈梁士彥傳〉：

---

[295] 蒙坑在今山西曲沃縣東北，是平陽南下到汾曲途中的一處要地。《讀史方輿紀要》卷41〈山西三‧平陽府‧曲沃縣〉曰：「蒙坑，在縣東北五十里，西與喬山相接。晉元興初魏主珪圍柴壁，安同曰：『汾東有蒙坑，東西三百餘里，蹊徑不通。姚興來必從汾西之臨柴壁，如此便形勢相接。不如為浮梁渡汾西，築圍以拒之，興無所施其智力矣。』珪從之，大敗後秦主興於蒙坑之南。……今喬山以北自西而東，山蹊糾結，即蒙坑矣。」
[296] 此日期是按《周書》卷6所載，《北齊書》卷8〈後主紀〉武平七年記載則要早一日，「十一月，周武帝退還長安，留偏師守晉州。高阿那肱等圍晉州城。戊寅，帝至圍所」。
[297] 《資治通鑑》卷172 陳宣帝太建八年十一月。

第九章　平齊之役：北周出師河東的決戰

後以熊州刺史從武帝拔晉州，進位大將軍，除晉州刺史。及帝還，齊後主親攻圍之，樓堞皆盡，短兵相接。士彥慷慨自若，謂將士曰：「死在今日，吾為爾先。」於是勇猛齊奮，號聲動天，無不一當百。齊兵少卻，乃令妻及軍人子女晝夜修城，三日而就。武帝大軍亦至，齊師圍解。

據史籍所載，齊軍已經用道地攻陷了城牆，但是為了等待齊後主和馮淑妃前來觀看而貽誤了戰機，被城內的守兵堵塞了缺口，致使前功盡棄。《北史》卷14〈齊後主馮淑妃傳〉曰：

及帝至晉州，城已欲沒矣。作道地攻之，城陷十餘步，將士乘勢欲入。帝敕且止，召淑妃共觀之。淑妃妝點，不獲時至。周人以木拒塞，城遂不下。舊俗相傳，晉州城西石上有聖人跡，淑妃欲往觀之。帝恐弩矢及橋，故抽攻城木造遠橋，監作舍人以不速成受罰。帝與淑妃度橋，橋壞，至夜乃還。

北齊軍隊圍攻平陽達一月之久，卻未能拿下這座城池，結果師老兵疲，不僅兵力遭受到沉重的損失，士氣也大受挫傷。

六、周齊在晉州城下的會戰

(一) 北周回師晉州

周武帝將主力留在河東後，於十一月癸巳（十八日）還抵京師長安，「獻俘於太廟」。[298] 次日又下詔，向北齊問罪，宣布將率諸軍還救平陽。詔書曰：

---

[298]　《周書》卷6〈武帝紀下〉。

六、周齊在晉州城下的會戰

偽齊違信背約,惡稔禍盈,是以親總六師,問罪汾、晉。兵威所及,莫不摧殄,賊眾危惶,烏棲自固。暨元戎反旆,方來聚結,遊魂境首,尚敢趑趄。朕今更率諸軍,應機除剪。[299]

十一月「丙申,放齊諸城鎮降人還」。[300] 周武帝此舉是向北齊發動宣傳攻勢,企圖在敵軍內部造成驚慌,提高平陽守兵的士氣。如胡三省云:「縱之使還,使齊師知周師將復至而懼,亦以堅晉州守者之心。」[301]

十一月丁酉(二十二日),周武帝離開長安前往河東;十二月戊申(初四),到達晉州前線。沿路行程可見《資治通鑑》卷 172 太建八年十一月:「丁酉,周主發長安。壬寅,濟河,與諸軍合。十二月,丁未,周主至高顯,遣齊王率所部先向平陽。戊申,周主至平陽。」

武帝當初離開晉州返回長安的目的,一是為了迷惑齊軍,使其放心攻打平陽,將其主力吸引在晉州一帶,以便集中兵力一戰全殲。二是為了避其銳氣,待敵人師老兵疲時回師猛攻,從而更有把握取勝。他本來惦念前方戰局,無意在長安久留,此時見時機成熟,已然達到預期的目的,所以在京師作短暫停留後立即東返。如胡三省所言:「還長安僅三日,復出師,明引歸者,欲使齊師疲於攻平陽而後取之。」[302]

(二) 晉州會戰經過

1. 雙方列陣相持、北齊填塹求戰

建德五年(576)十二月庚戌(初六),周齊兩軍主力列陣於平陽城南,準備進行決戰。北周「諸軍總集,凡八萬人,稍進,逼城置陣,東

---

[299] 同上。
[300] 同上。
[301] 《資治通鑑》卷 172 陳宣帝太建八年十一月丙申條注。
[302] 同上。

第九章　平齊之役：北周出師河東的決戰

西二十餘里」。[303] 北齊兵馬有七萬人左右，[304] 因此，周軍在數量上稍多，由於已經休整了一個月，體力和士氣也占據上風。

北齊軍隊圍攻平陽時，為了防備北周主力突然回師增援，曾在城南挖掘長塹，「自喬山屬於汾水」。[305] 此時周齊兩軍在長塹南北隔壕對峙。周武帝熟悉部下將帥，為了鼓舞士氣，他「乘常禦馬，從數人巡陣處分，所至輒呼主帥姓名以慰勉之。將士感見知之恩，各思自厲」。[306] 交戰前夕，有關官員恐怕武帝所乘戰馬勞累，請求為他更換坐騎，但被他堅決拒絕了。武帝聲稱：「朕獨乘良馬何所之？」周齊雙方皆不願越壕主動出擊，都準備等待敵人填平長塹前來挑戰。

兩軍一直對峙到午後，齊後主詢問高阿那肱：「戰是邪？不戰是邪？」高阿那肱認為齊軍在人數上不占優勢，「吾兵雖多，堪戰不過十萬，病傷及繞城樵爨者復三分居一」。[307] 當年東魏高歡率眾進攻河東時並不戀戰，現在北齊人馬的戰鬥力不如當年，決戰沒有必勝的把握，建議退守高梁橋（今山西臨汾北）。「昔攻玉壁，援軍來即退。今日將士，豈勝神武時邪。不如勿戰，卻守高梁橋。」[308] 但是後主身邊不懂軍事的內臣們極力鼓動他主動出擊，不能向敵人示弱，促使昏庸的高緯做出了填塹向南進兵的錯誤決定。「安吐根曰：『一把子賊，馬上刺取擲著汾河中。』帝意未決。諸內參曰：『彼亦天子，我亦天子，彼尚能遠來，我何為守塹示弱？』帝曰：『此言是也。』於是漸進。」[309]

---

[303]　《資治通鑑》卷 172 陳宣帝太建八年十二月庚戌條。
[304]　參見《資治通鑑》卷 172 高阿那肱對後主所言：「吾兵雖多，堪戰不過十萬，病傷及繞城樵爨者復三分居一。」
[305]　《讀史方輿紀要》卷 41〈山西三‧平陽府‧曲沃縣〉：「喬山，縣西北四十五里，山高五里，長二十餘里，接襄陵縣界，形勢陡峻。其西麓有夢感泉。齊主高緯圍平陽，恐周師猝至，於城南穿塹，自喬山屬於汾水。緯大出兵陣於塹北，即此。」
[306]　《周書》卷 6〈武帝紀下〉。
[307]　《資治通鑑》卷 172 陳宣帝太建八年十二月庚戌條。
[308]　同上。
[309]　《北齊書》卷 50〈恩倖‧高阿那肱傳〉。

2. 後主奔逃與齊師的潰敗

　　北齊軍隊填平塹壕前去求戰，此舉耗費人力，使周軍能夠以逸待勞，迎擊敵人，在作戰情勢上處於有利的地位。因此「（周武）帝大喜，勒諸軍擊之」，[310] 雙方隨即展開了激戰。北齊右翼統帥安德王高延宗勇猛善戰，攻入周軍陣中，[311] 但是東側左翼的軍隊稍稍退卻，齊後主身邊觀戰的寵妃馮淑妃大為驚駭，呼道：「軍敗矣！」倖臣穆提婆也催促後主逃跑，連呼：「大家去！大家去！」高緯馬上帶著馮淑妃等逃往高梁橋，後被幾位大臣追上，極力勸阻他不要撤退，以免引起全軍的潰敗。「開府儀同三司奚長諫曰：『半進半退，戰之常體。今兵眾全整，未有虧傷，陛下捨此安之！馬足一動，人情駭亂，不可復振。願速還安慰之。』武衛張常山自後至，亦曰：『軍尋收訖，甚完整。圍城兵亦不動。至尊宜回。不信臣言，乞將內參往觀。』」[312] 但是穆提婆心懷畏懼，不願再回首參戰，對後主說「此言難信」，貪生怕死的高緯即與馮淑妃及近臣數十人棄軍北奔，此舉引起北齊將士軍心渙散，大敗而逃，「死者萬餘人，軍資器械，數百里間，委棄山積」[313]。只有安德王高延宗率領本部人馬全師而退。

　　會戰結束後，齊後主準備逃回并州，高延宗極力反對，並提出接管兵權，繼續與周軍戰鬥。但是後主已然膽破，不敢在此久停；又不願把軍隊的指揮權交給高延宗，因此拒絕了他的請求。[314]

---

[310]　《周書》卷6〈武帝紀下〉。
[311]　《北齊書》卷11〈文襄六王・安德王延宗傳〉：「及平陽之役，後主自禦之，命延宗率右軍先戰，城下擒周開府宗挺。及大戰，延宗以麾下再入周軍，莫不披靡。諸軍敗，延宗獨全軍。」
[312]　《資治通鑑》卷172陳宣帝太建八年十二月庚戌條。
[313]　同上。
[314]　《北齊書》卷11〈文襄六王・安德王延宗傳〉：「後主將奔晉陽，延宗言：『大家但在營莫動，以兵馬付臣，臣能破之。』帝不納。」

> 第九章　平齊之役：北周出師河東的決戰

北周取得了平陽會戰的大捷，周武帝此前策劃的策略部署最終得以實現，北齊軍隊的人員、裝備損失慘重，元氣大傷，很難再進行有效的抵抗了。

七、周師北上攻克晉陽

（一）北周軍隊乘勝追擊

北齊軍隊潰敗後，晉州隨即解圍。十二月辛亥（初七），周武帝進入血戰多日的平陽城，與守將梁士彥相見，君臣感懷對泣。武帝曾經想撤回關中，被梁士彥極力勸阻，遂留下他鎮守晉州，自己統兵北上追擊。見《周書》卷31〈梁士彥傳〉：「時帝欲班師，士彥叩馬諫，帝從之。執其手曰：『朕有晉州，為平齊之基，宜善守之。』」

周營諸將因為征戰日久，不願繼續作戰，紛紛請求還師。但是武帝決策已定，不為所動，對他們說：「『縱敵患生。卿等若疑，朕將獨往。』諸將不敢言。」[315]

十二月甲寅（十日），周軍主力開赴永安（今山西霍州），與先期到達的前鋒宇文憲所部會合。北齊的殘餘軍隊盤踞在險要鎮戍高壁（今山西靈石縣東南）和附近的洛女砦，[316] 由丞相高阿那肱率領，有兵馬萬餘人，分頭阻擋周軍。周武帝命令宇文憲進攻洛女砦，自己統率大軍逼近

---

[315]　《周書》卷6〈武帝紀下〉十二月辛亥條。
[316]　《資治通鑑》卷172 陳宣帝太建八年十二月甲寅條，胡三省注：「高壁，嶺名，在雀鼠谷南。《括地志》：『汾州靈石縣有高壁嶺。』杜佑曰：『在縣東南。』宋白曰：『靈石縣東南有高壁嶺、雀鼠谷、汾水關，皆汾西險固之所。』」《讀史方輿紀要》卷41〈山西三·平陽府·靈石縣〉曰：「高壁嶺，在縣東南二十五里，亦名韓信嶺，最為險固，北與雀鼠谷接。後周建德五年齊師敗於晉州，高阿那肱退守高壁，餘眾保洛女砦。周主邕向高壁，阿那肱遁走。宇文憲攻洛女砦，拔之。……《志》云：嶺在霍州北八十里，有高壁鋪。又洛女砦，亦在縣南。」近

高壁。高阿那肱畏懼周軍威勢,棄城而逃,高壁不戰而下。宇文憲攻克洛女砦後繼續北上,在介休與武帝大軍會師。丙辰(十二日),北齊介休守將開府儀同三司韓建業舉城投降,被封為上柱國、郇公。[317]

十二月丁巳(十三日),北周大軍自介休開赴并州,為了分化瓦解敵方陣營,武帝下詔宣布:「偽將相王公已下,衣冠士民之族,如有深識事宜,建功立效,官戎爵賞,各有加隆。」[318]這一措施達到了很好的效果,「自是齊之將帥,降者相繼。封其特進、開府賀拔伏恩為郕國公,其餘官爵各有差」。[319]「特進、開府那盧安生守太谷,以萬兵叛。」[320]齊後主的寵臣穆提婆也投降了北周,「周主以提婆為柱國、宜州刺史」。[321]大軍的進攻勢如破竹,直逼晉陽城下。

(二)北齊政權在晉陽的應戰部署

齊後主高緯逃往晉陽後,憂懼不知所為,「(十二月)甲寅,齊大赦。齊主問計於朝臣,皆曰:『宜省賦息役,以慰民心,收遺兵,背城死戰,以安社稷。』」[322]後主接受了臣下的建議,宣布大赦,但是不敢親自率眾抵抗周師。他準備讓安德王高延宗、廣寧王高孝珩留守晉陽,自己逃往北朔州(今山西朔州)。晉陽一旦失守,他便投奔突厥。因為這一計畫會嚴重挫傷士氣,遭到了大臣們的強烈反對。

十二月乙卯(十一日),齊後主下詔,命令高延宗、高孝珩招募兵眾。高延宗進宮覲見,後主告訴他自己欲逃往塞北的計畫,高延宗痛哭流涕,極力勸阻,但是後主去意已決,拒絕了他的建議,「密遣王康德與

---

[317] 《周書》卷6〈武帝紀下〉;卷12〈齊煬王憲傳〉。
[318] 《周書》卷6〈武帝紀下〉。
[319] 同上。
[320] 《北齊書》卷11〈文襄六王・安德王延宗傳〉。
[321] 《資治通鑑》卷172陳宣帝太建八年十二月。
[322] 同上。

第九章　平齊之役：北周出師河東的決戰

中人齊紹等送皇太后、皇太子於北朔州」，[323] 為其逃走預作準備。

十二月丁巳（十三日），周師先鋒至晉陽城下，齊後主再次大赦，改元隆化，任命安德王高延宗為相國、并州刺史，總領山西兵馬。對他說：「并州，阿兄自取，兒今去也！」[324] 延宗勸道：「陛下為社稷莫動，臣為陛下出力死戰。」[325] 後主仍不為所動。至夜，高緯率臣下斬五龍門關北逃，欲奔突厥。隨從官員多有逃散，領軍梅勝叩馬勸諫，後主才轉向逃往鄴城，「時唯高阿那肱等十餘騎從，廣寧王孝珩、襄城王彥道繼至，得數十人與俱」。[326]

十二月戊午（十四日），并州將帥擁戴安德王高延宗稱帝，改元德昌。「延宗發府藏及後宮美女以賜將士，籍沒內參十餘家」，[327] 以此鼓舞士氣，平息民憤。

（三）北周對晉陽的攻城戰役

1. 齊軍在城外拒戰的失利、周師初入晉陽

十二月庚申（十六日），北周軍隊完成了對晉陽的包圍。據《北齊書》卷11〈文襄六王・安德王延宗傳〉記載，「望之如黑雲四合」。高延宗動員城內軍民，「見士卒，皆親執手，陳辭自稱名，流涕嗚咽，眾皆爭為死，童兒女子亦乘屋攘袂，投磚石以禦周軍」。共組織了四萬兵丁出城迎戰，分為三路人馬：「安德王延宗命莫多婁敬顯、韓骨胡拒城南，和阿於子、段暢拒城東，自率眾拒齊王憲於城北。」[328] 周齊兩軍的交鋒相當激烈，「延宗親當周齊王於城北，奮大矟，往來督戰，所向無前。尚書令史

---

[323]　《北齊書》卷8〈後主紀〉。
[324]　《北齊書》卷11〈文襄六王・安德王延宗傳〉。
[325]　同上。
[326]　《資治通鑑》卷172 陳宣帝太建八年十二月。
[327]　同上。
[328]　同上。

沮山亦肥大多力,提長刀步從,殺傷甚多。武衛蘭芙蓉、綦連延長皆死於陣」。[329] 在城東防禦的北齊將領臨陣投降,致使東門失守。《北齊書》卷11〈文襄六王・安德王延宗傳〉曰:「(和)阿於子、段暢以千騎投周。周軍攻東門,際昏,遂入。」《周書》卷6〈武帝紀下〉曰:「庚申,延宗擁兵四萬出城抗拒,帝率諸軍合戰,齊人退,帝乘勝逐北,率千餘騎入東門,詔諸軍繞城置陣。」

2. 齊軍在城內反攻獲勝

周武帝率領先頭部隊攻入晉陽東門後,「進兵焚佛寺門屋,飛焰照天地」。[330] 但是後續人馬未能及時進城支援,高延宗與莫多婁敬顯分別從晉陽北、南退兵入城反攻,依仗兵力上的優勢,幾乎全殲了城內的周軍,周武帝僅與身邊的數名隨從經過血戰,勉強脫身。《北齊書》卷11〈文襄六王・安德王延宗傳〉曰:「延宗與敬顯自門入,夾擊之,周軍大亂,爭門相填壓,齊人從後斫刺,死者二千餘人。周武帝左右略盡,自拔無路,承御上士張壽輒牽馬頭,賀拔佛恩以鞭拂其後,崎嶇僅得出。齊人奮擊,幾中焉。城東陃曲,佛恩及降者皮子信為之導,僅免。時四更也。」《周書》卷6〈武帝紀下〉亦載:「至夜,延宗率其眾排陣而前,城中軍卻,人相蹂踐,大為延宗所敗,死傷略盡。齊人欲閉門,以閽下積屍,扉不得闔。帝從數騎,崎嶇危險,僅得出門。」

3. 周軍再次入城,攻占晉陽

北齊軍隊在城內反攻獲勝後,開始飲酒慶祝,致使鬥志鬆懈,給對手可乘之機。「延宗謂周武帝崩於亂兵,使於積屍中求長鬣者,不得。

---

[329] 《北齊書》卷11〈文襄六王・安德王延宗傳〉。
[330] 《北齊書》卷11〈文襄六王・安德王延宗傳〉。

第九章　平齊之役：北周出師河東的決戰

時齊人既勝,入坊飲酒,盡醉臥,延宗不復能整。」[331]

另一方面,周武帝狼狽逃出城外後,由於經受挫折,面對敵人的激烈抵抗,將領們多勸他撤兵,武帝也一度想退回關中,但是遭到了宇文憲等大臣的極力勸阻,於是整頓人馬,在第二天重新向晉陽發動了進攻,獲得勝利。周軍先後攻占了東門、南門,高延宗交戰失敗後,從北門逃跑,被宇文憲追獲。《北齊書》卷11〈文襄六王·安德王延宗傳〉曰：

周武帝出城,飢甚,欲為遁逸計。齊王憲及柱國王誼諫,以為去必不免。延宗叛將段暢亦盛言城內空虛。周武帝乃駐馬,鳴角收兵,俄頃復振。詰旦,還攻東門,克之。又入南門。延宗戰,力屈,走至城北,於人家見禽。

《北史》卷60〈宇文貴附子忻傳〉曰：

及帝攻陷并州,先勝後敗。帝為賊所窘,挺身而遁。諸將多勸帝還,忻勃然曰：「破城士卒輕敵,微有不利,何足為懷？今破竹形已成,奈何棄之而去！帝納其言,明日復戰,拔晉陽。齊平,進位大將軍。」

《周書》卷12〈齊煬王憲傳〉曰：

延宗因僭偽號,出兵拒戰。高祖進圍其城,憲攻其西面,克之。延宗遁走,追而獲之。以功進封第二子安城公質為河間王,拜第三子賓為大將軍。

晉陽的攻城戰鬥是相當殘酷的,齊軍堅決抵抗,北周幾位將軍在城下的作戰中犧牲。

《周書》卷19〈楊忠傳〉載：

弟整,建德中,開府、陳留郡公,從高祖平齊,歿於并州。以整死王事,詔其子智積襲其官爵。

---

[331]　同上。

《周書》卷20〈賀蘭祥傳〉曰：

（子讓）建德五年，從高祖於并州，戰歿，贈上大將軍，追封清都郡公。

就連周武帝也親歷險境，只是倖免於難。可以說，這場戰役在激烈程度上甚至超過了晉州會戰。

八、周武帝進軍鄴城、北齊滅亡

（一）北周舉兵伐鄴

周武帝占領晉陽後，下令大赦天下，宣布「高緯及王公以下，若釋然歸順，咸許自新。諸亡入偽朝，亦從寬宥。官榮次序，依例無失」。[332] 民間有文武之才的人士，都可以得到任職。「鄒魯縉紳，幽並騎士，一介可稱，並宜銓錄。」[333] 還取消了北齊的各種法令制度，封賞立功的人員。「出齊宮中金銀寶器珠翠麗服及宮女二千人，班賜將士。……諸有功者，封授各有差。」[334]

在安定民心、獎勵部下的同時，周武帝積極準備向北齊的最後巢穴——首都鄴城進軍。他向被俘的高延宗詢問取鄴之計，「（延宗）辭曰：『亡國大夫不可以圖存，此非臣所及。』強問之，乃曰：『若任城王（高湝）援鄴，臣不能知；若今主自守，陛下兵不血刃。』」[335]

---

[332] 《周書》卷6〈武帝紀下〉。
[333] 同上。
[334] 同上。
[335] 《北齊書》卷11〈文襄六王·安德王延宗傳〉。

第九章 平齊之役：北周出師河東的決戰

十二月癸酉（十九日），周武帝任命上柱國宇文純為并州刺史，鎮守該地；派遣齊王宇文憲為前鋒，大軍直趨北齊首都鄴城。

（二）齊後主在鄴都的種種鬧劇

高緯逃歸鄴城之後，召集王公大臣們商討退敵之策。廣寧王高孝珩主張分兵襲擊周境，自己帶兵迎戰，並用宮女、珍寶賞賜將士；清河王高勱建議扣押大臣、將領的家屬為人質，逼迫其拚死抵抗，都未得到後主的同意。《北齊書》卷8〈後主紀〉曰：

帝遣募人，重加官賞，雖有此言，而竟不出物。廣寧王孝珩奏請出宮人及珍寶班賜將士，帝不悅。

《北齊書》卷11〈文襄六王·廣寧王孝珩傳〉曰：

後主自晉州敗奔鄴，詔王公議於含光殿，孝珩以大敵既深，事藉機變。宜使任城王以幽州道兵入土門，揚聲趣并州；獨孤永業領洛州兵趣潼關，揚聲趣長安；臣請領京畿兵出滏口，鼓行逆戰。敵聞南北有兵，自然潰散。又請出宮人珍寶賜將士。帝不能用。

《北齊書》卷13〈清河王嶽附子勱傳〉曰：

後主晉州敗，太后從土門道還京師，敕勱統領兵馬，侍衛太后。……太后還至鄴，周軍續至，人皆洶懼，無有鬥心，朝士出降，晝夜相屬。勱因奏後主曰：「今所翻叛，多是貴人，至於卒伍，猶未離貳。請追五品已上家屬，置於三臺，因脅之曰：若戰不捷，即退焚臺。此曹顧惜妻子，必當死戰。且王師頻北，賊徒輕我，今背城一決，理必破之，此亦計之上者。」後主卒不能用。

八、周武帝進軍鄴城、北齊滅亡

高緯又「引文武一品已上入朱華門，賜酒食，給紙筆，問以禦周之方。群臣各異議，帝莫知所從」。[336] 侍中斛律孝卿請後主親自慰勞將士，「為帝撰辭，且日宜慷慨流涕，感激人心」。[337] 未想這個昏君到場後忘記了該講的話，竟然當眾大笑，引起了兵眾的憤慨。「將士怒曰：『身尚如此，吾輩何急！』皆無戰心。」[338]

有望氣的術士上奏，應當「有所革易」。後主隨即召見高元海、宋士素、盧思道、李德林等大臣，「欲議禪位皇太子」。[339] 在建德六年（577）正月初一，高緯將皇位禪繼於年僅八歲的太子高恆，自稱太上皇；又派長樂王尉世辯率千餘騎偵察北周軍隊的進展情況。尉世辯領兵出滏口後，「登高阜西望，遙見群烏飛起，謂是西軍旗幟，即馳還；比至紫陌橋，不敢回顧」。[340]

北周大軍逼近鄴城的消息傳來，朝內人心更加動搖，幾位文臣建議高緯撤離鄴都，到黃河以南募兵抵抗，如果不能成功，則南逃投奔陳國。《資治通鑑》卷173曰：「於是黃門侍郎顏之推、中書侍郎薛道衡、侍中陳德信等勸上皇往河外募兵，更為經略；若不濟，南投陳國。」[341] 這一主張得到了高緯的贊同，但是丞相高阿那肱不願這樣做，建議南逃濟州（治碻磝，今山東茌平），「送珍寶累重向青州，且守三齊之地，若不可保，徐浮海南渡」。[342] 高緯最終接受了這項主張，遂於正月丁丑（初三）使太皇太后、太上皇后自鄴城逃往濟州。癸未（初九），又令幼主高恆東逃，並任命顏之推為平原太守，鎮守黃河津要。

---

[336] 《北齊書》卷8〈後主紀〉。
[337] 同上。
[338] 《資治通鑑》卷172陳宣帝太建八年十二月。
[339] 《北齊書》卷8〈後主紀〉。
[340] 《資治通鑑》卷173陳宣帝太建九年正月。
[341] 胡三省注《資治通鑑》卷173：「河外，謂大河之外。王者內京師而外諸夏，齊都鄴，在河北，故謂河南為河外。」
[342] 《北齊書》卷45〈文苑·顏之推傳〉。

（三）周師克鄴、追獲高緯

正月己丑（十五），北周先頭部隊行至鄴城郊外的紫陌橋。壬辰（十八日），周師主力到達鄴城下，次日開始圍攻，並焚燒了鄴城的西門。齊軍出城迎戰，遭到重創，大敗而歸。高緯遂率領百餘騎東逃濟州，「使武衛大將軍慕容三藏守鄴宮」。[343] 北周軍隊攻入鄴城後，北齊王公以下官員紛紛投降。慕容三藏帶兵拒戰，受到招降後遂放棄抵抗，被封為儀同大將軍。周武帝在正月甲午（二十日）進入鄴城，又下詔大赦，安撫百姓，並派遣將軍尉遲勤追擊高緯。

高緯逃到濟州後，為了轉移周軍的視線，拉攏北齊王室的力量繼續頑抗，命令高恆將皇帝位禪讓給任城王高湝，並派遣侍中斛律孝卿送禪讓文書及璽紱到瀛州（今河北河間縣）。但是斛律孝卿見高氏氣數已盡，遂攜帶傳國璽紱赴鄴城，歸降了北周。

高緯留胡太后於濟州，命令丞相高阿那肱領數千人守濟州關，自己和穆皇后、馮淑妃、幼主及寵臣韓長鸞、鄧長顒等數十人逃奔青州。高阿那肱見大勢已去，便暗地通知北周，高緯頻頻派人來詢問周軍的動向，高阿那肱都回答：「周軍未至，且在青州集兵，未須南行。」[344] 周將尉遲勤追至濟州，高阿那肱即開城投降。「時人皆云肱錶款周武，必仰生致齊主，故不速報兵至，使後主被擒。」[345] 周師得以迅速趕往青州，高緯「囊金，繫於鞍，與后、妃、幼主等十餘騎南走」，[346] 正月己亥（二十五日），至南鄧村被尉遲勤所率的周軍趕上，做了俘虜，被押送鄴城。

---

[343]　《資治通鑑》卷 173 陳宣帝太建九年正月。
[344]　《北齊書》卷 50〈恩倖・高阿那肱傳〉。
[345]　同上。
[346]　《資治通鑑》卷 173 陳宣帝太建九年正月。

（四）周軍消滅北齊殘餘勢力的行動

北周占領并州、鄴都後，陸續派兵清除了北齊在各地的殘餘武裝力量。駐守河陽重鎮的北齊洛州刺史獨孤永業「為周將常山公（于翼）所逼，乃使其子須達告降於周。周武授永業上柱國」。[347]

二月，周武帝派齊王宇文憲、柱國楊堅率兵北征冀州，在信都（今屬河北）擊敗北齊任城王高湝、廣寧王高孝珩的四萬軍隊，並俘獲二王。原齊北朔州（今山西朔縣）長史趙穆等迎范陽王高紹義，圖謀起兵復國。「紹義至馬邑，自肆州以北二百八十餘城皆應之。」[348] 高紹義與靈州刺史袁洪猛領兵南進，企圖奪取并州；至新興（今山西定襄）時，肆州（今山西忻縣西北）已宣布歸順北周，高紹義前軍亦投降。周軍攻克顯州（今山西原平北），俘刺史陸瓊，並占領附近州縣。高紹義退守北朔州，周將宇文神舉來攻馬邑（今山西朔縣），高紹義戰敗，率餘眾三千人北投突厥。「齊諸行臺州鎮悉降，關東平。」[349]

三月，周武帝在返回長安的途中到達晉州，派遣高阿那肱等北齊降臣至臨汾（今山西新絳），招降仍在堅守的北齊東雍州刺史傅伏。[350] 至此，周武帝完成了統一北方的宏圖大業。

---

[347]　《北齊書》卷41〈獨孤永業傳〉。
[348]　《資治通鑑》卷173 陳宣帝太建九年二月。
[349]　《周書》卷6〈武帝紀下〉。
[350]　《北齊書》卷41〈傅伏傳〉：「武平六年，除東雍州刺史，會周兵來逼，伏出戰，卻之。周克晉州，執獲行臺尉相貴，以之招伏，伏不從。……周帝自鄴還至晉州，遣高阿那肱等百餘人臨汾召伏。伏出軍隔水相見，問至尊今在何處。阿那肱曰：『已被捉獲，別路入關。』伏仰天大哭，率眾入城，於廳事前北面哀號良久，然後降。」

第九章 平齊之役：北周出師河東的決戰

結語

　　綜觀兩魏、周齊之間的戰爭，河東作為邊境的樞紐區域有著至關重要的作用。從雙方對峙情勢的演變和興亡過程來看，宇文氏由弱轉強，與高氏的盛極而衰，固然有其經濟、內政、外交方面的諸多因素，但是河東的得失以及這一地區在攻守策略上所發揮的影響，確實是不可忽視的。西魏在占領河東後，擺脫了關中地區屢受襲擊、被動挨打的局面，交戰形勢上大為好轉。北周武帝發動滅齊之役，最初因為東征的主攻方向和行軍路線的選擇有誤，敵軍在河洛地區駐紮勁旅，早有準備，結果導致了建德四年（575）河陽之役的失敗，無功而返。次年的成功，也是由於他及時吸取教訓、改變策略，正確利用了河東的地位價值，由該地出兵攻克平陽後取得了戰爭的主動權。而北齊後期在防禦周師東侵的軍事部署上，始終延續舊的想法，主要著重在河洛地帶，認為這裡會是敵人的主攻方向，故在河陽、金墉城等地投入重兵固守，以待晉陽主力南下增援。對於河東方向的入侵，則沒有給予足夠的重視；在要鎮晉州僅有八千人駐守，比起河陽的三萬守軍來，相差甚遠。所以一旦北周大軍來攻，援兵尚未到達，城池就已陷落了，從而引起了并州以南整個防禦體系的崩潰，造成了周師在汾曲反客為主、迎擊齊軍的有利形勢，得以在平陽城下大破齊軍。此後北周向晉陽和鄴城的進兵勢同摧枯拉朽，迅速滅亡了夙敵北齊，統一中原。如顧祖禹所言：「宇文氏與齊人爭於龍門、玉壁之間，材均勢敵，卒不能越關、河尺寸。及周人克有平陽，進拔晉陽，而慕容之輒高齊復蹈之矣。」[351] 在這次戰役當中，河東策略樞

---

[351] 《讀史方輿紀要》卷39〈山西方輿紀要序〉。

> 結語

紐地區的重要作用得以充分展現。因此可以說，河東在北朝後期東西對抗的政治軍事割據當中，有著特殊重要的意義；它的歸屬與利用，在一定程度上決定了雙方交戰的走勢和最終結果。

附錄一

兩魏周齊戰爭中的河陽

　　河陽在今河南孟縣之南、古孟津渡口處，有北城、中潬城和南城，分別位於黃河南北兩岸與河中沙洲，其間有兩座浮橋相連，是西晉至隋唐時期備受兵家矚目的道路衝要。嚴耕望先生曾說：「此橋規制宏壯，為當時第一大橋，連鎖三城，為南北交通之樞紐。渡橋而南，臨拊洛京，在咫尺之間。渡橋而北，直北上天井關，趨上黨、太原；東北經臨清關，達鄴城、燕、趙；西北入軹關，至晉、絳，誠為中古時代南北交通之第一要津。顧祖禹曰：『河陽蓋天下之腰膂，南北之噤喉。』、『都道所轄，古今要津』是矣。故為兵家必爭之地，天下有亂，常置重兵。」[352] 本文將詳細探討河陽三城的由來以及它在北朝後期戰爭中發揮的作用。

一　河橋的由來

1. 河陽與孟津

　　「河陽」之名，最初見於《春秋經》僖公二十八年：「冬，公會晉侯、齊侯、宋公、蔡侯、鄭伯、陳子、莒子、邾子、秦人於溫。天王狩於河陽。壬申，公朝於王所。」當年（前632），晉文公在城濮之戰中擊敗楚軍，隨即稱霸中原，並將周襄王請到河陽，接受他和諸侯的朝見。古地

---

[352]　嚴耕望：《唐代交通圖考》第一卷，第四：洛陽太原驛道，第 131 ～ 132 頁。

名中帶有「陽」字者，往往表示地點在山之南或水之北；顧名思義，「河陽」是在黃河北岸。《水經注》卷 5 引《十三州志》曰河陽：「治河上，河，孟津河也。」即指其在黃河孟津渡口的北岸。孟津，古時亦稱「盟津」，相傳武王伐紂時，曾與諸侯於此地會盟渡河。「或謂之富平津，或謂之小平津，或謂之陶河渚，皆其名也。」[353]

黃河是古代南北交通的一項巨大障礙，而河陽所在的孟津則是其重要渡口之一。顧祖禹稱黃河中游「蓋自東而西，橫亙幾千五百里，其間可渡處約以數十計，而西有陝津，中有河陽，東有延津，自三代以來，未有百年無事者也」[354]。孟津之南的洛陽，古代號為「天下之中」，是各條水陸幹線匯集的交通樞紐。其地西經函谷、桃林可至關中，南過伊闕、襄樊而入江漢流域；東浮黃河、濟水與鴻溝諸渠而下，通往山東半島和黃淮海平原；北渡孟津則能夠分赴河東與河內、幽燕。洛陽因此被稱為「居五諸侯之衢，跨街衝之路也」[355]，歷來受到兵家覬覦；而附近的孟津作為連繫三河（河南、河東、河內）地區的交通津要，也備受君主將帥們的關注，在戰亂之際，往往派遣人馬鎮守該地，防止敵寇渡河來犯。例如東漢初年，劉秀於河內起兵，欲北收燕趙，即拜馮異為孟津將軍，統魏郡、河內兵眾，以備更始政權的洛陽守將朱鮪、李軼前來進攻[356]。漢安帝永初五年（111），關中的先零羌入寇河東，經溫、軹侵至河內，朝廷亦「使北軍中候朱寵將五營士屯孟津」[357]，以保障京師洛陽的安全。

[353] 《太平寰宇記》卷 52〈河北道一・孟州・河陽縣〉。又嚴耕望先生《唐代交通圖考》第五卷，1551～1552 頁：「漢平縣故城在偃師縣西北二十五里，首陽山近處，北對津湄，曰小平津，一名河陰津，在盟津下游僅五六里，故古代志書往往指為盟津，而實為兩地。」
[354] 《讀史方輿紀要》卷 46。
[355] 《鹽鐵論・通有篇》。
[356] 《後漢書》卷 17〈馮異傳〉：「（劉秀）以魏郡、河內獨不逢兵，而城邑完，倉廩實，乃拜寇恂為河內太守，（馮）異為孟津將軍，統二郡軍河上，與恂合勢，以拒朱鮪等。」
[357] 《後漢書》卷 87〈西羌傳〉。

2. 河橋的建立

在古代技術簡陋的條件下，水面寬廣的江河只能建造舟橋，它的起源很早，《初學記》卷7云：「凡橋有木梁、石梁，舟梁謂浮橋，即《詩》所謂『造舟為梁』者也。周文王造舟於渭，秦公子奔晉，造舟於河。」注：「在蒲坂夏陽津，今蒲津浮橋是其處。」上述浮橋都是臨時架設使用的，黃河上首座固定的舟橋建於西元前257年，見《史記》卷5〈秦本紀〉昭襄王五十年，「初作河橋」。地點仍在蒲津（今山西永濟縣）。

孟津之渡，時有險惡風波，會造成航船的傾覆。如曹魏時大臣杜畿，「受詔作禦樓船，於陶河試船，遇風沒」[358]。魏明帝為此下詔致哀曰：「故尚書僕射杜畿，於孟津試船，遂至覆沒，忠之至也，朕甚愍焉。」[359] 其孫杜預在西晉泰始十年（274）上奏，請求在當地建立浮橋，以克服風濤的危害。事見《晉書》卷34〈杜預傳〉：「預又以孟津渡險，有覆沒之患，請建河橋於富平津。」但是遭到了大臣們的反對，「議者以為殷周所都，歷聖賢而不作者，必不可立故也」。胡三省注此事曰：「殷都河內，周都洛，二代夾河建都，不立河橋，故以為言。」[360] 杜預則堅持自己的意見，並得到晉武帝的首肯。至當年九月，河橋建成，為了慶祝這一空前盛大的工程結束，晉武帝率領百官臨會，並向杜預祝酒曰：「『非君，此橋不立。』對曰：『非陛下之明，臣亦無所施其微巧。』」

河陽浮橋建成後，改善了黃河南北兩岸的交通往來，但是隨後發生了「八王之亂」和十六國、北朝的「五胡亂華」，中國陷入長期的分裂混戰狀態。洛陽既是天下之樞，具有重要的策略地位，各股割據力量都想控制該地，河橋也因此成為他們競相爭奪的對象；而勢弱難守的一方往

---

[358]　《三國志》卷16〈魏書·杜畿傳〉。
[359]　同上。
[360]　《資治通鑑》卷80 胡三省注。

往將其焚毀，不讓敵人得手。嚴耕望先生曾言：「《通鑑》八五晉惠帝太安二年，成都王穎等起兵向洛，『列軍自朝歌至河橋，鼓聲聞數百里。帝親屯河橋以禦之。』是南北用兵，此橋見重之始。其後歷代用兵，事涉洛陽者，無不爭此橋之控制權。《紀要》四六〈河南重險〉條已詳徵引。既為兵家所爭，故史事所見，屢圖破壞。」[361]

北魏孝文帝在太和十七年（493），將首都從平城南遷到洛陽，隨行的人馬、物資數量浩繁，若用船隻渡河運輸，則相當費時費力，於是他下詔在孟津重建浮橋。《魏書》卷7下〈高祖紀〉太和十七年載此事曰：「六月丙戌，帝將南伐，詔造河橋。」至九月南遷時，「戊辰，濟河。……庚午，幸洛陽」。所率步騎百餘萬眾僅用了兩天時間，便渡過河橋，平安抵達新都。

二 河陽三城的建立

西晉以前孟津無橋，北岸渡口處也未築城設防。如漢之河陽縣城址在孟津西北約50里，距河較遠[362]。這是因為背水作戰乃兵家所忌，若有敵寇臨河，守方通常並不採取越水到對岸迎擊的戰術，而是隔河相拒，布好陣列等敵人涉水前來，待其半渡而擊；或是乘其渡河後人馬混亂、陣勢未整時發動進攻。但是在築橋之後，形勢即發生變化，遇到上述情況，若不在對岸設防，長橋一端就會被敵人控制；如果焚毀橋梁，重建時又要耗費巨大的人力、財力。所以，這一階段開始出現在兩岸渡口附近築城屯兵來保護浮橋的防禦部署，相繼出現了三城。

---

[361] 嚴耕望：《唐代交通圖考》第一卷，133頁。
[362] 西漢政府曾於河陽之北設立平縣，築城設防，屬河南郡，見《漢書·地理志上》。其址在今河南孟縣西北，見《太平寰宇記》卷52孟州河陽縣條：「今縣西北三十五里有古城，即漢理所。」

1. 北城

　　在河陽三城當中，北城是最先修築的。北魏孝文帝在重建浮橋之後，又於北岸築造了城池，遣北中郎將領兵鎮守，屬下有精銳的禁衛軍——羽林、虎賁，以及遷徙而來的府戶[363]。因此又稱為「北中府城」，建立的時間是重建浮橋後三年（496）。見《太平寰宇記》卷 52 孟州河陽縣條：「北中府城即郡城。《洛陽記》云太和二十年造北中府。」據《水經注》卷 5 所載，北中（府）城附近有「講武場」，即北魏軍隊訓練演習的場所。其事可見《魏書》卷 7〈高祖紀〉太和二十年，「九月戊辰，車駕閱武於小平津」。北中府城或簡稱「北中城」，《魏書》卷 58〈楊播附侃傳〉載元顥藉梁朝兵馬進據洛陽，「孝莊徙禦河北，……及車駕南還，顥令蕭衍將陳慶之守北中城，自據南岸」。又見《資治通鑑》卷 153 梁武帝中大通元年（529）閏月，「爾朱榮與顥相持於河上，慶之守北中城，顥自據南岸」。胡三省注：「河橋南岸也。」

　　北城在當時又稱作「河陽城」，因其防衛堅固，靠近京師，便於皇帝直接控制，又被作為囚禁犯罪宗室的場所。如孝文帝太子元恂圖謀叛逃，被發覺後，「乃廢為庶人，置之河陽，以兵守之，服食所供，粗免飢寒而已。……中尉李彪承聞密表，告恂復與左右謀逆。高祖在長安，使中書侍郎邢巒與咸陽王禧，奉詔齎椒酒詣河陽，賜恂死，時年十五。殮以粗棺常服，瘞於河陽城」[364]。

　　又稱為「無鼻（關）城」，地點在河橋以北二里。見《資治通鑑》卷 140 齊明帝建武三年，「十月閏月，丙寅，廢（元）恂為庶人，置於河陽無鼻城，以兵守之」。胡三省注：「《水經》：溴水出河內軹縣原山，南流注

---

[363] 《水經注》卷 5〈河水五〉：「河水又東經平縣故城北。」酈道元注：「(有（魏）高祖講武場，河北側岸有二城相對，置北中郎府，徙諸從隸府戶併羽林虎賁領隊防之。」嚴耕望《唐代交通圖考》認為「河北側岸有二城相對」一句或許有誤，應為黃河南北兩岸二城相對。

[364] 《魏書》卷 22〈廢太子恂傳〉。

於河水，東有無闢邑，謂之無鼻城。蕭子顯曰：在河橋北二里。」另見《讀史方輿紀要》卷49〈河南四‧懷慶府‧孟縣〉「無闢城」條。

《魏書》卷113〈官氏志〉載北魏設「四方郎將」，即東、西、南、北中郎將各一人，官階為右從第三品。鄭樵《通志》記述，四方中郎將初為東漢設立，六朝時沿置，權力較大[365]。北魏遷都洛陽後，四方中郎將統領軍隊部署在都城四周，負責拱衛京師。但是屬下兵馬數量有限，不足以拒退強敵。後來胡太后執政時，任城王元澄曾奏請提高四方中郎將的品階，使北中郎將兼領河內郡，並加強所屬的兵力。他的奏議遭到大臣們的反對，未能獲准[366]。

2. 中潬城

「潬」的本義是指江河中流沉積而成的沙洲，見《爾雅‧釋水篇》：「潬，沙出。」孟津中潬南北長約一里[367]，其最初的名稱為「中渚」。見《水經注》卷5〈河水五〉：「郭頒《世語》云：晉文王之世，大魚見於孟津，長數百步，高五丈，頭在南岸，尾在中渚。」前引《魏書》卷58〈楊播附侃傳〉亦曰：「(元)顥令蕭衍將陳慶之守北中城，自據南岸。有夏州義士為顥守河中渚，乃密信通款，求破橋立效。」此事又見於《資治通鑑》卷153，胡三省注「中渚」云：「《水經注》曰河中渚上有河平侯祠，河之南岸有一碑，題曰洛陽北界，意此中渚即唐時河陽之中潬城也。」

孟津「中渚」的稱呼一直延續到北魏末年，後改稱「中潬」，則是使

---

[365] 鄭樵《通志》卷55〈職官志五〉曰：「按此四中郎將併後漢置，江左彌重，或領刺史，或持節為之，銀印青綬，服同將軍。」

[366] 《魏書》卷19〈任城王澄傳〉：「時四中郎將兵數寡弱，不足以襟帶京師，澄奏宜以東中帶滎陽郡，南中帶魯陽郡，西中帶弘農郡，北中帶河內郡，選二品、三品親賢兼稱者居之。省非急之作，配以強兵，如此則深根固本、強幹弱枝之義也。靈太后初將從之，後議者不同，乃止。」

[367] （日）成尋：《參天臺五臺山記》。

用了南方吳語的稱謂。見郭璞注《爾雅・釋水篇》：「今江東呼水中沙灘為潬。」在歷史上，黃河若發生特大洪水，中潬上的建築往往會被沖毀[368]。

中潬城的始建，李吉甫認為是在東魏元象元年（538）。見《元和郡縣圖志》卷5河南道河陽縣，「中潬城，東魏孝靜帝元象元年築之」。據《北齊書》卷41〈暴顯傳〉所載，次年在河橋之役裡中潬城已然發揮作用。「（元象）二年，除北徐州刺史，當州大都督。從高祖與西師戰於邙山，高祖令顯守河橋鎮，據中潬城。」

中潬的駐軍設防，實際上要早於元象元年，嚴耕望先生曾做過考證，引《魏書》卷58〈楊播附侃傳〉所載夏州義士為元顥守河中渚事，時間在北魏孝莊帝永安二年（529）。「然此事在東魏元象二年之前十年，蓋築城前早已為兵家所重，為守禦要害也。」[369]

據《讀史方輿紀要》卷46引《三城記》曰：「中潬城。表裡二城，南北相望。」是有內外兩層城牆，防禦設施比較堅固。

3. 南城

在孟津南岸渡口處，靠近浮橋南端，亦始建於東魏。《元和郡縣圖志》卷5河南道河陽縣曰：「南城，在縣西，四面臨河，即孟津之地，亦謂之富平津。後魏使高永樂守河南以備西魏，即此也。」其文「四面臨河」有誤，「四」字應為「三」字之訛，見前引《三城記》云：「南城三面臨

---

[368] 《新唐書》卷36《五行志》貞觀十一年，「九月丁亥，河溢，壞陝州之河北縣及太原倉，毀河陽中潬」。《容齋隨筆・續筆十二》「古跡不可考」條：「又河之中泠一洲島，名曰中潬……上有河伯祠，水環四周，喬木蔚然。嘉祐八年秋，大水馮襄，了無遺跡，中潬自此遂廢。」

[369] 嚴耕望：《唐代交通圖考》第一卷，第134頁。

河，屹立水濱。」或認為當是說中潬城的情況[370]。又見《通典》卷77〈州郡七〉河南府：

河陽，古孟津，後亦曰富平津。……浮橋即晉當陽侯杜元凱所立。後魏莊帝時，梁將陳慶之來伐，克洛陽，渡河守北中府城，即此；孝文太和中築之。齊神武使潘樂鎮於此，又使高永樂守南城以備西魏，並今城也。

上述兩條史料所提到的南城戰事，亦為元象元年（538）邙山之戰（或稱「河陰之役」）中的情況。可見《北齊書》卷14〈高永樂傳〉：「河陰之戰，司徒高昂失利退。永樂守河陽南城，昂走趣城，西軍追者將至，永樂不開門，昂遂為西軍所擒。」同書卷21〈高昂傳〉所載略同。上述史實，《資治通鑑》卷158梁武帝大同四年八月辛卯條記載較為詳細：

（宇文泰）擊東魏兵，大破之，東魏兵北走。京兆忠武公高敖曹（即高昂）意輕泰，建旗蓋以陵陳，魏人盡銳攻之，一軍皆沒。敖曹單騎走投河陽南城，守將北豫州刺史高永樂，歡之從祖兄子也，與敖曹有怨，閉門不受。敖曹仰呼求繩，不得，拔刀穿閫未徹而追兵至。敖曹伏橋下，追者見其從奴持金帶，問敖曹所在，奴指示之。敖曹知不免，奮頭曰：「來，與汝開國公！」追者斬其首去。

上述史實反映：第一，南城與浮橋近在咫尺，故高昂在入城不得後，能夠隨即走伏於橋下。第二，魏晉時期，曾經盛行臨河的弧形防禦工事，稱為「偃月城」，或「偃月塢」[371]。即三面築城，保護渡口碼頭，防止陸上之敵來犯；瀕水的一面則是開放的，便於部隊登船。南城沒有實行這種建造形式，它是在橋旁採取環形築壘，城池是封閉性的，這樣守衛更為堅固。但是如果建造「偃月城」，就能夠把河橋南端包在城內，而南城是和橋頭相分離的，這種構築形式的缺點是，一旦強寇來臨，守軍

---

[370] 同上書，第135頁：「……且（志）云『四面臨河』，當是說中潬城，亦非南城形勢也。」
[371] 《元和郡縣圖志》，中華書局1983年版，第1082頁；《讀史方輿紀要》卷19，卷26。

不敢出城迎戰，只能閉門自守，無法阻止敵人登橋。高昂被追兵擒殺的史實，就是一個明顯的例子。

河陽三城當中，要屬南城最大，又位處黃河南岸，故亦稱為「河陰大城」。見《資治通鑑》卷172陳宣帝太建七年八月條。

三　河陽三城的築立原因與軍事影響

河陽三城的先後修築，與北魏中葉到末年政治重心區域的轉移以及主要防禦方向的改變，有著密切的關係。

1. 孝文遷洛後北方的政治形勢與北中府城的建立原因

北魏太和年間於孟津北岸築城，而不設在南岸，其意圖明顯是為了防備北方的假設敵寇，保護設在河南的新都洛陽。孝文帝遷洛之後，南朝蕭齊的國勢已衰，無力北伐；京師洛陽面臨的威脅主要來自黃河以北的幾股敵對政治力量：

一是鮮卑貴族的保守勢力。孝文帝大力推行漢化改革，斷胡俗胡語，使統治集團內部的矛盾逐漸激化。保守派官僚多留據代北任職，其朝內的守舊貴族也想和他們串通起來，發動叛亂。就在築北中府城的太和二十年（496），先有太子元恂殺中庶子高道悅，「與左右密謀，召牧馬輕騎奔平城」。事情敗露後被孝文帝囚禁，認為「今恂欲違父逃叛，跨據恆、朔，天下之惡孰大焉」[372]！後又出現了大臣穆泰等人在代北組織的叛亂，事見《資治通鑑》卷140：「及帝南遷洛陽，所親任者多中州儒士，宗室及代人往往不樂。（穆）泰自尚書右僕射出為定州刺史，自陳久病，土溫則甚，乞為恆州；帝為之徙恆州刺史陸睿為定州，以泰代之。泰

---

[372]　《資治通鑑》卷140齊明帝建武三年（496）。

至，睿未發，遂相與謀作亂，陰結鎮北大將軍樂陵王思譽、安樂侯隆、撫冥鎮將魯郡侯業、驍騎將軍超等，共推朔州刺史陽平王頤為主。」孝文帝捕殺了很多人，才把這次政變鎮壓下去。

二是中原河東、河北等地的被征服民族。北魏王朝是透過野蠻的征服戰爭建立起來的，國內的民族矛盾相當尖銳，如太和二十年（496），汾州的吐京胡即掀起過暴動。

三是塞北的柔然、敕勒等游牧民族。據《資治通鑑》記載，自孝文帝即位至其遷洛前的22年內，北方柔然大規模入侵和敕勒族的起義共有13次之多，其中柔然南下的軍隊屢屢達到十餘萬騎，對北魏造成的損失相當沉重。

黃河北岸一旦燃起大規模的戰火，敵對勢力即有可能南下孟津，威脅洛陽的安全；或者是截斷河橋，使洛陽的魏軍主力難以迅速渡河平叛。孝文帝修築北中府城，是在孟津渡口設立了一座橋頭堡，既可以阻滯敵人的進攻，保護河橋；又能夠維繫黃河兩岸交通往來的通道，便於軍隊調動，其策略作用是十分重要的。正如《洛志》所云：「魏都洛陽，以北中為重地，北中不守，則可平行至洛陽。」[373]

後來爾朱榮自晉陽起兵向洛，擁立孝莊帝。胡太后以李神軌為大都督，領兵拒敵；而鎮守北中的別將鄭季明、鄭先護開城投降。「李神軌至河橋，聞北中不守，即遁還。」[374] 致使爾朱榮順利占領了洛陽。

2. 東魏初年政局的演變與中潬城、南城的建造

孝文帝遷洛之後，豫西地區成為政治軍事重心，朝廷政令發自洛陽，主力軍隊也屯集於此，以應對四方之變。但是到了北魏末年，情況

---

[373] 《讀史方輿紀要》卷46。
[374] 《資治通鑑》卷152 梁武帝大通二年。

發生了變化。掌握朝政的軍閥高歡，其根據地原在太行山東、以鄴城為中心的河北平原。他消滅了爾朱兆以後，又在山西北部的晉陽建立了新的軍事基地，將相府和重兵安置於此。《資治通鑑》卷 155 載：「(高)歡以晉陽四塞，乃建大丞相府以居之。」胡三省注曰：「太原郡之地，東阻太行、常山，西有蒙山，南有霍太山、高壁嶺，北陁東陘、西陘關，故亦為四塞之地」、「自此至於高齊建國，遂以晉陽為陪都。」

永熙三年 (534) 七月，高歡率領大軍南渡黃河，挾立傀儡孝靜帝元善見。魏孝武帝元修被迫放棄洛陽，西投關中軍閥宇文泰，在北方形成了東西兩大集團對抗的政治格局。此時，高歡認為洛陽作為都城已經不合時宜了，原因主要有以下兩點：

首先，豫西地區範圍狹小，又連遭兵禍，百業凋敝，民不聊生；而高歡的根據地遠在太行山東，若繼續以洛陽為都，需要轉運大量的物資以供其消費，會嚴重損耗國力。而在河北的鄴城建都，傍近基本經濟區域，有供應方便之利。因此，高歡在這次進軍以前，就萌生了遷都的打算。「初，神武自京師將北，以為洛陽久經喪亂，王氣衰盡，雖有山河之固，土地褊狹，不如鄴，請遷都。」[375]

其次，洛陽距離東魏的兩個敵國——蕭梁、西魏的邊界較近，易受攻擊；而高歡的主力軍隊遠在千里之外的晉陽，又有黃河阻隔，若有危機，救援不便。正如《北齊書》卷 2〈神武帝紀下〉所言：「神武以孝武既西，恐逼崤、陝，洛陽覆在河外，接近梁境，如向晉陽，形勢不能相接，乃議遷鄴，護軍祖瑩贊焉。」由於倉促做出遷都的決定，「詔下三日，車駕便發，戶四十萬狼狽就道，神武留洛陽部分，事畢還晉陽。自是軍國政務，皆歸相府」。

---

[375]　《北齊書》卷 2〈神武帝紀下〉。

附錄一

東魏遷鄴以後，洛陽的地位發生變化，從政治中心變為邊境的衝要。因為該地總綰數條幹道，西魏若向東方擴張勢力，洛陽是必經之途。高歡守住洛陽，也就封鎖了敵人進兵中原的通道，所以他不能輕易放棄這塊策略要地。尤其是天平四年（537）沙苑之役，東魏遭受了慘敗，「喪甲士八萬人，棄鎧仗十有八萬」。[376] 而西魏的勢力轉盛，改守為攻，開始向河南出擊。從上述背景來看，高歡在第二年（538）築中潬城和南城，派遣兵將駐守，是為了加強洛陽地區的防禦部署，保護河橋通道的安全：

第一，河南戰鬥不利時，有南城守衛橋頭，敗軍可以經過河橋北撤，避免遭到殲滅。《資治通鑑》卷158載元象元年河橋之役，東魏方面的作戰部署是：「(侯)景為陣，北據河橋，南屬邙山，與(宇文)泰合戰。」胡三省注曰：「景置陳北據河橋者，慮兵有利鈍，先保固其北歸之路也。」後來東魏軍隊戰敗，即由浮橋退往河北。亦見於《資治通鑑》卷158：「及邙山之戰，諸軍北渡橋，胡三省注曰：『北渡河橋也。』(萬俟)洛獨勒兵不動，謂魏人曰：『萬俟受洛干在此，能來可來也！』魏人畏之而去。」

第二，便於河北的軍隊增援。洛陽戰事危急時，東魏在河北的精銳之師便南下來援。有中潬城和南城對浮橋的保護，援兵能夠迅速過河，投入戰鬥；比起登舟轉渡，則大大節省了時間。例如此次邙山之戰後，高歡「自晉陽率眾馳赴，至孟津，未濟，而軍有勝負。既而神武渡河，(長孫)子彥亦棄城走，神武遂毀金墉而還」[377]。

綜上所述，北魏中葉遷都洛陽，至東魏初年徙往鄴城，政治中心先移河南，後轉河北；河陽駐軍的防禦部署也由抗拒北敵改變為抵禦南寇，

---

[376]　《資治通鑑》卷157梁武帝大同三年。
[377]　《北齊書》卷2〈神武帝紀下〉。

這就是當地先築北中府城,後築中潬城及南城的原因。三城的建立,有效地保護了河橋與孟津渡口,使北魏與東魏的軍隊可以順利往來於黃河兩岸,為其作戰調動提供了方便。

四　西魏、北周攻取河陽的策略演變

(一) 東魏、北齊利用河橋及河陽屯兵取得的戰果

東魏、西魏分裂之後,至周武帝滅齊,統一北方,北朝兩國的對峙攻戰延續了四十餘年。沙苑之戰以後,宇文氏逐漸掌握了主動權,頻頻自關中出兵東徵,其作戰方向基本上是沿崤函通道進攻豫西地區,試圖奪取洛陽這個位於「天下之中」的策略樞紐。而東魏、北齊的對策,是將河南駐軍主力置於河陽,其指揮機構稱「河陽道行臺」,設在河陽南城[378]。其署官或兼洛州刺史,參見《北齊書》卷25〈王峻傳〉:「廢帝即位,除洛州刺史、河陽道行臺左丞。」《北齊書》卷41〈獨孤永業傳〉:「乾明初,出為河陽行臺右丞,遷洛州刺史。……治邊甚有威信,還行臺尚書。……(武平年間)朝廷以疆場不安,除永業河陽道行臺僕射、洛州刺史。……有甲士三萬。」

河陽道行臺長官即為洛陽地區軍事總指揮,故《周書》卷30〈於翼傳〉載:「齊洛州刺史獨孤永業開門出降,河南九州三十鎮,一時俱下。」敵兵來攻時,河陽行臺所屬的軍隊先在豫西走廊沿線進行阻擊,待晉陽等地的救兵透過河橋前來支援,再發動反攻,逐退對手。這一策略的實施屢獲成效,曾多次使西魏、北周在河南的作戰無功而返。例如:

武定元年(543)二月,東魏北豫州刺史高仲密以重鎮虎牢歸降西

---

[378]　《太平寰宇記》卷52〈河北道一·孟州河陽縣〉:「又有南城與縣接,乃東魏元象二年所築,高齊於其中置行臺。」

魏，宇文泰親率大軍至洛陽接應，攻破柏谷塢。高歡「使（斛律）金統劉豐、步大汗薩等步騎數萬守河陽城以拒之」[379]，自領十萬大軍從晉陽南下馳援，渡過河橋，據邙山為陣。在三月十四日的會戰中，宇文泰先勝後敗，被迫退回關中。武定五年（547）高歡去世，河南大將侯景叛降西魏，東魏亦將主力屯於河陽，阻斷西魏救援之路，再南下圍攻潁川，獲得了勝利。見《北齊書》卷17〈斛律金傳〉：

> 世宗嗣事，侯景據潁川降於西魏，詔遣金率潘樂、薛孤延等固守河陽以備。西魏使其大都督李景和、若干寶領馬步數萬，欲從新城赴援侯景。金率眾停廣武以要之，景和等聞而退走。……侯景之走南豫，西魏儀同三司王思政入據潁川，世宗遣高嶽、慕容紹宗、劉豐等率眾圍之。復詔金督彭樂、可朱渾道元等出屯河陽，斷其奔救之路。又詔金率眾會攻潁川。事平，復使金率眾從崿坂送米宜陽。

河清三年（564）冬，宇文護「遣柱國尉遲迥率精兵十萬為前鋒，趣洛陽」。[380]為土山、道地以攻城，形勢危急。北齊派蘭陵王高長恭、大將軍斛律光相救，與敵軍對峙於邙山之下。齊武成帝又令段韶督精騎增援，「發自晉陽，五日便濟河」[381]。結果在會戰中大破周師，解洛陽之圍。

天統三年（569）冬，「周遣將圍洛陽，雍絕糧道」[382]。次年正月，北齊派斛律光率步騎三萬救援，擊敗周將宇文桀，「斬首二千餘級，直到宜陽」[383]。武平二年（571）四月，「周遣其柱國紇干廣略圍宜陽。（斛律）光率步騎五萬赴之，大戰於城下，乃取周建安等四戍，捕虜千餘人而還」[384]。

---

[379] 《北齊書》卷17〈斛律金傳〉。
[380] 《資治通鑑》卷169陳文帝天嘉五年。
[381] 《北齊書》卷16〈段韶傳〉。
[382] 《北齊書》卷17〈斛律光傳〉。
[383] 同上。
[384] 同上。

武平六年（575）八月，北周出動大軍18萬伐齊，沿黃河兩岸進攻。周武帝率主力直趨洛陽，攻克河陽南城、武濟與洛口東西二城，圍中潬城二旬不下。「九月，齊遣右丞相高阿那肱自晉陽將兵拒周師，至河陽，會周主有疾，辛酉夜，引兵還。水軍焚其舟艦。」[385]

（二）西魏、北周對河陽三城及浮橋的攻擊

元象元年河橋之役失利以後，對於河陽浮橋與三城所發揮的重要作用，西魏政權即有了充分的了解。此後的歷次豫西作戰當中，宇文氏不僅對洛陽以及附近金墉、虎牢、宜陽等據點展開進攻，並力圖攻陷河陽三城，破壞浮橋，截斷對手的救援之路。其採取的措施有：

燒毀河橋。如武定元年宇文泰攻洛陽，聞高歡領兵來援，即退軍渥上（洛陽西），縱火船而下，欲燒斷河橋，使高歡援軍不得渡河，被東魏守將挫敗。見《北齊書》卷25〈張亮傳〉：「高仲密之叛也，與大司馬斛律金守河陽。周文帝於上流放火船燒河橋，亮乃備小艇百餘艘，皆載長鎖（索），鎖頭施釘。火船將至，即馳小艇，以釘釘之，引鎖向岸，火船不得及橋。橋之獲全，亮之計也。」

武平六年，周武帝攻河陽時，也曾「縱火焚浮橋，橋絕」[386]。破壞河陽以南的道路。如河清三年尉遲迥攻洛陽，「三旬不克，晉公護命諸將塹斷河陽路，遏齊救兵，同攻洛陽」[387]。圍攻河陽城。西魏、北周在對豫西發動進攻時，曾經多次圍攻河陽城，企圖占領這一策略樞紐，打破敵人河南防禦體系的核心。但是由於東魏、北齊在當地部署重兵，又有堅固的城壘，援軍很快就能趕到，所以屢攻不克。只有武平六年的洛

---

[385]　《資治通鑑》卷172陳宣帝太建七年。
[386]　《資治通鑑》卷172陳宣帝太建七年。
[387]　《資治通鑑》卷169陳宣帝太建七年。

陽戰役，周軍盡力攻下了南城，但是齊軍大都督傅伏守中潭城二旬，巋然不動；援兵到來後，周軍只得撤退[388]。總之，西魏、北周對於河陽三城與浮橋所施的種種進攻和破壞辦法，都沒有達到滿意的效果。由於敵人始終保持著這條重要通道，能夠將後續部隊源源投入河南戰場，解救危急，致使戰事有驚無險。儘管北齊後期政治腐敗，民怨沸騰，是北周消滅它的絕好時機，但是宇文氏在洛陽地區的長期作戰中耗費了大量兵力、物資，卻始終陷於膠著狀態，遲遲打不開局面。多次受挫的教訓，使北周君臣開始反思檢討其進攻策略，制定出新的方案。

（三）北周攻齊策略的改變

周武帝在建德四年（575）伐齊之時，已經有不少大臣反對他出兵河陽、洛陽的計畫。《資治通鑑》卷172對此事記載較詳，文字如下：

周主將出河陽，內史上士宇文 曰：「齊氏建國，於今累世；雖曰無道，藩鎮之任，尚有其人。今之出師，要須擇地。河陽衝要，精兵所聚，盡力攻圍，恐難得志。如臣所見，出於汾曲，戍小山平，攻之易拔。用武之地，莫過於此。」民部中大夫天水趙煚曰：「河南、洛陽，四面受敵，縱得之，不可以守。請從河北直指太原，傾其巢穴，可一舉而定。」遂伯下大夫鮑宏曰：「我強齊弱，我治齊亂，何憂不克！但先帝往日屢出洛陽，彼既有備，每有不捷。如臣計者，進兵汾、潞，直掩晉陽，出其不虞，似為上策。」

群臣不同意攻擊河南地區的理由，概括起來有以下幾點：第一，此前西魏北周屢次兵伐洛陽，敵方對這一策略方向已經有了充分的準備，難以獲勝。第二，河陽是北齊重鎮，駐有精兵，不易攻克。

---

[388] 《資治通鑑》卷172陳宣帝太建七年八月：「丁未，周主攻河陰大城，拔之。齊王憲拔武濟；進圍洛口，拔東、西二城，縱火焚浮橋，橋絕。齊永橋大都督永安傅伏，自永橋夜入中潭城。周人既克南城，圍中潭，二旬不下。……」

第三，洛陽地區是交通樞紐，四面臨敵，北齊軍隊救援方便，即使攻占該地也很難堅守。

因此，他們建議以黃河北岸的汾、潞（今山西臨汾、上黨地區）為主攻方向，得手後進擊敵人的腹地晉陽，這樣可以出其不意，一戰成功。但是周武帝沒有聽從，仍然堅持率主力進攻河陽、金墉等地。他對諸將說：「若攻拔河陰（河陽南城），兗、豫則馳檄可定。養銳享士，以待其至。但得一戰，則破之必矣。」[389] 結果又遭失利，無功而還。

建德五年（576），周武帝決定再次伐齊，他吸取了教訓，決心改變以往的部署，放棄在河南的作戰，以晉陽與河東之間的要樞晉州（治平陽，今山西臨汾）為主攻目標，集中兵力，待敵軍來援時予以消滅，再乘勢東征，拿下北齊的首都鄴城。他對群臣說：「朕去歲屬有疹疾，遂不得克平逋寇。前入賊境，備見敵情，觀彼行師，殆同兒戲。又聞其朝政昏亂，政由群小，百姓嗷然，朝不謀夕。天與不取，恐貽後悔。若復同往年，出軍河外，直為撫背，未扼其喉。然晉州本高歡所起之地，鎮攝要重，今往攻之，彼必來援，吾嚴軍以待，擊之必克。乘破竹之勢，鼓行而東，足以窮其窟穴，混同文軌。」[390]

儘管周武帝在出征前曾親臨涑川，「集關中、河東諸軍校獵」，[391] 舉行了針對晉州方向的軍事演習，但是昏瞶的北齊君臣，並沒有給予足夠的重視。據《北齊書》卷41〈獨孤永業傳〉和《周書》卷6〈武帝紀下〉所載，河陽有北齊甲士三萬人，而晉州只駐紮了八千人，是難以抵抗北周大軍進攻的。此年十月，周武帝親率諸軍伐齊，經河東迅速攻占平陽，果然吸引了晉陽的敵軍主力來援。十二月庚戌，雙方在平陽城南會戰，

---

[389]　《周書》卷6〈武帝紀下〉。
[390]　同上。
[391]　同上。

附錄一

「齊師大潰，死者萬餘人，軍資器械，數百里間，委棄山積」[392]。周軍乘勝北克晉陽，東取鄴城，俘獲了齊後主，完成了統一北方的大業。北周此番獲勝，得益於改變了策略進攻方向，避開河陽的重兵堅城，這樣既使敵人無法利用當地優越的防禦條件，又能在野戰中發揮自己軍隊戰鬥力強勁的優勢，因而取得了最終的勝利。

---

[392]　《資治通鑑》卷 172 陳宣帝太建八年十二月。

附錄二

西魏北周軍政大事年表（534～577）

北魏孝武帝永熙三年、東魏孝靜帝天平元年（534）

五月，北魏孝武帝徵發河南諸州兵，集於洛陽，欲北討晉陽（今山西太原）的軍閥高歡。並任命宇文泰為關西大行臺，準備移駕關中。

六月，高歡以保護帝室、討斛斯椿為名，自晉陽發兵向洛陽。七月，魏孝武帝統兵十餘萬屯河橋，在邙山之北布陣。宇文泰命趙貴準備從蒲坂渡河進軍并州，大都督李賢領精騎一千赴洛陽援助。魏滑臺（今河南滑縣東）守將賈顯智投降高歡，引其軍隊渡過黃河，魏孝武帝率諸王西逃關中。

八月，魏孝武帝入長安，高歡入洛陽後領軍追擊。九月，高歡攻克潼關，進屯華陰長城，龍門都督薛崇禮獻城投降。高歡北渡黃河抵河東，又命侯景帶兵向荊州，擊敗賀拔勝，賀拔勝率餘眾南投梁朝。

十月，高歡返回洛陽，立元善見為帝，改元天平，遷都至鄴城（今河北臨漳）。北魏從此分裂為東魏、西魏。宇文泰進攻潼關，斬守將薛瑜，俘其士卒七千人。東魏行臺薛修義等渡河占領楊氏壁（今陝西韓城東南），後被西魏司空參軍薛端所敗，退回河東，宇文泰遣南汾州刺史蘇景恕鎮守楊氏壁，又命鎮北將軍元慶和率眾伐東魏。

十二月，宇文泰遣李虎、李弼、趙貴等攻東魏曹泥於靈州（今寧夏靈武縣西南）。

閏月，元慶和攻占東魏瀨鄉（今河南鹿邑縣）。西魏任命獨孤信為都督三荊州諸軍事、荊州刺史。獨孤信擊敗東魏恆農（今河南靈寶市北）太守田八能，襲取穰城（今河南鄧州市），斬東魏西荊州刺史辛纂，分兵略定三荊。後被東魏大將高昂、侯景所敗，與都督楊忠逃入關中。

西魏文帝大統元年、東魏孝靜帝天平二年（535）

正月，西魏渭州刺史可朱渾道元率所部叛投東魏，高歡拜其為車騎大將軍。西魏將李虎領兵圍攻東魏靈州，凡四旬，刺史曹泥請降。

東魏司馬子如率竇泰、韓軌等攻潼關，宇文泰屯兵霸上準備支援。司馬子如回軍，從蒲津宵濟，攻西魏華州（今陝西大荔），被刺史王羆擊退。

西魏文帝大統二年、東魏孝靜帝天平三年（536）

正月，高歡率萬騎突襲西魏夏州（今陝西靖邊縣北），擒刺史賀拔俄彌突，留都督張瓊鎮守，領其部落五千戶以歸。西魏靈州刺史曹泥與其婿劉豐復叛降東魏，宇文泰遣師圍攻，水灌其城，高歡派阿至羅率三萬騎來援，西魏軍隊撤退，曹泥領遺戶五千以歸，高歡任劉豐為南汾州刺史。

五月，西魏秦州（治今甘肅天水）刺史萬俟普、幽州刺史叱干寶樂及督將三百人叛投東魏，宇文泰遣輕騎追擊，至河北千餘里，不及而還。

十二月，高歡三路進攻西魏，遣司徒高昂攻上洛（今陝西洛南縣東南），大都督竇泰攻潼關，自率軍自龍門至蒲津。

西魏文帝大統三年、東魏孝靜帝天平四年（537）

正月，高歡在蒲津造三道浮橋，欲渡黃河入關中。宇文泰屯兵廣陽（今陝西臨潼縣北），揚言退保隴右，還長安後祕密領兵東進至小關（今河南潼關東），竇泰倉促迎戰，全軍被殲後自殺。高歡聞訊後撤除浮橋，還兵晉陽。高昂攻克上洛後，欲入藍田關，接到高歡撤軍命令後還師。

八月，關中自去歲以來大飢，宇文泰率李弼等十二將伐東魏，遣于謹為前鋒，攻拔盤壺（今河南靈寶市西北）、恆農，擒東魏陝州刺史李徽伯，俘其戰士八千。又派賀拔勝領兵北渡黃河，追擒敵將高幹，攻取河北（今山西平陸縣西南）、邵郡（今山西垣曲縣古城鎮）、正平（今山西新絳西南）、二絳等地。

閏九月，高歡自晉陽領二十萬眾南下，自龍門赴蒲津反攻，令高昂率三萬人圍攻恆農。高歡主力渡河後繞過華州，進駐許原西。宇文泰率西魏人馬進駐渭南。

十月，宇文泰軍至沙苑（今陝西大荔西），在渭曲設伏，大敗東魏軍隊。高歡渡河逃走；喪失甲士八萬人。高昂聞訊後解恆農之圍，退保洛陽。西魏遣行臺宮景壽進攻洛陽，被東魏將韓賢擊退。西魏復遣元季海、獨孤信率步騎二萬攻洛陽，洛州刺史李顯攻三荊；賀拔勝、李弼圍攻蒲坂，泰州別駕薛善開城歸順，宇文泰進占河東及南汾州，並派長孫子彥追擊高歡至晉州（今山西臨汾）城下。

西魏兵至新安（今河南澠池縣東），高昂率眾渡河北走，東魏洛州刺史元湛棄洛陽逃歸鄴城。獨孤信遂進占金墉城（今河南洛陽東北），滎陽、潁州（今河南許昌）、梁州（今陝西漢中市東）、廣州（今河南襄城）等地皆降於西魏。

十一月，東魏行臺任祥反攻潁州，被西魏宇文貴、怡峰等擊敗，士

卒萬餘人被俘，西魏又占陽、豫二州。

十二月，東魏陽州刺史段粲破西魏行臺楊白駒部於蓼塢（今河南靈寶西北）。

西魏荊州刺史郭鸞攻東魏東荊州刺史慕容儼，慕容儼拒戰二百餘日，突襲獲勝，大破敵軍。

西魏文帝大統四年、東魏孝靜帝元象元年（538）

二月，東魏大都督賀拔仁、莫多婁貸文等攻拔西魏南汾州，擒其刺史韋子粲。東魏大行臺侯景屯練人馬於虎牢，準備收復河南失地。西魏將梁迴、韋孝寬等棄潁川、汝南等地西歸。侯景圍攻廣州，擊退西魏援兵，守將駱超投降。高歡命尉景、斛律金、莫多婁貸文、厙狄干等南下攻克北絳（今山西翼城縣東南）、南絳（治車箱城，今山西絳縣東南）、正平，擒西魏所置正平太守段榮顯、晉州刺史金祚，並委任薛榮祖為東雍州刺史。後來東魏又企圖進入河東腹地，占領鹽池；守將辛慶之防禦有方，迫使敵軍撤退。七月，侯景、高昂等圍攻西魏獨孤信於洛陽金墉城，高歡率主力隨後而至。宇文泰與西魏文帝領大軍來援，命李弼、達奚武為前驅。八月，李弼等擊敗東魏軍隊前鋒，斬其將莫多婁貸文於孝水。西魏軍至瀍東，侯景解金墉之圍而退。宇文泰率輕騎追擊至河上。侯景列陣，北據河橋，南依邙山，與西魏軍合戰，擊敗宇文泰之前鋒。西魏主力趕到，大破東魏軍，斬其大將高敖曹、西兗州刺史宋顯，俘虜甲士萬五千人，赴河死者以萬數。但是後來右軍獨孤信、李遠，左軍趙貴、怡峰戰並不利，皆棄其軍逃走。李虎、念賢所率後軍與之俱退。宇文泰遂燒營而歸，留將長孫子彥守金墉。

高歡自晉陽率七千精騎由孟津渡河，遣將追擊宇文泰至崤山而還，

並圍攻金墉城，守將長孫子彥棄城逃走。高歡又至河東，與斛律金會合，打敗柴壁（今山西襄汾縣東）、喬山（今山西曲沃縣東北）等地的土寇，南下收復南絳、邵郡等河東重地。東魏主力撤退後，西魏建州刺史楊㯝又奪回正平、邵郡等地。

十二月，西魏將是云寶襲擊洛陽，趙剛突襲廣州，占領二地。南兗州刺史韋孝寬進攻宜陽（今屬河南），擒東魏守將段琛、牛道恆，肅清崤山、澠池。

西魏在黃河蒲津築中潬城，東道行臺王思政請於玉壁（今山西稷山西南）築城，獲准後自弘農移鎮玉壁，聚兵屯守，放棄了汾北的正平。

西魏文帝大統六年、東魏孝靜帝興和二年（540）

二月，東魏河南道大行臺侯景領兵出三鵶（今河南魯山縣西南），企圖收復荊州。宇文泰遣李弼、獨孤信各率五千騎出武關而援，侯景退兵。五月，西魏行臺宮延和、陝州刺史宮延慶投降東魏。

西魏文帝大統八年、東魏孝靜帝興和四年（542）

八月，高歡率大軍自晉陽南下，進攻河東。宇文泰命王思政守玉壁以斷其道，遣太子元欽鎮守蒲坂。十月，高歡招降王思政不成，開始圍攻玉壁，攻城九日，遇大雪，士卒飢凍多有死者，被迫解圍撤軍。宇文泰領兵來援，至皂莢（今山西臨猗縣臨晉鎮西南），聞高歡軍退，追之不及而還。

西魏文帝大統九年、東魏孝靜帝武定元年（543）

二月，東魏北豫州刺史高慎（字仲密）據虎牢城叛降西魏，被圍。三月，宇文泰領主力赴河南救援高慎，遣開府于謹攻拔柏谷城，並圍攻

河陽南城。高歡自晉陽率大軍十萬來救，至黃河北岸。宇文泰縱火船以燒河橋，為東魏偏將張亮所阻。高歡主力渡河後據邙山為陣，宇文泰率軍進攻。戊申，雙方交鋒，東魏彭樂率數千精騎衝破敵陣，俘虜西魏親王元柬、元榮宗、元升、元闡、元亮及督將僚佐四十八人。諸軍乘勝進攻，大破西魏軍，斬首三萬餘級。

次日再戰，西魏宇文泰自領中軍，趙貴領左軍，若干惠領右軍，先勝後敗，督將以下四百餘人被擒，損兵六萬，被迫退入關中。高歡進兵至陝城，受到西魏大將達奚武的阻擊，遂率主力撤回，僅派劉豐領數千騎追擊到恆農而還。

四月，西魏虎牢城守將魏光宵遁，東魏收復北豫、洛二州，俘獲高慎妻子。西魏在泰州蒲津關築城戍守。

西魏文帝大統十年、東魏孝靜帝武定二年（544）

東魏河南道大行臺侯景率眾築九曲城（今河南宜陽縣西北），西魏將陳忻領兵擊之，擒其宜陽郡守趙嵩、金門郡守樂敬賓。

西魏文帝大統十二年、東魏孝靜帝武定四年（546）

八月，高歡會集傾國之師，再次由晉陽南下進攻河東；又令河南道大行臺侯景自河陽出兵，越齊子嶺西攻邵郡，西魏建州刺史楊㩖率騎兵前來阻擊，侯景聞訊後斫木斷路，退回河陽。

九月，東魏圍困玉壁城，企圖誘西魏主力來援，進行決戰。宇文泰屯兵於關中不出。高歡遂晝夜圍攻玉壁，城主韋孝寬堅守不下。東魏攻城五十餘日，士卒戰及病死者共七萬人，被迫於十一月庚子日解圍而退。

東魏侯景入侵襄州，被西魏司空若干惠領兵擊退。

西魏文帝大統十三年、東魏孝靜帝武定五年（547）

正月，高歡病死，長子高澄繼位。東魏河南道大行臺侯景、潁州刺史司馬世雲叛降西魏，高澄遣韓軌督諸軍討伐侯景。

三月，侯景又以所控豫、廣、郢、荊、襄等十三州地上表請降於梁朝，梁武帝遣羊鴉仁等領兵運糧接應侯景。

五月，東魏韓軌圍侯景於潁川（今河南長葛東北），侯景又割東荊、北兗州、魯陽、長社四城向西魏求救。西魏封侯景為大將軍兼尚書令，遣荊州刺史王思政以步騎萬餘赴陽翟，太尉李弼、儀同三司趙貴將兵一萬赴潁川救援。六月，東魏將韓軌聞西魏救軍至，撤兵回鄴；前來解圍的西魏李弼、趙貴亦返回關中。侯景將潁川移交給王思政，遷往懸瓠（今河南汝南）。宇文泰召侯景入朝，遭到拒絕。王思政又遣諸軍進據侯景七州、十二鎮。侯景決計降梁。

西魏將李遠攻克東魏九曲城，河內郡守司馬裔攻拔東魏平齊、柳泉、蓼塢三城，俘其鎮將李熙之。西魏將魏玄、李義孫等攻拔東魏伏流城（今河南嵩縣東北）、孔城（今河南伊川縣西南）。

西魏文帝大統十四年、東魏孝靜帝武定六年（548）

四月，東魏遣高嶽、慕容紹宗、劉豐等率步騎十萬圍攻西魏潁川。守將王思政出城應戰破敵，並奪其所築土山。

九月，侯景叛梁，領兵渡江進攻建康（今江蘇南京市），江南大亂。

西魏文帝大統十五年、東魏孝靜帝武定七年（549）

四月，東魏高嶽圍攻西魏潁川，踰年不克。劉豐出謀築堰於水以灌城，城多崩頹，形勢危急。宇文泰遣趙貴領兵來援，為泛澤所阻。東魏

攻城船隊遇暴風，主將慕容紹宗、劉豐戰死。

五月，東魏高澄自將步騎十萬，圍攻潁川長社城。六月，東魏以水攻破長社城，守將王思政及餘眾三千人被俘。

西魏文帝大統十六年、北齊文宣帝天保元年（550）

三月，高洋廢東魏主，改國號為齊。七月，宇文泰以高洋稱帝為由，準備率諸軍東討。九月，西魏軍自長安出發，過潼關；大將軍宇文導留守關中。十一月，宇文泰在弘農作浮橋，領兵北渡，攻至建州（今山西晉城市東北）。前鋒司馬裔破東魏將劉雅興，攻占五城。高洋召集兵馬，屯於晉陽東城。因久雨，西魏軍隊戰馬運畜多死，被迫撤兵，自蒲坂西渡黃河，返回關中。

西魏洛安民雍方雋叛亂，自號行臺，攻破郡縣，囚執守令；河南郡守魏玄率弘農、九曲、孔城、伏流四城人馬將其討平。

西魏文帝大統十七年、北齊文宣帝天保二年（551）

十月，宇文泰遣大將軍王雄出子午谷，伐上津（今湖北鄖西縣西北）、魏興（今陝西安康縣西北）；大將軍達奚武出散關（今陝西寶雞市西南），伐南鄭（今陝西漢中市東）。

西魏廢帝元年、北齊文宣帝天保三年（552）

春，西魏王雄占領上津、魏興，以其地置東梁州。四月，西魏達奚武占領南鄭。梁將王僧辯、陳霸先等平定侯景之亂。達奚武以大將軍出鎮玉壁，建立樂昌、胡營、新城三防。北齊將高苟子以千騎進攻新城，被達奚武擊敗，全殲其眾。

西魏恭帝元年、北齊文宣帝天保五年（554）

九月，西魏遣于謹、宇文護、楊忠等率步騎五萬人進攻梁都江陵（今湖北荊州市）。

十月，西魏軍至樊（今湖北襄樊）、鄧（今河南鄧縣）一帶，與投降之梁王蕭詧軍隊匯合。梁元帝蕭繹下令戒嚴，調王僧辯自建康入援。

十一月，西魏軍渡過漢水，宇文護、楊忠先占領江津，截斷江陵與下游的連繫。梁徐世譜、任約等進至馬頭（今湖北荊州西北）築壘，遙為江陵聲援。西魏軍多道攻城，梁軍反者開城迎西魏師入。梁元帝及餘眾退保金城（內城），焚古今圖書十四萬卷而降。

十二月，西魏殺梁元帝，立梁王蕭詧為外藩梁主，予荊州之地三百里，並留兵監守。隨即俘梁王公以下及百姓數萬口為奴婢，驅歸長安。

西魏宜陽郡守陳忻、開府斛斯璉與北齊將段韶戰於九曲，大敗齊軍。

西魏恭帝三年、北齊文宣帝天保七年（556）

十月，宇文泰病死。十二月，西魏恭帝禪位於宇文覺，北周建國。北齊將斛律光率步騎五千襲破北周天柱、新安、牛頭三戍，又大破周儀同王敬俊等，俘獲五百餘人、雜畜千餘頭。

北周明帝二年、北齊文宣帝天保九年（558）

二月，北齊北豫州刺史司馬消難遣中兵參軍裴藻入關請降。三月，北周遣柱國達奚武、大將軍楊忠率騎兵五千入河南，護送司馬消難及僚屬西歸，北齊兵將追至洛北而還。北齊斛律光率眾攻取北周絳川、白馬、澮交、翼城四戍。

北周明帝武成元年、北齊文宣帝天保十年（559）

二月，北齊大將斛律光率騎兵一萬進攻汾絳，擊斬北周開府儀同三司曹回公，周柏谷城主薛禹生棄城走。斛律光占據文侯鎮（今山西新絳西南），立戍置柵而還。

北周明帝武成二年、北齊孝昭帝皇建元年（560）

北齊大臣盧叔虎建議在平陽（今山西臨汾）設立重鎮，蠶食河東之地。孝昭帝高演命令他和元文遙制訂〈平西策〉，準備執行。後高演去世，其事遂寢。

北周武帝保定元年、北齊武成帝太寧元年（561）

二月，北周勳州刺史韋孝寬使開府姚岳領河西役徒十萬築城於汾州之北（今山西隰縣東北），以制生胡。北齊聞訊後遣軍至邊境，韋孝寬令汾水南岸諸村縱火，齊人疑有大軍，收兵自保，姚岳築城留守而還。

北周武帝保定三年、北齊武成帝河清二年（563）

三月，北齊司空斛律光率領步騎二萬，在軹關（今河南濟源西北）以西修築勳掌城及長城二百里，安置十二處戍所。北齊邊兵襲擾汾州（今山西吉縣），被北周汾州刺史韓襃設伏擊敗，盡獲其眾。

突厥木桿可汗許周和親，並答應出動大軍，配合周師攻齊。

九月，北周遣柱國楊忠率騎兵一萬與突厥自北道伐齊，遣大將軍達奚武率步騎三萬出平陽，北向晉陽，與楊忠、突厥人馬南北呼應。

十二月，楊忠攻拔北齊二十餘城，又破陘嶺（今山西代縣北）隘口。突厥木桿、地頭、步離三可汗領十萬騎與其會合，自恆州（今山西大同市東北）三道進入長城，南下并州。北齊武成帝聞訊後從鄴城趕奔晉陽，命趙郡王高叡、并州刺史段韶指揮部署齊軍主力抵抗突厥，斛律光統步兵三萬屯駐平陽。

北周武帝保定四年、北齊武成帝河清三年（564）

正月，北齊與北周、突厥聯軍在晉陽郊外會戰，由於突厥臨陣退卻，楊忠率領的周師戰敗，被迫撤出長城。達奚武率軍至平陽城下，畏縮停留不進。後得知突厥在晉陽進攻不利，亦隨即撤回河東。

八月，突厥攻齊幽州（今北京城西南），出兵十餘萬，入長城後大掠而還。北周遣柱國楊忠領兵配合突厥伐齊，至北河而還。閏九月，突厥再次入侵齊幽州。

十月，北周發動傾國之師二十萬人伐齊。執政宇文護統率主力經潼關赴河南，遣柱國尉遲迥率精兵十萬為前鋒，直取洛陽。

大將軍權景宣率山南之兵進攻懸瓠，少師楊㯹由邵郡出軹關。十一月，尉遲迥所率中路主力進圍洛陽，大將宇文憲、達奚武、王雄屯兵於邙山，宇文護駐紮在弘農（治今河南靈寶市北）。周師圍攻洛陽，三旬不克。北齊派遣蘭陵王高長恭、大將軍斛律光領兵赴救，但二人畏懼不戰。齊武成帝又令段韶督精騎一千急赴前線，自己亦隨後奔赴洛陽。

十二月，周齊軍隊會戰於邙山，周師大敗潰散，退回關中，洛陽解圍。南路權景宣攻占豫州、永州，後聞大軍邙山戰敗，亦棄城而退。北路的楊㯹出軹關後，遭受敵人突襲，全軍覆沒，楊㯹亦投降北齊。

北周武帝天和四年、北齊後主天統五年（569）

八月，北齊將獨孤永業進攻宜陽，北周孔城發生叛亂，叛者殺防主能奔達，據城降齊。

九月，周武帝詔令齊公宇文憲與柱國李穆領兵出宜陽，築崇德等五城。十二月，宇文憲圍宜陽，斷絕北齊守軍糧道。齊將斛律光率眾四萬，在洛水南岸築壘。

北周武帝天和五年、北齊後主武平元年（570）

正月，北齊太傅斛律光率步騎三萬援救宜陽。北周將張掖公宇文桀、中州刺史梁士彥、開府梁景興等屯鹿盧交道，阻擊北齊援兵，為斛律光所敗。

北齊援兵至宜陽後，與北周宇文憲、拓跋顯敬等對峙百日，斛律光築統關、豐化二城，以通宜陽之路，率大軍而還。宇文憲等率眾追擊，為北齊騎兵所敗，開府儀同三司宇文英、都督越勤世良、韓延等被俘。宇文桀等率步騎三萬於鹿盧交道斷要路，斛律光大破周軍，斬其開府梁景興，獲馬千匹。

北周勳州刺史韋孝寬上書，請於汾北華谷（今山西稷山西北化峪村）、長秋（今山西新絳縣西北）等地築城戍守，執政大臣宇文護未採納其建議。

十二月，北齊將斛律光率步騎五萬於汾北築華谷、龍門二城，又進圍定陽（今山西吉縣），築南汾城，置州以逼迫北周守軍。周軍解宜陽之圍，救援汾北。

北周武帝天和六年、北齊後主武平二年（571）

　　正月，北齊將斛律光率眾築平隴、衛壁、統戎等十三城，拓地五百餘里。北周柱國普屯威、韋孝寬等率步騎萬餘來逼平隴，與斛律光戰於汾北，齊軍大勝，俘斬千計。北周宇文憲率兵開往汾北，宇文護暫駐同州（今陝西大荔）以為聲勢。

　　三月，宇文憲率眾二萬，自龍門渡河，掘移汾水，攻拔北齊新築伏龍、張壁、臨秦、統戎、威遠五城。斛律光領兵五萬攻克北周姚襄城、白亭戍，捕虜數千人。北齊太宰段韶、蘭陵王高長恭攻破周柏谷城，獲其儀同薛敬禮。宇文憲率軍北援汾州，入兩乳谷，襲克齊柏社城（今山西吉縣西南），進援定陽，為齊將段韶、高長恭所阻，未能解圍。

　　四月，北周宇文純等攻取宜陽等九城，北齊召斛律光率步騎五萬赴宜陽。五月，周宇文護使參軍郭榮築城於姚襄城南、定陽城西，齊段韶領兵襲破周師，俘儀同三司若干顯寶。六月，段韶再次圍攻定陽城，北周守將汾州刺史楊敷率兵突圍，中伏被俘。北齊占領定陽，但未能攻克郭榮城。北齊斛律光與周軍戰於宜陽城下，攻取周建安等四戍，捕虜千餘人而還。九月，北齊太宰段韶病逝。

北周武帝建德元年、北齊後主武平三年（572）

　　三月，周武帝於禁中謀殺執政大臣宇文護，又殺其子蒲州刺史宇文訓、昌成公宇文深，改元建德，親攬朝政。

　　五月，北周勳州刺史韋孝寬使諜人傳謠於鄴城，言斛律光欲叛投宇文氏。六月，北齊後主聽信謠傳與祖珽、何洪珍等讒言，誅殺斛律光及其弟幽州都督、刺史斛律羨與光諸子。周武帝聞訊後為之大赦。

附錄二

北周武帝建德二年、北齊後主武平四年（573）

　　三月，陳宣帝與北周聯盟伐齊，以吳明徹為都督征討諸軍事、裴忌為監軍，統眾十萬北伐。陳師分兵兩路，吳明徹率軍出秦郡（今江蘇六合北），黃法氍向歷陽（今安徽和縣）。

　　四月，陳師攻克大峴（今屬安徽）和秦州水柵。北齊遣軍救歷陽、秦州，皆為陳師所破。

　　五月，陳師攻占歷陽，北齊秦州（今江蘇六合北）守軍投降。

　　六月，陳師攻占齊涇州（治石梁城，今安徽天長西北）、合州（今安徽合肥市）、仁州（治赤崁城，今安徽蚌埠市北）。

　　十月，吳明徹圍攻淮南重鎮壽陽（今安徽淮南市），堰肥水以灌城。北齊派皮景和率大軍來救，距城三十里停頓不前。陳師乘機猛攻壽陽，破城後生擒其主將王琳。皮景和拋棄馱馬輜重，領軍北遁。

　　十一月，陳師又克淮陰、朐山（今連雲港市西南）、濟陰（今山東曹縣東北）、南徐州。北齊北徐州民眾多起兵響應，齊後主派遣部分兵力南下阻擊，穆提婆等甚至建議放棄黃河以南的領土，守黎陽以拒陳兵。

北周武帝建德四年、北齊後主武平六年（575）

　　七月，北周武帝出動大軍十八萬伐齊。周武帝率眾六萬，直指河陰（今河南孟津縣東、黃河南岸），以楊素為麾下前鋒。

　　八月，周軍進入齊境。周武帝率軍攻克河陰大城，齊王宇文憲攻占武濟，進圍洛口（今河南鞏縣西），攻克其東、西二城，並縱火燒斷河陽浮橋。北齊永橋大都督傅伏馳援中潬城，堅守二十餘日；北齊洛州刺史獨孤永業亦保金墉城不下。

九月，北齊右丞相高阿那肱統兵來援，周武帝又突發重症，被迫令水師燒掉舟艦，退軍回境。齊王宇文憲及於翼、李穆等黃河南北降拔三十餘城，均棄而不守；唯遣儀同三司韓正留守王榮城（今河南鞏義市東北），後投降北齊。

閏月，北齊將領尉相貴入侵大寧，延州（今陝西延安市）總管王慶將其擊退。陳大將軍吳明徹領兵進攻北齊彭城（今江蘇徐州），擊敗齊兵數萬於呂梁。

北周武帝建德五年、北齊後主隆化元年（576）

正月，周武帝至河東涑川，集河東、關中諸軍校獵演習。二月，周太子宇文贇與王軌、宇文孝伯西征吐谷渾；至八月而還。

四月，周將宇文神舉攻拔北齊陸渾（今河南嵩縣東北）等五城。十月，周武帝統大軍再伐北齊，經河東攻打晉州（今山西臨汾）。北齊行臺左丞侯子欽、晉州刺史崔景嵩先後出降。壬申夜中，周師入城，擒齊軍主將海昌王尉相貴，俘甲士八千人。北周齊王宇文憲領兵北進，占領洪洞、永安（今山西霍州市）二城。北齊後主高緯親率大軍來援晉州，周武帝引軍西撤而避其鋒，留開府儀同大將軍梁士彥為晉州刺史，率精兵一萬守平陽。十一月，齊軍主力至平陽城外，開始圍攻。周武帝西歸長安，留宇文憲領兵六萬回援晉州，屯於涑川以觀其變。十二月，梁士彥率眾拚死抵禦，齊軍攻平陽城月餘未下。周武帝親統援兵至城下，共八萬人，與齊軍在平陽城南會戰。齊後主驚恐北逃，齊師大潰，死者萬餘人，平陽解圍。

周軍北上，連破高壁、介休，直抵晉陽。齊後主宣布大赦，改元為隆化，以安德王高延宗為相國、并州刺史，總領山西兵馬，自己乘夜逃

歸鄴城。高延宗即皇帝位，改元為德昌，與周軍作戰失利被俘。周武帝占領晉陽，命宇文憲為前驅，發兵向鄴城。

北周武帝建德六年、北齊幼主承光元年（577）

正月，北齊後主禪位於太子高恆，改元承光。北周軍隊圍攻鄴城，大敗齊軍，高緯率百騎東逃濟州（治碻磝城，今山東茌平西南）。周軍入鄴，武帝派尉遲勤率兵追擊。高緯到濟州後，使幼主高恆禪位於任城王高湝，令高阿那肱守濟州關，自與后妃及幼主等奔青州（今山東益都）。高阿那肱開關投降，周軍急赴青州，於南鄧村追擒高緯父子與后妃等人，送往鄴城。北齊滅亡。

二月，北周齊王宇文憲攻克信都（今河北冀州市），俘斬三萬人，生擒北齊任城王高湝、廣寧王高孝珩等。

原齊北朔州長史趙義等迎范陽王高紹義，起兵復國，被周將宇文神舉戰敗，高紹義率餘眾三千人北投突厥。三月，周武帝自鄴城還長安，途經汾曲，遣高阿那肱等往臨汾城（今山西新絳縣東北），招降北齊東雍州刺史傅伏。

主要參考文獻

一、基本史料

1. 正史類

楊伯峻：《春秋左傳注》，中華書局 1981 年版

《國語》，上海古籍出版社 1978 年版

《戰國策》，上海古籍出版社 1978 年版

司馬遷：《史記》，中華書局點校本

班固：《漢書》，中華書局點校本

范曄：《後漢書》，中華書局點校本

陳壽：《三國志》，中華書局點校本

房玄齡等：《晉書》，中華書局點校本

魏收：《魏書》，中華書局點校本

李百藥：《北齊書》，中華書局點校本

令狐德棻：《周書》，中華書局點校本

李延壽：《北史》，中華書局點校本魏徵等：《隋書》，中華書局點校本

司馬光：《資治通鑑》，中華書局點校本

2. 地理書

酈道元著、陳橋驛點校：《水經注》，浙江古籍出版社 2001 年版

楊守敬、熊會貞疏：《水經注疏》，江蘇古籍出版社 1989 年版

李吉甫：《元和郡縣圖志》，中華書局 1983 年版

樂史：《太平寰宇記》，文海出版公司（臺北）1993 年版

王應麟：《通鑑地理通釋》，廣文書局（臺北）1971 年版

顧祖禹：《讀史方輿紀要》，上海書店出版社 1998 年版

王軒等：《山西通志》，中華書局 1990 年版

《稷山縣志》，新華出版社 1994 年版

3. 其他

杜佑：《通典》，中華書局 1984 年版

王夫之：《讀通鑑論》，中華書局 1998 年版

錢大昕：《廿二史考異》，商務印書館 1958 年版

趙翼著，王樹私校證：《〈廿二史札記〉校證》，中華書局 1984 年版

趙超：《漢魏南北朝墓誌匯編》，天津古籍出版社 1992 年版

《庾子山集注》，中華書局 1980 年版

二、研究著作

1. 斷代史、專門史

王仲犖：《魏晉南北朝史》（上、下），上海人民出版社 1979 年版

杜士鐸：《北魏史》，山西大學聯合出版社 1992 年版

雷依群：《北周史稿》，陝西人民教育出版社 1999 年版

山西省史志研究院：《山西通史》，山西人民出版社 2001 年版

徐月文：《山西經濟開發史》，山西經濟出版社 1992 年版

呂榮民主編：《山西公路交通史》，人民交通出版社 1988 年版

呂榮民主編：《山西航運史》，人民交通出版社 1998 年版

2. 地理類

譚其驤主編：《中國歷史地圖集》第四冊，中國地圖出版社 1982 年版

《山西省歷史地圖集》，中國地圖出版社 2000 年版

杜秀榮：《山西省地圖冊》，中國地圖出版社 2001 年版

易宜曲：《山西地理概述》，山西人民出版社 1957 年版

劉緯毅：《山西歷史地名通檢》，山西教育出版社 1990 年版

張仲紀：《山西歷史政區地理》，山西人民出版社 1992 年版

陸寶千：《中國史地綜論》，廣文書局（臺北）1962 年版

王仲犖：《北周地理志》（上、下），中華書局 1980 年版

嚴耕望：《唐代交通圖考》第一卷，《中研院歷史語言研究所集刊》之八十三（臺北），1985 年

譚其驤：《長水集》（上、下），人民出版社 1987 年版

汪波：《魏晉南北朝并州地區研究》，人民出版社 2001 年版

周徵松：《魏晉隋唐間的河東裴氏》，山西教育出版社 2000 年版

胡阿祥主編：《兵家必爭之地》，河海大學出版社 1996 年版

吳松弟：《無所不在的偉力——地理環境與中國政治》，吉林教育出版社 1989 年版

3. 軍事

朱大渭、張文強：《中國軍事通史》第八卷，軍事科學出版社 1998 年版

高銳主編：《中國軍事史略》，軍事科學出版社 1999 年版

《中國軍事史》附卷〈歷代戰爭年表（上）〉，解放軍出版社 1986 年版

陳力：《策略地理論》，解放軍出版社 1990 年版

董良慶：《策略地理學》，國防大學出版社 2000 年版

高敏：《魏晉南北朝兵制研究》，大象出版社 1998 年版

原版後記

　　歷時三年，我的這本書終於殺青了。本人最初的寫作目的，只是想為自己感興趣的系列研究《中國古代戰爭的地理樞紐》寫一篇二至三萬字的論文，探討一下河東對北朝後期戰爭的影響。但是在接觸了有關史料以後，便情不自禁地被這段驚心動魄的歷史所震撼。兩魏周齊政權相隔黃河對峙，為了打敗對手、實現北方的統一，君臣將相鬥智鬥勇，奇謀迭出，壯舉不斷，演出了一幕幕可歌可泣的感人戲劇，河東正是雙方施展韜略的中心舞臺，這塊土地的歸屬和在軍事上的利用程度，影響著兩個政權的命運。宇文氏建國之初，勢力貧弱，屢遭強敵入侵，形勢十分被動。沙苑之戰勝利、奪取河東以後，立即扭轉了局面；此後西魏北周的防衛作戰都是禦敵於國門之外，關中根據地不再受到直接的威脅。北齊末年，在兵力防禦布局上偏重於中原的河陽，忽視了河東戰略方向，這一失誤被周武帝充分利用，他果斷揮師圍攻晉州，結果導致了高氏王朝的迅速覆滅。由此可見，河東之得喪雖然不能決定這兩個政權的興亡，但是可以明顯地加速或延緩這一趨勢的發展。對於宇文氏和高氏來說，河東稱得起是「一身繫天下之安危」了。

　　如果回顧歷史，就會看到，河東的重要影響並不侷限於北朝後期，它是夏文化的發祥地，孕育過古老的中華文明。在春秋戰國、隋唐五代等時期，那裡同樣發生過驚天動地的英雄事蹟，其成敗得失支配著國家的政治趨向和民族發展前途。由於此項緣故，我對這塊「表裡山河」的豐饒土地漸漸產生出一種衷心的景仰和熱愛，這本小書就是在此種心情之下寫成的。儘管這一課題和我的主要研究方向（秦漢史）並不吻合，軍事

原版後記

　　歷史對我來說又是業餘領域，我還是在繁忙的工作中擠出時間來完成了這項寫作任務。限於本人的疏漏學識，書中的錯誤必定是在所難免的，希望業內的朋友不吝賜教，給予指正。如果這本小書能夠作為引玉之磚，帶動更多的研究河東歷史的著作問世，我的心願也就滿足了。

　　另外，本書的配圖由馬保春博士繪製完成，在這裡對他的熱情幫助致謝。

宋傑

於頤源居

再版後記

　　這部書雖然獲得過讀者和業內人士的一些好評，但我自己知道它有缺陷，夠不上「精」、「深」二字。本人治學的主要方向是秦漢史，對於北朝歷史研究並不擅長，可以說這是我的「弱點」。另外，我當時在校內兼任行政職務，每日瑣事纏身，因此未能投入足夠的時間來精雕細琢這本書；以上兩個因素都對拙著的寫作產生了不利的影響。現在回過頭來看，當時應該推遲它的出版，再花費時日來對書稿仔細地補充修改，以此來克服「弱點」並提高它的學術品質。很遺憾我沒有那樣做，這部書未能變得更好，使我感到有些愧疚。因此，我把拙著僅僅看作是引玉之磚，如果它能對軍事歷史與河東地理領域的研究有所促進和助益，鄙人的心願也就得到滿足了。

宋傑

於北京頤源居

再版後記

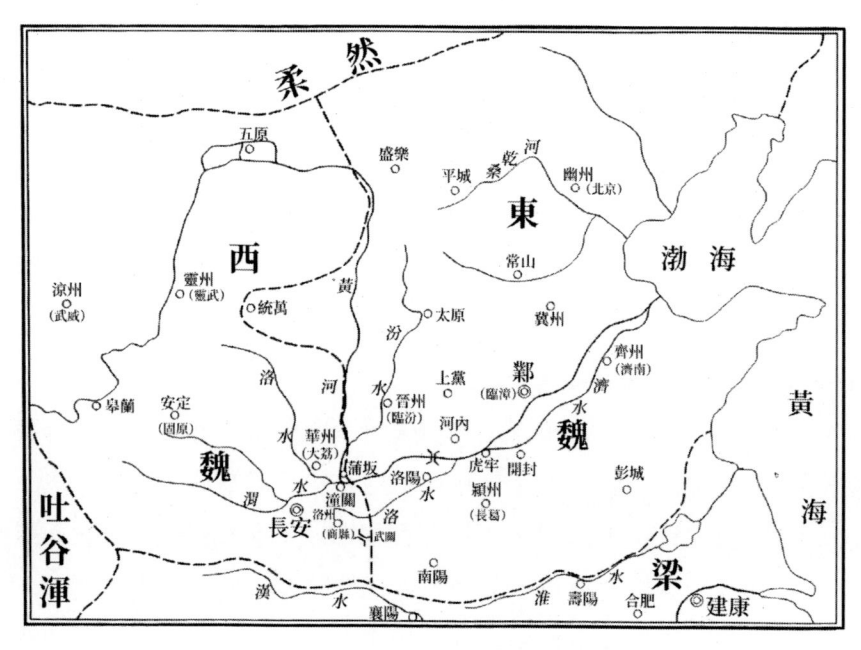

圖一　東西魏分立之初形勢圖（534年）

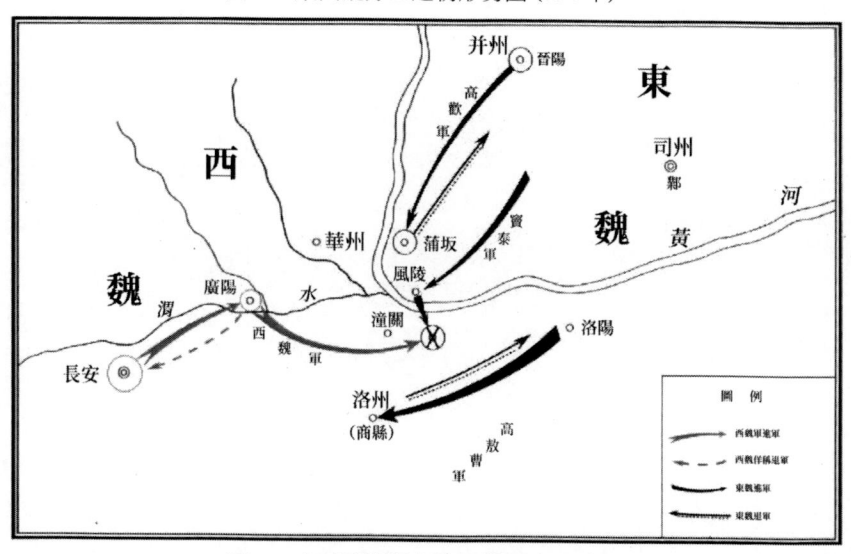

圖二　東西魏潼關之戰形勢圖（537年）

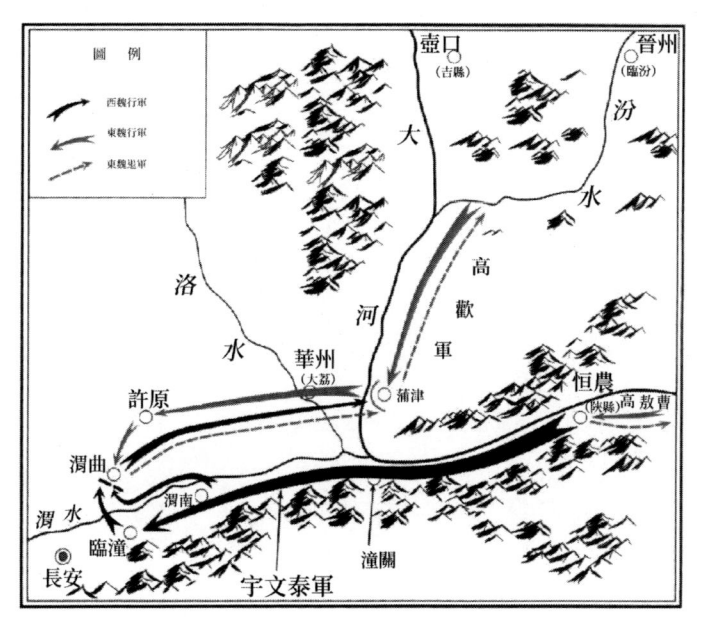

圖三　東西魏弘農、沙苑之戰形勢圖（537 年）

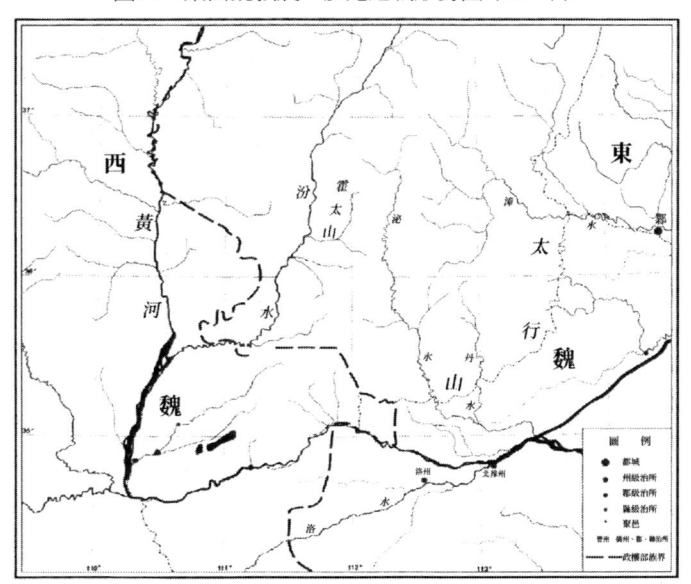

圖四　沙苑之戰後的東西魏分立形勢圖（538 年）

再版後記

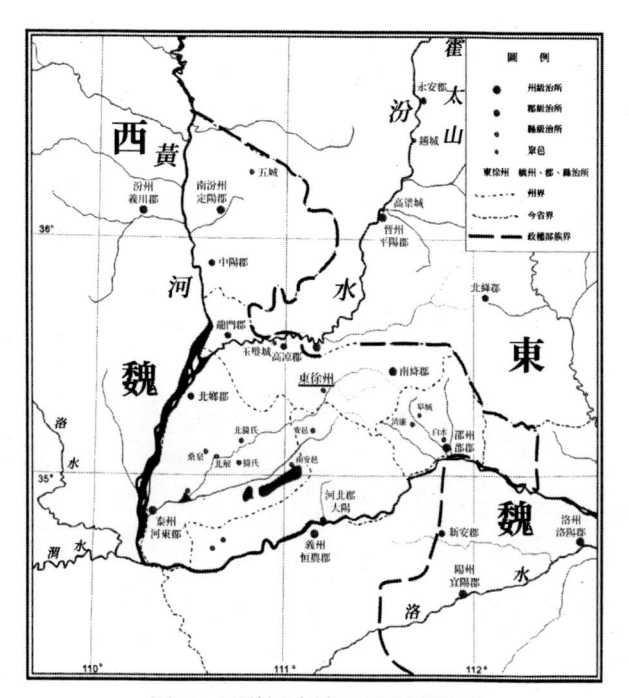

圖五　西魏河東地區行政區劃圖

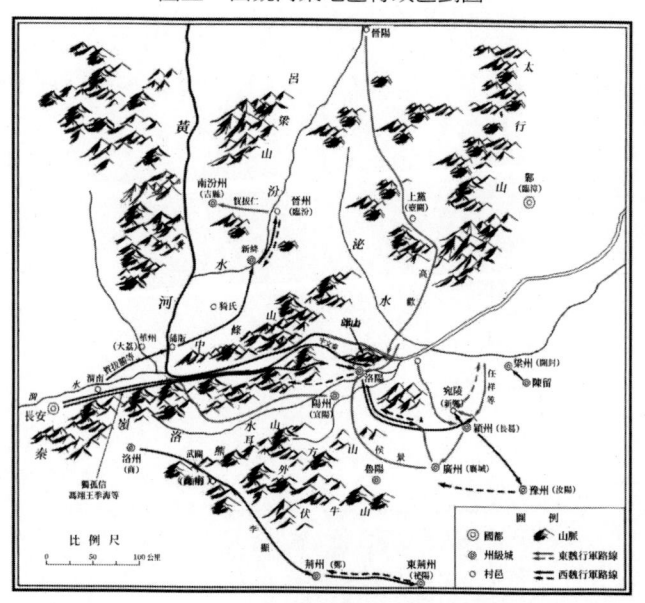

圖六　東西魏河橋之戰形勢圖（538年）

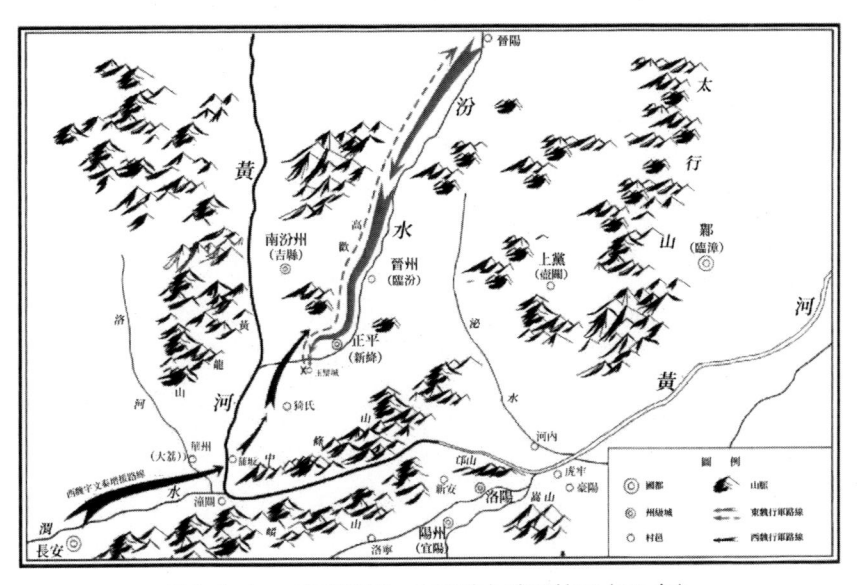

圖七（一）　東西魏第一次玉壁之戰形勢圖（542年）

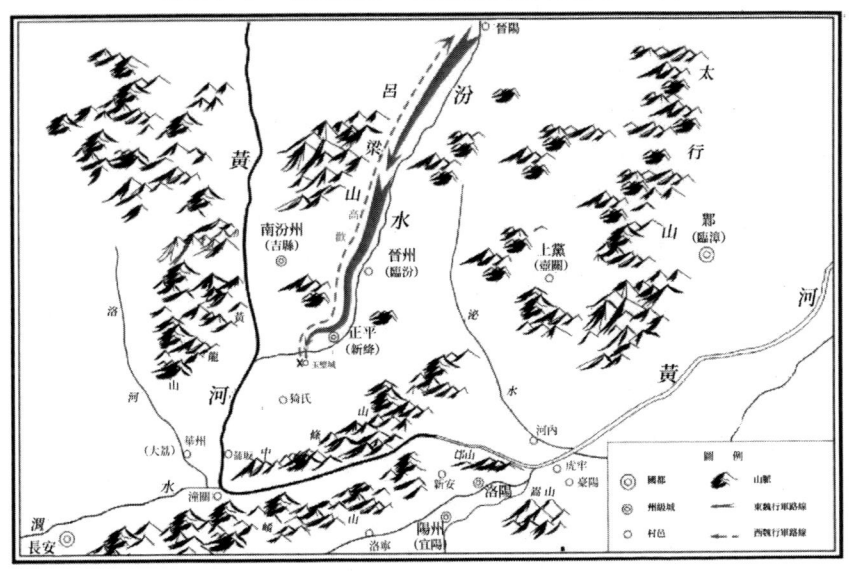

圖七（二）　東西魏第二次玉壁之戰形勢圖

再版後記

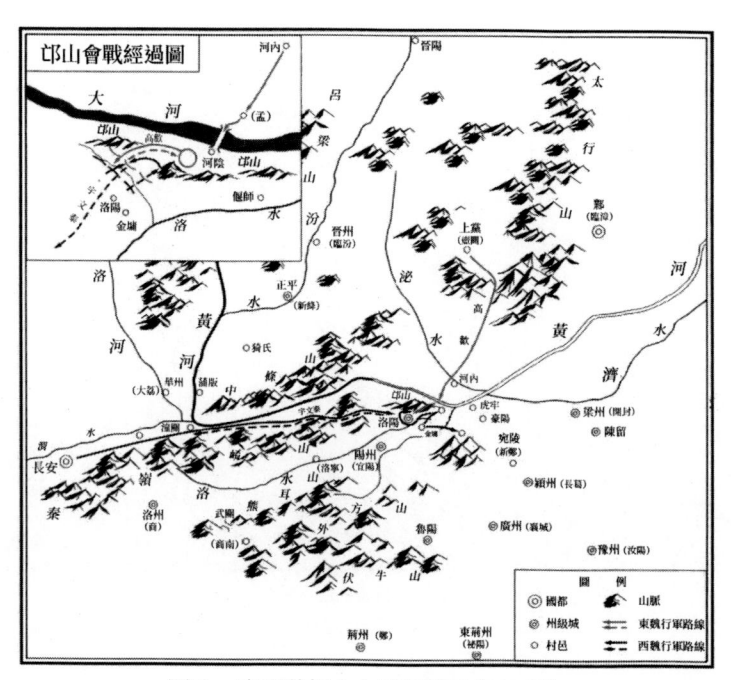

圖八　東西魏邙山之戰形勢圖（543 年）

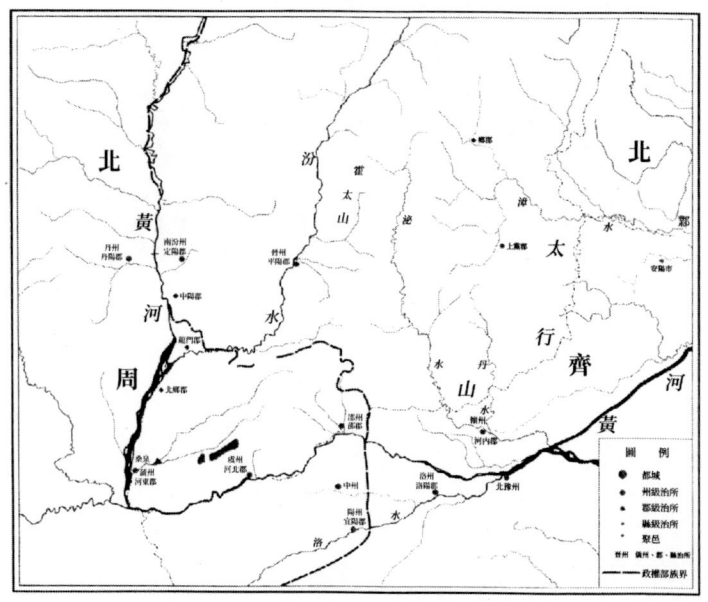

圖九　北周、北齊分立河東形勢圖

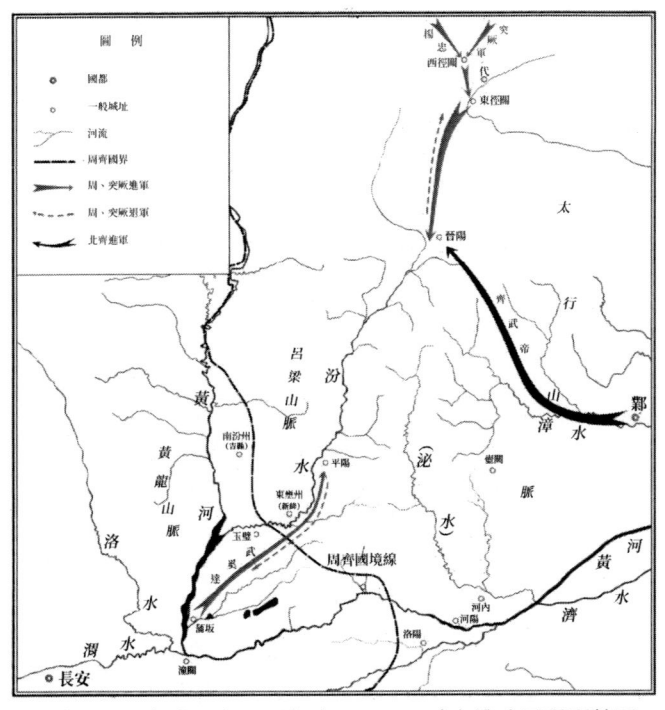

圖十　北周保定三年、四年(563～564年)進攻晉陽形勢圖

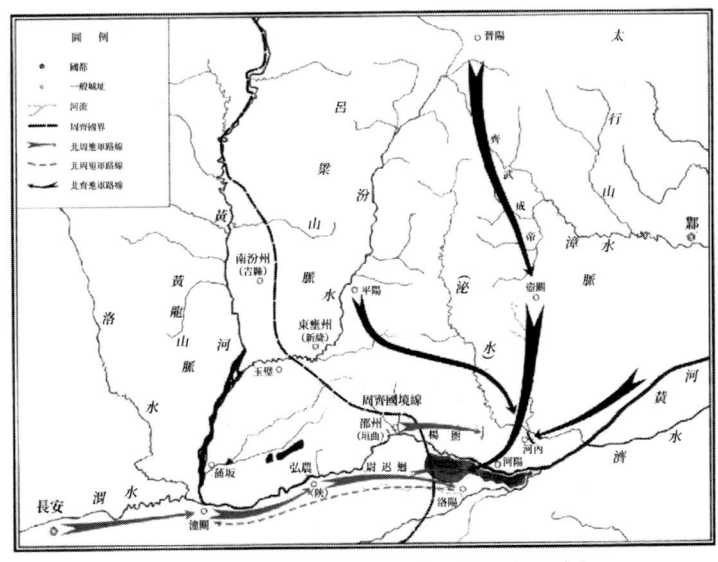

圖十一　北周、北齊邙山之戰形勢圖(564年)

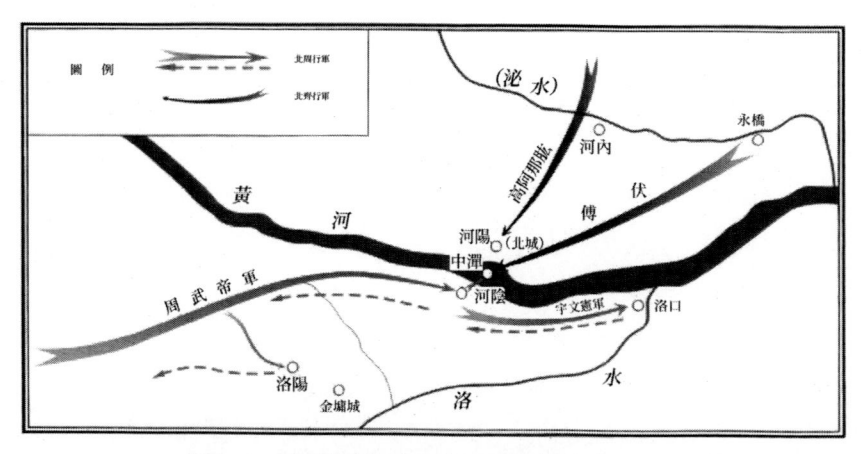

圖十二　北周建德四年東征河陽形勢圖（575 年）

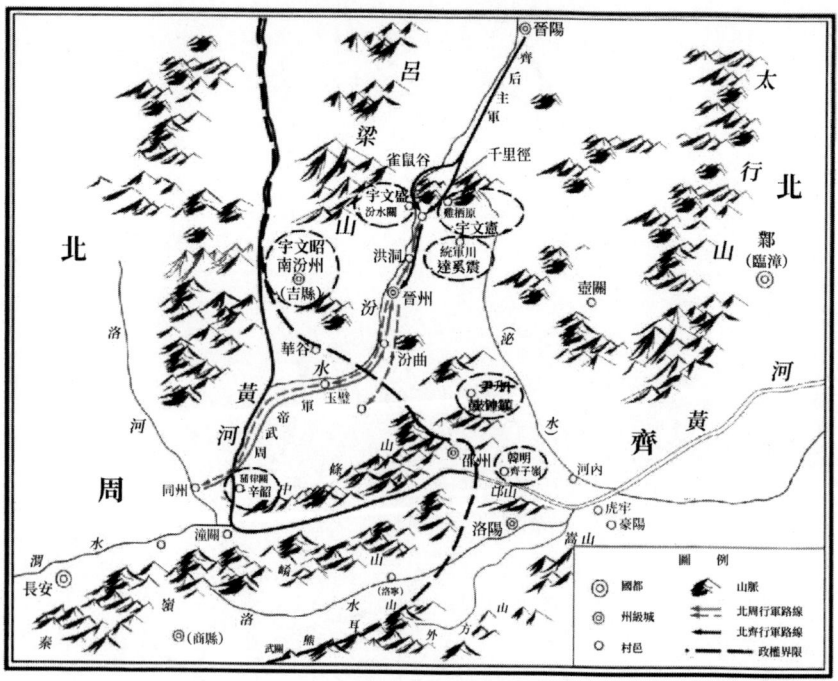

圖十三　北周圍攻晉州戰役形勢圖（576 年）

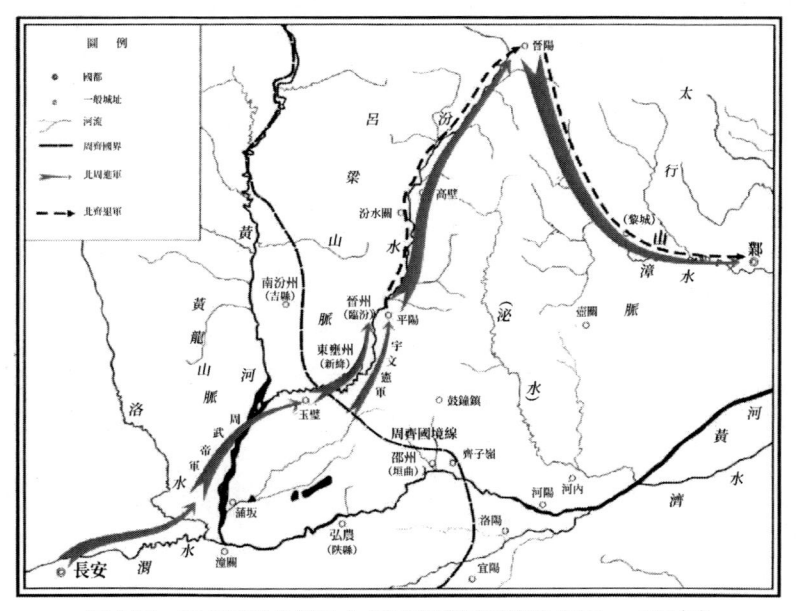

圖十四　周齊晉州會戰及北周滅齊進軍形勢圖（576～577年）

兩魏周齊戰爭，河東大地上的生死角力：

英雄逐鹿、沙場硝煙、割據紛爭⋯⋯從戰國霸業到南北朝爭奪，揭露河東地區決定性的歷史轉折

作　　　者：	宋杰
發 行 人：	黃振庭
出 版 者：	崧燁文化事業有限公司
發 行 者：	崧燁文化事業有限公司
E - m a i l：	sonbookservice@gmail.com
粉 絲 頁：	https://www.facebook.com/sonbookss/
網　　址：	https://sonbook.net/
地　　址：	台北市中正區重慶南路一段61號8樓 8F., No.61, Sec. 1, Chongqing S. Rd., Zhongzheng Dist., Taipei City 100, Taiwan
電　　話：	(02)2370-3310
傳　　真：	(02)2388-1990
印　　刷：	京峯數位服務有限公司
律師顧問：	廣華律師事務所 張珮琦律師

-版權聲明

本書版權為山西人民出版社所有授權崧燁文化事業有限公司獨家發行電子書及繁體書繁體字版。若有其他相關權利及授權需求請與本公司連繫。

未經書面許可，不得複製、發行。

定　　價：480 元
發行日期：2025 年 01 月第一版
◎本書以 POD 印製
Design Assets from Freepik.com

國家圖書館出版品預行編目資料

兩魏周齊戰爭，河東大地上的生死角力：英雄逐鹿、沙場硝煙、割據紛爭⋯⋯從戰國霸業到南北朝爭奪，揭露河東地區決定性的歷史轉折 / 宋杰 著 . -- 第一版 . -- 臺北市：崧燁文化事業有限公司 , 2025.01
面；　公分
POD 版
ISBN 978-626-416-211-1(平裝)
1.CST: 古代史 2.CST: 軍事地理
3.CST: 歷史地理 4.CST: 中國
621　　　　113019732

電子書購買

爽讀 APP　　臉書